뿌리 깊은
영성은
흔들리지
않는다

＊ 일러두기_ 책 제목에 관하여

- 초판 *Seeking the Face of God* (1994년) - 한국어판,《뿌리 깊은 영성은 흔들리지 않는다》(2004년) : 많은 독자들의 사랑을 받음.
- 본서인 전면개정증보판 *Thirsting for God* (2011년) - 한국어판,《하나님을 향한 목마름》(2014년) : 20년만에 전면 수정 보완하여 더욱 견고하고 풍성해짐.
- 〈게리 토마스의 일상영성〉 시리즈로 구성하면서, 첫 제목이었던《뿌리 깊은 영성은 흔들리지 않는다》(2020년)로 재편집함.

뿌리 깊은 영성은 흔들리지 않는다

지은이_ 게리 토마스 | 옮긴이_ 윤종석
펴낸이_ 김혜정 | 기획위원_ 김건주 | 마케팅_ 윤여근, 정은희 | 디자인_ 홍시
초판《하나님을 향한 목마름》1쇄 발행_ 2014년 4월 15일
개정판1쇄 인쇄_ 2020년 9월 24일 | 개정판2쇄 발행_ 2022년 1월 14일

펴낸곳_ 도서출판 CUP | 등록번호_ 제2017-000056호 (2001.06.21.)
(04549) 서울특별시 중구 을지로148, 803호 (을지로3가, 드림오피스타운)
T.(02)745-7231 F.(02)6455-3114 | www.cupbooks.com | cupmanse@gmail.com

Originally published in the U.S.A. under the title *THIRSTING FOR GOD*
Copyright ⓒ 2011 by Gary L. Thomas
Pubished by Harvest House Publishers, Eugene, Oregon 97402
www.harvesthousepublishers.com
All rights reserved.

Translated and used by the permission of Harvest House Publishers
through the arrangement of rMaeng2, Seoul, Republic of Korea.
Korean edition ⓒ 2014 by CUP, Seoul, Republic of Korea.

본 저작물의 한국어판 저작권은 알맹2를 통해 Harvest House Publishers와 독점 계약한 도서출판 CUP에 있습니다. 신저작권법에 의하여 한국 내에서 보호 받는 저작물이므로 무단 전재와 무단 복제를 금합니다.

ISBN 979-11-90564-08-3 03230   Printed in Korea.
파손된 책은 구입한 서점에서 교환해 드리며 책값은 뒤표지에 있습니다.

게리 토마스의 일상영성 01

뿌리 깊은 영성은 흔들리지 않는다

게리 토마스 | 윤종석 옮김

Thirsting For God

Thirsting for God
Spiritual Refreshment for the Sacred Journey

Gary L. Thomas

클라우스 복뮤엘(Klaus Bockmuehl) 박사의 영전에 바친다.
복뮤엘 박사는 위대한 신앙과 지성의 사람이었다. 생전에 나의 집필 사역을 보지 못했지만, 일찍이 아무런 싹이 보이지 않을 때부터 이 사역을 사실처럼 예고해 주었다. 나보다 훨씬 더 관심을 끌 만한 학생들이 많았는데도 복뮤엘 박사가 나에게 베푼 너그러운 도움과 격려는 영영 지워지지 않을 자취를 남겼다. 지금도 그의 삶을 떠올릴 때마다 그리스도 안에서 전진하라는 격려의 음성이 들려온다.

프롤로그

본서는 1994년에 출간한 《뿌리 깊은 영성은 흔들리지 않는다》 Seeking the Face of God (한국어판 2004년 출간)를 완전히 고쳐 쓴 전면개정증보판이다. 완전히 새로 쓴 석 장을 제외하고 주제는 모두 같지만, 기존의 내용을 대폭 다듬고 새로운 내용을 첨가했다. 다양한 기독교 고전에서 125개 이상의 인용문도 새로 보충했다. 초판 《뿌리 깊은 영성은 흔들리지 않는다》를 쓸 때는 30대 초반이었다. 책의 기초가 시대를 초월하는 고전의 지혜이기에 책에 다루어진 주제는 크게 흔들리지 않았지만, 쉰을 목전에 두고 고쳐 쓴 개정증보판인 이 책에는 지난 20년 가까이 이 진리들을 묵상하고 적용해 온 내 삶이 고스란히 묻어 있다.

책의 형식도 대폭 뜯어고쳤다. 그동안 고전을 읽고 또 읽는 여정을 지속하면서 깨달은 것이 있다. 진리를 잘게 나누어 음미하는 게 유익하다는 사실이다. 그래서 이 책을 48개의 간결한 글들로 구성했다. 물론 내용이 더 많아져 장수가 늘기도 했지만, 경건 서적을 읽는 색다른 접근이기도 하다. 덕분에 당신의 독서가 더 매끄럽고 묵상하기 좋으며 삶의 변화로 이어졌으면 좋겠다.

초판《뿌리 깊은 영성은 흔들리지 않는다》를 읽은 독자도 이 책에서 완전히 새로운 경험을 하게 될 것이다. 나의 첫 저서의 전면개정판인 이 책을 하나님이 사용하시도록 그분의 교회에 바친다. 이를 통해 우리가 방대한 양의 지혜에 새롭게 눈뜨고, 그리하여 우리의 삶이 더욱 경건해지기를 기도한다. 그 지혜를 이어받아 우리는 21세기의 여정을 지속할 수 있을 것이다.

Contents

프롤로그 6

Part 1 영적 성장, 그 방법과 훈련

01 하나님을 더 친밀하게 알아가는 삶 15
02 의도만 좋아서는 안 된다 25
03 영적 목표를 설정하라 31
04 기도하며 목표를 검토하라 41
05 마음과 몸과 영혼의 전인적 훈련 53
06 경건한 독서 63
07 살아 있는 모범을 본받기 73
08 덕을 기르기 77
09 일찍 일어나기 83
10 반추하는 삶 89
11 은혜로 사는 법을 배우라 95

Part 2 죄와 유혹

12 죄를 피하고 유혹을 물리치라 103
13 왜 거룩함을 추구해야 하나? 111
14 가짜 거룩함을 경계하라 119

15 유혹이 주는 훈련 127
16 덕으로 꾸준히 성장하라 137
17 영혼의 슬픔이라는 덫을 피하라 145

Part 3 절대적 순복

18 하나님을 향한 즐거운 순종 155
19 두 가지 본질적 질문 165
20 불평이 죽는다 171
21 감사가 태어난다 179

Part 4 고요하고 겸손한 삶

22 하나님은 우리를 고요함으로 부르신다 189
23 고요함 속에 들어가라 201
24 우리의 초라함과 하나님의 위대하심 215
25 그리스도인이여, 자신을 알라 221
26 영적 화장술을 조심하라 233
27 그리스도인이여, 하나님을 알라 241
28 공동체의 겸손 249
29 겸손한 지도자들 261

Part 5 죽음, 고난, 영적 식탐

30 죽음을 기억하라 277
31 죽음을 종으로 삼으라 285
32 십자가의 삶을 기억하라 299
33 역경을 지나거든 혼자가 아님을 알라 313
34 참된 그리스도인이 되기란 쉽지 않다 321
35 고난의 달콤한 이면 337
36 영적 식탐 343
37 광야를 알아야 한다 353
38 광야에서 살아남고 형통하라 363

Part 6 영혼의 계절과 영혼의 수술

39 영혼의 계절, 영적 삶의 흐름 379
40 영적 지형 395
41 삶의 단계 401
42 영혼의 수술, 영성 지도의 지침 413
43 영성 스승을 선택하기 425
44 함께 성장하라 433
45 영성 스승의 소명 439

Part 7 근본적으로 변화된 삶

46 능력의 하나님을 따라 힘을 다해 수고하라 447
47 참된 기독교는 참된 변화를 낳는다 457
48 더 많은 사랑 469

에필로그 479
기독교 고전 소개 483
주 491

영적 성장
그 방법과 훈련 1

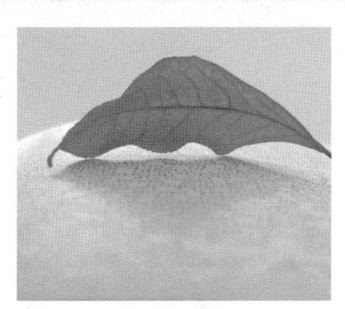

Part 1
Soul Advancement

01 하나님을 더 친밀하게 알아가는 삶

프랭클린 그레이엄 Franklin Graham, 국제기독교구호단체인 <Samaritan's Purse> 총재의 말 한마디가 순식간에 나를 매료시켰다.

"제 아버지를 만나러 갈 때 함께 가시지 않으시겠습니까? 가는 길에 기내에서 함께 작업하고, 우리 부모님과 함께 저녁 식사를 한 뒤에, 돌아오는 길에 다시 작업하는 겁니다."

내 귀로 듣고도 믿어지지 않았다. '빌리 그레이엄 Billy Graham과 사석에서 식사를 함께하다니!'

빌리 그레이엄은 세상에서 가장 만나기 힘든 사람 중 한 명이다. 너나없이 이 복음주의의 원로를 만나기 원한다. 그런데 그는 노화와 건강 악화에도 기력이 다할 때까지 설교를 쉬지 않기로 했다. 만약 사람을 만나는 데 하루 열다섯 시간을 쓴다면 그는 설교할 기력이 남아나지 않을 것이다. 하루에 들어오는 면담 요청만도 수천 건이다. 그중에서 번거롭게 가려내느니 차라리 사적인 만남에는 아예 시간을 내지 않는 게 훨씬 더 현실적이다. 그를 깊이 사랑하는 측근들은 그를 보호할 수밖에 없다.

상황이 이러한데 나에게 사석에서 그와 함께 식사할 가능성이 다가온 것이다! 물론 나는 일정을 조정해야 했다. 항공사는 이런 다급한 여행객을 상대하는 일이 즐거운 모양이다.

"아, 출발 날짜를 변경하셔야 합니까? 걱정하지 마세요. 800달러만 더 내시면 됩니다."

그 비용이 아깝지 않았다. 이미 잡혀 있던 약속들도 취소해야 했지만, 이 또한 하나도 중요해 보이지 않았다. 친구들의 눈을 똑바로 바라보며 "이봐, 자네와 빌리 그레이엄 중에서 나는 후자를 택했다네"라고 말할 수 있을 것 같았다. 오히려 내가 이 기회를 놓치면 그들이 나를 어리석게 여길 것이다.

아쉽게도 그날 저녁 식사는 성사되지 않았다. 집으로 돌아오는 긴 여정 동안 생각에 잠겼다. 빌리 그레이엄이라는 큰 인물을 만난다는 생각에 나는 잔뜩 들떠 있었고, 그 과정의 어떤 어려움도 기꺼이 감내했다. 이번 일로 내 삶의 다른 부분에 초래될 수 있는 불편함까지도 감수했다. 그런데 여기 빌리 그레이엄보다 무한히 더 크신 분이 계시다. 그분은 날마다 이렇게 부르짖으신다.

"온 힘을 다해 나와 가까워지려는 사람은 어디에 있는가?"

우리의 마음속에는 우리를 창조하신 하나님을 예배하고, 알고, 사랑하고 싶은 간절한 갈망이 있다. 하지만 솔직히 말해서 그분과의 관계에 들어가기가 처음에는 굉장히 어려워 보인다. 육체와 시간 속에 갇힌 우리가 어떻게 영원한 영이신 하나님과 관계를 맺을 수 있겠는가? 우리의 생각은 유한해 결코 자신의 죄성과 욕심을 벗어날 수 없다. 그런 우리가 어떻게 무한히 거룩하신 영광의 하나님과 교제할 수 있겠는가? 그분의 생각 속에는 죄가 거한 적이 없다.

그리스도는 "와서 나를 따르라"고 우리를 부르시지만, 사실 이보다 더 불균등한 관계는 일찍이 없었다. 절대적으로 불균등한 관계인데도 우리는 거기에 경이를 잘 느끼지 못할 때가 있다. 말씀하시는 하나님의 위대함과 듣는 우리의 비천함을 우리가 그만큼 잘 모르고 있다는 뜻이다.

이 관계는 우리를 인간의 궁극적 목표로 부른다. 웨스트민스터 소요리 문답에 나와 있듯이, 그 목표란 바로 "하나님을 영화롭게 하고 영원히 그분을 즐거워하는 것"이다. 하지만 여기에도 문제가 있다. 하나님을 즐거워한다는 것은 무슨 뜻인가? 하나님은 맨눈으로 보이지도 않고 우리의 귀에 음성으로 들리지도 않는다. 그런 그분과 어떻게 관계를 맺는단 말인가?

예로부터 많은 사람들의 가장 중요한 질문이 바로 그것이었다. 그들의 마음은 하나님을 향한 순수한 사랑과 뜨거운 열정으로 불타올랐다. 많은 나라의 많은 전통에서 청소년들과 청년들과 중년들과 노인들은 물론 심지어 아이들까지도 하나님의 부름을 듣고 그분의 은혜를 마음으로 받아들였다. A. J. 러셀 A. J. Russell은 "모든 살아 있는 교회의 이야기는 영성을 추구하는 지속적 싸움의 이야

기다"라고 썼다.¹

나는 온 힘을 다해 하나님과 가까워지고 싶어 책에서 지침을 구했다. 그러다 금세 깨달은 것이 있다. 현대의 많은 저자가 영성 생활에 대해 답하는 질문은 내가 던지는 질문과는 달랐다. 어느 작가는 현대적 시의성을 찾는 듯 보였고, 다른 작가는 성공하는 삶의 공식과 비법을 정리하려 했다. 그런가 하면 영적 체험에 매혹된 듯한 작가도 있었다. 이 모든 추구는 내가 부름 받았다고 생각되는 여정, 즉 온 힘을 다해 하나님과 가까워지는 여정에 비하면 한없이 빈곤해 보였다.

그러던 중 지금으로부터 1500년 전에 요한 클리마쿠스John Climacus가 쓴 《거룩한 등정의 사다리》The Ladder of Divine Ascent라는 동방정교회의 고전을 읽게 되었다. 내 안에 영양실조에 걸려 있던 부분이 갑자기 양분을 받아 살아나는 것처럼 느껴졌다. 머잖아 나는 같은 것을 추구했던 새로운 친구들, 영혼의 동반자들을 만났다. 십자가의 요한John of the Cross과 아빌라의 테레사Teresa of Avila는 16세기에 서로 힘을 합해, 타성에 젖은 수도회에 쇄신을 이루었다. 18세기의 성공회 신부인 윌리엄 로William Law와 17세기의 청교도인 존 오웬John Owen도 만났다. 유혹에 맞서는 법에 대한 존 오웬의 조언은 여태까지 내가 읽어 본 가장 실제적인 조언에 속한다. 그다음에 만난 사람은 프랑수아 페넬롱Francois Fénelon이라는 신비가다. 18세기의 프랑스 상류층을 상대로 한 그의 저작은 놀랍게도 오늘날의 북미 중산층에게도 적용된다. 지혜로운 영성 스승인 프란시스 드 살레

Francis de Sales는 17세기로서는 놀라운 일을 했다. 평신도를 상대로 영성에 관한 책을 쓴 것이다. 가정생활과 영성의 융합에 대한 그의 지혜와 실제적 조언은 놀랍기 그지없다. 헨리 드러몬드Henry Drummond를 통해서는 사랑과 하나님의 뜻을 보는 나의 관점이 바뀌었다.

오랜 세월에 걸쳐 고전을 읽고 또 읽다 보니 공통된 주제가 눈에 들어왔다. 이전에 읽었던 고전들로 다시 돌아가 여백에 메모도 하고, 나중에 읽은 고전들과 서로 사상을 비교해 보기도 했다. 성공회의 윌리엄 로와 요한 클리마쿠스는 교회의 본질에 대한 시각은 근본적으로 달랐지만, 놀랍게도 죽음에 대한 의식이 그리스도인의 영적 삶에 도움이 된다는 점에는 뜨겁게 일치했다. 그리하여 둘 다 그 주제에 대해 매우 통찰력 있는 말을 남겼다. 그런가 하면 17세기 반종교개혁Counter Reformation, 개신교의 종교개혁에 대응하여 일어난 천주교 내부의 개혁운동-역주에 가담한 로렌조 스쿠폴리Lorenzo Scupoli는 종교개혁을 통해 사상 체계를 훌륭하게 혁신한 장 칼뱅John Calvin과 의심스러울 정도로 비슷할 때가 많다. 둘 다 하나님과의 관계, 성품의 성숙에 대해 말하는 부분에서 그렇다. 또 우리 영혼 안에 예수님의 삶을 가꾸는 작업에 대해서도 마찬가지다.

오늘날 우리의 신학 논의를 보면, 서로 깊고 격렬하게 일치하지 않는 이슈들을 강조할 때가 너무 많다. 그런데 나는 위에 말한 교회사 속의 작가들을 만나면서 공통된 진리의 아름다운 융단을 목격했다. 이 융단은 교회 전체에 폭넓게 용인된 신앙을 놀랍도록 증언해 주었다. 공통된 진리란 감성파와 지성파가 사실상 이구동성으로 말하는 그리스도인의 삶의 여러 요소라 할 수 있다.

알고 보니 이들 성인은 시대와 지역과 소속된 기독교 전통은 달랐어도 굉장히 많은 부분에서 의견이 일치했다. 그들은 같은 씨름에 부딪쳐 많은 경우 같은 해답에 도달했다. 물론 간편한 공식이나 10단계 처방을 술술 풀어낸 것은 아니다. 그들이 도출한 결론은 즉각적 기쁨이나 현세적 복을 약속한 적이 없다. 오히려 그들은 영적 광야나 영혼의 어두운 밤을 자주 언급했다. 깊은 본능적 차원에서 나는 그들의 말이 진실임을 알았다.

우리보다 앞서 이 길을 걸어간 소중한 그리스도인 형제자매들을 소개하고 싶다. 그들의 씨름과 통찰, 승리와 패배를 소개하고 싶다. 그들의 지혜와 실제적 조언만 아니라 하나님을 향한 열정까지 본받았으면 좋겠다. 그들에 관한 이야기도 더러 나오겠지만 주로 그들의 가르침에 초점을 맞출 것이다. 이를 통해 고전적인 그리스도인의 삶의 풍부한 유산을 함께 살펴보려 한다.

고전의 지혜는 적인가 친구인가?

왜 굳이 고전으로 돌아가느냐고 물을 수 있다. 일부 고전 작가들이 받아들인 전통은 오늘날 대다수 복음주의자가 믿는 내용과는 크게 다르지 않은가? 고전을 인용하는 데는 논란의 여지가 있다. 한번은 어느 교회에서 내 설교가 끝나자 한 청년이 다가와 진지하게 이야기했다.

"교회가 들어야 할 아주 중요한 내용을 말씀하셨고, 정말 훌륭합니다. 하지만 왜 굳이 개신교가 아닌 사람들의 말을 인용해 요점을 밝혀야 합니까?"

순간 한숨이 절로 나왔다. 설교 중 인용한 말은 아시시의 프란체스코 Francis of Assisi와 동방정교회의 한 수사의 말이었다.

"프란체스코가 칼뱅주의자가 된다는 건 어차피 불가능한 일 아닙니까? 칼뱅은 프란체스코가 죽고 나서 거의 3백 년이 지나서야 태어났으니까요."

나는 그렇게 말했다.

"또 복음주의자들이 동방정교회 신학 중 일부 내용에 동의하지 않는 것은 사실이지만, 그렇다고 지난 2천 년 동안 얻어진 지혜를 정말 무조건 다 무시하고 싶습니까? 동방정교회의 역사적 정통성은 천주교나 개신교 못지않게, 어쩌면 그보다 더 강합니다!"

끝으로 나는 이렇게 강조했다.

"당신의 독서 폭을 정말 세 명의 존, 즉 장 칼뱅 John Calvin, 존 맥아더 John MacArthur, 존 파이퍼 John Piper로 제한하고 싶습니까? 셋 다 내가 굉장히 존경하는 분들이지만, 그래도 나는 폭넓은 독서를 통해 아주 많은 것을 얻었습니다. 다른 세대들과 다른 기독교적 관점들 덕분에 신앙 여정을 보는 나의 인식이 넓어졌습니다."

행여 우리가 가톨릭 그 중 다수는 종교개혁 이전에 책을 썼다.이나 정교회의 영성 고전을 외면한다면 어리석은 일이 될 것이다. 나의 이 책은 신학의 소소한 부분을 꼬치꼬치 따지지 않는다. 그보다 하나님을 추구하고 그분께 응답하는 영혼의 특성과 계절과 단계를 탐색한다. 이는 다양한 기독교 전통에서 널리 일치되고 있는 주제들이다.

우리 마음의 갈망

그런 종파적 이유가 아니라 다른 이유 때문에 기독교 고전 읽기를 주저할 수 있다. 수백 년에서 수천 년 전에 쓴 글이 오늘날의 그리스도인에게 과연 시의성이 있을지 의문이 드는 것이다. 영성 고전 작가들은 교인 2만 명의 현대 대형 교회들과 그곳의 잘 포장된 주차장과 주황색 조끼를 걸친 주차요원들을 꿈에도 생각하지 못했다. 구도자들이 풋볼 경기장에 가득 들어차 빌리 그레이엄의 설교를 기다리고, 기독교 프로그램이 위성을 통해 전 세계로 방송되고, 존 파이퍼와 릭 워렌Rick Warren이 매일 트위터로 네댓 개의 좋은 글귀를 보내는 것도 예상하지 못했다.

하지만 인간의 마음이 달라졌던가? 오늘이라고 질투가 천 년 전보다 덜 해로운가? 오늘의 그리스도인이라 해서 하나님의 침묵 앞에서 영혼에 찾아드는 회의가 중세기 때보다 덜한가?

어쩌면 이들 성인의 신앙이 오늘의 많은 설교보다 더 시의성이 있을지 모른다. 요즘은 워낙 첨단 기술에 치중하다 보니, 우리 중 많은 사람이 개인의 영혼과 단절되고 우리를 지으신 초월적 하나님과 단절되어 있다. 하지만 옛날의 소수의 귀한 성인들은 인간의 고뇌와 하나님의 영광을 이후의 누구보다도 잘 알았다. 그들은 삶의 근본 이슈들을 짚어냈고, 수많은 현대인을 혼란에 빠뜨리는 온갖 겉치레를 놀랍게 꿰뚫어보았다.

서점에 가면 정서적 건강, 결혼 생활, 가족 관계, 재정적 책임, 기타 절박한 이슈에 대한 책들이 많이 나와 있다. 우리는 그 책들을 두루 섭렵할 수 있고 마땅히 그래야 한다. 그런데 모든 훌륭한 책에 후렴구처럼 빠지지 않고 등장하는 말이 있다. 근본 이슈는 우리와 하나님의 관계라는 것이다. 삶의 중심이 하나님께 있으면 나머지 부분은 다 제자리를 찾아들게 되어 있다. 기독교 고전을 쓴 남녀 저자들은 영적 삶을 터득한 대가였다. 물론 그들이 가르치는 교리를 일일이 다 받아들이지 않을 수도 있다. 하지만 우리는 그들 안에서 하나님을 사랑하는 마음을 짚어낼 수 있고, 그 사랑이 어떻게 불타올랐는지 배울 수 있고, 그들이 어떻게 하나님을 즐거워했는지 볼 수 있다.

그들은 기독교 영성의 기초를 가르쳤다. 불행히도 지금은 영성이란 개념 자체가 문제가 되고 있다. 영성을 제대로 추구하려는 사람도 자칫 조심하지 않으면 잘못된 길로 빠질 수 있다. 그래서 우선 잠시 시간을 내서 기독교 영성을 정의하고자 한다.

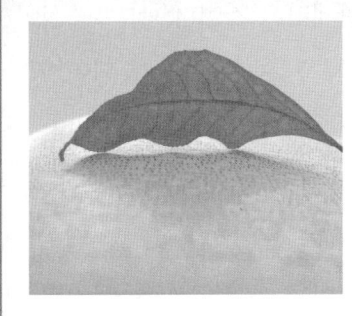

Part 1
Soul Advancement

02 의도만 좋아서는 안 된다

영국의 극작가 앨런 손힐^{Alan Thornhill}이 자신의 어머니에 대해 남긴 실화가 있다. 20세기 초에 살았던 손힐 여사는 타국에 있는 젊은 지인들의 결혼 소식을 듣고 축하 전보를 보냈다.^{당시의 통상적인 국제 통신 수단은 전보였다.} 경건한 여인이었던 손힐 여사는 편지를 쓸 때마다 맨 끝에 성경 구절을 옮겨 적곤 했다. 그런데 전보는 단어마다 요금이 추가되었으므로 그냥 '요일 4:18' 이라고 장절만 표시하기로 했다.

요한일서 4장 18절은 신혼부부에게 꼭 맞는 말씀이다.

"온전한 사랑이 두려움을 내쫓나니."

하지만 불행히도 전보 기사가 손힐 여사의 말을 잘못 알아듣고 한 글자를 빠뜨리는 바람에 성경 구절이 '요 4:18'로 바뀌었다. 요한복음 4장에는 우물가의 여인 이야기가 나온다. 그것을 아는 사람들은 이후의 사태가 가히 짐작될 것이다. 신랑이 어깨너머로 지켜보는 가운데 신부가 성경을 펴서 읽은 말씀은 "온전한 사랑이 두려움을 내쫓나니"가 아니라 "너에게 남편 다섯이 있었고 지금 있는 자도 네 남편이 아니니"였다.

의도는 좋았지만, 결과가 어긋났다.

영성에 대한 오늘날의 관심이 이 한마디 속에 다분히 압축되어 있다. 의도는 좋았지만, 결과가 어긋났다. 1980년대의 물질만능주의가 1990년대 들어서면서 영성의 추구로 바뀌었다. 의도는 좋았다. 20년 전만 해도 물질만능주의의 표상이었던 가수 마돈나Madonna도 이제 할리우드의 다른 명사들과 함께 유대교의 신비주의 전통인 카발라kabbalah를 배우고 있다. 텔레비전의 많은 인기 프로그램들도 유행처럼 불어 닥친 영성의 열기에 가담했고, 연애 소설도 영성 쪽으로 반전이 있어야 베스트셀러 목록의 상위에 오르곤 했다. 많은 아이팟에 그레고리안 성가가 자리를 굳혔다. 21세기로 접어들 무렵에는 뱀파이어Vampire와 마녀에 대한 묘사가 대중문화를 거의 장악하다시피 했다.

이렇듯 영성에 대한 관심이 무분별하게 성행하고 있는 만큼, 기독교 영성이 무엇을 의미하는지 분명히 밝힐 필요가 있다.

초점이 인간이 아니라 하나님께 있다

참된 기독교 영성은 자아를 발견하거나 깨달음을 얻거나 심지어 삶에 새로운 차원을 더하려는 추구가 아니다. 천만의 말이다. 기독교 영성은 하나님과의 관계다. 이 추구를 시작하는 분도 하나님이시고, 추구할 능력을 주는 분도 하나님이시고, 가능하게 하는 분도 하나님이시다. 우리가 갈망하는 대상은 하나님이다. 어떤 능력이나 체험이나 초자연 세계가 아니라 예수 그리스도 안에서 우리에게 계시된 하나님이시다.

기독교 영성은 '성취하는 것'이 아니라 '받는 것'이다. 우리의 잠재력과 활동은 전적으로 우리 삶 속에서 역사하시는 하나님께 의존하고 있다. 받기보다 성취하려 한다면 우리는 아직 하나님을 따르는 게 아니다. 성취하는 사람은 자신을 주목하게 하지만, 받는 사람은 남들로 하여금 주시는 그분을 인정하게 한다. 성취를 고집하는 것은 하나님을 구하되 내 믿음이나 헌신이나 충성에 남들의 감탄을 자아내려고 구하는 것이다. 이는 우리가 하나님의 경쟁자가 되어 그분 영광의 일부를 훔치려는 일이다.

흔히들 말하는 현대의 영성이란 인간 쪽에서 하나님을 추구해 그분 안에서 풍요로움을 얻는 것이다. 하지만 기독교 고전의 지혜가 우리에게 일깨워 주는 것은 다르다. 하나님 쪽에서 먼저 우리와 관계를 맺기 원하신다. 다시 말해서 고전 작가들의 동기는, 내 쪽에서 하나님을 알고자 하는 이기적 갈망이 아니라 하나님이 먼저 나를 알고자 하시기에 나도 그분께 공감하는 것이다. 기독교 고전을 쓴 최초의 여성인 노리지의 줄리안 Julian of Norwich은 우리에게 이렇게 상기시켜 준다.

"하나님은 우리가 하나님을 보기 원하시며, 찾기 원하시며, 기대하기 원하시며, 믿기 원하신다. … 믿음과 소망과 사랑으로 구하면 우리 주님이 기뻐하신다."[1]

기초는 주관적 체험이 아니라 객관적 진리다

초기 YMCA 운동의 스코틀랜드 지역 지도자이자 D. L. 무디[D. L. Moody]의 친한 친구였던 헨리 드러몬드는 1백 년도 더 전에 이렇게 경고했다. "세상에 개인의 영적 체험만큼 무질서하고 혼란스러운 것은 없을 것이다."[2]

영성이라는 단어 자체는 주관적이고 막연하고 신비롭게 들릴 수 있다. 그래서 우리 중 다수는 영성이 초월 명상을 좋아하는 사람들에게나 어울리는 단어라고 생각할 수 있다. 아기에게 오토바이가 필요 없듯 그런 사람들에게는 논리나 이성이 전혀 필요 없다.

이것은 기독교 영성이 아니다. 기독교 영성은 성경의 진리에 닻을 두고 교회 공동체 안에서 표현된다. 우리 눈에는 우리가 개척자처럼 보일지 모르지만, 사실 우리는 마차의 깊게 파인 바퀴 자국을 따라간 서부 개척의 후발 주자들과 같다. 우리를 앞서 간 사람들이 있었다. 그들도 같은 유혹에 부딪쳤고 같은 이해에 도달했다.

모든 영적 여정은 독특하지만 그래도 앞서 간 사람들과 공통된 체험이 있다. 모든 영적 여정은 목표도 같다. 바로 하나님을 아는 것이다. 영적 순례자들은 바로 그 목표를 위해 그리스도인의 삶의 여러 단계와 체험과 주제를 공부하고 계획하고 실천한다.

내 유익이 아니라 다른 사람의 유익을 구하는 것이다

'하나님을 아는 것' 다음으로 기독교 영성의 주된 목표 중 하나는 '다른 사람의 삶과 아픔과 회의와 기쁨으로 들어가는 것'이다. 즉 타인 중심이 되는 것이다. 이 대비를 생각해 보라. 바리새인들은 스스로 거룩해지기에 급급했지만, 예수는 인간을 속박하는 거룩하지 못한 것들로부터 사람들을 구해 주셨다.

우리는 전도를 미화한다. 물론 전도는 거룩하고 필요하고 주요한 소명이다. 하지만 '영혼의 수술'도 우선순위에 함께 두어야 한다. 즉 우리는 영적 문제로 고통당하고 있는 사람들에게 하나님과 협력해 건강을 되찾아 줄 수 있어야 한다.

모든 영적 문제에는 개인적 창세기가 있으며, 따라서 개인적 출애굽기가 필요하다. 기독교 공동체를 향한 일반적 설교도 중요하지만, 개인적 문제에는 개인적 관심이 요구된다. 단순논리식 해답이나 진부한 일반 원리에는 그리스도인 대부분이 이미 질릴 만큼 질렸다. 그런 것들은 감동을 줄지언정 치유를 가져다주지는 못한다. 그보다 그들이 원하는 것은 누군가 함께 있어 줄 사람이다. 여정을 지속하도록 곁에서 격려해 줄 사람이 필요하다. 그래서 우리는 영혼의 의사로 성숙해야 한다.

천국에 가는 문제라면 굳이 성숙이 필요 없다. 지독한 비그리스도인도 불과 몇 분이면 구원을 체험할 수 있다. 단순한 기도로 도움을 청하면 된다. 마음의 참된 갈망을 표현하면 된다. 그러면 하나님이 응답해 즉시 우리를 영원한 나라로 맞아들여 주신다. 그러나 다른 사람의 삶에 개입하려면 성숙이 필요하다. 성숙이 없으면 그럴 동기도 없고 능력도 없다.

하나님이 우리를 통해 일하실 수 있으려면 먼저 우리 안에서 일하셔야 한다. 그래서 성장 부진은 매우 위험하다. 세상의 많은 사람이 삶을 허송하고 있다. 물론 죄 문제도 있지만, 안일도 큰 문제다. 텔레비전 앞에서, 남을 헐뜯는 모임에서, 기타 도피 수단을 통해 사람들의 삶이 천천히 소모되고 있다.

참된 만족은 하나님의 사랑을 받아들이고 그 반응으로 사람들을 사랑할 때 찾아온다. 이것이 기독교 영성의 본질이다.

03 영적 목표를 설정하라

셔릴Cheryl은 재능과 의욕을 겸비한 젊은 체조 선수였다. 올림픽팀에 선발되려면 치열한 경쟁을 거쳐야 했다. 셔릴은 꼭 그 꿈을 이루고 싶었고, 이를 위해서라면 어떤 대가라도 치를 각오가 되어 있었다. 식단과 사교 생활, 교육과 취침이 모두 훈련을 중심으로 돌아갔다. 그녀는 매일 다음번 시합을 생각하며 잠들었고, 아침이 되면 특정한 동작을 정복해야 한다는 생각뿐이었다.

그러나 그렇게 몇 달 동안 준비해 예선을 치렀지만 셔릴은 점수가 부족해 전국 대회에 나가지 못했고, 체조를 계속하기에는 자신의 나이가 너무 많다고 판단해 16세에 은퇴했다. 그러자 셔릴의 스케줄과 생각과 활동에 근본적인 변화가 찾아왔다. 새로운 삶은 체조 선수 때와는 완전히 달랐다.

목표는 우리 삶의 원동력이다. 목표가 있으면 앞으로 나아갈 수 있지만, 목표가 없으면 제자리만 뱅뱅 돌게 된다. 기업과 스포츠와 정치에서만 아니라 그리스도인의 삶도 마찬가지다.

절뚝절뚝 천국에 들어갈 것인가?

안타깝게도 현대의 기독교 영성은 출발선이 곧 결승선일 때가 많다. 이 경우 그리스도인의 삶의 목표가 구원이다. 구원은 그리스도인이 되는 순간 받는 것이다. 많은 복음주의자가 믿듯이 구원은 잃을 수 없는 것이며, 따라서 철저한 비그리스도인도 새신자가 되는 순간 이미 기독교의 목표에 도달했다. 다시는 그것을 잃을 수 없다. 그리하여 우리의 출발선은 곧 결승선이 되고 만다. 남은 일이라고는 시상식이 시작될 때까지 버티고 기다리는 것뿐이다.

이것은 복음주의자들의 영성에 지독한 악영향을 끼쳤다. 역사적으로 우리의 역할은 깊은 성장의 터전이 아니라 전도 클럽에 더 가까웠다. 복음주의자가 영성의 성장에 대한 책이나 설교를 구하려면 복음주의 전통 바깥에서 찾아야 할 때가 많았다.

"구원을 잃을 수도 있습니까?"

내가 젊은 캠퍼스 목사였을 때 사람들이 자주 하던 질문이다. "어떻게 하면 성장할 수 있습니까?"라고 묻는 사람은 왜 그렇게 없었을까?

우리는 꼭 천국에 질질 끌려 들어가고 싶어 안달이 난 사람들 같다. 마치 영화 주인공이 막판에 겨우 목숨을 건지는 것처럼 말이다. 우리는 멍든 모습으로 피를 흘리며 절뚝절뚝 천국에 들어갈 것이다. 건물들이 불타느라 사방에 연기가 자욱할 것이다. 옷은 갈가리 찢어져 있고, 얼굴은 생채기와 땀으로 지저분하게 범벅되어 있고, 머리칼은 사방으로 흩날릴 것이다.

이렇듯 우리의 초점은 '지속적 성장' 보다 '결과적 구원'에 있었다. 이런 안이한 잘못은 영적 고갈을 불러왔다. 성장은 아픈 것이다. 대개 성장은 역경과 고통을 견딜 때 그 결과로 찾아온다. 성장하려는 강한 동기가 없는 한, 요구되는 노력은 너무 커 보인다. 그래서 우리는 "예수님이 이미 다 해 주셨다"는 핑계를 대고 본분에서 벗어나려고 한다. 이런 맥락에서는 "예수님이 이미 다 해 주셨다"는 말은 믿음의 고백이 아니라 게으름의 고백이다.

성경에는 우리의 성장을 촉구하는 말씀들이 차고 넘쳐난다.[1] 우리와 달리 이런 말씀들에 진지하게 임한 기독교 전통들도 있다. 정교회의 관점에서 쓴 요한 클리마쿠스의 글에 보면, 동료 수사들이 한 형제의 임종을 지키는 장면이 나온다. 그들은 마치 현대의 무슨 운동 경기를 보고 있는 것 같다. 수사들은 어떤 징후를 애타게 기다리고 있다. 운명 직전의 미소일 수도 있고, 환상 속의 빛일 수도 있고, 하나님이 건네시는 인사일 수도 있고, 쾌적한 냄새일 수도 있다. 무엇이든 형제가 천국에 들어가고 있다는 징후가 될 만한 것이면 된다. 그 형제는 오랜 세월을 금식과 철야기도와 성적 금욕은 물론 종종 심한 고행으로 일관해 왔다. 평생 금욕 속에 산다는 것은 대단한 일인데, 그러고 나서도 구원의 확신이 있는 사람이 별로 없었다. 이 겸손한 불확실이 그들에게 불을 지펴 늘 경건에 힘쓰게 했다.

이 수사들의 과도한 금욕을 예찬할 마음은 없다. 하지만 영적 성숙에 이르기 위해 온 힘을 다하는 모습만은 감동을 준다. 일면 그것을 이기적 집착으로 볼 수도 있다. 은혜의 복음은 우리를 그런 집착에서 건져낸다. 그런데 영적 훈련과 영적 성장에 대한 우리의 상대적 무관심은 과연 선물로 주신 은혜를 드높이고 있을까? 아니면 우리가 하나님의 은혜를 당연한 것으로 여긴다는 증거일까?

영적 선조들은 사도 베드로의 조언에 순종했고, 우리에게도 똑같이 할 것을 촉구했다.

"너희가 더욱 힘써 너희 믿음에 … 더하라" 벧후 1:5-7.

토마스 아 켐피스는 "우리의 열정과 진보는 날마다 더 커져야 한다. 하지만 처음의 열정을 조금이나마 지속할 수 있느냐가 큰 문제다"라고 썼다.[2] 그리스도인의 성장에 날마다 진보가 있어야 한다는 말이다. 그 옛날에도 그리스도인들은 성숙하고 한결같은 믿음을 기르기보다는 "떨어져 나가지" 않는 데 더 관심이 많았던 모양이다.

요한 클리마쿠스는 한 걸음 더 나아가 이렇게 권면했.

"우리는 모든 악덕과 모든 미덕에서 자신이 기점과 중간과 종점 중 어디까지 와 있는지 끊임없이 꼼꼼히 살펴야 한다."[3]

보다시피 그는 모든 악덕과 모든 미덕에 대해 말하고 있다. 이런 관점에서 우리는 예컨대 두려움을 이기고, 온유함에 자라가고, 게으름과 식탐을 극복하고, 친절함이 깊어지는 부분에서 자신의 진보에 주목해야 한다. 잘 주목하지 않으면 클리마쿠스의 경고대로 자신이 기점에 주저앉아 있는지, 도중에 안일에 빠져 있는지, 종점을 향해 진보하고 있는지 전혀 알 길이 없다.

기독교의 성인들은 자기 시대의 교회를 향해 안일을 떨칠 것을 촉구했다. 토마스 아 켐피스와 요한 클리마쿠스는 그 중 두 명의 예에 지나지 않는다. 역사 속 기독교에서 영적 은퇴란 천국에서나 누리는 것이었다. 많은 경우 천국에 들어갈 확신이 없어, 거의 병적인 정도로까지 자신의 마음과 생각을 훈련하고 지켰다. 다시 거기로 돌아갈 필요는 없지만 그들의 긴박한 신앙에서 배워야 할 것이 많다. 기독교 문헌과 영성 고전을 공부해 보면 알듯이, 하나님과 유독 생생하게 동행한 사람들은 먼저 자신이 내세에서만 아니라 현세에서도 어떤 존재가 되고 싶은지 분명히 알고 있었다.

분명한 목표를 세우라

진정한 기독교 영성을 재발견하려면 우선 첫 단계로 성숙한 그리스도인상을 분명히 정립해야 한다. 이 문제를 무시하면 영적 성장이 우연과 임의에 내맡겨진다. 하나님은 상황과 무관하게 친히 우리를 자라게 하신다. 하지만 우리가 협력하지 않아 그분 혼자 일하셔야 한다면, 꼭 필요한 성장이 들쭉날쭉 느려진다.

예로부터 그리스도인들은 많은 목표를 세웠다. 이 목표들이 전통적인 복음주의의 틀에 다 들어맞지 않을 수도 있지만, 그것을 알아두면 당신만의 영적 목표를 설정하는 데 도움이 된다.

클리마쿠스는 그리스도인들을 '초연함'으로 이끌려 했다. 이것은 열정이 없는 상태가 아니라 세속적 열정의 방향을 틀어 천국에 합당한 열망으로 전환한다는 의미다. 그는 "많은 사람이 죄 사함은 즉시 받았으나 초연함은 누구도 금세 얻지 못했다. 많은 시간과 열망과 하나님을 필요로 하는 일이기 때문이다."라고 썼다.[4] 이 상태에 이르려면 여러 해에 걸친 복종, 영적 훈련, 집착을 버리는 성장, 간절한 기도가 필요하다. 결국, 영혼은 하나님이 갈망하시는 것만 갈망하고, 하나님이 싫어하시는 것에는 무엇에도 요동하지 않게 된다.

16세기에 살았던 십자가의 요한은 '거룩한 연합'을 자주 언급했다. 이것은 '영혼의 어두운 밤'을 통과한 후에만 경험하는 영적 결혼 같은 것으로, 영적 여정 중에서도 특히 어려운 단계다. 거룩한 연합을 이루려면 다른 모든 것을 버리고 무조건 자신을 전적으로 하나님께 드려야 한다. 요한이 말한 바로는 이 연합은 하루 만에 이루어지는 게 아니며 10년으로도 부족하다. 그것은 평생의 봉사와 헌신을 요구하는 일이며, 그리고 나서도 반드시 이루어진다는 보장은 없다.

방금 말한 두 가지 목표의 주된 어려움은 그것이 수도원 공동체 안의 삶을 전제로 하고 있다는 점이다.두 목표의 내용을 온전히 이해하기도 쉽지는 않다. 그래도 이 목표들은 여전히 내게 도전이 된다. 하루 24시간을 모두 바친 그들도 하나님과 친밀해지는 데 분명한 목표를 설정할 필요가 있었다면, 날마다 직장과 가정과 현대 사회의 잡다한 일에 부딪쳐야 하는 나는 오죽하겠는가. 나야말로 끝까지 좁은 길을 가려면 늘 분명한 목표에 초점을 맞추어야 한다.

내가 아주 좋아하는 존 웨슬리 John Wesley는 '그리스도인의 완전'이라는 대담한 목표를 세웠다. 당연히 이 문구는 많은 논쟁을 불러일으켰다. 하지만 그는 '어느 경건하고 지각 있는 여인에게' 보낸 편지에서 그것을 이렇게 변호했다.

> 제가 말하는 그리스도인의 완전이란 이런 뜻입니다. 1) 우리의 마음을 다하여 하나님을 사랑하는 것입니다. 당신은 여기에 반대합니까? 2) 마음과 삶을 송두리째 하나님께 바치는 것입니다. 당신은 이것을 덜 원합니까? 3) 하나님의 형상을 온전히 되찾는 것입니다. 여기에 무슨 반론이 있을 수 있습니까? 4) 매사에 그리스도께서 생각하신 것처럼 생각하는 것입니다. 이것이 너무 심합니까? 5) 그리스도를 닮아 행실이 한결같은 것입니다. 그리스도인치고 여기에 반대할 사람은 없을 것입니다. 완전의 뜻이 이 이상이거나 이게 아닌 다른 것이라면 나는 거기에 조금도 관심이 없습니다.[5]

웨슬리는 자신과 모든 그리스도인이 참으로 그리스도를 닮기를 원했다. 그리스도를 믿기만 하는 게 아니라 정말 그분처럼 되기를 원했다. 이처럼 그의 목표는 아름답다. 이것은 현대의 그리스도인들에게 청량제 같은 메시지다. 우리는 "하나님이 나를 있는 그대로 사랑하시니 나는 그분의 은혜 안에서 쉰다"고 대뜸 우기지만, 사실은 그냥 안일에 빠져 있을 때가 많다. 물론 그분은 우리를 사랑하시며, 그분의 은혜는 우리 삶의 원천이다. 하지만 그분은 그 사랑과 은혜 때문에 우리가 자라서 영적 성숙의 유익과 복을 경험하기를 원하신다.

내가 목표 설정의 유익을 특히 절실하게 깨달은 것은 아빌라의 테레사를 접하고서였다. 이 유명한 기도의 여인은 십자가의 요한과 동시대인 16세기에 살았고 서로 아는 사이였다. 나는 고등학교와 대학교 시절^{아직 직장도 없고 대출금 상환도 없고 자녀도 없던 시절}에만 해도 성숙한 기도 생활을 측정하는 유일한 기준이 기도 시간을 늘리는 것인 줄 알았다. 이를테면 평소에 매일 30분씩 기도하는 사람이 거기서 더 성장하고 싶다면 기도 시간을 하루에 45분으로, 다시 60분으로 늘려나가야 한다는 식이었다. 가끔 철야기도라든가 다른 기도를 더 보태야 함은 물론이었다.

그래서 테레사의 글은 나의 호기심을 끌었다. 그녀는 독자들을 차근차근 안내해 기도의 여섯 단계를 지나 마침내 제7단계에 이르게 한다. 최종 목표인 이 단계를 그녀는 '내면의 성城'이라 표현했다. 그녀의 책에 기도의 성숙한 기준이 제시되어 있다. 테레사의 목표 덕분에 나는 기도 시간을 재던 이전의 목표를 버리고, 대신 더 친밀해지는 데 주력했다. 친밀함이란 시계로 측정할 수 없다.

요한 클리마쿠스, 십자가의 요한, 존 웨슬리, 아빌라의 테레사―

이 작가들에게는 한 가지 공통점이 있다. 분명한 목표가 있어 그 목표가 그들의 신앙생활을 빚어냈다는 점이다. 클리마쿠스는 잘 규정된 '사다리'를 오르고자 힘썼고, 십자가의 요한과 아빌라의 테레사는 둘 다 성숙한 관상 체험을 추구했다. 존 웨슬리는 체험적 성장에 집중해 결국 그리스도인다운 성품과 섬김에 진보를 이루었다. 목표는 달랐지만 저마다 자신의 목표를 보고 맛보고 냄새 맡을 수 있었다. 이런 면에서 그들은 현대의 운동선수들과 비슷하다. 운동선수들은 금메달을 목에 걸 날을 꿈꾸며 하루하루의 훈련에 온 힘을 기울인다. 이 작가들 역시 상을 시야에서 놓칠 수 없었다.

여기서 주목할 것이 있다. 이 모든 목표는 우리가 천국에 올라가기 전에 지금 이 땅에서 추구하고 얻을 수 있는 것들이다. 고전의 관점에서 보면, 천국이 최종 목표라 해서 굳이 이 땅의 목표들이 배제되는 것은 아니다. 만일 천국만이 유일한 목표라고 말한다면, 분명히 이것은 거의 전례가 없던 일이다.

이것이 오늘 우리에게 주는 의미는 무엇인가? 성화^{거룩함}를 목표로 삼으려면 우선 성화가 무엇이고 왜 필요한지 알아야 한다. 그래야 그 목표가 제대로 힘을 발휘하게 된다. 내가 만난 많은 그리스도인은 성화의 의미를 대충 두루뭉술하게만 알고 있었다. 그러다 보니 나약해지는 경우가 많았다. 성장하려면 고통이 따르는데 그들은 고통에 맞설 마음이 없었다. 어찌 그들을 탓할 수 있겠는가? 알다시피 굳이 금식하지 않아도 구원받는다. 그런데 무엇 때문에 공복통을 견디겠는가? 천국에 가면 저절로 잘 될 텐데 이 땅에서 기도로 씨름해야 할 까닭이 무엇인가? 심지어 이런 유혹까지 들 수 있다.^{정말 위험한 생각이다.} 이미 구원받았으므로 혹시 죄를 지어도 용서받을 것을 안다. 그렇다면 작은 죄의 단맛만 살짝^{식사는 아니고 맛보기 정도로} 보고 나서, 죽기 전에 얼른 회개하면 되지 않겠는가?

하지만 성장을 원하는 그리스도인도 많다. 그들은 시간이 갈수록 더 하나님을 목말라 한다. 그들이 "나의 진보를 측정할 수 있는가?"라고 물을 때 거기에 답해 주지 못한다면, 우리는 그들을 섬기는 게 아니다. 오늘날 그리스도인에게 가장 절실히 필요한 것 중 하나는 분명한 목표다. 분명한 목표가 있어야 사람들은 그것을 바라보며 성장을 추구해 나갈 수 있다. 분명한 목표가 있어야 사람들의 생각이 구원을 넘어 더 깊고 의미 있는 하나님과의 동행으로 발전할 수 있다. 목표에 가까워지고 있는 사람들은 이를 말로 묘사할 수 있어야 한다. 어떻게 해서 거기까지 갔으며 다른 사람들이 어떻게 뒤따를 수 있는지 설명할 수 있어야 한다.

모든 그리스도인의 목표가 다 같아야 한다고는 생각하지 않는다. 활동적인 사람과 지성적인 사람과 묵상적인 사람은 자연히 정하는 목표도 서로 다를 것이다. 하지만 목표가 있을 때 유익을 누리는 것만은 모든 그리스도인이 같다.

지금부터 나 자신의 목표 중 하나를 제안하고자 한다. 그전에 먼저 당신의 목표가 무엇이 될지 생각해 보라. 당신은 목표가 있었던 적이 있는가? 지금 목표를 이루고자 노력하고 있는가? 당신이 믿기로 하나님은 당신이 어떤 존재가 되기를 원하시는가?

04 기도하며 목표를 검토하라

목표를 설정하는 과정에서 내가 특히 피하고 싶었던 오류가 있다. 나는 '하나님과 단둘이'라는 배타적 사고방식에 빠지고 싶지 않았다. 앞서 보았듯이 진정한 영성은 타인의 유익을 구하는 삶으로 연결된다. 안타깝게도 우리는 이런 질문을 자주 한다. 어떻게 하면 내가 거룩해질 수 있을까? 어떻게 하면 내가 성장할 수 있을까? 어떻게 하면 내가 영적으로 진보된 상태에 도달할 수 있을까? 이런 질문들은 우리가 건강하지 못한 이기적 집착을 겉보기에 그럴듯하게 꾸미고 있다는 증거일 수 있다. 영적 진보는 좋은 목표이지만, 진정한 의미에서 예수의 궁극적 초점과 근본적으로 달라 보인다. 예수는 선한 사마리아인의 이야기를 들려주셨고, 이웃을 사랑하고 모든 민족을 제자로 삼아야 한다고 말씀하셨다.

물론 이것은 행동의 길이냐 묵상의 길이냐에 대한 해묵은 논쟁과 맞닿아 있다. 예로부터 수사들은 기도에 전념하는 삶과 수도원

바깥의 일에 활동적으로 참여하는 삶 중 어느 쪽이 우월한가를 두고 논박을 벌였다. 대다수 수사들은 은둔과 묵상에 전념하는 고요한 삶을 우월한 삶이라 믿었다. 세상을 버리고 광야에 들어가거나 수도원을 세운다는 개념이 거기서 싹텄다.

예수를 우리의 모본으로 삼으면 굳이 둘 중 하나를 선택할 필요가 없다. 예수는 활동적이셨지만 때가 되기도 전에 나서신 것은 아니다. 그분은 30세가 되기까지 기다리셨다가 공생애를 시작하셨다. 활동을 시작하신 후에도 그분은 영적 중심을 잃으신 적이 없다. 그분은 꾸준히 고독과 기도 속으로 물러나셨다.

그래서 나는 예수의 삶에서 첫 번째 단서를 얻어 목표를 세웠다. 그것은 바로 내면생활^{기도, 묵상, 하나님과 단둘이 보내는 시간}과 공적 사역^{가르침, 치유, 가난한 이들을 섬김}에 균형을 이루는 것이다. 이 둘은 상충하는 개념이 아니다. 오히려 서로 협력하는 동반 관계다.

두 번째 단서는 예수의 가르침에서 왔다. 그분은 하나님을 향한 사랑에 사람들을 사랑하고 섬기는 일도 포함된다고 역설하셨다. 누군가가 가장 큰 계명을 물었을 때 그분은 하나님을 사랑하고 또한 이웃을 사랑하는 것이라고 두 개의 계명으로 답하셨다^{마 22:36~40}. 이는 그리스도인의 삶이 전적으로 또는 배타적으로 아버지와의 일대일 관계만은 아니라는 말씀이다.

예수 자신을 향한 베드로의 사랑을 회복시켜 주실 때도 그분은 두 가지 응답을 요구하셨다. 바로 예수를 사랑한다는 고백과 예수님의 양을 치려는 마음이었다^{요 21:16}.

따라서 무엇이든 나의 목표가 되려면 반드시 이 기준을 통과해야 한다. 즉 먼저 나를 하나님께 집중하게 해 준 다음, 나아가 사람들을 섬기게 해 주어야 한다. 예수의 기도 생활도 본받아야 하지만 기도에 이어진 그분의 사역도 빼놓을 수 없다. 마가복음에서 그런 목표를 볼 수 있다.

붕괴하는 지옥

예수의 활동을 곁에서 직접 보았다면 그 심정이 어땠을까? 당신이 1세기에 살면서 질병이나 영적 감옥이나 결핍에 붙잡혀 있었다고 상상해 보라. 이런 절망적 상황 속에서 사람들은 한 해방된 인간을 목격했다. 그분은 방금 말한 어떤 감옥에도 예속되어 있지 않은 듯 보였다. 오히려 그분은 다른 사람들까지도 그런 감옥에서 풀어내는 열쇠를 가지고 계셨다.

사람들은 예수의 활동을 보며 놀랐다. 그분의 머리에 원광이 둘려 있거나 그분이 흠잡을 데 없이 깨끗한 흰옷을 입고 있어서가 아니었다. 그보다 그분의 임재와 능력이 그들에게 희망을 주었다. 어쩌면 새로운 날과 새로운 삶이 다가왔을지도 모른다는 희망이었다. 그리스도의 사역은 세 가지 요소로 이루어졌다. 그분은 가르치셨고, 귀신을 쫓아내셨고, 짓눌린 사람들을 해방하셨다[또는 병자들을 고쳐 주셨다]. 마가복음 1장에 이 세 가지 사역이 모두 등장한다.

마가는 예수가 말씀을 전하시자 사람들이 놀랐다고 기록했다[22]

절. 여기 '놀랐다'는 헬라어 단어는 '당황하다, 경악하다'로 번역할 수도 있다.[1] 어떻게 번역하든 예수의 가르침에 여태까지 보지 못한 권능과 권위가 있었음을 보여 준다.

하지만 예수의 가르침은 사람들만 동요하게 한 게 아니라 귀신들마저 동요하게 했다. 22절까지 그분의 가르침이 있은 뒤에, 23~24절에 보면 어떤 귀신들린 사람이 소리를 지르고 예수가 귀신을 쫓아내시는 장면이 나온다. 이 축사逐邪는 예수께서 미리 계획해 두셨던 일이 아니다. 사역하시던 중에 귀신을 대면하게 되었을 뿐이다.

그 가르침과 축사의 현장을 떠나시자마자 예수는 베드로의 집에 가셔서 베드로의 장모를 치유해 주셨다. 이 역시 치밀하게 예정된 일정이 아니었다. 예수는 하루의 각본을 짜실 필요가 없었다. 그분은 아버지와 둘이서 한 걸음씩 동행하셨고, 그의 사역은 그 기막힌 동행에서 자연스럽게 흘러나오는 결과였다. 그분은 무지를 쫓아내셨고, 귀신을 무찌르셨고, 병들어 짓눌린 사람들을 해방하셨다.

다시 말해서 예수가 가시는 곳마다 그분의 발밑에서 지옥이 무너졌다. 예수와 지옥은 한 곳에 같이 있을 수 없었다. 그래서 그분이 가시는 곳마다 지옥이 해체되었다. 예수의 삶과 가르침을 함께 묶어서 보면 우리에게 분명한 목표가 제시된다. 그것은 바로 하나님과 동행해, 우리의 발밑에서 지옥이 무너지고 하나님 나라가 들어서게 하는 것이다. 우리의 소명은 공부와 기도로 경건하고 풍요로운 삶을 가꾸는 것이다. 그러면 그것이 영적 깊이와 힘으로 표출

되어 결국 활동적이고 자연스러운 사역을 낳는다.

언젠가 누가 내게 만화 하나를 보내 주었는데, 거기에 한 경건한 여인이 이런 식으로 묘사되어 있었다. 즉 마귀가 겁에 질려 그녀에 대해 "아, 안 돼! 이 여자는 깨어 있어!"라고 말하고 있었다. 만화 속의 여인은 하나님을 친밀하게 사랑할 뿐 아니라 하나님을 섬기려는 결의가 대단했다. 그녀가 가는 곳마다 지옥이 물러났다. 무지의 지옥, 교만의 지옥, 험담의 지옥, 탐욕의 지옥, 편견의 지옥 등이 무너져 내렸다. 그녀 안에 계시는 하나님의 임재 때문이었다.

이 목표는 묵상의 삶과 꼭 필요한 활동의 삶을 하나로 묶어 준다. 전자가 하나님의 임재를 경험하게 한다면 후자는 하나님의 임재의 외적 표출이다. 폭이 넓어지려면 먼저 깊이 들어가야 한다. 먼저 하나님과의 관계가 견고해져야 그분이 우리를 통해 다른 사람들을 만지실 수 있다.

경건하게 준비되어 있어야 섬길 수 있다

신학생 시절에 나는 생활비를 보태려고 전기 회사에서 시간제로 일했다. 하루는 밤에 기도하고 있는데 주께서 같은 직장의 동료 하나를 계속 생각나게 하셨다. 이튿날 아침 복사실에서 복사하고 있는데 그 동료가 들어왔다. 그녀에게 어떻게 지내고 있느냐고 물었다. 그녀는 얼른 잘 지낸다고 말했지만, 나는 더 직설적으로 물어야 할 것 같은 부담을 느꼈다. 그래서 그녀의 남편을 언급했더니 그녀는 대번 울음을 터뜨렸다. 그들은 둘 다 그리스도인이었으나 부부 관계에 아주 힘든 시기를 겪고 있었다. 그녀는 자기들이 계속 부부로 남을지 잘 모르는 채 남편의 결심만 바라고 있었다. 남편은 과연 결혼 생활을 지속할 것인가, 아니면 이혼을 택할 것인가? 아직 많은 사람이 출근하지 않은 이른 아침이라 15분쯤 대화할 시간이 있었다. 물론 그녀에게는 내가 줄 수 있는 것 이상의 큰 도움이 필요했다. 하지만 나는 하나님이 전날 밤에 나를 임시방편의 역할로 부르셨음을 알았다. 우리는 대화하고 기도했다. 물론 그것으로 그녀가 완전히 치유된 것은 아니지만, 그래도 좌절을 털어놓고 새로운 시각을 얻어 그 방을 나갔다. 그 대화로 그녀의 인생이 달라진 것은 아니지만, 하루가 달라진 것은 분명하다. 하나님께는 한 사람이 중요한 것만큼이나 하루도 중요하다.

또 한 번은 하나님이 내게 어떤 기독교 간행물의 편집장에게 편지를 써서 그녀를 격려해 주라고 하시는 게 느껴졌다. 편지를 보내 놓고 잊고 있었는데 답장이 왔다. 그녀는 최근에 남편과 사별했다고 했다. 몇 년째 남편과 둘이서 잡지를 펴냈는데, 마침 내가 언급한 호는 남편이 죽은 뒤 그녀가 혼자 발행한 첫 호였다. 잡지를 발송한 후 그녀는 회의와 혼란에 시달렸다. 남편 없이 이 일을 계속할 것인가? 계속 글을 쓸 것인가? 아니면 남편과 함께 잡지도 떠나보낼 것인가? 그런데 내 편지를 읽으면서 그녀는 하나님이 자신의 부르짖음을 들으셨음을 알았다. 그녀는 다시 울었다. 하지만 이번에는 슬픔과 고통의 눈물이 아니라 기쁨과 안도의 표현이었다.

사탄은 곳곳에서 그리스도인들을 비난하며 낙심에 빠뜨린다. 특히 우리가 사역에 발을 들여 놓으면 더 그렇다. 하나님은 그리스도의 몸 된 교회를 격려하고 세우기 원하시며, 종종 우리를 통해 그 일을 하신다. 그러려면 우리가 준비되어 있어야 한다.

나는 그 밖에도 그런 경험을 많이 했다. 친구나 지인과 대화하는 중에 상대방의 어떤 문제가 떠오른다. 속에 감추어 둔 잘못된 태도나 죄가 문제일 때도 있다. 그것이 상대방의 영적 삶이나 부부 관계를 서서히 갉아먹고 있다. 그런가 하면 거짓을 믿고 있거나 아예 거짓 인생을 살아가는 사람도 있다. 하나님의 임재가 그것을 들추어낸다.

기적에 너무 연연해 할 필요는 없다. 기적이란 일어나면 일어나는 것이다. 그보다 중요한 것은 사람들을 있는 모습 그대로 일대일로 만날 줄 아는 것, 그리고 각자의 지옥에서 그들을 이끌어 내시는 하나님께 협력할 줄 아는 것이다. 20세기 초에 도덕 재무장(일명 옥스퍼드 그룹)이라는 단체의 공동 설립자이자 지도자였던 프랭크 부크먼 Frank Buchman 은 그것을 이렇게 표현했다. 나는 이 표현이 마음에 든다. "당신 주변의 사람들이 변화되고 있는가?" 만일 그렇지 않다면 그는 그 사람의 영적 열정에 의문을 제기했다. 그가 믿기로 하나님을 추구하고 그분 안에서 자라가며 성령의 능력으로 살아가는 사람은 하나님의 능력이 자신을 통해 역사하는 초자연적 영향을 보게 된다. 물론 이것은 모든 사람이 전국적 규모의 사역을 벌여야 한다는 말은 아니다. 대형 교회에서 목회하거나 텔레비전 프로그램을 시작해야 한다는 말도 아니다. 그보다 하나님이 일상생활 속에서 나를 통해 가족이나 다른 개인에게 일하고 계시는지 자문해 볼 수 있다.

우리의 목표는 천국에 들어가는 것을 넘어, 여기 이 땅에서 날마다 섬기며 영향을 미치는 것이다. 목표가 그렇게 바뀌면 성숙이 중요해진다. 미성숙한 사람도 천국에 들어갈 수는 있다. 하지만 미성숙한 상태로 자신의 발밑에서 지옥이 무너지는 것을 볼 수 있을지는 의문이다. 가끔은 혹시 몰라도 그런 일이 한결같이 자주 일어나지는 않을 것이다. 습관적 죄에 빠져 있거나 영적 사춘기에 머물러 있다면 우리는 지옥을 위협할 수 없다. 지옥의 발에 입 맞추거나 지옥의 콩고물을 탐하는 상태에서는 불가능한 일이다.

하나님께 뜨겁게 헌신하는 삶을 가꾸고 세워나가다 보면, 그 자연스러운 결과로 지옥이 내 발밑에서 무너지는 것을 볼 수 있다. 그것이 내 목표다. 덕분에 나는 자신을 위해서만 아니라 특히 다른 사람들을 위해 더 성장하고 싶어진다. 하나님과 더 가까이 동행하고 싶어진다. 그래야 그분의 동역자가 되어 그분과 교제하는 가운데 예수의 일을 이어갈 수 있다. 중요한 것을 첫 자리에 두어야 한다. 나는 얼마나 많은 사역이 밖으로 나가는가로 내 삶을 규정하고 싶지 않다. 오히려 그리스도의 임재가 얼마나 많이 안으로 들어오는가에 초점을 맞추고 싶다. 확신컨대 그분의 임재는 결코 속에 가만히 감추어져 있을 수 없다.

이런 임재와 성숙은 가짜로 지어낼 수 없다. 가면으로 사탄을 위

압할 수는 없다. 괜히 허세 부리다 오히려 큰코다칠 수 있다.²

자신의 삶 속에서 지옥의 붕괴를 경험하지 못하고 있다면, 왜 그런지 자문해 보는 게 좋다. 혹시 지옥과 장난질을 하고 있는가? 그래서 지옥에 능히 맞설 수 없는 것인가? 자신의 필요를 다루지 않고 외면하고 있는가? 혹시 그런 필요의 존재를 부정하고 있는가? 그래서 스스로 눈이 멀어 다른 사람들의 필요와 상처도 보지 못하는 것인가? 그것도 아니라면 나는 그냥 게을러진 것인가? 충성스러운 종으로 힘껏 달리기보다 그냥 적당히 천국에 들어가는 정도로 만족하고 있는가?

알고 보니 나 혼자가 아니었다. 나와 같은 목표를 설정한 다른 그리스도인들이 이미 있었다. 표현은 약간씩 달라도 본질은 같았다. 20세기 초에 H. A. 월터즈 H.A.Walters 는 다른 사람들을 변화시키는 일에 대해 글을 썼는데, 그의 말은 내 목표의 방향이 옳음을 확증해 주었다.

> 그리스도의 군사인 우리가 잊지 말아야 할 중요한 과제가 있다. 최고의 목표를 위해 성품을 잘 지켜야 한다. 죄가 사방에서 날뛰며 숱한 인생을 무섭게 허송시키고 있다. 우리가 그것을 힘써 막아야 한다. 이 과제는 비교적 단순한 일이 아니다. "예수님이 구원해 주신다"는 간증 한마디로 될 일이 아니다. 우리 주변의 복잡한 영적 기계는 고장나 있다. 우리가 그것을 고칠 인간 기술자들이다.³

월터즈는 그리스도인이라는 단어를 삶을 변화시키는 사람이라는 말로 바꾸어 쓸 수 있어야 한다고 역설했다. 현재 그렇지 못한 이유는 영적 게으름, 비겁함, 죄 등이 우리를 무력하게 만들었기 때문이라고 했다. 이 모든 방해물은 "우리가 살아 계신 그리스도를 생생하게 체험하지 못하고 있다는 증거다. 그런 체험에서 열심, 용기, 순발력, 그리스도인의 일관된 삶이 흘러나오게 되어 있다. 그래서 각자의 사역이 가능해지고 열매가 맺힌다."[4]

자연스러운 섬김을 낳는 경건, 그거야말로 내가 이해하고 측정하고 추구할 수 있는 목표다.

기도하며 목표를 검토하라

위에 말한 내 삶의 목표가 현재의 당신에게는 맞지 않을 수 있다. 어쩌면 당신에게는 더 작거나 구체적인 목표가 필요할 수도 있다. 그것도 괜찮다. 내 경우도 큰 목표로 연결되는 작은 목표들이 있다. 예컨대 한동안은 내 목표가 기도에 집중된 적이 있다. 더 지혜로워지기로 한 적도 있고, 그리스도의 온유함을 더 나타내기로 다짐한 적도 있다.

당신이 더 자세히 알고 싶을 수도 있으므로, 그동안 내가 분명한 영적 목표들을 세우는 데 도움이 되었던 몇 가지 지침을 소개한다.

복음서를 다시 읽어라. 시간을 내서 복음서를 다시 읽으면서 예수의 삶에서 감화를 받아라. 그분의 용기가 당신의 두려움을 지적해 주는가? 죄인들을 향한 그분의 긍휼이 당신의 비판적인 마음에 문제를 제기하는가? 이 두 질문 중 하나에라도 그렇다고 답했다면, 그리스도를 닮은 용기나 긍휼을 기르는 것이 당신의 목표가 될 수 있다.

고전 작가들의 목표를 살펴보라. 요한 클리마쿠스, 십자가의 요한, 존 웨슬리, 아빌라의 테레사 등의 목표를 공부하라. 이런 작가들이 무엇에 힘썼는지 알아보라. 독서의 폭이 넓어질수록 그만큼 당신의 목표는 문화의 제약에서 벗어나, 하나님이 정말 당신의 삶 속에서 하시려는 일과 더 일치하게 된다. 아울러 독서를 통해 당신의 목표를 확증할 수도 있다. H. A. 월터즈의 글은 내 생각을 다듬어 주고 결론을 내리는 데 도움을 주었다.

기도하며 목표를 검토하라. 시간을 내서 기도하며 그 목표에 대해 하나님과 의논하라. 당신이 선택한 목표는 그분이 주신 것인가? 하나님이 지금 당신의 삶 속에서 하시려는 일인가? 그분이 당신의 목표를 확증해 주시거나 방향을 조정해 주실 것이다.

중요한 사람들에게 알리라. 믿을 만한 사람들에게 당신의 목표를 설명하라. 그들에게 기도를 부탁하고, 어떻게 성령을 통해 삶을 고칠 수 있는지 조언을 구하라. 그들이 잘못을 지적해 줄 때는 마음을 열고 받으라. 당신 생각에는 특정 분야의 사역을 지금 시작해야 할 것 같은데, 그들은 당신이 먼저 사생활부터 몇 군데 바로잡아야 한다고 말할 수 있다. 죄는 굉장히 기만적이다. 그러므로 목표를 설정할 때는 혼자서 하지 말고 공동체 속에서 해야 한다.

내용에 살을 찌우라. 일단 목표가 웬만큼 잡히거든 성구 사전에서 관련 구절들을 찾아보라. 그 목표와 관련된 좋은 책을 알고 있거든 두 번 읽어라. 한꺼번에 모든 부분을 향상시키려 하지 말고 이 한 부분에 충분히 시간을 들이라.

전체 방향을 잊지 마라. 어떻게 성장해야 하는가를 늘 인식하는 것이 중요하다. 진보를 측정할 방법을 찾아보라_{신앙 일기가 이 부분에 큰 도움이 될 수 있다}. 목표를 정해 놓기만 하고 잊어버린다면 아예 목표를 정하지 않는 사람들보다 하나도 나을 게 없다.

05 마음과 몸과 영혼의 전인적 훈련

성장기에 나는 테니스를 열심히 했다. 여름이면 거의 테니스장에서 살다시피 했다. 그 당시에 《내면의 테니스》라는 책이 인기를 끌었다. 다른 내용은 별로 기억에 없으나 그 책이 강조한 것이 하나 있다. 동작마다 성공적으로 완성된 상태를 미리 상상하라는 것이다. 예컨대 서브로 에이스를 날리고, 백핸드로 대각선 방향 깊숙이 공을 찔러 주고, 네트 앞에서 상대방을 교란시키는 등의 동작을 머릿속에 그려 보는 것이다.

다만 한 가지 문제가 있었다. 실제로 부단히 연습하지 않는 한 온종일 생각만 해서는 백핸드가 되지 않는다는 것이다. 온종일 테니스를 묵상할 수야 있다. 하지만 몇 시간씩 백핸드를 치는 사람과 앉아서 생각만 하는 사람 중 누가 더 실력이 좋아지겠는가?

어쨌든 이것은 솔깃한 개념이다. 생각만 하면 부자도 되고 운동 실력도 좋아지고 거룩해지기도 한다니 얼마나 좋은가 대성공을 거둔 일부

서적들이 아직도 정확히 그렇게 가르치고 있다. 당연히 내면의 영성에 대해서도 《내면의 테니스》의 메시지를 쏙 빼닮은 버전들이 많이 나와 있다. 그만큼 이것은 매혹적인 개념이다. "생각하는 대로 된다. 생각하는 대로 된다. 생각하는 대로 된다."

물론 그런 개념이 무조건 다 틀린 것은 아니다. 사고는 선한 쪽으로든 악한 쪽으로든 아주 강력한 도구다. 하지만 여기서 무시되는 사실이 있다. 죄성을 지닌 영혼과 사고 외에도 우리에게는 몸이 있다는 사실이다. 그 몸이 따라 주지 않을 때가 많다. 사고는 인격의 아주 강력한 요소이지만 유일한 요소는 아니다. 몸과 마음을 함께 다루지 않으면 거룩함은 마치 발에 맞지 않는 싸구려 신발처럼 느껴질 것이다. 그런 신발을 신고 걸으면 발이 꼭 끼어 살갗이 쓸린다. 아무리 실컷 공상에 잠겨도 막상 걸음을 내디딜 때마다 발가락이 저항의 비명을 지를 것이다.

영성 고전을 읽어 보면 영적 삶의 훈련에 대한 내용이 많은 부분을 차지한다. 목표를 잘 정하는 것만으로 부족하다. 거기까지는 사고 활동이다. 목표를 이루려면 기꺼이 대가를 치러야 한다.

목적이 있는 영성

우리는 이렇게 반문할 수 있다. "왜 내가 수고해야 하는가?" "훈련이 왜 필요한가?" 답은 우리가 타락한 세상에서 타락한 인간으로 살아가고 있기 때문이다. 우리는 자신이 얼마나 병들어 있는지 모른다. 블레즈 파스칼Blaise Pascal이 우리의 눈을 떠 속속들이 타락한 실상을 보게 해 준다.

> 복음서는 영혼이 병든 상태를 병든 몸에 빗대어 보여 준다. 하지만 아무리 병들어도 하나의 몸으로는 그것을 제대로 표현할 수 없으므로 여러 몸이 필요하다. 그래서 듣지 못하는 사람, 말하지 못하는 사람, 보지 못하는 사람, 중풍 병자, 죽은 나사로, 귀신들린 사람이 나오는 것이다. 이 모두를 합한 상태가 병든 영혼 속에 들어 있다.[1]

성육신하신 예수를 단 하루라도 직접 목격하면서 우리 자신을 다른 사람들 대신 그분께 비교할 수 있다면, 우리가 얼마나 죄로 가득 차 있는지 알게 될 것이다. 교만, 이기심, 권리 의식 등 자신의 태도상의 죄가 전보다 더 눈에 들어올 것이다. 사랑할 기회를 그냥 흘려보냈던 일들도 새삼 더 인식될 것이다. 예수에게서 우리는 하나님께 온전히 살아 있는 한 인간을 볼 것이고, 이를 통해 정작 자신이 하나님을 얼마나 적게 드러내며 사는지 알게 될 것이다.

예수를 기준으로 한 이런 깊은 성품의 변화는 결코 쉽거나 금방 되는 일이 아니다. 즐거운 추구이지만 대개 고통이 따르며 답답할 정도로 느리다. 오랜 세월 쌓여 온 게으름과 이기적 야망과 탐욕과 교만과 기타 잘못된 태도와 죄를 떨쳐내려면 훈련의 삶이 필요하다. 잠시라도 방심하면 죄가 득달같이 달려들어 우리를 삼키려 한다.² 요한 클리마쿠스는 이렇게 경고했다.

"우리는 죽는 순간까지 잠시라도 경거망동해서는 안 된다."³

기독교 고전이 가르쳐 주듯이 영적 성장은 저절로 되지 않는다. 그것은 의지적 추구의 결과이며 하나님과의 협력을 통해 이루어진다. 하나님은 능동적 행위자로서, 연약함과 실패에도 불구하고 우리를 전진하게 하신다. 하지만 우리 쪽에서도 협력해야 한다.

특히 두 사람의 영성 작가가 영적 삶에 집중적 훈련이 필요함을 보았다. 토마스 아 켐피스는 자신의 고전 《그리스도를 본받아》 *The Imitation of Christ*에서 목적이 있는 기독교, 지속적 성장을 추구하는 기독교를 강조한다. 그는 이렇게 썼다.

"자신을 극복하기 위한 수고보다 더 큰 전투가 있겠는가? 우리도 이를 위해 노력해야 한다. 자신을 이기고, 날마다 더 강해지고, 거룩함에 더욱 자라가야 한다."⁴

토마스 아 켐피스에 따르면 목적이 없으면 진보도 별로 없다.

"영적 진보는 목적한 만큼 이루어진다. 진보를 보려면 아주 근면해야 한다. 목표가 확고한 사람도 자주 실패하는데 하물며 아무런 목적이 없거나 결의가 부실한 사람은 어떻겠는가?"⁵

앞에서 몇 장에 걸쳐 목표의 중요성을 다루었다. 이번 장의 주제는 철저한 헌신이 없이는 목표를 이룰 수 없다는 것이다. 지난 몇 년 동안 자신의 삶에 이렇다 할 영적 성장이 보이지 않는다면 이렇게 자문해 볼 수 있다.

"나는 성장하고자 노력했는가? 내 삶을 성화시키시려는 하나님께 협력했는가? 혹시 나는 영적으로 적당히 묻어가려 한 것은 아닌가? 영적인 사람들과 어울리며 나도 덩달아 좋아지기를 바란 것은 아닌가?"

머릿속에 목표를 떠올렸다 해서 목표가 이루어진 것처럼 착각해서는 안 된다. 부디 그런 덫에 빠지지 마라. 파스칼은 이렇게 경고했다.

"사람들은 흔히 상상과 마음을 착각한다. 회심에 대해 생각하는 순간 자신이 회심했다고 믿는 경우가 많다."[6]

이것은 사탄이 즐겨 쓰는 계략 중 하나다. 하나님이 깨우쳐 주시는 죄를 우리가 인정하는 것까지는 사탄도 개의치 않는다. 그런데 우리는 사탄에게 속아, 죄를 깨달았다는 이유만으로 자신이 변화되었다고 착각한다.

오래전에 브레이디 바빙크 Brady Bobbink 라는 지혜로운 캠퍼스 목사가 내게 이 문제를 지적해 주었다. 그때 우리는 나의 어떤 잘못된 점에 대해 대화하던 중이었다. 나는 이제 잘못된 점을 알았으니 똑같은 문제가 반복되지 않을 거라고 가볍게 말했다.

그러자 브레이디는 이렇게 물었다.

"그걸 어떻게 알지? 반복을 피하기 위해 어떻게 할 셈인가?"

그 대화를 통해 나는 죄의 세력을 물리치려면 잘못을 시인하는 정도가 아니라 그 이상이 필요함을 배웠다. 대개 계획이 필요하다.

물론 아찔하게 느껴지고, 많은 행위가 필요하다는 말처럼 들린다. 하지만 성장은 행위를 요구한다. 구원은 거저 주어지지만 성숙에는 대가가 따른다.

피상적이어서는 안 된다

토마스 아 켐피스의 책은 윌리엄 로에게 감화를 끼쳤다. 윌리엄 로는 목적이 있는 영성의 개념을 한 단계 더 발전시켜 《경건한 삶을 위한 부르심》*A Serious Call to a Devout and Holy Life*이라는 책을 썼다.그러면서 제목의 '진지한' 이라는 수식어를 강조했다!. 윌리엄 로는 이렇게 썼다.

"많은 사람이 구원에 실패하는 이유는 수고나 관심이 전혀 없어서가 아니라 수고와 관심이 부족해서다. 그들은 구하기만 할 뿐 구원에 들어가고자 분투하지 않는다."[7]

오늘날의 교회가 다분히 그렇지 않은가? 윌리엄 로의 말보다 더 적절한 표현이 있을까? 우리야말로 구원에 들어가고자 꾸준히 분투하기는커녕 가끔의 노력으로 그치고 있지 않은가? 이는 노력을 해답이 아니라 문제로 보는 사람들일수록 특히 더 그렇다!

이런 그리스도인들은 목표를 세우고 한 달쯤은 열심히 해 본다. 하지만 금방 지쳐 포기한다. 목표라는 개념이 원칙상은 좋지만 별로 현실성이 없다. 목표를 세워 놓기만 하고 목표를 위해 자신을 훈련할 마음이 없다면 차라리 아예 목표를 세우지 않느니만 못하다. 괜히 자신의 삶에 불성실이라는 요소만 하나 더하는 꼴이기 때문이다.

윌리엄 로는 피상적인 세대에 살며 글을 썼다. 그는 방임적인 영성이 자신의 동족에게 미치는 영향을 보았다. 계몽주의 시대였던 18세기의 영국에서 신앙은 의문시되었고, 타협적인 생활방식이 규범으로 통했다. 목사직은 교양 있는 사람들의 직업이었고, 소정의 교육만 받으면 그 이상 아무것도 필요하지 않았다. 경건함이나 거룩함을 남달리 사모하는 사람은 영국적이지 못한 광신도로 간주하였고, 심지어 성직자의 경우도 마찬가지였다. 기독교는 점잖은 사람들이 신봉하는 것으로 전락했다.[8]

《경건한 삶을 위한 부르심》은 윌리엄 로가 바로 그 세대를 향해 한 치의 타협도 없이 써내려간 논문이다. 그는 종교가 단정한 영국 생활의 감미료가 아니라 그리스도인의 실존의 정수라고 역설했다. 품행을 점잖게 고치는 것만으로 부족하다. 그리스도를 믿는 신앙이 우리의 최고 관심사가 되어야 하며, 그러려면 더 나은 그리스도인이 되는 데 필요한 시간과 에너지를 투자해야 한다.

> 놀랍게도 인간들은 세상의 일을 뜻하고 바랄 때에는 자신의 재능과 [지성]과 시간과 공부와 적용과 실습을 열심히 쏟아 붓고 온갖 도움과 지원까지 청한다. 하지만 경건을 가꾸고 심화시키는 데에는 한없이 더디고 소홀하고 몽매할 뿐 아니라 자신의 재능과 [지성]과 능력을 거의 사용하지 않는다![9]

알다시피 분명한 목적을 가지고 전진에 전념하지 않는 한 학업, 사업, 결혼 생활, 자녀양육, 스포츠 등 대부분의 일에 성공할 수 없다. 영적 성장도 마찬가지인데 우리 중에 그것을 모르는 사람들이 많다. 윌리엄 로는 계속해서 이렇게 말한다.

"경건의 정신도 다른 모든 이해나 지각과 마찬가지로 공부와 관심과 적용을 통해서만 발전할 수 있다. 예술이나 과학의 실력자가 되는 데 필요한 모든 수단과 도움이 여기에도 똑같이 필요하다."10

목사들이여, 당신은 교인 수를 늘리려 애쓰기보다 자신의 영혼을 세우는 데 더 많은 시간을 들이고 있는가? 부모들이여, 당신은 자녀의 품행과 성적을 향상하려 애쓰기보다 자신의 신앙을 성숙시키는 데 더 많은 시간을 들이고 있는가? 사업가들이여, 당신은 사업의 성공을 위해 쏟아 붓는 에너지와 열성적 노력을 자신의 성품에도 똑같이 쏟아 붓고 있는가?

윌리엄 로는 독자들에게 이렇게 독려한다.

"경건한 독서, 거룩한 묵상, 경성, 금식, 기도 등으로 자신의 영에 양분을 주어야 한다. 그래야 이생이 다할 때 시작될 영원한 상태를 지금부터 맛보고 음미하고 갈망할 수 있다."11

이런 영성을 이루려면 고작 하루에 5분의 생각으로는 어림없다. 일요일 아침이나 토요일 저녁에 1시간씩 마음을 점검하는 정도로도 안 된다. 윌리엄 로와 토마스 아 켐피스가 똑같이 가르치듯이 우리의 몸과 마음에 훈련이 필요하고 영에 양분이 필요하다. 윌리엄 로는 독자들에게 이렇게 경고했다.

무릇 우리는 거룩한 두려움이 있어야 열심히 노력하게 되고,

자신의 모든 본분에 대해 늘 양심이 민감하게 깨어 있게 된다. 또 자신이 어떻게 살고 있으며 얼마나 죽을 준비가 되어 있는지도 늘 점검하게 된다. 거룩한 두려움이 없다면 우리는 필시 게으르게 나앉아 빈둥거릴 것이고, 그렇게 살아서는 결코 천국의 보상에 이를 수 없다.[12]

영적 성장의 기본 요소는 바로 영성 훈련들이다. 윌리엄 로가 말한 '금식과 기도'도 그런 훈련의 일부다. 전통적 영성 훈련들에 대해서는 이미 좋은 책들이 아주 많이 나와 있으므로 여기서 그 내용을 다시 반복할 필요는 없다. 그러나 그리스도인의 훈련 중 어떤 부분들은 상실되었거나 경시되었다. 다음은 그동안 우리가 잊었거나 소홀히 해 온 영적 훈련의 다섯 가지 방법이다.

경건한 독서
살아 있는 모범을 본받기
덕을 기르기
일찍 일어나기
반추하는 삶

물론 이것이 전부는 아니다. 앞서 말했듯이 전통적 영성 훈련들도 꼭 필요하며, 죽음을 기억하는 일과 거룩함의 실천도 마찬가지다. 여기에 대해서는 뒤에서 차차 다룰 것이다. 어쨌든 예로부터 내려온 여정을 따라 경건과 성숙에 이르려면 자신을 훈련해야 하는데, 방금 말한 다섯 가지 연습을 통해 그런 훈련의 필요성을 절감할 수 있다.

06 경건한 독서

창업에 성공하려면 성공한 사업가들의 말을 들어야 한다. 자녀양육에 대한 조언을 원한다면 모범적인 가정의 부모를 찾아야 한다. 골프나 뜨개질이나 낚시의 실력을 키우는 최고의 방법은 그 분야의 경험자들을 찾아가 전문 지식을 배우는 것이다. 마찬가지로 우리 그리스도인들이 신앙에서 자라고 싶다면, 수백 년이 지난 지금도 여전히 연구되고 애독될 만큼 진실하고 영향력 있는 책을 쓴 사람에게 가면 된다. 그들보다 더 나은 대상이 누구이겠는가?

윌리엄 로는 기독교 고전을 무시하는 영국 동포들을 질책했다. 고전은 영혼의 문제에서 그들을 훈련할 수 있다.

> 당신의 서재에 왜 달랑 성경 한 권만 있어야 하는가? 고대의 정신을 알려면 고서를 읽는 것이 꼭 필요하고 유익한 수단이다. 마찬가지로 복음의 정신과 맛을 알려면 성인들의 정신을

아는 것이 꼭 필요하고 유익한 수단이 아닌가? 예수 그리스도를 뒤따른 거룩한 사람들의 경건을 접해야 하지 않겠는가?
시의 정신을 알려면 시와 문장을 많이 읽는 수밖에 없다. 경건의 정신에 이르는 방법도 그와 똑같지 않겠는가? 경건한 사람들의 거룩한 사고와 경건한 노력을 자주 읽어야 하지 않겠는가? … 신앙생활 곧 하늘의 삶에 진보를 이루고 싶다면 모든 경건 훈련에 힘쓰는 것이 … 당연하지 않겠는가? 그런 노력이 영혼의 거룩한 열정을 발동시키고 불붙이고 부채질한다.[1]

공학도 몇 명이 매주 모여 바비큐를 하다가, 요리에 쓸 숯불을 누가 먼저 하얗게 달구는지 선의의 경쟁을 벌였다. 몇 번의 창의적 시도 끝에 한 공학도가 경쟁자들을 따돌리고 약 3초 만에 숯불을 준비시켰다. 어떻게 했을까? 3미터 길이의 부지깽이와 점화 장치를 사용한 것 말고도 그는 액화 산소를 부어 주었다.

고전은 내 영혼에 액화 산소와 같다. 십자가의 요한, 요한 클리마쿠스, 기타 성인들이 쓴 내용에 내가 신학적으로 전부 동의하는 것은 아니다. 하지만 그들의 열정이 내 냉랭한 마음에 온기를 지펴 준다. 내 신앙이 잔불처럼 연기만 피워내고 있을 때면 그들의 경건이 다시 부채질하여 불꽃을 살려낸다.

17세기의 저명한 청교도 설교자인 랄프 베닝 Ralph Venning은 실제로 교인들에게 존 굿윈 John Goodwin의 《충만한 존재》 *A Being Filled*라는 책을 읽도록 권했다. 굿윈이 철저한 아르미니우스주의자라서 베닝의 칼뱅주의에 어긋났는데도 말이다.

> 솔직히 말해서 나는 일부 다른 논점에서는 이 박식한 저자의 생각과 견해에 동의하지 않는다. 하지만 이 책에 대해서는 증언하지 않을 수 없다. 탁월한 정신이 책의 표면에 운행하고 책의 중심에 활동하여, 하나님의 영광과 경건의 위력을 드높이고 있다. 그리하여 모든 인간과 특히 그리스도인들에게 유익을 끼친다.[2]

경건한 독서는 교리서를 읽는 것과 다르다. 경건한 독서의 취지는 신학 논쟁의 해답을 찾는 데 있는 게 아니라 하나님이 인간과 함께하시는 방식을 깨닫는 데 있다. 그래서 윌리엄 로는 우리 영혼의 '거룩한 열정을 … 부채질' 해 줄 수 있는 고전 작가들을 찾으라고 권면한다. 당신은 그런 영적 친구들을 만났는가? 이 책을 통해 그런 사람들을 많이 만나게 되기를 기도한다.

경건한 독서의 실천은 윌리엄 로에게 큰 도움이 되었다. 당시의 문화는 겉으로는 점잖았지만 속으로는 퇴폐적이었는데, 윌리엄 로는 경건한 독서 덕분에 그 문화의 한계에서 벗어날 수 있었다. 또한, 그는 시대는 달랐지만 같은 하나님을 추구했던 토마스 아 켐피스 같은 사람들의 식탁에서 영의 양식을 먹으면서, 참되고 진실한 신앙에 대한 미각을 길렀다. 고전 읽기는 그런 점에서 매우 유익하다. 고전을 읽으면 세대 간의 벽이 허물어진다. 윌리엄 로가 동족을 비판하고 자신을 무장해 당대의 편견을 물리칠 수 있었던 것도 자신의 세대를 벗어난 독서 덕분이었다.

경건한 독서를 실천하면 그것이 하나님을 향한 십자가의 요한의 열정, 하나님을 위해 기꺼이 자신을 훈련한 요한 클리마쿠스의 의지, 하나님 안에서 날마다 진보를 이루려 한 윌리엄 로의 헌신, 하나님께 대한 잔느 귀용Jeanne Guyon 부인의 복종, 하나님께 드린 아빌라의 테레사의 묵상과 사랑 등으로 우리를 부채질해 준다. 하지만 거기서 그치지 않고 우리의 개인적 편견까지 서서히 퇴치된다. 예컨대 고전에는 교만이 진지하게 다루어지고 있지만 요즘은 그런 설교를 듣기 힘들다. 우리의 복음주의 문화는 성적인 죄와 물질만능주의를 규탄하느라 여념이 없는 듯하지만, 옛날의 그리스도인 작가들은 이웃 사랑의 필요성과 교만에 대해서도 수시로 말했다.

오늘날의 그리스도인들이 걸핏하면 스스로 의롭게 여기며 교만하게 행하는 것도 혹시 그 때문은 아닐까? 우리의 일부 발언과 설교를 보면 우리는 정말 자아로 충만해 보인다. 세상의 어떤 문제도 이미 우리의 책이나 설교에 해답이 없는 것이 없다. 게다가 기쁜 소식을 전하려는 열성 때문에 우리가 망각하는 것이 있다. 회개란 그리스도인의 삶의 현관만이 아니라 거실이라는 사실이다. 겸손과 교만에 대한 고전적 견해에 대해서는 뒤에서 자세히 살펴볼 것이다. 나는 성인들의 지혜를 재발견하면서 특히 도전을 받곤 하는데, 이 문제도 그중 한 예일 뿐이다.

리전트 칼리지의 영성 교수인 제임스 휴스턴James Houston 박사는 예전에 우리 신학생들에게 아빌라의 테레사의 책을 권해 주었다.

왜 그랬을까? 그녀가 우리 대부분과 극과 극으로 달랐기 때문이다. 그녀는 다른 나라, 다른 시대, 다른 전통의 사람이었다. 그녀는 여자였지만 우리는 대부분 남자였다. 그녀가 《내면의 성城》The Interior Castle을 쓴 때는 생애 말년이었지만 우리는 대부분 아직 새파랗게 젊은 나이였다. 그런 그녀이기에 우리로서는 생각지도 못한 의문들에 답해 줄 수 있었다.

기도로 하나님과 친밀해지려 한 테레사의 헌신은 큰 도전이 되었다. 나에게 기도란 전쟁터에 나가는 출사표일 때가 많았다.

"주여, 또 나갑니다. 주님도 함께 가셔야 합니다!"

그런데 테레사는 마음을 가라앉히고 친밀함을 구하라고 권면해 주었다. 그것은 행위와는 전혀 거리가 먼 것이었다. 테레사는 자연스럽게 자신을 그리스도의 신부의 일부로 보았다. 하지만 남자인 나는 어떻게 다른 방식으로 같은 친밀함을 누릴 수 있을까?

나를 바른 방향으로 인도해 준 아빌라의 테레사도 그 의문에는 시원하게 답해 주지 못했다. 더 필요한 도움을 비교적 현대의 작가인 앤드루 머레이Andrew Murray의 저작에서 얻었다. 머잖아 내 기도가 바뀌었다. "오늘 주의 나라가 임하게 하소서!"만이 아니라 "귀하신 나의 주여, 자주자주 오랫동안 주님과 단둘이 있고 싶습니다"라는 기도도 하게 된 것이다.

내가 얼마나 많이 변화되었는지 깨달은 것은 어느 성공회 신부에게서 이런 질문을 받았을 때였다.

"당신은 가장 자기다워질 수 있는 때가 언제입니까?"

내 대답은 이랬다.

"숲 속에서 주님과 단둘이 있을 때입니다."

그전에는 상상할 수 없던 일이었다.

모든 그리스도인에게는 신앙이나 성장의 새로운 가능성을 지적해 줄 다른 그리스도인이 필요하다. 그리스도인의 삶을 완전히 터득해 혼자서도 충분히 해나갈 수 있는 영적 만능인은 없다. 하나님을 최대한 친밀하게 알고 싶어 애가 탔던 남녀들의 영혼에는 거룩한 열정이 불타올랐다. 고전을 읽으면 그런 모습이 내게 도전으로 다가온다.

그래서 우리에게는 자기 세대를 벗어난 영적 식단이 필요하다. 그런데 경건한 독서에는 현대의 작가들도 포함될 수 있다. 오늘날 우리의 영혼에 감화를 주는 영향력 있는 저자가 있다면, 그 저자가 말하는 진리를 열렬히 그러나 지혜롭게 숙고해 볼 수 있다. 현대의 책들은 아직 검증되지 않았지만, 매우 귀중하다. 토마스 아 켐피스도 처음에는 신인이었다.

잃어버린 기술을 연습한다

영적 훈련의 하나로 경건 서적을 읽는 일은 사실상 잃어버린 기술이다. 그러므로 몇 가지 기본적인 연습 지침을 간략히 살펴보자.

마음으로 읽으라

가장 먼저 기억해야 할 것은, 경건한 독서란 단지 지적인 활동만이 아니라는 것이다. 목표는 마음의 능동적 변화에 있다. 제임스 휴스턴은 말하기를 대부분의 저주는 무지 때문이 아니라 지식을 머리에만 두고 마음에 두지 않기 때문에 임한다고 했다.

마음으로 읽으려면 하나님이 나의 태도와 반응과 감정을 지적해 주시도록 가만히 있어야 한다. 그런데 우리는 잘못을 지적해 주는 어떤 진리를 그냥 무시하고 싶은 생각이 들 수 있다. 신학적 근거가 약하다든가 저자가 성경을 적용하는 방식이 구식이라는 이유로 말이다. 그런 덫에 빠져서는 안 된다. 경건한 독서는 내면의 영혼에 도전을 가하기 위한 것이다. 나는 바르게 생각하는 법을 배울 때는 조직신학을 읽지만, 내 마음의 온도를 재려면 고전을 읽는다.

마음으로 읽으려면 기도하는 마음으로 천천히 읽어야 한다. 문구 하나하나를 깊이 생각하면서 지속적으로 하나님의 음성에 귀를 기울여야 한다. 그분은 어떤 한 요지를 부각하실 수도 있고, 요지의 중요성을 강조해 주는 성경 구절이 떠오르게 하실 수도 있다. 이런 식으로 그분은 우리가 읽는 진리를 우리의 영혼에 적용하실 수 있다.

반복해서 읽으라

두 번째로 기억해야 할 것이 있다. 대개 좋은 책 한 권을 두세 번 읽는 것이 그저 그런 책 다섯 권을 읽는 것보다 더 유익하다. 물론 사람마다 학습 방법이 다르다. 하지만 얼른 한 번 읽고 나서 책 한 권이 '내 것'이 되는 사람은 거의 없다. 경건 서적의 진리가 나의 일부가 되려면 책을 천천히 읽고 또 읽어야 한다. 그래야 대충 넘어가지 않고 개념과 사상을 심사숙고할 수 있다.

나는 요한 클리마쿠스의 책을 적어도 다섯 번은 읽었고, 여기에 인용하는 대부분의 고전도 최소한 두세 번씩 읽었다. 책의 핵심에 가 닿으려면 그만큼 시간이 걸린다. 훌륭한 고전은 아무리 여러 번 읽어도 늘 새로운 도전을 준다.

저자의 관점에 유의하라

세 번째로 기억해야 할 것은, 고전을 읽을 때 저자의 제한된 관점을 인식해야 한다는 것이다. 윌리엄 로의 후기 작품인 《사랑의 정신》*The Spirit of Love*은 《경건한 삶을 위한 부르심》과는 강조점이 꽤 다르다. 대체로 작가들은 초기에는 율법적인 느낌을 주지만 말년에 성숙해지면 한결 은혜로 충만해진다. 그리하여 열정적 행위보다 하나님과의 친밀함을 더 강조하게 된다. 저자의 여정이 어디쯤 와 있는지 알면 성경적 균형을 유지하는 데 도움이 된다.

진리의 핵심을 찾으라

네 번째로 기억해야 할 것이 있다. 하나님은 망가진 악기로도 아름다운 곡을 연주하실 수 있다. 신앙 서적을 대할 때 자칫 우리는 저자가 제시하는 진리를 찾기보다 특정한 강조점을 완전히 거부하기 쉽다. 예컨대 요한 클리마쿠스는 수도원을 '감옥'이라 표현했고, 고문실에 버금가는 곳에서 벌어지는 괴로운 고행을 기술했다. 그것을 읽으며 우리는 기독교라는 이름으로 자행된 자학에 기겁해 그의 책을 무조건 무시하기 쉽다. 하지만 반대로 우리는 다른 그리스도인들이 죄를 끊기 위해 얼마나 치열하게 싸웠는지 보며 도전을 받을 수도 있다. 그들의 방법에는 전적으로 동의하지 않더라도 그들의 동기에서 많은 것을 배울 수 있다.

나는 간혹 신비가들과 명상가들의 글을 인용한다고 비판을 받곤 한다. 그들의 신학적 입장이 조금 다르다는 이유 때문이다. 과거의 작가들이 현대의 복음주의 사상에 백퍼센트 일치되지 않는 한, 그들의 글은 너무 위험하므로 읽거나 인용해서는 안 되는 것인가? 이것은 어처구니없는 일이다. 이미 알고 있고 믿고 있는 내용을 오로지 확인할 목적으로 책을 읽는 게 아니라면 말이다.

어거스틴 Augustine의 말대로 모든 진리는 하나님의 진리다. 물론 이 말은 모든 체계가 진리라는 뜻이 아니라 모든 진리가 하나님의 체계에서 온다는 뜻이다. 절대적 권위는 성경에만 있다. 영성 고전에는 절대적 권위가 없지만, 그래도 그 속에 많은 진리가 담겨 있고 우리는 그 진리를 가려내 유익을 얻을 수 있다. 틀린 점을 찾아내려고 책을 읽는 사람들도 있지만, 나는 옳은 점을 찾아내려고 책을 읽는다.

여기에는 나를 매료하는 또 다른 측면이 있다. 요하네스 타울러 Johannes Tauler의 설교를 읽을 때 나는 마르틴 루터 Martin Luther가 '순전한 신학'이라 부르며 읽고 공부하고 여백에 메모했던 바로 그 설교집을 읽는 것이다. 물론 어거스틴의 책은 거의 모든 사람이 읽고 평을 남겼다. 내가 읽는 귀용 부인의 책을 존 웨슬리와 진젠도르프Zinzendorf 백작도 읽고 엄청난 유익을 얻었다. 내가 읽는 로렌조 스쿠폴리의 《심전 – 영적 전투》Spiritual Combat는 프란시스 드 살레가 18년 동안 매일 가지고 다녔던 책이다. 프랑수아 페넬롱은 토마스 아 켐피스의 《그리스도를 본받아》는 물론 프란시스 드 살레의 이름도 언급했다. 그렇다면 로렌조 스쿠폴리는 프란시스 드 살레를 가르쳤고, 프란시스 드 살레는 프랑수아 페넬롱을 가르쳤고, 프랑수아 페넬롱은 지금 우리를 가르치고 있다는 뜻이다. 생각하면 정말 놀라운 일이다. 이것은 나를 하나님의 백성의 이야기와 연결해 주고, 고전을 더 잘 이해하게 해 준다.

이 책 뒷부분에 기독교 고전의 목록을 소개하고 짤막한 설명을 덧붙였다. 이것을 활용해 당신도 경건한 독서를 영적 훈련의 주요 성분으로 삼기를 기도한다.

07 살아 있는 모범을 본받기

모범이 되는 사람을 본받는 것도 영적 훈련의 일환이다. 사도 바울은 그 개념을 이런 말로 뒷받침했다.

"내가 그리스도를 본받는 자가 된 것 같이 너희는 나를 본받는 자가 되라."[1]

토마스 아 켐피스도 바울이 말한 진리를 존중하여 이렇게 썼다.

"어디에 있든지 자신의 영혼에 유익한 것을 얻어라. 좋은 모범을 보거나 듣거든 분발하여 그 사람을 본받아라."[2]

그리스도의 모범을 완전무결하게 따르는 사람은 아무도 없지만, 삶의 어떤 요소로 감화를 끼치는 사람들은 많다. 이미 보아서 알겠지만 나는 영적 만남을 자주 언급한다. 그런 만남을 통해 뭔가를 배웠기 때문이다. 나는 또 전기傳記를 읽으며 늘 영의 양식을 얻곤 한다. 사실 나는 이 책을 클라우스 복뮤엘 박사에게 헌정했다. 생전에 그의 모범은 나에게 깊은 감화를 끼쳤다.

《쾌락 – 하나님이 주신 순전한 즐거움》*Pure Pleasure*을 쓰던 중에 나는 캐나다 밴쿠버의 리전트 칼리지에 올라가 J. I. 패커[J. I. Packer] 박사를 만났다. 그는 20년도 더 전에 나의 신학교 스승이었다. 82세의 패커 박사는 약간 기력이 떨어져 보였지만, 하나님 나라를 먼저 구하는 일편단심만은 여전했다.

주차장으로 가는 길에[내 차로 그를 집에까지 모셔다 드렸다] 패커 박사는 명예 교수라는 호칭이 조금 거북하다고 털어놓았다.

"내 생각에 나는 아직 할 말도 남아 있고 할 일도 많거든."

그는 내게 말했다.

차를 타고 그의 집으로 가면서 우리의 대화는 계속되었다. 나는 그의 글을 인용한 부분들에 대해 직접 승인을 받고자 내 원고의 사본을 보내 드리겠다고 했다. 그러자 패커 박사는 그럴 필요 없다고 잘라 말했다.

"무엇이든 도움이 되는 게 있거든 그냥 자네의 말로 바꾸어 표현하게."

그는 잠시 말을 끊었다가 이렇게 덧붙였다.

"자네가 좋은 책을 쓴다면 나는 그 이상 바랄 게 없다네."

워낙 진지하고 마음을 담은 당부라서 내가 물러나는 수밖에 없었다. 패커 박사는 근자에 영성과 쾌락을 포괄적으로 다룬 책을 보지 못했다며, 내가 좋은 주제를 찾아냈다고 했다. 그는 제자가 좋은 작품을 만들어내기를 참으로 바랄 뿐이었고, 그만큼 그것은 그에게 중요한 일이었다.

패커 박사는 이제 아흔을 넘겼다. 그가 쉬운 길을 택해 인세와 명예에 의지해 살다가 편안히 여생을 마친다 해도 누가 그를 탓하겠는가? 그런데도 패커 박사는 늘 교회를 걱정하고, 여전히 하나님 나라의 능동적 전사이며, 하나님의 통치가 이 땅에 편만해지는 것을 보기 원하고, 하나님이 호흡을 주시는 한 자신을 쏟아 붓고 있다.

집으로 돌아오는 길에 나는 울먹이며 기도했다.

"주님, 저도 끝까지 저렇게 살고 싶습니다."

텍사스 주 휴스턴의 제이침례교회를 처음 둘러보던 일이 지금도 기억난다. 나를 안내해 준 에드 영 Ed Young 박사는 71세의 나이에도 아주 정정한 몸으로 교인 5만 명의 교회를 이끌고 있었다. 하나님의 일을 향한 그의 열정은 전염성이 있었다. 그는 그리스도를 위해 계속 지역사회를 섬기려는 열의가 대단했고, 많은 가정과 자녀 세대에게 그리스도를 만나고 그분 안에서 자라갈 기회를 주고자 온 힘을 기울이고 있었다. 그 모습을 보노라니 이번에도 내 눈에 감동의 눈물이 맺혔다. 인생 후반에 실패하는 남자들을 나도 볼 만큼 보았다. 그런데 반대로 복음의 사역에 대한 헌신과 열정이 날로 더해가는 사람을 보니 정말 감격스러웠다.

얼마 후에 제이침례교회에서 나를 주재 작가로 초빙했다. 나를 가장 끌어당긴 요인 중 하나는 바로 영 박사의 발치에 앉을 수 있다는 사실이었다. 당시에 나도 어언 쉰이 다 되었지만, 다른 사람들에게 배우고 감화를 받는 일이야말로 평생 해도 모자란 법이다.

물론 나도 다른 사람들이 배울 수 있는 대상이 되고 싶다. 신앙의 성숙을 지향하는 그리스도인으로서 그것도 내 소명의 일부다. 하지만 성숙해지려면 우선 나부터 좋은 긍정적 모범들을 찾아내 그들에게 배워야 한다. 그래서 나는 삶 속에서 남달리 그리스도의 임재를 누리는 듯한 사람들을 보면 그들에게 묻는다. 그들이 어떻게 해서 그런 사람이 되었는지 알고 싶은 것이다.

그래서 나는 특정한 지도자들이 어떻게 생각하며 무엇을 하고 지내는지 트위터와 페이스북을 통해 알아낸다.^{내 웹사이트 www.garythomas.com에 가면 내 트위터와 페이스북 주소가 나와 있다.} 우리는 또한 고전 작가들의 전기를 읽을 수도 있다. 그러면 몇 세기의 세월을 뛰어넘어 마치 우리가 그들의 발치에 앉아 있는 것처럼 느껴진다.

나의 궁극적 목표는 하나님을 아는 것이다. 하지만 다른 그리스도인들이 그분을 어떻게 섬기는지 보면 내 눈이 새로 뜨여 오늘 하나님을 더 잘 알아갈 수 있다. 물론 살아 있는 모범을 본받는 것만으로 우리에게 필요한 영적 훈련을 다 받을 수는 없다. 하지만 그래도 이것은 더할 나위 없이 유익한 일이다.

08 덕을 기르기

보디빌더들이 역기를 통해 특정한 몸매를 만들어 가듯이 예로부터 하나님을 따르는 사람들은 예수의 여러 가지 덕을 통해 특정한 성품을 빚어 나갔다. 성경에 강조되어 있듯이 성품의 성장은 결코 저절로 되는 일이 아니다.

> 그러므로 너희가 더욱 힘써 너희 믿음에 덕을, 덕에 지식을, 지식에 절제를, 절제에 인내를, 인내에 경건을, 경건에 형제 우애를, 형제 우애에 사랑을 더하라. 이런 것이 너희에게 있어 흡족한즉 너희로 우리 주 예수 그리스도를 알기에 게으르지 않고 열매 없는 자가 되지 않게 하려니와 벧후 1:5~8.

이런 것이 있되 흡족하게 하라는 권면에 주목하라. 감사하게도 우리의 구원은 예수 그리스도께서 이루신 일로 말미암아 영원히 보장되었다. 하지만 이런 확신 때문에 우리는 자칫 지독한 안일에 빠질 수 있다. 안일에 빠지면 우리는 베드로의 경고대로 게으르고 열매 없는 사람이 되고 만다.

16세기에 테아틴 수도회의 신부였던 로렌조 스쿠폴리는 《심전 – 영적 전투》라는 책을 썼다. 이 책은 뛰어난 통찰력을 인정받아 정교회에도 받아들여졌다. 거기서 로렌조 스쿠폴리는 그리스도인들에게 "구주의 모든 덕을 힘을 다하여 본받으라"고 권면한다.[1] 그 배후의 논리는 다음과 같다. 예수님의 삶과 성품에서 우리는 용기, 온유, 자비, 절제 등 여러 가지 특성을 찾아낼 수 있다. 하나님의 은혜와 성령의 능력으로 우리는 그런 특성을 연습하여 점점 그리스도를 닮아갈 수 있다. 예컨대 사람들을 온유하게 대하는 최고의 방법 중 하나는 의식적으로 온유를 연습하는 것이다. 더 겸손해지는 방법의 하나는 매사에 세심하게 남을 앞세우는 데 주력하는 것이다. 로렌조 스쿠폴리는 그것을 이렇게 표현했다.

> 사랑하는 자여, 내가 당신의 손에 넣어 줄 책은 곧 십자가에 달리신 주님이다. 이 책을 읽으면 모든 덕의 참모습을 배울 수 있다. 이것은 생명의 책이다. 말로 지식을 깨우쳐 줄 뿐 아니라 살아 있는 모본으로 의지에 불을 붙여 준다. 세상에 넘쳐나는 게 책이지만, 그것을 전부 합해도 모든 덕을 얻는 법을 이보다 더 완전하게 가르쳐 줄 수는 없다. 십자가에 달리신 하나님을 묵상하는 것이 덕을 기르는 최고의 방법이다.[2]

예수는 내면이 변화되어야 한다고 경고하셨다. 그런데 이 경고를 악용해 성품의 외적 변화를 등한시하는 그리스도인들을 나는 너무 많이 보았다. 하지만 성경에는 외적 행동도 함께 고쳐야 한다는 권면이 수없이 많이 나온다. 현대의 인지^{두뇌} 과학을 통해 밝혀졌듯이 일단 습관을 고치면 사람이 생각하고 행동하고 심지어 느끼는 방식까지 서서히 변화된다. 로렌조 스쿠폴리와 기타 영성 작가들은 신경화학 물질의 과학적 연구가 시작되기 수백 년 전부터 이미 그 사실을 직관으로 알았다.

> 죄의 습성은 숱한 반복 행위를 통해 생겨난다. 고차원의 의지가 세속적 욕구에 굴하면 그렇게 된다. 이와 마찬가지로 복음에 합당한 덕의 습성도 잦은 반복 행위를 통해 습득된다. 거룩한 의지에 복종하면 그렇게 된다. 의지는 그때그때 다른 덕의 연습으로 우리를 부른다.³

성품의 성장

이 모두가 의미하는 바는 이것이다. 만일 기도와 성경 공부와 전도에만 힘쓰고 성품의 성장을 소홀히 한다면, 우리는 성숙을 독려하는 성경과 고전의 권고에 턱없이 못 미치는 것이다. 아빌라의 테레사는 휘하의 수녀들에게 이렇게 격려했다.

기도와 묵상에만 기초를 두어서는 안 되며 반드시 그 이상이 필요하다. 덕을 추구하고 연습하지 않는다면 늘 믿음이 작을 수밖에 없다. 간단히 말해서 성장이 멎는 것이다. 알다시피 누구든지 진보하지 않으면 그 자체로 퇴보다. 내가 믿기로 사랑이란 결코 답보 상태에 만족할 수 없다.[4]

많은 부모가 자녀에게 인내심, 예의, 정직성, 노력 등을 훈련시키려고 애쓴다. 덕이란 저절로 오는 게 아님을 잘 알기 때문이다. 덕을 기르려면 본인의 의지적 노력이 필요하며, 이는 어른도 마찬가지다. 왜 우리는 자식을 낳을 나이만 되면 다 됐다고 생각하는가? 왜 성품을 기르려는 노력을 거기서 중단하는 것인가?

영적 훈련은 변화의 가능성을 전제로 한다. 성령의 역사에 협력하면 게으른 사람이 더 부지런해질 수 있고, 이기적인 사람이 사랑을 배울 수 있고, 매정한 사람이 친절해질 수 있다. 누구나 성품에 어두운 면이 있지만 그렇다고 그 어두운 면의 노예로 살아갈 필요는 없다. 진보는 쉽지 않지만, 꼭 필요하다.

"신앙생활이 시작되면서부터 우리는 덕을 기르기 위해 힘써 수고한다."[5]

이것은 능동적이고 의지적인 추구이며 노력과 집중과 많은 에너지를 요구한다. 기독교의 고전 작가들은 이것을 두려워하지 않았다. 오히려 그들은 그리스도의 모범을 읽기만 하고 정작 그런 특성을 실천하지 않는 사람들을 비웃었다. 로렌조 스쿠폴리는 그런 그리스도인들을 '전투 전에 천막 속에서는 사기가 충천해 있다가 막상 전투가 시작되면 무기를 버리고 달아나는 군인들'에 비유했다. 로렌조 스쿠폴리와 그의 동시대 사람들에게 일상생활은 성품을 얻거나 잃는 전쟁터와 같았다. 안타깝게도 지금은 이런 싸움에 신경이라도 쓰는 그리스도인들이 갈수록 적어지고 있다. 그런 태만을 통렬하게 질타하는 로렌조 스쿠폴리의 말을 들어 보라.

"어떤 사람들은 마치 거울을 보듯 주님의 덕을 묵상하고 거기에 매료되어 감탄해 놓고는, 막상 그것을 연습할 기회가 오면 완전히 잊어버리고 등한시한다. 이보다 더 서글프고 어리석은 일이 있을 수 있는가?"[6]

덕을 기르기 위해 극복해야 할 장애물은 사람마다 다르다. 자제력은 뛰어난데 이기적 야망 때문에 힘들어하는 사람들이 있다. 아주 온유하기는 한데 용기가 부족해 무조건 갈등을 피하는 사람들도 있다. 기질상 화를 잘 내는 사람들이 있는가 하면 육욕에 유난히 약한 사람들도 있다. 이 모든 문제를 능히 극복할 수 있다. 재능이 좀 떨어져도 전략적으로 더 열심히 훈련하는 운동선수가 천부적인 운동선수를 무찌를 수 있듯이, 더욱 진지하게 성장에 전념하는 사람이 덕성을 더 타고난 사람을 능가할 수 있다. 토마스 아 켐피스는 이렇게 썼다.

"극복하고 죽여야 할 것들이 사람마다 똑같이 많은 것은 아니다. 하지만 기질이 온화해도 덕을 추구하려는 열의가 부족한 사람보다는 차라리 정욕에 약하더라도 덕에 부지런히 힘쓰는 사람이 더 큰 유익을 얻는다."7

덕을 기르는 일은 그리스도인의 삶에 필수적인 부분이다. "나는 원래 그렇다"는 말은 겸손의 고백이 아니라 나태의 고백이다. 영적으로 너무 게을러서 변화될 수 없다는 말과 같다. 자신의 결점과 부덕이 사람들에게 상처를 주는데도 너무 이기적으로 거기에 무관심하다는 뜻이다. 성질이 고약하거나 생활방식이 너무 방종하다면 이로써 우리는 남에게 상처를 입히고, 자신의 전도의 효력을 떨어뜨리고, 주님을 슬프시게 하는 것이다.

덕에 대한 더 자세한 내용은 내 책《일상영성》*The Glorious Pur-suit*을 참조하기 바란다. 덕을 실천하는 유서 깊은 훈련을 영혼이 성장하고 성품이 변화되는 주된 방편으로 보고 탐색한 책이다. 일단 여기서는 덕을 기르는 일을 우리의 삶 속에서 열정의 대상으로 삼기로 하자.

"방심하지 말고, 열심을 품고, 늘 주의를 기울이라. 덕을 연습할 기회를 하나라도 놓치지 마라."8

09 일찍 일어나기

절망의 한숨을 토할 사람들이 많겠지만, 영적 삶의 훈련에는 이른 아침의 신성한 순간이 주는 유익도 포함된다.

"내가 새벽을 깨우리로다" 시 57:8.

내 삶에서도 그것이 중요한 부분이 되었다. 고금을 막론하고 일찍 일어나는 일은 한결같이 그리스도인의 영적 훈련의 한 부분이었다. 윌리엄 로의 말을 생각해 보라.

> 나는 몸이 건강한 그리스도인이라면 누구나 당연히 아침에 일찍 일어나야 한다고 생각한다. 노동자나 상인이나 하인이라서 업무 때문에 일찍 일어나는 것보다 그리스도인이라서 일찍 일어나는 게 훨씬 이치에 맞는다.
>
> 노동하고 있거나 일터에 있어야 할 시간에 여태 자고 있는 사람을 보면 누구나 저절로 반감이 든다. 본분을 내팽개친 채 잠

의 노예가 되어 있는 사람이 결코 좋게 생각될 리가 없다.

그렇다면 우리도 거기서 이런 생각을 배워야 한다. 하나님을 찬양하고 있어야 할 시간에 어두운 잠에 취해 있다면 그것이 천국의 눈앞에 얼마나 밉살스러워 보이겠는가. 경건을 내팽개 친 채 잠의 노예가 되어 있으니 말이다.[1]

유익한 가르침을 찾고, 확실한 결과를 낼 현실적 목표를 정하고, 사람들의 말을 귀담아듣고, 그리스도의 삶을 공부하는 것도 중요하다. 하지만 훈련에는 그 이상이 필요하다. 자신을 훈련하려면 일과를 잘 짜야 한다. 영적 성장을 가꾸는 데 대체로 부합되는 생활방식이 있는가 하면, 영적 성장과는 담을 쌓고 사는 사람들에게 대체로 어울리는 생활방식도 있다.

물론 사람마다 신체 리듬이 다 다르다. 아침보다 밤에 더 쌩쌩한 사람들도 있다. 사실 열심인 그리스도인 중에 남들이 잘 때 '야경夜警' 하며 기도한 사람들도 많다. 하지만 그래도 예수께서 세우신 부정할 수 없는 기독교의 전통이 있다. 그분은 아침에 제일 먼저 하나님부터 만나셨다.

하루하루를 선물이자 기회로 여기는 것이 성경적 세계관이다. 선물은 받아 누려야 하고 기회는 하나님 나라를 위해 활용해야 한다. 이런 진리를 명심하고 살려면 하루를 일찍 시작하는 게 좋다. 느지막이 시작해 시간을 허송해서는 안 된다. 그렇다면 먼저 하나님부터 뵙고 나서 그분의 영광을 위해 하루를 활용하려면 어떻게 해야 할까? 여기서 우리가 피할 수 없는 사실이 있다. 수면의 습성에 따라 사고방식도 어느 정도 달라진다. 잠자는 스케줄은 우리의 영적 훈련 전반과 특히 경건의 시간에 영향을 미칠 수 있다. 우리는 한 번이라도 그런 생각을 해 본 적이 있는가?

아침이 주는 도덕적 유익

이른 기상은 효율성을 높여 줄 뿐 아니라 우리의 도덕적 선택에도 중대한 영향을 미칠 수 있다. 우리 동네의 한 청년이 사고를 쳐서 체포되었다. 잠시 구치소에 있다가 나온 그는 내 아내에게 이렇게 말했다.

"한 가지만은 확실히 배웠습니다. 다시는 새벽 1시가 지나서는 밖에 나가지 않을 겁니다."

"그건 왜죠?" 내 아내가 물었다.

"구치소에 가서 보니까 모든 문제가 그때 시작되더군요. 거의 모든 사람이 자정 너머에 사고를 쳤습니다."

나도 죄 많은 세상을 사는 죄 많은 인간으로서 그동안 깨달은 사실이 있다. 나는 새벽 5시에 일어났을 때보다 밤 9시 이후에 특정한 부류의 죄에 훨씬 더 취약하다. 물론 돈의 노예가 된다거나 이기적 야망을 품는 따위의 태도상의 죄는 예외이겠지만 말이다. 예컨대 이른 아침에는 나는 멍하니 텔레비전 앞에 앉아 감자칩이나 게걸스럽게 먹고 있을 소지가 훨씬 적다. 그것은 밤의 유혹이다.

술을 많이 마시는 사람들이 우스갯소리로 하는 말도 있지 않은가? 술은 느지막한 시간에 시작해야 제맛이라고 말이다.

그래서 새벽 5시나 그전에 일어나 일과를 시작한 뒤로부터 나는 특정한 죄에 빠질 기회나 솔깃한 마음이 그전의 절반 이하로 떨어졌다. 캠퍼스 목사로 대학생들을 섬기던 시절에도 똑같은 현상을 보았다. 학생들의 골치 아픈 문제들은 대부분 늦은 밤에 발생했다. 하루의 스케줄을 잘 다스리면 실제로 죄지을 기회를 줄일 수 있고, 그리하여 우리의 마음과 삶 속에 들러붙어 있는 죄의 습성을 끊는 데도 도움이 된다. 상식적으로 생각해도, 유혹이 가장 거센 시간에 자고 영적 기능이 가장 민감한 시간에 일어나는 게 가장 좋다.

민감함을 잃지 않는 삶

이른 기상은 우리를 과도한 유혹에서 지켜 줄 뿐 아니라 과도한 잠 자체에서 지켜 준다. 잠이 많으면 그리스도인의 삶이 서서히 나약해진다. 윌리엄 로는 그것을 이렇게 지적했다.

> 잠으로 시간을 낭비하는 사람들은 이렇게 된다. 이름난 방종의 행위들은 우리의 삶을 혼란에 빠뜨리거나 양심을 병들게 하지만 잠은 그렇지 않다. 좀 더 가벼운 다른 모든 방종처럼 잠은 말없이 조금씩 신앙심을 축내고, 영혼을 무딘 상태와 육욕에 빠뜨린다.[2]

이래서 나는 고전을 사랑한다. 고전은 우리를 이런 약점들에 늘 민감하게 해 준다. 우리 세대의 사람들은 아무도 이런 약점들을 언급조차 하지 않는다. 과도한 잠으로 '무딘 상태와 육욕'에 빠지는 것은 위험한 일인데, 여태껏 당신은 이런 위험에 대한 설교를 몇 번이나 들어 보았는가? 윌리엄 로의 경고는 이렇게 이어진다.

> [이런 방종]은 당신의 영혼을 무르고 게으르게 만든다. 이는 활기차고 열정적인 정신, 깨어 있어 자아를 부인하는 정신과는 정반대다. 그런 정신이야말로 그리스도와 사도들은 물론 역사 속의 모든 성인과 순교자의 정신이었다. 세상의 흔한 타락에 빠지지 않으려면 누구나 그런 정신을 품어야 한다.[3]

윌리엄 로는 그리스도인들이 단지 문제를 면하는 정도로 만족하지 않았다. 그는 그들을 준비시켜 하나님 나라를 위한 열정적이고 능동적인 행위자들이 되게 해줄 영적 훈련을 강구했다. 혹시 우리는 게으른 스케줄 때문에 무디고 부주의하고 수동적인 존재가 되어가고 있는가? 늦잠으로 열정을 축내고 있는가? 세상의 필요를 느끼고 우리의 삶을 향한 성령의 음성을 들으려면 마음이 민감해야 한다. 그런데 우리는 그런 민감한 마음을 낮잠으로 날려 보내고 있는가?

아침 시간을 최대한 활용하라

이렇듯 이른 기상 덕분에 우리는 올바른 사고방식을 유지하고, 유혹을 물리치고, 늘 민감하게 깨어 있을 수 있다. 나아가 이른 기상은 우리에게 예배의 마음을 길러 줄 수 있다. 이상하게 아침에는 기도가 잘 된다. 떠오르는 해를 보면 우리의 심령도 하나님께 높이 들려 감사하게 된다. 당신의 중보기도가 기계적인 반복이 되어 버렸다면 어쩌면 기도 시간이 두세 시간 늦어서일지도 모른다. 좀 더 일찍 일어나라. 그리고 예배하지 않으려 해 보라. 굉장히 어려운 일이다!

당신은 올빼미형일 수 있다. 어떤 사람들은 본래 체질이 그렇다. 평소에 늦잠을 자는데도 하나님 나라의 일에 무디어지거나 유혹이 심해지거나 예배에 둔감해지지 않는다면, '일찍 일어나기'라는 영적 훈련은 당신에게 썩 중요하지 않을 수 있다. 하지만 당신이 수시로 그런 증상들과 싸우고 있다면, 신앙 고전에서 도전을 받아 생활방식을 바꾸어 보는 것도 좋다. 일과는 거룩함을 이루는 데 방해되는 게 아니라 도움이 되어야 한다.

10 반추하는 삶

성경의 부름에 따라 능동적으로 경건 훈련에 힘쓰려면 반추하는 시간이 전제되어야 한다. 이 시간은 자신이 얼마나 진보했는지 또는 얼마나 부족한지 평가하는 시간이다. 대부분의 체력 단련실에는 대형 거울이 있어, 운동선수들이 자신의 몸을 점검하며 진척을 파악할 수 있다. 물론 이기적인 집착은 영적 성장을 망친다. 하지만 현명한 반추는 기독교의 건강한 필수 요소다. 그것은 영적 진보를 살피는 거울이다. 자신의 현 상태를 한 번도 점검하지 않는다면, 세월의 유익을 하나도 얻지 못한 채 그냥 세월만 흘려보낼 수 있다.

토마스 아 켐피스는 우리에게 삶을 천국에 이르는 여정으로 보라고 권했다. 계절이 바뀔 때마다 우리의 노정도 한 걸음 더 나아간다. 이를 통해 우리는 자신이 바른 방향으로 가고 있음을 확인할 수 있다.

"이번 축일에서 다음 축일 때까지 우리는 뭔가 좋은 결심을 해야 한다. 마치 그 시점에 오면 이 세상을 떠나 천국의 영원한 잔치에 들어갈 것처럼 말이다."[1]

새해 첫날이나 당신의 생일을 반추의 날로 정할 수도 있다. 사순절 기간에 자신을 점검해 볼 수도 있다. 어떤 날을 '축일'로 정하느냐보다 더 중요한 것은 당신의 삶을 솔직히 돌아보는 일이다. 당신의 인내심은 그동안 자랐는가? 작년에 가장 많이 지었던 죄가 당신의 삶 속에서 더 심해졌는가 아니면 약해졌는가? 당신의 기쁨은 어떤가? 사랑의 역량은 자라가고 있는가? 마음속에 뿌리내리고 있는 원한이 있는가? 용서하지 않는 마음이 있는가?

우리는 하나님의 약속을 주장하여 응답을 구하는 데는 빠르다. 하지만 자신의 신실함에 대해서도 똑같이 민감한가? 우리는 자신이 어떻게 하고 있는지 한 번이라도 평가할 때가 있는가?

청교도들은 늘 깨어 있어 반추하는 삶을 신신당부했다. 특히 우리를 잠식하는 고질적인 죄의 위력에 대해 그랬다. 랄프 베닝은 이렇게 역설한다.

"[성도들]은 죄를 짓지 않기 위해 마귀와 세상과 육신과 늘 싸워야 한다. 평화를 사랑하는 만큼 그들은 전쟁터에서 살아간다. 사실 전쟁터에서 살아야 평화를 지킬 수 있다. 죄가 평화를 깨뜨리기 때문이다."[2]

요하네스 타울러도 같은 은유를 사용했다.

우리는 마치 포위된 도시 안에 사는 사람들처럼 행동해야 한다. 그들은 적의 공격이 가장 치열한 부위와 방비가 가장 취약한 부위를 늘 살핀다. 그렇게 하지 않으면 도시를 잃는다. 마찬가지로 우리도 마귀가 나를 가장 자주 공격해 오는 부위, 인간의 본성이 가장 약한 부위, 나의 결점이 드러난 부위를 주의 깊게 살펴야 한다. 그리고 그 부분을 가장 빈틈없이 경계해야 한다.[3]

죄를 으레 그냥 내버려 두는 사람들이 우리 중에 얼마나 많은가? 죄와 싸우기를 중단했다면 죄가 더 심해지고 있는지 약해지고 있는지 따져 볼 수조차 없다. 이런 방치에는 비싼 대가가 따른다. 죄는 우리의 태도와 생각과 언어와 관계와 습관 속에 서서히, 때로는 눈에 띄지 않게 잠입한다. 이것을 망각하면 우리의 무지와 부정否定을 틈타 죄가 더 심해질 수 있다. 삶을 반추하면 이를 통로로 하나님의 은혜가 들어온다. 그분은 죄가 아직 약할 때 죄를 드러내 주실 수 있고, 그리하여 우리가 죄를 극복할 가망성이 더 커진다.

실수 속의 상향 곡선

물론 자신의 부족한 부분만 전적으로 또는 주로 반추할 필요는 없다. 영혼의 모든 분야에서 진보를 이루고 있는 부분도 반추하면 도움이 된다.

예로부터 그리스도인들이 반추에 사용한 방법은 일기 쓰기, 고백 등 다양하다. 영적 프로그램을 만들어 진보를 추적한 경우도 있다.예컨대 아빌라의 테레사는 일곱 개의 방을, 요한 클리마쿠스는 거룩한 등정의 30칸 사다리를 활용했다. 윌리엄 로는 매일 저녁 반추의 시간을 실천하며, 자신이 영적 목표 쪽으로 얼마나 진보했는지 점검했다. 내 경우는 해마다 생일이 내 인생의 소명과 영적 성장을 충분히 반추하기에 이상적인 시간이었다. 그런 과정을 통해 나는 특정한 약점예컨대 과민한 양심이 점차 변화되는 것을 볼 수 있었다. 아울러 현재의 약점예컨대 사람들의 비위를 맞추려는 성향도 반드시 변화되리라는 희망을 품게 된다.

우리가 간절히 부르짖을 때 하나님은 그 자리에서 당장 약점을 벗겨 주시거나 강점을 심어 주실 수도 있다. 그때의 감격이란 이루 말할 수 없다. 하지만 대부분 하나님이 우리 안에 덕을 기르시는 방식은 식물이 자라나는 방식과 같다. 우선 작은 연두색 새싹이 돋고, 이어 잎이 퍼지고, 드디어 꽃이 핀다. 반추를 통해 확인하듯이, 성장이란 하나의 과정이다. 그래서 우리는 게을러지지 않을 수 있고, 성장이 더뎌 보일 때도 희망을 잃지 않을 수 있다. 우리는 다 실수가 많으나약 3:2 반추 덕분에 '실수 속의 상향 곡선'을 그릴 수 있다. 부족한 진보나마 더욱 의지적으로 예수를 닮아갈 수 있다.

또 하나 내게 고마운 것은 반추가 가져다주는 긴박성이다. 꾸준히 반추하며 살면 세월을 허송할 수 없다. 오히려 한 해 한 해의 맛을 음미할 수 있다. 반추하는 사람은 인생을인생의 의미가 무엇이고, 어떻게 살아야 하고, 무엇을 해야 하는가를 깊이 생각해 보지도 않은 채 영원에 들어가는 일이 없다. 이 또한 허다한 성인들의 지혜를 통해 우리에게 주어진 선물이다.

당신은 어떻게 삶 속에 꾸준히 반추의 시간을 낼 것인가? 다음과 같은 방법을 생각해 보는 것도 좋다. 우선 매일 혹은 거의 매일 부담스럽지 않을 만큼 그런 시간을 가진다. 다음에 매주나 매달 한 번씩 좀 더 시간을 내서 반추한다. 마지막으로 해마다 한 번씩 날을 잡아서 삶 전체를 반추한다.

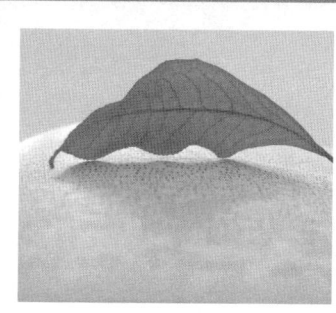

Part 1
Soul Advancement

11 은혜로 사는 법을 배우라

그리스도인의 삶의 훈련을 논하는 데는 위험이 잠재되어 있다. 앞뒤 문맥을 이해하는 사람들에게는 훈련이 과거의 그리스도인들로부터 전해져 내려온 잔치다. 하지만 율법주의로 기우는 경향이 있는 사람들에게는 훈련이 위험한 처방이다. 훈련을 잘못 받아들이면 오히려 독소가 될 수 있다. 그래도 신앙생활에 엄격한 훈련이 필요하다는 개념은 역사적으로 워낙 잘 정립된 것이라서 그것을 언급하지 않고는 기독교 영성을 논할 수 없다. 일부 사람들을 율법주의로 이끌어 죄책감에 빠지게 할 수 있는 위험을 감수하고서라도 말이다.

그런데 절대 우리가 놓쳐서는 안 될 사실이 있다. 기독교 영성은 은혜의 영성이다. 깨어난 심령이 하나님의 자비에 반응해 자신을 전부 드리는 것이다. 우리 쪽에서 먼저 하나님께 가져가는 것은 하나도 없다. 그분이 우리에게 모든 것을 주신다. 우리가 그분을 구하기 전에 그분이 먼저 우리를 구하신다. 우리의 믿음의 뿌리가 은혜에 있음을 늘 기억해야 한다.

의로운 삶과 엄격한 훈련만 있고 은혜로 충만한 마음이 없다면, 그것은 속이 빈 달걀과 같다. 얇은 껍질만 있어 조금만 힘을 주어도 금방 깨진다. 바리새인들은 고리타분하고 귀찮은 사람들만이 아니라, 불가능한 기대라는 짐에 눌려 금방이라도 폭삭 무너지기 쉬운 사람들이다.

율법주의와 안일은 참된 기독교 영성을 막는 쌍둥이 적이다. 바울은 은혜에 털끝만큼이라도 무엇을 더하는 사람을 신랄하게 비판했지만, 은혜라는 단어를 언급할 때마다 이런 내용의 말을 덧붙이지 않은 적이 없다.

"하지만 우리는 더는 전과 같이 살지 않는다."[1]

물론 우리는 바른 일과를 정하고, 바른 가르침을 얻고, 바른 덕을 길러야 한다. 하지만 이 모든 노력의 와중에도 우리를 덮고 있는 은혜를 잊어서는 안 된다. 어떤 사람들은 너무 빨리 너무 많은 것을 하려고 한다. 로렌스Lawrence 형제는 그런 한 여인에 대해 이렇게 경고했다. '[그녀는] 은혜를 앞서 가려 한다. 하지만 단번에 거룩해지는 사람은 없다.'[2] 요한 클리마쿠스는 독자들에게 이렇게 주의를 주었다.

"사실 단걸음에 사다리를 오를 수 있는 사람은 없다."

"수사의 삶에 들어서자마자 갑자기 식탐과 허영심에서 벗어날 수는 없다."[3]

영적 삶의 훈련을 앞장서서 부르짖은 윌리엄 로는 그의 엄격한 책을 통해 바른 정신으로 하는 수고의 중요성을 강조했다.

> 하나님을 섬기는 사람들의 마음을 과민한 불안과 불만에 빠뜨리기 위한 것이 아니라 의로운 두려움을 심어 주기 위한 것이다. 이 두려움은 덕을 경시하는 게으르고 나태한 삶에 대한 두려움이다. 그들도 심판 날에 그런 덕을 원할 것이다. 또 이것은 그들을 자극하여 자신의 삶을 진지하게 돌아보게 하고, 그리스도인의 완전에 대해 열정과 주의와 관심을 품게 하기 위한 것이다. 그러면 그들은 마음과 애정이 가는 모든 일에 그런 자세로 임하게 된다.⁴

책임과 은혜는 그리스도인의 삶의 근간을 떠받치는 두 기둥이다. 때로 우리는 책임을 회피하고 싶어질 것이고, 때로는 은혜를 잊어버릴 수도 있다. 후자도 전자 못지않게 큰 유혹이다.

회복은 훈련에 꼭 필요한 부분이다

프란시스 드 살레는 우리에게 "때로는 레크리에이션으로 몸과 마음을 쉴 필요도 있다"고 일깨워 준다.⁵ 마라톤을 처음 시작했을 때 나는 열심히 훈련만 하고 한 번도 제대로 쉬지 않았다. 그 결과 이런저런 부상에 시달려야 했다. 나는 앞선 경험자들로부터 지혜를 배워야 했다. 그들은 "회복기에 결코 서둘러서는 안 된다"고 경고해 주었다. 회복은 육과 영의 훈련에 꼭 필요한 부분이다.

절대로 쉬어서는 안 될 것처럼 생각하며 쾌락을 무조건 이상하게 보는 그리스도인들이 있다. 내가 그런 사람들을 생각하며 쓴 책이 《쾌락-하나님이 주신 순전한 즐거움》CUP이다. 즐길 줄 모르는 것은 성숙의 길이 아니라 영적 붕괴의 길이다. 영적 훈련이란 취미, 좋은 영화, 즐거운 대화, 좋은 음악, 좋은 책을 즐길 수 없다는 뜻이 아니다. 진정한 영적 훈련은 이 모든 레크리에이션을 덜 즐거워지게 하는 게 아니라 오히려 더 즐거워지게 한다.

때로 우리는 하나님의 수용과 은혜 안에 쉴 필요가 있다. 그럴 때는 결코 서둘러서는 안 된다. 반대로 자극을 받아 영적 훈련에 더 진지하게 임해야 할 때도 있다. 하나님은 사역의 기회를 열어 주실 수도 있지만, 우리를 군중의 압력이 없는 곳에 숨기실 수도 있다. 우리가 보기에는 아무 일도 일어나지 않는 침묵의 계절 같지만, 명심해야 할 것이 있다. 생명의 근원이신 하나님은 우리가 잠자는 중에도 우리를 자라게 하실 수 있다. 육과 영의 안식은 성장 과정의 일부다. 하나님이 십계명에 안식일을 지키라고 명하신 이유 중 하나는 말 그대로 우리에게 안식을 주시기 위해서다.

이는 영적 훈련에 대한 논의를 마무리하기에 꼭 알맞은 주제다. 안식일의 계명에는 건강한 그리스도인의 삶에 꼭 필요한 균형이 들어 있기 때문이다. 안식일에는 일하라는 부름과 쉬라는 부름, 이 두 요소가 함께 들어 있다.

"엿새 동안은 힘써 네 모든 일을 행할 것이나 일곱째 날은 … 아무 일도 하지 말라"출 20:9~10.

거꾸로 엿새 동안에는 일하지 않고 일곱째 날에는 쉬지 않는 사람들이 있다. 우리는 중간의 황량한 회색 지대에서 시간을 죽이며 살아간다. 생산적인 것도 아니고 그렇다고 쉬는 것도 아니다. 그렇게 엿새 동안을 일로 채우지 않았으니 하루를 몽땅 쉬는 데 바칠 수도 없다. 이제부터 우리는 힘써 일하고 잘 쉬는 법을 배우자. 윌리엄 로의 말마따나 "우리는 천사처럼 하나님을 섬길 수 없고, 완전한 상태에 이른 사람처럼 그분께 순종할 수 없다. 하지만 타락한 인간들도 최선을 다할 수는 있다. 이것이 우리에게 요구되는 완전이다."[6]

우리 중에는 너무 안일한 사람들도 있고, 행위로 의를 얻어내려다 보니 마음에 기쁨이나 쉼이 거의 없는 사람들도 있다. 앞에서 살펴본 다섯 가지 영적 훈련에 접근하는 한 가지 방법은 우선 당신이 가장 약한 부분이 어디인지 솔직히 평가해 보는 것이다. 경건한 독서인가? 훌륭한 모범으로부터 배우는 일인가? 덕을 기르는 일인가? 일찍 일어나는 일인가? 반추하는 삶인가? 앞으로도 영성 훈련들을 더 살펴볼 텐데, 당신은 거기에 대해 전혀 문외한일지도 모른다. 반대로 당신은 강도를 조금 낮추어 하나님의 기쁨과 능력을 재발견해야 할지도 모른다.

지금까지 열한 장에 걸쳐 살펴보았듯이 영적 성장은 저절로 되는 게 아니다. 수동적인 자세로 일관하는 것은 불순종과 같다. 훈련은 분명한 목적에서 비롯된 의지적이고 능동적인 연습이다. 바로 그것이 성경과 기독교 고전이 함께 떠받드는, 하나님을 가장 영화롭게 하는 삶이다. 오늘 그 삶을 받아들이자.

죄와 유혹

2

Part 2
Sin and Temptation

12 죄를 피하고 유혹을 물리치라

　　신학생 시절 쉬는 시간에 나는 다른 학생들과 함께 학교 근처 편의점에 가곤 했다. 편의점 한쪽 벽에는 온갖 잡지가 진열되어 있었고 그중에는 포르노 잡지도 있었다. 조금 전까지만 해도 우리는 교실에서 교회사의 흥미로운 전개 과정을 들었다. 패커 박사의 로마서 강의를 들으며 고상하고 거룩한 사상에 심취하기도 했다. 그런데 이제는 편의점 계산대에서 간식과 음료수를 사면서 현실 세계의 저속하고 저열한 성도착에 눈살을 찌푸리고 있었다.

　　그 가게에서 나는 이상한 느낌이 들었다. 결혼하기 전인 대학 시절에는 포르노를 생각해 본 적도 없었다. 늘 유혹을 이기며 살았던 것은 아니지만, 포르노는 내게 문젯거리가 아니었다. 그런데 이제 결혼해 신학교에 다니고 있는 내가 그런 잡지 옆을 지나가는데 마음이 두근거리기 시작했다. 언뜻 보기에는 말이 되지 않았다.

　　어느 날 오후 유혹이 심하게 밀려왔다. 학교생활이 힘든 시기였고, 재정이 너무 쪼들려 학업을 지속할 수 있을지도 불투명했다. 그런데 그 편의점이 내 이름을 소리쳐 부르는 것만 같았다. 어리석게도 나는 유혹을 제대로 다루지 않고 그냥 귀찮은 문제쯤으로 일축해 버렸다. 하지만 그래서는 유혹이 사라지거나 약해지기는커녕 거의 온종일 나를 떠나지 않았다. 수업 중에는 그런 생각이 들 겨를이 없었지만, 수업이 끝나고 일과에서 벗어났을 때는 정말 놀라울 정도로 유혹에 사로잡혔다.

그때 내게 전환점이 되었던 것이 무엇인지 잘 모르겠다. 비결을 잘 간직해 두었다가 나중에 써먹을 수 있다면 그랬을 것이다. 어쨌든 하나님의 개입으로 나는 큰 소리로 안 된다는 결론을 내렸다. 지구 상에 음료수를 살 곳이 거기밖에 없다 해도 적어도 그날 오후에는 그곳에 가지 않기로 했다.

유혹은 끝났다.

그로써 이야기가 끝났다면 좋겠지만 그렇지 않았다. 차를 몰고 집으로 오는데 나 자신이 꽤 대단하게 여겨졌다. 유혹에 부딪쳐 이기지 않았던가. 어느새 나는 이번 승리를 설교 예화로 쓸 방법까지 궁리하고 있었다. 그런데 운전 중에 갑자기 주님의 음성이 내 생각을 끊어 놓았다. 거의 차를 세워야 할 뻔했다.

하나님이 내 마음의 휘장을 찢으시고 내면의 악을 보여 주셨다. 나는 기껏 하나의 죄를 피해 놓고는 다른 죄에 빠졌다. 스스로 의롭게 여기는 교만의 죄였다. 나중에 신학교 친구에게 그 일을 털어 놓으며 말했지만, 나는 힘을 얻고 더 얻어 나아간 게 아니라시 84:7

죄를 짓고 더 지으며 살고 있었다.

그 깨달음은 나에게 좌절을 안겨 주었다. 유혹에 부딪칠 때 나는 거기에 굴하여 죄를 지을 수도 있고, 아니면 유혹을 물리친 뒤에 교만해져 결국 죄에 빠질 수도 있다. 승리는 어디에 있단 말인가?

어떤 의미에서 내가 이길 수 없음을 배워야 했다. 내 문제는 나 자신과 내 행동과 생각과 태도를 신앙의 기준으로 삼고 있다는 것이었다. 하나님이 우리에게 원하시는 거룩함은 그리스도의 죽음과 부활에 기초한 것이다. 그 거룩함은 우리의 행동만 아니라 마음까지 변화시킨다. 프란시스 드 살레의 표현으로 나는 "불순종을 두려워하기보다 순종을 사랑해야 함"을 배웠다.

하지만 내가 배운 것이 또 있다. 설령 내가 육체의 죄를 정복한다 해도^{이 땅에서는 결코 완전히 정복할 수 없다} 하나님의 관심은 나의 내면세계, 즉 마음과 태도에 있다는 것이다. 바울은 우리에게 "하나님을 두려워하는 가운데서 거룩함을 온전히 이루어 육과 영의 온갖 더러운 것에서 자신을 깨끗하게 하자"고 권고한다^{고후 7:1}.

고전을 읽고 그 작가들의 삶을 생각하면서 나는 죄와 거룩함과 유혹에 대한 솔직한 접근에서 힘을 얻는다. 지금부터 여러 장에 걸쳐 몇 사람의 말이 인용될 것이다. 그중에서도 특히 거룩한 마음을 기르는 데 집중한 두 저자의 작품이 눈에 띌 것이다. 바로 프랑수아 페넬롱과 프란시스 드 살레다. 반면 윌리엄 로와 청교도인 랄프 베닝은 매우 실제적이고 훈련된 접근에 초점을 맞추었다. 이런 저자들의 도움으로 우리는 아주 실제적이면서도 마음에서 우러나온 그리스도인의 거룩함을 향해 나아갈 수 있다.

거룩함을 가르친 스승들

17세기의 신비가인 프랑수아 페넬롱은 숙련된 영적 상담자로 잘 알려져 있었다.¹ 머잖아 그에게 루이 14세의 손자인 부르고뉴 공작을 교육하여 행실을 고쳐 주는 역할이 맡겨졌다. 이것은 큰 영광이자 도전이었다. 이 젊은 공작과 같은 시대를 살았던 한 사람은 그를 이렇게 묘사했다.

"[그는] 천성적으로 성질이 못됐고 어려서부터 모든 사람을 벌벌 떨게 했다. 완고하여 불같이 성질을 부렸고 조금만 싫어도 벌컥 화를 냈다. … 고집이 세고 … 잡다한 쾌락에 사족을 못 썼다."²

요즘의 지혜대로 하자면 이런 젊은이는 군대에 보내 엄격한 규율로 삶의 기강을 잡아 주어야 할 것이다. 하지만 프랑수아 페넬롱의 방법은 달랐다.

"[스승]은 교육과 놀이를 잘 섞어야 한다. 아이에게 지혜를 가르칠 때는 시간 간격을 두어 웃는 얼굴로 가르쳐야 한다. 아이가 덕을 어둡고 침울한 것으로 보게 되면 모두 수포로 돌아가고 만다."³

프랑수아 페넬롱의 방법은 잘 통했던 게 분명하다. 공작을 위와 같이 묘사했던 바로 그 사람이 나중에 나타난 변화를 이렇게 표현했다.

놀랍게도 헌신과 은혜가 아주 짧은 기간에 그를 전혀 다른 존재로 만들어 놓았다. 온갖 끔찍한 결점도 정반대의 덕으로 변했다. 공작은 이전의 나락에서 헤어나 어느새 싹싹하고 온유하고 인정과 인내심이 많고 너그럽고 단정하고 겸손하고 자신에게 엄격한 사람이 되어 있었다.[4]

이렇게 다른 사람들의 행실을 고쳐 줄 때도 프랑수아 페넬롱은 자신의 결점을 아주 잘 알고 있었다. 다른 사람들에게 그토록 영적 조언을 많이 베푼 사람이 자신에 대해서는 이렇게 썼다.

"나 자신에게 나는 … 거대한 전체 교구다. 바깥의 교구보다 무거운 짐이요 내 힘으로 고칠 수 없는 교구다."[5]

먼저 자기부터 학생이 된 프랑수아 페넬롱의 태도에 감탄이 절로 나온다. 그는 덕을 가르치기 위해 덕 가운데 행해야 했고, 자신의 부족한 부분을 부인한 게 아니라 오히려 그 부분에 민감했다. 그러자 이해와 지혜가 깊어져 다른 사람들을 도울 수 있었다. 우리 중에 완전한 스승이 될 수 있는 사람은 아무도 없다. 세상은 우리가 한 번만 넘어져도 우리의 모든 말을 깎아내리려 혈안이 되어 있다. 사람들은 우리를 위선자라 비난할지 모르지만, 우리도 처음부터 프랑수아 페넬롱처럼 고백한다면 위선자가 아니다. 이것은 죄를 가볍게 여기려는 변명이 아니다. 오히려 이것은 정직하고 진실하게 살면서 사람들에게 자신의 진보를 보여야 하는 우리의 소명이다. 우리가 이미 완전한 척한다면 사람들이 우리의 진보를 볼 수 없다.

감정의 사람

프란시스 드 살레도 당대의 유명한 영적 조언자였다. 그는 아주 경건한 삶을 살았지만, 자신에게 가장 힘든 두 가지 감정이 사랑과 분노라고 고백했다. 한번은 친구 잔느 샹탈에게 이렇게 말한 적도 있다.

"나보다 더 애틋하고 자상하고 다정다감하게 사랑하는 사람은 세상에 없을 것이다."[6]

그래도 프란시스 드 살레는 죄에 빠지지 않고 적절하게 사람들여^{자들도 포함하여}과 깊고 진실하고 의미 있는 관계를 누릴 수 있었다. 전환의 기술을 배웠기 때문이다. 즉 그는 세상적 감정을 하나님을 향한 사랑으로 승화시켰다.

이렇듯 자신에게 닥쳐오는 유혹을 잘 알았기에 프란시스 드 살레는 다른 사람들이 느끼는 유혹을 다룰 때도 두려움 없이 온유할 수 있었다. 그는 이렇게 썼다.

"내 속에 분노나 비난이 일어날 때마다 나는 거기에 지지 않고 늘 회개했다. 내가 이단자를 돌이키게 하는 기쁨을 누렸다면 그것은 온유함으로 한 일이다. 사랑은 영혼을 변화시키는 더 강한 힘이 있다."[7]

프랑수아 페넬롱과 프란시스 드 살레의 고백의 배후에 깔린 정신을 알겠는가? 그들은 사람들을 깊은 거룩함으로 부르되 정죄가 아닌 격려, 교만이 아닌 겸손, 미움이 아닌 사랑을 바탕으로 했다. 그들을 지배한 것은 두려움이 아니라 그리스도 안에서 누리는 담대함이었다.

프랑수아 페넬롱과 프란시스 드 살레의 말을 들어 보면 알듯이, 그들이 상대한 사람들은 실제 현실 속의 실제 인간들이었다. 이 두 사람은 자기 내면의 죄를 잘 알면서도 남들이 본받을 만한 삶을 살았다. 오늘 우리 시대에도 이런 스승들이 얼마나 절실히 필요한가. 이런 영성의 선배들은 자신의 씨름에 대해 정직하며, 하나님 앞에서 연단을 받았다. 그래서 긍휼의 정신으로, 성경에서 난 지혜로, 그리고 죄와 치열하게 싸운 자신의 인생 경험으로 사람들에게 거룩함을 독려한다.

이들을 비롯한 다른 사람들이 무엇을 배웠는지 지금부터 살펴보기로 하자.

Part 2
Sin and Temptation

13 왜 거룩함을 추구해야 하나?

거룩한 삶을 살려는 열망은 예로부터 있었다. 사실 기독교의 고전 작가들은 정결한 삶에 거의 집착하다시피 했다. 현대의 그리스도인들은 아마 그런 갈망의 강도가 덜할 것이다. 그런 우리에게 고전 작가들이 주는 첫 번째 교훈은 거룩함이 왜 힘써 추구할 가치가 있는지 그 이유부터 알아야 한다는 것이다. 그래서 그들은 우리에게 죄의 불합리성을 깨우쳐 준다.

노리치의 줄리안은 죄를 이렇게 묘사했다.

"죄는 택함 받은 영혼이 맞을 수 있는 가장 호된 매다. 이 매는 남녀 영혼을 마구 후려치고 난타하여 파멸로 몰아간다."[1]

프랑수아 페넬롱은 죄가 자멸을 부른다고 지적했다.

"하나님은 우리를 구원하시려는 것뿐인데 우리는 그분께 자신을 내드리지 않는다. 반면에 세상은 우리를 압제하여 파멸시키려는 것뿐인데 우리는 세상에 자신을 내준다."[2]

랄프 베닝도 똑같이 말했다.

"죄는 하나님처럼 약속하고 마귀처럼 갚아 준다."³

이런 증언들이 의미하는 바는 무엇인가? 일단 우리의 이기적인 간증을 버려야 한다. 죄를 회개하면서 마치 우리 쪽에서 하나님께 호의를 베푸는 것인 냥 말해서는 안 된다! 정작 호의는 하나님이 우리에게 베푸신다. 죄가 우리를 망하게 하므로 그분은 우리에게 죄를 미워하는 마음을 주신다. 죄와 싸우려는 의지도 주시고, 죄를 지었을 때는 은혜를 베풀어 용서하신다.

그들의 말이 우리에게 일깨워 주는 것이 또 있다. 죄가 만일 쥐라면 우리는 처음부터 죄를 쥐로 대해야 한다. 집 안에 쥐가 없기를 바라는 사람은 당연히 쥐가 꼬일 만한 음식물을 내놓지 않을 것이고, 쥐가 들어올 만한 구멍을 모두 막을 것이다. 내 힘으로 안 된다면 외부의 조언이나 도움을 구할 것이다. 쥐를 정말 싫어하는 사람은 어떻게 해서라도 쥐를 퇴치할 것이다.

우리는 죄와 타협하고 욕망을 채울 때가 얼마나 많은가? 죄를 짓고 나서도 별것 아닌 사소한 실수라고 치부할 때가 얼마나 많은가? 우리는 옛 영성의 선배들처럼 죄를 진지하게 대하지 않는다.

죄는 우리의 삶에 엄청난 혼란을 일으킨다. 반면에 거룩함은 평안을 가져다준다. 양쪽의 결과를 정직히 바라본다면 우리는 죄가 유혹으로 다가오는 이유 자체를 반문해야 한다. 윌리엄 로는 이렇게 썼다.

"욕망은 정신의 수종병이요 열병이라서 인생에 온갖 불안과 고통을 불러온다. 헛된 욕심으로 정신을 산란하게 하며, 정작 자신이 원하지도 않는 것들을 불안스레 탐하게 한다. 또 우리의 입맛을 버려 놓아 정작 자신에게 유익한 것들을 누릴 수 없게 만든다."[4]

정말 맞는 말이다. 거짓말이 마음에 평안을 가져다줄 때가 언제인가? 정욕이 영혼을 만족하게 해 줄 때가 언제인가? 험담이 공동체에 유익이 될 때가 언제인가? 식탐이 몸을 건강하게 할 때가 언제인가? 모든 죄는 결국 상황을 해결해 주기보다 오히려 문제를 더 악화시키지 않는가?

랄프 베닝은 책 한 권을 온통 할애해 죄의 죄성을 다루었다. 처음 몇 장에서 죄가 얼마나 파괴적인지 지적한 다음 그는 이런 결론을 내렸다.

"죄를 가장 악평하는 사람일수록 죄에 대해 가장 잘 말하는 것이다."[5]

우리가 사는 세상은 죄를 원하고 떠받들다 못해, 죄를 회개하라고 명하시는 그리스도께 적개심을 품는다. 죄가 수치스러운 것이라는 식으로 말만 해도 사람들은 우리를 미워한다. 사실 그들은 죄를 반대하는 일이야말로 죄라는 궤변을 늘어놓는다! 정말 자멸의 논리다. 그래도 하나님의 사람들은 만인에게 죄의 정체를 일깨워 주어야 한다. 죄는 베닝의 표현으로 "측량할 수 없을 만큼 무한히 악하고 유해하고 치명적이다. 죄는 사람을 죽이기 때문이다."[6]

노리지의 줄리안도 똑같이 강경하게 이렇게 말했다.

"죄보다 지독한 지옥은 없다. 내면이 바른 영혼에는 죄가 곧 지옥이다."[7]

죄란 우리를 창조하시고 구원하신 하나님을 욕되게 하는 것이며, 느린 속도의 자살 행위다. 죄를 그렇게 실체 그대로 보면 기독교가 요구하는 도덕이 완전히 새로운 의미로 다가온다. 윌리엄 로가 그것을 누구보다도 잘 표현했다.

"신앙은 우리를 그런 자살 행위에서 구하여 영원한 행복을 누릴 수 있게 한다. 그런 삶을 어찌 불편한 상태라 할 수 있겠는가."[8]

이외의 모든 생활방식은 "완전히 자아에 어긋난 삶이며, 결국 자신을 수치와 혼란에 빠뜨릴 뿐이다."[9] 이런 의미에서 죄는 자학일 뿐이다. 죄는 때로 솔깃하고 즐거워 보일 수 있지만 언제나 파멸을 초래한다. 그리스도인이여, 우리는 그런 인식으로 자신을 무장해야 한다. 하나님은 우리를 더 잘되게 하는 것이라면 무엇이든 아끼지 않으신다. 마찬가지로 그분은 자신의 자녀가 멸망의 길로 행하면 가만히 앉아 계시지 않는다. 우리는 자신의 판단보다 하나님의 판단을 신뢰해야 한다. 죄의 유혹은 처음부터 거짓이다.

죄는 우리를 욕망의 포로로 만든다

어떤 사람들은 자신이 기독교의 제약으로부터 자유롭다고 말한다. 하지만 윌리엄 로는 그것을 다르게 보았다.

"그들은 한동안 종교의 제약과 지시로부터 자유롭게 살지 모르나 그 대신 자신의 욕망의 불합리한 지배를 받을 수밖에 없다."[10]

생각이 있는 그리스도인이라면 누구나 알듯이, 은혜와 자비의 하나님과 비교하면 우리의 욕망은 무자비한 주인이다.

마약 중독자나 알코올 중독자치고 정말 행복한 사람을 본 적이 있는가? 가끔 웃으며 파티를 즐길 수야 있겠지만, 그들의 영혼에 만족이 있던가? 돈밖에 모르는 사람치고 정말 자신의 소유를 누리며 참된 자족을 맛보는 사람이 있던가? 도박이나 편견에 사로잡힌 사람이 거기서 유익을 얻을 때가 있던가? 그냥 패가망신이나 소외를 자초할 뿐이 아닌가?

하나님의 뜻과 심판은 그 자체만으로 우리의 행동을 결정짓는 요인이 되어야 한다. 하지만 그것을 차치하더라도 죄는 도무지 사리에 맞지 않는다. 거룩함에 힘쓰는 삶이야말로 그런 면에서 정말 '이기적인' 삶이다. 하나님의 창조 질서와 목적을 먼저 인정하는 가운데 자신의 이익을 도모하기 때문이다. 이 삶은 하나님께도 기쁨이 되고 결국 우리 자신에게도 기쁨을 가져다준다. 그래서 기독교 고전은 죄를 철저히 불합리한 것으로 본다. 윌리엄 로는 이렇게 설명했다.

"이런 원리에서 우리는 병든 욕망과 허영심을 좇는 유치한 만족을 버리고, 대신 건전한 정신으로 진정한 행복과 실속 있는 낙을 택한다."[11]

죄는 하나님께 대한 공격이다

이렇듯 죄의 실체를 바로 볼 때 우리는 거룩으로 한 걸음 더 나아가게 된다. 하지만 지금까지 말한 관점에는 인간 중심의 요소가 들어 있다. 거기에 함몰되지 않으려면 랄프 베닝이 생각한 진짜 이슈를 우리도 생각해야 한다. 죄란 "어떻게든 하나님을 하나님 되지 못하게 하려 한다. 그래서 어떤 옛날 사람들은 죄를 가리켜 하나님을 살해하는 행위Deicidium라 표현했다."12 당신의 설교자가 랄프 베닝처럼 이렇게 추상같이 강력하게 도전한다고 상상해 보라.

> 당신은 하나님을 미워하는 것과 하나님이 미워하시는 것을 사랑하겠는가? 말도 안 되는 소리다! 하나님과 모든 선善에 철저히 어긋나는데도 그것과 손을 잡겠는가? …
> 오, 마귀에게 이렇게 호령하라. 물러가라! 냉큼 물러가라! 내가 네 꾀임에 넘어가 내 모든 기쁨의 하나님을 슬프시게 하고, 내 모든 위로의 하나님을 아프시게 하고, 내 모든 자족의 하나님을 노하시게 할 것 같으냐? 내가 그분을 힘입어 살며 기동하며 존재하거늘 이 선하신 하나님을 대항하여 악을 행할 것 같으냐? 어림도 없다!13

랄프 베닝은 하나님 중심의 태도야말로 유혹을 이기는 궁극적 동기라 믿었다.

"죄는 하나님을 대항하는 일이다. 우리가 죄를 멀리하는 것도, 죄를 지었을 때 회개하는 것도 다분히 그 때문이다."

그는 또 이렇게 덧붙였다.

"어떤 이유로도 [죄를] 지어서는 안 된다. 죄는 하나님을 대적하고 그분의 뜻과 영광에 어긋나기 때문이다. 죄를 지으며 둘러댈 수 있는 다른 모든 이유를 이 이유 하나가 압도하고도 남는다."[14]

하나님 중심적 태도의 기초는 두려움이 아니라 사랑이다. 나이 쉰을 바라보는 나는 이제 하나님이 가담하지 않으실 일에는 절대로 가담하고 싶지 않다. 잔느 귀용이 그것을 아주 잘 표현했다.

"주님을 구하면서 죄를 끊을 마음이 없다면 그분을 만날 수 없다. 왜냐하면 그것은 주님이 안 계신 곳에서 그분을 찾는 것과 같기 때문이다."[15]

하나님이 계신 곳으로 가고 싶은가? 그렇다면 죄의 땅을 떠나야 한다. 더는 궤변을 늘어놓거나 타협하거나 예외를 찾아서는 안 된다. 영적 진리는 이것이니 곧 죄는 불합리한 것이다. 어떤 상황에서도 죄는 항상 나쁜 선택이고 잘못된 선택이다. 죄는 우리에게 해롭고 하나님께 가증하다. 노리지의 줄리안이 남긴 불후의 명언처럼, 하나님을 열망하는 사람은 "죄를 노골적으로 미워해야 하고, 영혼을 하나님이 사랑하시듯 끝없이 사랑해야 한다."[16]

하나님이 죄를 미워하심은 죄가 우리에게 해롭기 때문이다. 우리가 죄를 미워해야 함은 하나님이 죄를 미워하시고 우리를 사랑하시기 때문이다.

Part 2
Sin and Temptation

14 가짜 거룩함을 경계하라

　　많은 '겉치레'가 오히려 우리의 거룩한 삶을 방해할 수 있으므로 조심해야 한다. 사탄은 하나님을 추구하지 못하게 우리를 막다가 그게 안 되면 차선책을 쓴다. 참된 거룩함에 이르지 못하도록 가짜 신앙으로 우리를 꾀는 것이다. 지금부터 이런 덫을 몇 가지 살펴보자.

순전한 경건의 참된 원동력

　　파스칼은 "경험에서 보듯이 참된 경건과 겉으로만 착한 것은 엄청나게 다르다"고 경고했다.[1] 아마 당신도 다른 그리스도인들을 대하면서 그런 차이를 보았을 것이다. 어떤 그리스도인들과 함께 있으면 하나님의 구속救贖의 사랑과 은혜가 느껴진다. 그들의 거룩함은 훈훈한 난로이자 안식처다. 그래서 추위를 피해 안으로 들어

오라고 우리를 초대한다. 그들 앞에서 죄와 속임수가 용납되지 않음을 속으로 강하게 느끼면서도, 여전히 우리는 그들에게 마음이 끌린다. 어느 정도의 두려움마저 감수하고서 말이다.

그런데 다른 사람들의 거룩함은 감옥처럼 느껴진다. 그것은 억지스럽고 거북하며 끝이 날카롭다. 비판과 판단이라는 예리한 칼날이 우리를 밖으로 밀어낸다. 죄에 대해 말할 때 그들의 목소리를 지배하는 것은 이해심이나 지혜가 아니라 두려움인 것 같다.

신앙의 선조들이 가르쳤듯이 참된 거룩함의 근원은 어떤 규정이나 원리나 기준이 아니라 오직 한 분이신 참되고 거룩하신 하나님을 향한 열정이다. 이 거룩함은 관계에서 비롯된다.

> 우리가 작은 일에도 충실하고 엄격한 것은 성격이 까다로워서가 아니라 사랑의 마음 때문이다. 거기에는 자책감과 두려움이 없고 불안하고 뜨끔한 마음이 없다. 마치 우리는 하나님을 사랑하는 마음에 실려 가는 것 같다. 무엇을 행함도 순전히 원해서 하는 것이고, 행하지 않음도 순전히 싫어서 하지 않는 것이다.[2]

아빌라의 테레사도 프랑수아 페넬롱처럼 거룩함을 관계의 결과로 보았다. 하나님을 가까이하여 우리의 욕구가 달라지면 거기서 거룩함이 싹튼다.

"[영혼]은 하나님에게서 오는 영적 기쁨을 이미 맛보았기에 세상의 낙이 오물처럼 느껴진다. 영혼은 후자를 점차 멀리하면서 더욱 자신을 다스리게 된다. 요컨대 모든 덕이 자라간다."³

대부분 우리는 오래된 죄를 단시일 내에 없애려 한다. "다시는 하지 않겠습니다!"라고 힘주어 기도하면 해묵은 고질적 실패가 용케 떨어져 나갈 줄로 생각한다. 하지만 참된 거룩함의 구심점은 하나님을 가까이하는 데 있다. 하나님을 사랑하는 마음이 충만해지면 죄에 대한 욕망이 꺾이고 시들해진다. 다만 이것은 하룻밤 사이에 되는 일이 아니라 하나의 과정이다. 낡은 죄의 습성은 언제라도 되살아날 수 있다. 그 원인은 스트레스, 마음의 혼란, 피로 등 얼마든지 많이 있다. 그래서 우리는 하나님을 사랑하는 일에 끊임없이 새롭게 전념해야 한다.

"사슴이 시냇물을 찾기에 갈급함 같이"시 42:1 창조주를 사모하고 마음과 목숨과 뜻과 힘을 다하여 주 우리 하나님을 사랑할 줄 알면 막 12:30, 거룩함은 그 열정의 부산물로 따라온다. 우리가 죄를 그치는 것은 훈련 때문이 아니라 더 좋은 것을 발견했기 때문이다.

원리는 도움이 될 수 있지만, 우리를 구원하지는 못한다. 겉으로 드러나는 행동은 기껏해야 마음 상태의 불완전한 표출이다. 모든 것을 제대로 하고도 여전히 99퍼센트 위선자가 될 수 있다.

하나의 죄를 다른 죄로 물리치려 할 때

파스칼은 이렇게 경고했다.

"덕을 지키려면 자신의 노력이 필요하다. 그런데 우리는 하나의 악을 그와 반대되는 다른 악으로 상쇄하려 한다. 이것은 마치 반대 방향에서 불어오는 두 바람 사이에 똑바로 서 있으려는 것과 같다. 둘 중 하나의 악이 없어지면 다른 악에 빠지고 만다."4

파스칼의 말은 무슨 뜻인가? 열심히 일에 매달리는 것이 단지 이기적 야망이나 탐욕을 이용해 게으름의 죄를 피하는 것일 수 있다. 이런 사람은 돈에 대한 욕심이 없어지면 다시 게을러지기 쉽다.

어떤 사람들은 음식을 잘 절제한다. 식탐과는 거리가 먼 사람들이다. 하지만 그들이 음식을 절제하는 이유는 몸을 잘 가꾸어 주변의 시선을 자신에게 끌기 위해서다. 음식에 지배당하는 게 싫거나 하나님을 향한 애정을 빼앗기는 게 싫어서가 아니다. 이들이 식탐에서 벗어난 것은 순전히 허영심의 노예가 되었기 때문일 수 있다.

당신도 보이는가? 우리는 두 죄의 싸움에 의지해 악으로 악을 대적한다. 예컨대 허영심을 이용해 식탐을 이기는 식이다. 이런 거룩함은 기독교의 관점과는 아주 다르다. 성경과 고전이 말하는 거룩함이란 열정의 대상이 바뀜으로써 순전한 덕이 싹트는 것이다. 그래서 예수는 늘 마음의 중요성을 지적하신다. 정말 중요한 싸움터는 바로 거기다. 마음을 보면 우리의 덕이 실제로 어떤 상태인지 알 수 있다.

기회가 없을 뿐일 때

어느 비공개 모임에서 책 사인회를 하고 있는데 유명한 운동선수 한 명이 내게 다가왔다. 온갖 떳떳하지 못한 이유로 뉴스에 오르내리던 사람이었는데, 자신의 신앙이 자랐으면 좋겠다며 대화 중에 도움을 청했다. 그전까지는 그냥 그의 팬이었던 내가 이제 그리스도 안의 형제로서 그의 진지한 속마음을 보고 나니 그의 씨름이 새롭게 보였다.

나중에 기도하는 마음으로 생각해 보니 새삼 더 큰 도전으로 다가왔다. 나도 그처럼 20대 초반에 주님을 모르는 유명한 부자에다 독신이었다면 어떻게 되었을까? 나를 감시해 줄 아내도 없고, 책임져야 할 자녀도 없다. 내 안에서 죄를 깨우치시거나 잘못을 지적하시거나 길을 인도해 주실 성령도 없다. 심층 질문을 던져 줄 그리스도 안의 형제들도 없고, 나를 가르쳐 줄 교회도 없고, 나를 불편하게 할 민감한 양심도 없다. 생각만 해도 끔찍했다. 유명한 부자들이 타락할 때 혹시 내가 가볍게 판단했다면, 이제 그런 생각 자체가 영영 부당해 보였다.

랄프 베닝이 일깨우듯이, 지금 우리가 어떤 행동을 하지 않는다 해서 정작 기회가 와도 하지 않으리라는 뜻은 아니다.

"어떤 사람은 기회가 없어서 죄를 짓지 않는다. 기회만 주어지면 죄를 지을 수도 있다. 마음과 의향이 없는 게 아니라 기회와 계기가 없었을 뿐, 죄의 유혹에 부딪치면 죄를 지을 것이다."[5]

그러므로 남을 함부로 판단할 게 아니라 겸손해야 한다. 똑같은 기회가 주어진다면 똑같이 하지 않으리라는 보장이 있는가? 꼭 부자의 경우만이 아니다. 당신의 결혼 생활이 외롭기 짝이 없는데 어떤 매력 있는 사람이 자꾸만 교묘하고 은근하게 접근해 온다면 어떻게 하겠는가? 재정이 쪼들려 날마다 죽을 맛이라면 그것이 당신의 성질을 더 돋우지 않겠는가?

우리 중에는 죄지을 기회를 오로지 하나님이 은혜로 막아 주셔서 죄를 짓지 않는 사람들이 많다. 그분이 주권적인 손을 거두시면 우리도 다른 모든 사람처럼 죄로 곤두박질칠 것이다. 이는 참된 거룩함이 아니라 그냥 기회가 없는 것뿐이다.

하나님이 아니라 사람을 기쁘게 할 때

우리의 거룩함이 가짜가 될 때가 또 있다. 단지 사회에서 조롱받을 행동만 삼갈 때가 그렇다. 그런 사람들은 랄프 베닝의 경고대로 "자신의 체면이 손상될 죄는 피하지만, 유행에 맞거나 득이 되는 즐거운 죄는 쉽게 수용할 수 있다."[6] 그런 사람들은 인종차별적 발언은 절대 하지 않는다. 사람들과의 관계에서 자기에게 손해가 되기 때문이다. 하지만 유명 기독교 지도자에 대해서는 얼마든지 험담할 수 있다. 그렇게 해서 사람들의 호감을 살 수 있다면 말이다. 이들의 동기는 의 자체가 아니라 순전히 사람들의 수용에 있다. 그들은 험담 자체를 삼가는 게 아니라 자신이 다른 사람들에게 나빠 보일 때에만 험담을 삼간다.

참으로 거룩한 사람은 하나님을 기준으로 삼는다. 하나님은 험담과 편견이라면 누구에 대한 것이든 어떤 종류의 것이든 다 싫어하신다. 이전에 어느 신흥 교회의 젊은 목사와 대화한 적이 있다. 그는 자신이 동성애자들과도 얼마든지 대화할 수 있다고 했다. 그러면서 잠시 후에 근본주의자들을 인신공격했다. 나는 이렇게 대꾸했다.

"동성애자들을 사랑하고 근본주의자들을 사랑하지 않는다면 칭찬 들을 일이 못 됩니다. 편견을 버린 게 아니라 대상만 바꾼 것이니까요."

참으로 거룩한 사람들은 하나님이 미워하시는 것을 미워한다. 세상이 그것을 사랑할지라도 말이다. 또 그들은 하나님이 사랑하시는 것을 사랑한다. 세상이 그것을 미워할지라도 말이다. 거룩함이란 철저히 하나님 중심이 되는 것이다. 그 이상도 그 이하도 아니다.

안타깝게도 철저히 하나님 중심인 사람들도 심한 유혹에 부딪칠 때가 있다. 하지만 다행히 여기에 대해서도 기독교 고전에 많은 지혜가 들어 있다. 다음 장에서 그것을 살펴볼 것이다.

Part 2
Sin and Temptation

15 유혹이 주는 훈련

거룩함이 자라가면서 특정한 유혹들의 기세가 꺾이면, 죄는 더 미묘한 방식으로 우리를 공격해 온다. 이 땅에서는 아무도 유혹을 대면하지 않아도 될 만큼 성숙할 수 없다. 신앙의 대가들은 이럴 때 우리가 어떻게 반응해야 한다고 했을까?

역시 하나님을 향한 거룩한 열정이 궁극적 해답이다. 어린아이처럼 아버지의 품속으로 달려가야 한다는 말이 일관되게 나온다. 우선 프랑수아 페넬롱은 우리가 무서운 것을 본 어린아이처럼 행동해야 한다고 가르쳤다.

"[그는] 아무것도 보지 않으려고 뒤로 물러나 엄마의 품속에 얼굴을 묻을 뿐이다. 하나님의 임재를 연습하는 것이 최고의 처방이다. 그것이 우리를 지탱해 주고 위로해 주고 가라앉혀 준다."[1]

프란시스 드 살레도 비슷하게 조언했다.

유혹이 느껴지는 순간 들판에서 늑대나 곰을 만난 아이들처럼 행동하라. 그들은 즉각 엄마나 아빠의 품으로 달려가거나 적어도 부모에게 소리를 질러 도움을 청한다. 이것이 우리 주님께서 가르치신 처방이다.

"시험에 들지 않게 깨어 있어 기도하라."

그래도 유혹이 계속되거나 더 심해지거든 마치 십자가에 못박히신 우리 구주 예수 그리스도를 눈앞에 보는 것처럼 마음속으로 그분께 달려가 거룩한 십자가를 끌어안으라. 유혹에 절대 동조하지 말고 항거하며, 그분의 도움을 청하라. 유혹이 떠나갈 때까지 계속 물리치라.

그러나 이렇게 항거하고 물리칠 때 유혹을 정면으로 쳐다보지 말고 우리 주님만 바라보라. … 생각을 돌려 뭔가 경건하고 좋은 것을 묵상하라. 당신의 마음에 좋은 생각이 가득하면 그것이 모든 유혹과 연상을 몰아낸다.[2]

요한 클리마쿠스는 우리보다 강한 적과 교만하게 싸우려 들어서는 안 된다고 경고한다.

> 음란의 귀신과 논쟁을 벌여 그를 이길 거로 생각하지 마라. 본성이 그의 편이니 논쟁에서는 그가 이긴다. 그러므로 자신의 노력으로 자신의 육체와 싸워 이기겠다는 사람은 헛된 싸움을 하는 것이다. … 당신의 연약한 본성을 주님께 올려 드리라.

> 자신의 무력함을 인정하라. 그러면 자신도 모르는 사이에 순결을 선물로 받을 것이다.³

나는 이런 접근이 참 좋다. 행여 유혹을 하나님께 우리의 경건을 입증할 기회로 보아서는 안 된다. 그보다 당신과 나는 겸손히 이렇게 인정할 수 있다.

"주님, 주님이 없이는 이 유혹을 제대로 물리칠 가망이 없습니다. 부디 저를 도와주소서."

유혹은 나를 하나님과 대립시키는 게 아니라 "나는 유혹대로 하고 싶지만 그러면 하나님이 정말 내게 노하실 것이다" 오히려 하나님께로 이끌어 준다.

내가 발견한 사실은 이것이다. 하나님께 아뢰기를 절대 멈추지 마라. 특히 유혹당할 때일수록 더 그렇다! 그분을 밀어내지 마라. 그분께 달려가 피하라. 그분의 어깨에 얼굴을 묻어라. 일단 그분과의 대화를 멈추거나 당신 혼자서 유혹에 맞설 수 있는 것처럼 행동하면 싸움에 진 것이다.

죄와 싸우는 데 몰두하거나 그냥 죄를 지으면, 그것은 죄에 집중하는 것이다. 그렇게 죄에 집중하면 하나님의 임재를 연습할 수 없다. 특정한 행위를 하지 않았다는 사실만으로 우리 자신이나 하루를 규정해서는 결코 안 된다. 대신 우리는 하나님의 임재를 연습하는 것으로 자신을 규정하는 사람들이 되자. 유혹을 계기로 오히려 우리 영혼의 참된 기쁨이신 그분을 떠올리자.

유혹이 가져다주는 훈련

우리는 모두 완전하고 이상적인 순종을 구한다. 하지만 죄와 더불어 사는 법을 배워야 하는 게 우리의 현실이다. 죄에 안주해야 한다는 말이 아니라 우리의 본성이 그만큼 죄에 물들어 있다는 뜻이다. 하나의 죄를 이기는 순간 다른 죄가 대신 고개를 쳐든다.

고전 영성 작가들은 이 부분에서 실제적이었다. 죄는 누구나 짓는 것이므로 그들은 실패에서도 배우라고 권했다. 성장하고자 일부러 죄를 지으라는 말은 이단이다. 죄는 언제나 잘못된 선택이다. 그러나 죄를 지었을 때는 하나님과 협력해 자신의 실족에서 교훈을 얻을 수 있다. 같은 죄를 반복하지 않도록 말이다. 실족은 영혼을 새롭게 하는 진정한 회개의 경험으로 이어질 수 있다. 그래서 우리는 자연히 배우려는 자세가 된다. 프랑수아 페넬롱은 그 가치를 이렇게 강조한다.

> 죄는 추악해 보여도 죄에서 비롯되는 수치심은 선해 보인다. 하나님은 그것을 위해 죄를 허용하셨다. 자신의 교만한 잘못을 생각하면 쓰라리고 난감하고 분하지만, 잘못한 후에 하나님께 돌아오는 영혼은 안정되고 평온하고 담대하다.[4]

그리스도인의 삶이 일정한 단계에 이르면, 실수를 저지르고 하나님을 만나 회개한 직후에 오히려 그분이 가장 가깝게 느껴질 수 있다. 이는 죄와 때로는 유혹 자체가 마침내 교만을 꺾어 놓았기 때문이다. 하나님이 그토록 싫어하시는 교만을 평소에는 우리가 무시하는 경향이 있다.

> 주여, 주님은 주님께 가장 헌신된 사람들의 마음속에도 선과 악이 공존하게 허용하십니다. 선한 영혼들 안에 남아 있는 이런 부족한 모습이 그들을 겸손하게 하고, 자아에 대한 집착을 버리게 하고, 자신의 연약함을 느끼게 하며, 더 간절히 주님께로 달려가게 합니다.[5]

여기서 프랑수아 페넬롱이 우리에게 권하듯이 죄는 회개로 이어져야 한다. 회개는 다시 우리를 아버지의 자비로운 보호 속으로 인도한다. 사람들이 고질적인 죄로 힘들어할 때 기만자가 즐겨 쓰는 간교한 수법이 있다. 사탄은 우리가 죄를 짓기 전에는 죄의 결과를 축소하지만 "너는 언제나 용서받을 수 있다", 막상 죄를 짓고 나면 가차 없이 혹독하게 부풀린다 "어디 제대로 한번 혼나 봐라!". 이것은 마음 깊이 사랑하는 하나님에게서 우리를 떼어 놓으려는 책략이며, 하나님을 우리의 가장 참되신 친구가 아니라 적으로 보게 하려는 수작이다. 죄를 지었거든 겸손히 교훈을 받아들이고 연약한 모습으로 하나님께 가라. 그간의 경험으로 보아 나는 새로 회개하여 하나님의 위로와 용서를 받을 때보다 더 강건한 때는 별로 없었다.

토마스 아 켐피스도 유혹 속에 성장의 큰 잠재력이 있음을 보았다. "유혹은 비록 귀찮고 괴롭지만, 종종 우리에게 큰 유익이 된다. 유혹을 통해 겸손해지고 정결해지고 교훈을 얻기 때문이다."[6]

그는 또 나중에 이렇게 덧붙였다.

"그러므로 아예 유혹이 없는 것보다 종종 공격을 받는 것이 많은 사람에게 더 유익하다. 그렇지 않으면 사람들이 너무 안전하여 교만에 부풀거나 너무 쉽게 세상의 낙에 굴할 수 있다."[7]

고질적인 연약함 덕분에 우리는 하나님을 늘 가까이하게 되고, 유혹의 상황에서 더 조심하게 되고, 더 사려 깊게 하나님의 얼굴을 구하게 된다. 이렇듯 하나님은 잠재적 연약함까지도 그분의 선한 목적을 위해 사용하실 수 있다. 예컨대 당신이 유독 사람의 비위를 맞추거나 험담하는 버릇이 있다면, 대화에 들어설 때마다 하나님을 더 의식하는 법을 배울 것이다. 물론 이 죄가 없다면 당신은 더 나은 사람이 될 것이다. 하지만 이 유혹이 없어도 더 나은 사람이 될까? 오히려 하나님의 도움을 구하지 않고 그냥 대화에 들어설 소지가 더 크지 않을까?

반복되는 유혹 덕분에 우리는 매번 겸손한 자세로 하나님의 얼굴을 구할 수 있다. 이처럼 하나님은 우리의 대적까지도 사용하실 수 있다. 그분은 원수의 칼을 뽑아 그의 심장을 찌르시는 분이다.

넘어진 후의 바른 반응

죄를 지은 후 바른 반응은 무엇일까? 하나님께 뻔히 지키지도 못할 약속을 하기보다는 "하나님, 다음번에는 진실을 말하겠습니다. 정말 약속합니다!" 겸손히 자신에게 물어야 한다. 어떤 계기로 이 죄를 지었는가? 왜 이렇게 쉽게 넘어졌는가? 동기는 무엇이었는가? 무엇에 혹했는가? 어떻게 하나님의 임재 연습을 잊었는가? 프란시스 드 살레는 이렇게 썼다.

"단지 죄를 사실 그대로 자백하는 것으로 만족하지 마라. … 그 죄를 짓게 한 동기도 자신에게 따져 물으라."[8]

종종 나는 이렇게 자문해야 했다.

"진실이 아픔을 줄 것 같으면 남에게 진실을 말하기가 힘들다. 왜 그럴까?"

이 질문을 통해 깨달았다. 나는 남들이 나를 좋아해 주기를 바라고 있었다. 이어질 질문은 뻔했다.

"왜 나는 정직함보다 남들의 호감을 더 중시할까?"

이 질문의 답을 아직도 찾고 있다. 하지만 요지는 이것이다. 죄 자체는 싫지만 죄 덕분에 내 마음의 문이 열려, 오랜 세월 묻혀 있던 동기를 대면할 수 있었다. 실패할 때마다 자신에게 바른 질문을 던지면 뭔가 새로운 것을 배울 수 있다. 하나님은 내 강점을 통해 나를 성장시키신다. 그뿐 아니라 내 약점도 쓰실 수 있다. 하나님은 우리의 반항까지도 그분의 유익을 위해 능히 사용하실 수 있다. 우리의 주인 되시는 그분의 주권에는 이런 심오한 차원까지 함께 들어 있다.

혹 지적인 부분에서 넘어졌을 수 있다. 하나님의 원수에게 속았을 수 있다. 죄에 대해 마귀와 변론을 벌이다가 그에게 속아 합리화에 빠졌을 수 있다. 어쩌면 이번 한 번만은 괜찮을 거라고 말이다. 그 뻔한 합리화를 내세우며 우리는 경솔하게 죄 속으로 직행했다. 베닝의 말은 역시 그답게 명쾌하다.

"죄는 말한다. '이것은 하나의 죄일 뿐이며 딱 이번 한 번뿐이다.' 하지만 죄가 선하다면 왜 딱 한 번으로 끝내는가? 죄가 악하다면 왜 한 번이라도 해야 하는가?"9

최선의 행동 방침은 합리화를 아예 거부하고, 대신 변질하지 않은 명백한 진리 속으로 피하는 것이다. 예컨대 우리는 이렇게 말할 수 있다.

"지난번에는 그 죄를 합리화하다가 길을 잃었다. 하지만 더 이상은 아니다. 앞으로는 예외 조항을 찾을 게 아니라 성경에 뭐라고 되어 있는지만 생각할 것이다."

내 죄의 동기에 대해 다른 사람과 대화하는 것이 이런 점에서 특히 유익할 수 있다. 프란시스 드 살레는 이렇게 조언한다.

> 하지만 크고 작은 모든 유혹을 물리치는 최고의 처방은 당신의 마음을 열고 모든 감정과 유혹과 애착을 스승에게 털어놓는 것이다. 꼭 알아야 할 것이 있다. 구원의 원수는 자신이 유혹하려는 영혼에게 첫 번째 조건으로 침묵을 요구한다. … 하지만 하나님이 그분의 감화를 통해 우리에게 요구하시는 바는 신앙의 선배와 스승에게 우리의 내면을 알리는 일이다.10

은혜로 살아가는 삶은 영적으로 게으르다는 뜻이 아니다. 죄를 지었다 해서 자학에 빠져 있어서는 안 된다. 회개의 정신으로 그 죄의 원인을 분별하려 애써야 한다. 그 죄가 나를 움직이는 위력이 있다면 그 이유를 알아야 한다. 여기에 진지하게 임하는 최고의 방법의 하나는 객관적 견해를 들려줄 수 있는 다른 그리스도인과 함께 내 죄에 대해 대화하는 것이다.

절대 잊지 말아야 할 사실이 있다. 하나님의 은혜가 우리의 모든 싸움을 덮고 있고 영광스러운 결말을 보증한다는 사실이다. 노리지의 줄리안은 죄와 끝없이 싸우다가 하나님을 향한 자신의 열망을 강탈당한 것 같다고 탄식한 적이 있다. 하나님이 그녀에게 주신 위로와 확신을 우리도 그대로 받으면 좋다.

"죄는 그 자리에 있겠지만 다 잘 되고 잘 되리니 모든 일이 잘될 것이다."[11]

우리는 죄와 싸우다 져서 회개하기도 하지만, 이 모든 일은 하나님의 섭리 가운데 은혜의 관계 속에서 이루어진다. 죄와 싸우고 유혹을 물리치기가 비록 괴롭고 때로 진이 빠지지만, 그래도 우리는 용기와 희망을 잃지 않고 끝까지 인내할 수 있다. 그리스도 덕분에 다 잘 되고 잘 되리니 모든 것이 잘될 것을 알기 때문이다.

Part 2
Sin and Temptation

16 덕으로 꾸준히 성장하라

거룩함에 대해 말하다 보면 위험에 부딪칠 수 있다. 열성이 더한 어떤 사람들은 무리수를 두게 마련이다. 젊어서 정욕을 좇던 어거스틴이 나중에 히포의 성숙한 주교가 되었는데, 그런 사람들은 이런 진보를 일 년이나 심지어 일주일 만에 이루려 한다. 사막 교부들의 금욕과 여러 극단적 행동에 대해 들어 보았을 것이다. 하지만 거룩함의 진보를 꾸준하고 완만하게 이루어 가는 전통도 있다. 이 강한 전통도 함께 알아 두면 좋다. 프랑수아 페넬롱의 경고를 귀담아 들어 보자.

> 사람들은 대부분 회심하고 싶거나 개혁하고 싶으면 유난히 힘들고 비상한 행위들로 자신의 삶을 가득 채우려 한다. 이는 마음가짐을 정화하는 수준이나 가장 일상적인 행위에서 본능적 성질을 죽이는 수준을 훨씬 벗어난다. 이런 식으로 그들은 자

신을 크게 속일 때가 많다. 사실은 행동의 변화를 줄이고, 대신 행위를 유발하는 내면의 성향을 더 변화시키는 것이 훨씬 유익하다. 이미 정직하고 단정하게 사는 사람이 진정한 그리스도인이 되려면 외면보다 내면을 바꾸는 것이 훨씬 더 중요하다.[1]

큰 일로 자신의 위용을 입증하려 하기보다는 작은 일에 늘 꾸준히 힘쓰는 것이 훨씬 낫다. 거룩함은 하룻밤 사이에 얻어지는 것이 아니라 몇 년이고 몇십 년이고 꾸준히 사려 깊게 살아갈 때 거기서 맺히는 열매다. 프란시스 드 살레는 이렇게 썼다.

"가끔 극단적으로 금욕하다가 완전히 풀어지는 것보다 꾸준히 알맞게 절제하는 편이 더 낫다. 적절한 절제는 신앙의 욕구를 불러일으킨다."[2]

거룩함에 거창하게 접근하는 사람들은 흔히 거룩함을 최대한 빨리 들이부으려 하지만, 그러느라 우리를 고갈시키는 수백만의 작은 구멍들을 무시한다. 어떻게 그런지 프란시스 드 살레는 이렇게 설명한다.

> 늑대와 곰이 벼룩보다 위험하다. 하지만 전자는 후자만큼 우리를 괴롭히지도 않고 우리의 인내심을 시험하지도 않는다. 살인하지 않기는 쉽지만, 소소한 감정의 폭발을 일일이 자제하기란 극히 어렵다. 간음하지 않기는 아주 쉽지만, 눈길이나

애정 표현이나 알랑거리는 말을 주고받지 않기란 쉽지 않다. … 그러므로 말하노니 우리는 큰 유혹에 용감히 맞서 싸울 준비도 늘 되어 있어야겠지만, 평소에 작고 사소해 보이는 것들 앞에서 부지런히 자신을 지켜야 한다.³

여기 뜨끔한 예가 하나 있다. 당신은 스스로 보기에 증오에 찬 사람이 아니다. 하지만 남들도 당신이 운전하는 방식을 보고 그렇게 생각할까? 당신은 종종 다른 운전자들과 무언의 전쟁을 벌이지 않는가? 인도를 걷다가 주먹다짐을 하는 일이야 없겠지만, 운전대를 잡으면 얼굴도 모르고 이름도 모르는 운전자들과 입씨름을 벌이지 않는가?

이제 원리를 알겠는가? 우리의 성품을 형성하는 것은 이 '작은' 것들, 곧 별로 눈에 띄지 않는 죄들과 흉한 태도들이다. 일주일 내내 악마처럼 운전하며 길러진 증오심은 일주일에 한 번 무료 급식소에서 자원봉사를 한다고 없어지는 게 아니다.

우리는 하루 이틀 열심히 금욕주의자처럼 살고 나서는 자신에게 특권을 부여한다. 마치 신앙이 내 삶과 무관한 양 남은 일주일 동안은 신앙을 망각한 채 살아간다. 하지만 우리의 원수는 우리가 용을 쓸 때는 기꺼이 몇 뼘쯤 땅을 내 준다. 그러다 우리가 느슨한 삶으로 돌아가면 원수는 수십 리의 땅을 도로 빼앗는다. 그래서 '꾸준한 등반'이 요구된다. 삶의 모든 부분에서 꾸준히 신앙의 진보가 나타나야 한다. 윌리엄 로의 경고처럼 여기에는 가벼운 대화,

먹고 마시는 음식 같은 지극히 평범한 요소들도 모두 포함된다.

> 노골적으로 식탐과 방종에 젖어 살아가는 사람에 비하면, 그냥 너무 많이 먹고 마시는 사람은 그런 삶의 여파를 잘 느끼지 못한다. 후자의 방종은 세상의 눈으로 보기에 수치스러운 일이 아니며, 본인의 양심에도 별로 찔리지 않는다. 하지만 그런 삶은 덕을 기르는 데 언제나 큰 방해가 된다. 그래서 그 사람은 눈이 있어도 보지 못하고, 귀가 있어도 듣지 못하게 된다. 영혼에 육욕이 스며들고 몸의 정욕이 더 강해져 참된 신앙심에 들어설 수 없다.[4]

나보다 금식을 잘 못하는 사람도 세상에 별로 없을 것이다. 장기간의 금식은 언제나 내게 수치를 안겨 준다. 터무니없이 짧은 기간만에 실패해 쓰러지기 때문이다. 그래도 나는 금식의 정신으로 살아가려 애써 왔다. 음식이 날마다 온종일 나를 지배했으므로 그에 대한 조치를 취한 것이다. 그것이 내게 도움이 되었다. 전에 나는 밤참을 즐겨 먹기로 유명했다. 이제 저녁 식사 후에는 으레 금식한다. 곧바로 양치질하고 아침까지 금식을 선포한다. 이런 짧은 금식에 당신은 당연히 웃을지 모른다. 하지만 이 사소해 보이는 행위가 내 삶의 실제적인 약점 하나를 해결해 주었고, 음식 전반에 대해 더 훈련된 태도를 길러 주었다. 이런 새로운 관점은 온종일 나를 따라다닌다. 장기간의 금식을 시도했을 그러다 종종 실패했던 때는 누릴 수 없던 유익이다. 거창하게 거룩해지려는 시도는 나를 주눅이 들게 했지만, 꾸준한 등반은 나에게 큰 힘이 되었다.

덕으로 악을 서서히 정복한다

꾸준한 등반의 관점에서 보는 성품이란 시간을 두고 계발되는 것이다. 그러려면 성품을 잘 심고 물을 주어야 한다. 피해야 할 것에 집중하기보다 앞으로 되어야 할 모습에 집중해야 한다. 그것이 고전에서 얻는 큰 교훈의 하나다. 프란시스 드 살레의 지적처럼 우리는 결코 유혹에서 완전히 벗어날 수 없으며, 따라서 유혹에 몰두하느라 에너지를 낭비하는 덫을 피해야 한다.

> 이런 소소한 유혹에서 … 완전히 벗어나기란 불가능하다. 따라서 최선의 방책은 유혹에 지나치게 신경 쓰지 않는 것이다. 유혹이 우리를 괴롭힐 수는 있으나, 우리가 계속 굳센 각오로 헌신해 진지하게 하나님을 섬기는 한 유혹은 결코 우리를 해칠 수 없다. … 조용히 유혹을 밀쳐내는 정도로 만족하라. 유혹과 싸우거나 논쟁하지 말고 그 유혹과 반대되는 성질의 행동을 취하라. 특히 하나님을 사랑하는 행위가 좋다. … 이 결정적인 처방은 우리 영혼의 원수에게 아주 치명적이다. 그래서 원수는 자신의 유혹 때문에 오히려 우리가 하나님을 사랑하는 행동을 보이면 당장 유혹을 중단한다. … 특정한 유혹과

싸우려는 사람은 거의 아무런 보람도 없이 고통만 자초한다.[5]

프란시스 드 살레는 반대되는 덕으로 악을 퇴치하는 전략을 애용했다.

"당신의 영혼을 가장 지배하는 욕망이 무엇인지 … 생각해 보라. 그것을 알아냈거든 지금부터 거기에 반대되는 방식으로 생각하고 말하고 행동하라."[6]

덕으로 악을 밀어내는 방법은 주변 환경을 바꾸는 데도 유용하다. 예전에 대학부 목사로 일할 때 나는 수입을 보충하기 위해 식품점에서 일한 적이 있다. 그곳의 험담과 중상은 정말 지독했다. 그 상황을 놓고 기도한 뒤에 대책을 마련했다. 한 직원과 단둘이 있을 때 나는 이런 유도 질문으로 다른 직원에 대한 긍정적 답변을 이끌어냈다.

"메리는 고객들에게 참 친절하지 않습니까?"

그러자 동료 직원이 대답했다.

"맞아요! 정말 친절해요. 메리는 정말 일을 잘한다니까요."

나는 교대 조가 바뀌기를 기다렸다가 메리와 단둘이 있을 때 이렇게 말했다.

"오늘 수잔이 그러는데 당신이 고객들을 아주 잘 도와준답니다. 확실히 일을 잘한다는군요."

"정말요?" 메리가 말했다.

"수잔은 마음씨가 고와요. 함께 일하기 참 좋은 사람이지요."

물론 다음번에 수잔과 함께 일할 때 다시 메리의 말을 전했다. 같은 방식으로 최대한 많은 직원에게 '긍정적 뒷담화'를 최대한 많이 퍼뜨렸다. 그러자 격려와 감사의 덕이 자리를 잡으면서 우리 부서의 분위기가 달라졌다. 만약 직장 동료들에게 뒷담화가 악한 일이라고 설교를 늘어놓았다면 결코 그런 결과가 나오지 않았을 것이다.

프란시스 드 살레는 이런 연습을 유혹이 닥치기 전에도 활용하라고 권했다. 사후에 반응하기보다 선제공격하라는 것이다.

"평화의 때, 즉 당신이 가장 넘어지기 쉬운 죄의 유혹이 아직 당신을 괴롭히고 있지 않을 때, 미리 몇 가지 반대되는 덕의 행동을 취하라."[7]

예컨대 당신은 매사에 부정적인가? 비판적인 마음이 없을 때, 감사할 일을 찾아보라. 일부러 다른 사람들에게 감사와 인정과 칭찬의 말을 해 주라. 그들의 장점을 말로 표현해 주라. 정욕의 문제가 늘 당신의 약점인가? 사람들을 그리스도 안의 형제자매로 보게 해 달라고 하나님께 도움을 청하라. 사람들을 볼 때 정욕이 들려고 하거든 그들의 영혼과 가정을 위해 기도해 보라.

한 부분에 실패하면 그것이 우리의 영적 삶을 서서히 잠식할 수 있다. 마찬가지로 작은 부분이라도 한쪽에 발전이 있으면 그것이 우리의 영적 삶에 양분이 된다. 윌리엄 로는 이렇게 썼다. "사업가가 업무의 한 부분을 일정한 원칙대로 정리했으면 나머지도 똑같이 관리하게 될 가망성이 높다. 마찬가지로 삶의 한 부분을 신앙의 원칙대로 다스리는 사람은 똑같은 질서와 규칙을 다른 부분들로도 확대하는 법을 배울 수 있다."8

그러나 꾸준히 성장하려면 영혼의 슬픔이라는 덫을 피할 줄 알아야 한다. 다음 장에서 이 현상을 살펴볼 것이다.

17 영혼의 슬픔이라는 덫을 피하라

　　죄를 피하는 데만 급급한 나머지 아무것도 하지 않는 바리새인은 여전히 죄에 집중하고 있다. 그래서 그는 노골적으로 죄에 빠져 사는 사람과 똑같이 죄에 사로잡혀 있다. 하나는 죄를 피하고 하나는 죄 속에 살지만, 둘 다 죄에 지배당하고 있다. 그리스도 안의 삶이 가져다주는 기쁨과 평화와 자유가 둘 다 없다.

　　지나친 걱정은 '영혼의 슬픔' 또는 낙심을 낳는다. 프란시스 드 살레는 그것을 '불안'이라 표현했다. 영혼의 슬픔은 행위 지향적인 거룩함의 산물이며, 하나님을 섬기기를 가장 원하는 사람들을 괴롭힌다.

　　프란시스 드 살레의 글에 보면 참된 거룩함을 가꾸려면 "자신의 노력이나 수고보다 하나님의 섭리에 더 의존해야 하며, 인내와 온유와 겸손과 평정심이 뒤따라야 한다." 반대로 행위를 통해 죄에서 벗어나려 한다면이는 이기주의나 자화자찬의 한 형태일 뿐이다 우리는 스스로 지쳐 영혼의 슬픔에 빠질 것이다. 영혼의 슬픔은 '악을 없애 주기는커녕 더 악화시키고, [영혼을] 심한 고통과 비탄에 빠뜨리고, 용기와 힘을 완전히 앗아가' 아예 치유할 수 없게 느껴질 정도다.[1]

프란시스 드 살레가 역설하듯이 이기주의와 자아의 노력에서 비롯되는 영혼의 슬픔은 '죄를 제외하고 영혼에 닥칠 수 있는 최악의 악이다.' 유혹을 물리치려면 힘이 필요한데 영혼의 슬픔은 힘을 고갈시킨다. 결국, 우리는 행위의 미로에 갇혀 헤어나지 못한다.

잘못된 이유 때문에 거룩함을 갈망할 수도 있다. 다른 사람들이 아름다운 목소리나 유창한 말솜씨를 이용하듯이 거룩함을 이용해 좋은 평판을 얻고자 할 수 있다. 교만에 젖어, 자신이 철저히 죄인임을 인정할 마음이 없을 수 있다. 거룩함을 향한 이런 거룩하지 못한 갈망이 영혼의 슬픔을 낳는다. 사탄은 영혼의 슬픔을 틈타 우리를 패배에 빠뜨려 절망의 벼랑으로 밀어뜨리려 한다.

영혼의 슬픔은 "자신이 느끼는 악에서 벗어나려는 갈망이나 자신이 원하는 선을 얻으려는 갈망이 지나칠 때 생겨난다. 그런데 이 불안한 마음보다 더 악을 심화시키고 선을 누리지 못하게 막는 것은 없다."[2]

그리스도인의 삶의 핵심은 하나님과의 사랑의 관계다. 그리스도인의 삶에서 우리의 입지는 오직 그리스도께 달려 있다. 덕을 이루고 죄를 피하는 일이 우리 삶의 주안점이라면, 이는 부차적 요소ㄱ을 _{것도 중요하기는 하지만}를 궁극적 요소보다 더 우위에 둔 것이다. 다시 말해서 자신의 경건을 우상으로 삼은 것이다.

참된 거룩함은 우리의 영혼을 돌보실 하나님을 잠잠히 신뢰할 때 찾아온다. 참된 거룩함은 자아의 노력이 아닌 은혜에 의존하며, 하나님을 대신하려는 게 아니라 하나님과 협력한다. 참된 거룩함은 자신이 하나님을 떠나서는 죄를 지을 수밖에 없음을 인정한다. 그리고 그 진리를 기꺼이 품고 살아간다. 참된 거룩함은 겸손하기 때문이다.

죄에서 해방되고 싶거나 하나님 나라를 위해 선을 행하고 싶을 때, 우리는 애써 '마음을 침착하고 평온하게 가라앉히고' 자신이 바라는 바를 가볍게 구해야 한다. 프란시스 드 살레는 이렇게 설명했다.

"가볍게 구하라는 말은 건성으로 하라는 뜻이 아니라 서두르거나 걱정하거나 불안해하지 말아야 한다는 뜻이다. 그렇지 않으면 바라는 결과를 얻기는커녕 모든 일을 그르치고 더욱 난처한 처지에 처하게 된다."[3]

다른 곳에서 프란시스 드 살레는 이런 멋진 예화를 들었다.

> 아버지가 격노해 열을 올리기보다 애정으로 살살 꾸짖을 때 자녀를 바로잡아 줄 위력이 훨씬 크다. 우리가 잘못을 저질렀을 때도 마찬가지다. 자신의 마음을 꾸짖을 때는 침착하게 살살 타일러야 한다. 자신의 마음을 향해 반감보다 긍휼을 더 품고 부드럽게 개선을 권해야 한다. 이렇게 해서 싹튼 회개가 초조해서 쏟아내는 무례한 회개보다 훨씬 깊고 더 유효하게 파

고든다.⁴

당신도 그렇게 할 수 있겠는가? 넘어졌을 때 자신을 매섭게 비난할 게 아니라 아이에게 말하듯 부드럽게 격려해 줄 수 있겠는가? 그럴 수 있다면 당신은 겸손히 자신의 죄의 실상을 대면하는 것이다. 겸손이야말로 거룩한 삶을 세우는 가장 확실한 기초다. 반대로 교만하게 자신을 비난한다면"네가 어떻게 그럴 수 있지? 너는 이보다는 낫잖아!", 당신은 자신을 이 상황에 빠뜨린 바로 그 교만을 내보일 뿐 아니라 더 부추기는 것이다.

이 개념에 대해 프랑수아 페넬롱은 이렇게 확실한 결론을 내렸다. "늘 담대히 전진하라. 고도의 교만에 넘어가 비탄에 잠겨서는 안 된다. 교만은 차마 자신의 부족함을 보지 못한다. 이번의 실족과 내적 혼란을 통해 당신은 자아에 대해 더 잘 죽을 수 있다."⁵

모든 희망 중의 희망

겸손히 거룩함을 추구할 때 우리는 더는 사력을 다해 자아에 의존하지 않고, 자신의 연약함을 온전히 인정하며, 하나님이 주시는 모든 방어책을 전심으로 받아들인다.

우리 시대의 커다란 영적 비극 중 하나는─과장이 아니라 정말 서글픈 일이다─날마다 죄와 유혹과 싸우되 개인전으로 싸우는 그리스도인들이 너무도 많다는 것이다. 사실 가장 큰 힘은 하나님의 교회 안에 있다.

그런데 목회자나 지도자들은 일자리를 잃지 않으려면 자신의 힘든 싸움을 숨겨야 한다고 생각한다. 부모들은 겉으로나마 늘 완벽한 모습을 보여야 권위를 유지할 수 있다고 생각한다. 교사들은 "우리가 다 실수가 많으니"라는 야고보서 3장 2절의 선포와 달리 자기만은 예외라고 생각한다. 이럴 때 사람들은 각개 전투에 빠져든다. 하지만 혼자서 싸우면 승리보다 패배가 더 많다. 아울러 이것은 당연히 그들을 만성적인 영혼의 슬픔에 빠뜨린다.

하나님은 우리가 일개 병사가 아니라 전체 군대로서 죄와 싸우기를 원하신다. 우리는 골리앗과 싸우는 다윗이 되려 할지 모르나 이는 자신의 용기를 높이는 교만이다. 우리의 싸움은 하나님의 감화에서 와야 한다. 하나님은 우리가 많은 동지 사이에서 나란히 싸울 때도 똑같이 영광을 받으신다.

14세기에 설교자 수도회에서 살았던 요하네스 타울러는 교회를 통한 하나님의 공급에서 우리의 희망을 찾아야 함을 강조했다. 나는 복음주의자로서 거기에 깊은 감명을 받았다. 타울러는 마귀에게 굴복하는 사람을 '완전무장한 병사가 파리 한 마리를 피해 달아나는 꼴에 비유할 수 있다'면서 다음과 같이 상기시켰다. "우리는 마귀보다 훨씬 강한 무기들을 가지고 있다. 거룩한 신앙, 복된 성례, 하나님의 말씀, 성인들의 모범, 거룩한 교회의 기도 등 그 밖에도 많이 있다. 이 모두에 비하면 마귀는 파리보다도 약하다."[6]

우리 복음주의자들도 천주교와 동방정교회의 형제자매들만큼 교회의 필요성을 충분히 설교하면 어떨까? 성찬식을 더 진지하게 대해 성찬의 위력을 되살려야 한다고 말해 주면 어떨까? 물론 우리는 성찬을 그리스도의 수난의 재현으로 보지 않고 상징과 기념으로 본다. 하지만 그것은 결코 무력한 기념이 아니었고 지금도 마찬가지다. 하나님의 말씀을 함께 공부할 필요성을 서로 일깨워 주면 어떨까? 개인적인 공부에도 큰 유익이 있지만, 하나님의 말씀을 공부하고 설명하는 데 특별한 은사가 있는 사람들로부터 엄청나게 많은 것을 배울 수 있다. 고전을 존중하고 과거 성인들의 모범에 의지하면 어떨까? 그들에게 또는 그들을 통해 기도하는 게 아니라 그들의 모범을 기억하며 지혜로운 조언을 늘 새롭게 듣는 것이다. 우리 자신의 기도에만 의지할 게 아니라 잘 기록된 고백과 사죄와 중보의 기도문을 활용하면 어떨까? 유혹을 숨길 게 아니라 그것 때문에 서로 기도를 부탁하면 어떨까? 거룩함을 향한 여정을 고독한 추구가 아니라 공동체의 추구로 삼으면 어떨까? 이거야말로 하나님이 우리에게 자신을 알리시고 능력을 베풀어 주시는 기본적 방법 중 하나다. 우리도 요하네스 타울러처럼 깨달을지 모른다. 사탄과의 싸움을 완전무장한 병사가 파리를 상대하는 것에 견줄 수 있음을 말이다.

하나님의 임재, 우리의 열정

지금까지 말한 모든 내용은 이렇게 귀결된다. 참된 거룩함이란 하나님과의 관계다. 우리의 삶을 압도하는 하나님의 임재 때문에 우리는 그분의 뜻이라면 무엇이든 하고 싶어진다. 우리의 실천이 한없이 부족할지라도 말이다. 또한, 순종할 힘까지도 하나님이 주신다. 요컨대 참된 거룩함의 본질은 하나님을 사랑하는 것이다. 프랑수아 페넬롱이 설명했듯이 우리는 하나님을 사랑할수록 그만큼 더 그분의 뜻대로 살고 싶어진다.

> 덥석 뛰어들어 [하나님을 사랑]하자. 그분을 사랑할수록 그분이 명하시는 모든 일도 더 사랑하게 된다. 그 사랑이 있기에 우리는 상실 속에서 위안을 얻고, 십자가도 가볍게 느껴지고, 사랑해서는 안 될 모든 위험한 것을 멀리하고, 무수한 독^{毒}으로부터 보호받고, 모든 환난 중에 자비로운 긍휼을 맛보며, 죽음 후에도 영원한 영광과 행복을 누린다. 바로 이 사랑이 우리의 모든 악을 선으로 돌려놓는다.[7]

이런 믿음과 열정과 사랑이 있기에 우리는 실패해도 절망하지 않고 승리해도 교만하지 않을 수 있다. 우리의 영혼을 구속^{救贖}하시는 하나님 덕분에 우리는 서서히, 꾸준히, 겸손히 자라간다.

절대적 순복

3

Part 3
Absolute Surrender

18 하나님을 향한 즐거운 순종

1654년에 블레즈 파스칼은 평생의 가장 큰 시험에 부딪쳤다. 어느 공작과의 우정이 그를 상류층으로 밀어 넣었으나 상류 사회의 호사와 유흥은 새롭게 싹트고 있던 그의 영성에 위협이 되었다. 당시 자신의 누이에게 보낸 편지에서 그의 내면의 위기를 엿볼 수 있다.

그해 11월 23일 밤에 파스칼은 황홀한 체험을 했다. 그것이 그의 남은 평생에 영향을 미쳤다. 그는 그날 밤에 깨달은 통찰을 기록해 자신의 재킷에 꿰맸고, 그 뒤로 옷이 해어질 때마다 새 옷에 옮겨 달았다. 그 체험이 있었던 후로도 그는 이전의 관계들을 일부 그대로 유지했으나 자신의 소명에 대해서는 절대 혼동이 없었다. 그래서 그는 자신의 삶과 일을 향한 하나님의 뜻에 순복했다.

2년쯤 후부터 파스칼은 짧은 글들을 쓰기 시작했다. 그는 그것이 기독교 신앙에 대한 본격적 변증이 되기를 바랐다. 하나님께 받은 해박한 수학적 지성으로 신앙을 변호하고 싶었다. 파스칼의 짧은 글들을 나중에 한데 모은 것이 바로 수백 페이지에 달하는《팡세》다. 애초 파스칼이 계획했던 범위는 어마어마했던 모양이다. 그래서 그는 책을 완성하려면 건강이 좋은 상태에서 10년은 소요될 거라고 말했다. 그는 대부분 사람이 평생 이루는 일보다 더 많은 일을 35세가 되기 전에 이미 이룬 사람이다. 그런데도 그에게서 그런 말이 나왔다.

파스칼은 1657년과 그 이듬해에는 글을 썼지만 1659년에 중병에 걸려 끝내 회복되지 못했다. 병중에 그는 기도문을 하나 써서 '질병을 선용하게 해 주시기를 하나님께 구하는 기도'라고 제목을 붙였다. 이 기도를 통해 그는 자신의 고난에 대한 기독교적 의미를 찾고자 했다. 하나님의 뜻을 분별하고 신뢰하며 거기에 전심으로 순복하고 싶었다. 파스칼은 첫째는 하나님의 영광을 위하고 다음은 자신의 구원과 교회의 유익을 위해 건강이든 질병이든, 삶이든 죽음이든 하나님의 뜻대로 처분해 달라고 기도했다.[1]

파스칼은 원망을 품을 수도 있었다. 하나님께 억울하다고 따질 수도 있었다. 그는 이렇게 기도할 수도 있었다.

"하나님, 저는 이 일로 하나님을 섬기려고 모든 것을 버렸습니다. 그런데 이제 병이 너무 중해 일을 끝마칠 수 없습니다. 어떻게 이러실 수 있습니까?"

그러나 파스칼은 불평하기는커녕 자신의 말년을 가난한 사람들을 돕는 데 바쳤다. 힘이 부쳐 학문적으로 중요한 연구는 할 수 없었지만, 담요를 나누어 주거나 국을 퍼 줄 수는 있었다. 그는 세상으로 되돌아가지 않고 오직 새로운 방법을 찾아 계속 하나님을 섬겼다.

생전에 파스칼은 천주교 예수회의 신학과 개신교 칼뱅주의의 신학을 논박했다. 따라서 그를 흠잡을 만한 신앙 전통들도 틀림없이 많이 있다. 그런데 그의 전기를 읽으면서 나는 하나님께 철저히 드려진 이 사람의 마음에 감동했다. 그는 세상의 유혹들만 드린 게 아니라^{그거라면 이해가 된다} 하나님을 특정하게 섬기는 영광까지도 그분께 드렸다. 이 부분이 나를 겸손하게 했다. 그는 모든 것을 제단 위에 바쳤고, 하나님이 돌려주지 않으셔도 전혀 원망하지 않았다. 오로지 계속 그분을 섬겼을 뿐이다.

이것이 고전에 나오는 참된 영성의 표지다. 현대의 많은 교인은 '자판기 하나님'께 간절히 기도한다. 물론 의도야 좋지만 안타깝게도 이는 무지의 결과다. 버튼만 제대로 누르면 하나님은 구하는 것을 기계적으로 내놓으셔야만 한다. 옛 그리스도인들은 신앙을 다른 씨름으로 보았다. 신앙이란 하나님을 내 뜻대로 행하시게 하는 게 아니라 우리가 자아에 대해 죽어 하나님의 뜻을 수용하는 것이다. 로렌조 스쿠폴리와 프랑수아 페넬롱과 십자가의 요한은 모두 그것을 감동적으로 표현했다.

> 하나님의 뜻을 굽혀 당신의 뜻에 맞추는 게 아니라 당신의 뜻을 하나님의 뜻에 일치시켜야 한다. 그것이 [기도 중에] 당신

의 초점이 되어야 한다. 그럴 만한 이유가 있다. 당신의 뜻은 이기심으로 오염되고 변질하여 걸핏하면 오류를 범할 뿐 아니라 자기가 무엇을 구하는지조차 모른다. 그러나 하나님의 뜻은 형언할 수 없는 선^善과 늘 합치되므로 결코 오류를 범할 수 없다.[2]

우리의 뜻이 더는 [하나님]과 피조물 사이에 분열되어 있어서는 안 된다. 우리의 뜻은 그분의 손안에서 잘 휘어져야 한다. 그분이 구하시는 것은 바로 그것이다. 우리의 뜻은 아무것도 욕심내지도 않고 거부하지도 않아야 한다. 그분이 원하시는 것이면 무엇이든 우리도 무조건 원해야 하고, 그분이 원하지 않으시는 것이면 우리도 어떤 구실로도 원해서는 안 된다.[3]

영적인 사람들에게 확실히 말해 주고 싶다. 하나님께 가는 길에는 복잡한 생각이나 방법이나 수단이나 체험이 필요 없다. … 꼭 필요한 것 한 가지만 있으면 된다. 안으로나 밖으로나 참으로 자아를 부인하는 것이다. 그러려면 그리스도를 위한 고난에 자아를 순복하고 모든 것을 버릴 수 있어야 한다.[4]

내 경우는 이런 순복이 쉽게 되지 않는다. 기질상 그리고 어쩌면 출생 순서상 나는 악착같이 뭔가를 해내려 한다. 예수를 위해 희생하라고 부른다면 나는 얼른 나설 것이다. 주님을 위해 기꺼이 모험을 감수할 마음도 있다. 하지만 순복하라고 한다면? 그것만은 사양이다.

하지만 내가 서서히 배우고 있는 것이 있다. 참된 신앙의 진짜 시험은 얼마나 성공했느냐가 아니라 얼마나 순복하느냐에 달려 있다. 우리는 날마다 죽도록 부름 받았다 예컨대 누가복음 9장 23절을 참조하라. 그것이 기독교 신앙이다. 그리스도인이 딴생각을 품는다면 이는 말馬의 머리가 앞뒤 양쪽에 달린 것과 같다. 이런 사람은 언제나 하나님과 밀고 당기는 줄다리기를 하게 된다.

마르틴 루터의 사고에 '순전한 신학'을 넣어 준 14세기의 신학자 요하네스 타울러는 기적을 행하는 능력, 지성, 심지어 덕보다도 순복을 더 높이 평가했다.

"내가 더 좋아하는 사람은 덕행은 눈부시나 순복이 불완전한 사람이 아니라 비록 행위와 성과는 적어도 철저히 순복된 사람이다."[5]

우리가 드릴 수 있는 가장 그리스도인다운 기도는 예수가 겟세마네 동산에서 하신 기도다.

"내 원대로 마시옵고 아버지의 원대로 되기를 원하나이다"눅 22:42. 예수가 제자들에게 가르치신 기도의 내용도 그렇다. 그분은 먼저 하나님을 송축하신 다음"아버지여, 이름이 거룩히 여김을 받으시오며" 자신의 순복을 표현하셨다"나라가 임하시오며 뜻이 하늘에서 이루어진 것 같이 땅에서도 이루어지이다"(마 6:9~10).

평생 우리의 모든 기도가 이 기도를 닮아야 한다.

아버지의 뜻

고전 중에서 어느 하나를 편애하지 않으려 하지만, 만약 그래야 한다면 헨리 드러몬드가 최종 후보에 들 것이다. 그의 작품에는 심오함과 담대함이 설득력 있는 언어로 표현되어 있다. 그중에서도 특히 생생한 예가 있다. 헨리 드러몬드는 '난공불락의 신앙에서 오는 영원한 평정심, 하나님 안에 깊이 박혀 있는 심령의 침착성'[6]에 대해 말한다.

이 문장을 풀어쓰면 이렇게 된다. 우리는 초자연적 평정심을 구해야 하는데 이런 평정심은 무엇에도 패할 수 없는 신앙 안에 존재한다. 신앙이 패할 수 없는 이유는 심령이 하나님과 그분의 뜻 안에 '깊이 박혀 있어' 안전하기 때문이다. 하나님은 무엇에도 패하실 수 없다. 따라서 우리의 뜻이 그분의 뜻과 일치되어 있다면 우리는 두려움 없이 무사태평하게 안식할 수 있다.

헨리 드러몬드는 그리스도인의 삶을 설득력 있는 논리로 아주 단순명료하게 풀어낸다.

"인생의 목적은 하나님의 뜻을 행하는 것이다. …바로 그것이 당신과 내 삶의 목표다. 하나님의 뜻을 행하는 것이다. 행복해지거나 성공하거나 유명해지거나 최선을 다하는 게 아니다. … 그보다 훨씬 높다. 하나님의 뜻을 행하는 것이다."[7]

예수는 나사로의 무덤에서 하나님의 뜻에 순복하는 모본을 보이셨다. 나사로를 도우러 오셔야 할 예수가 지체하시자 마리아와 마르다는 속은 기분이 들어 실망했다. 헨리 드러몬드는 그분의 답변을 이렇게 풀어썼다.

"내가 하늘에서 내려온 것은 내가 좋아하는 일, 나사로가 좋아하는 일, 마리아가 좋아하는 일, 마르다가 좋아하는 일을 하기 위해서가 아니라 나를 보내신 분의 뜻을 행하기 위해서다."[8]

그는 또 이렇게 덧붙였다.

"사람들은 예수가 당연히 베다니로 가셔야 한다고 생각했지만, 그분은 그냥 더 계셨다. 그 원리는 이것이다. 인생의 목적은 병든 친구를 돌보는 것이 아니라 하나님의 뜻을 행하는 것이다."[9]

이렇게 하나님의 뜻에 순복하면 잘못된 야망을 극복할 수 있다. 흔히 우리는 신실하게 살면 명예와 평판이 뒤따르거나 적어도 현재 하고 있는 일보다 더 중요해 보이는 일로 연결되어야 한다고 착각한다. 오히려 반대로 순복하는 마음이 있는 사람은 하나님이 어떤 상황을 허락하시든 순순히 다 받아들인다. 훨씬 더 비천한 일일지라도 말이다. 다시 헨리 드러몬드의 말이다.

> 이 찬란한 확신을 우리가 비로소 실감한다고 생각해 보라. 우리의 무명한 삶은 결국 낭비되지 않는다. 환경이 초라할지라도 이 이상적 원리만 제대로 살려낸다면 우리의 인생도 가장 위대한 인생 못지않게 위대해질 수 있다. 자신의 인생으로 하나님의 뜻 이상의 더 많은 일을 할 수 있는 사람은 아무도 없다. 우리는 명예나 권력을 얻지 못할 수 있고, 역사에 길이 남

을 영웅적 고난이나 자아부인의 행위로 부름 받지 않았을 수 있고, 사도나 선교사나 순교자로 택함 받지 못했을 수 있다. 그저 평범한 사람으로 부름 받아 평범한 집에 살며 평범한 사무실과 평범한 부엌에서 하루를 보낼 수 있다. 그래도 거기서 하나님을 뜻을 행한다면 우리도 사도나 선교사나 순교자가 하는 만큼 많은 일을 하는 것이다. 그들도 각자의 자리에서 하나님의 뜻 이상의 더 많은 일을 할 수는 없다. 마찬가지로 우리도 각자의 자리에서 그만큼 할 수 있다. 그리하여 그들처럼 참되고 신실하게 인생의 목표를 이루고 승리할 수 있다.[10]

병들었든 건강하든 우리의 목표는 하나님의 뜻을 행하는 것이다. 부유하든 가난하든, 유명하든 무명하든, 결혼 생활이 행복하든 좌절이 많든, 독신이든 사별했든 이혼했든, 다재다능하든 IQ가 아주 낮아 거의 무능하든, 우리의 소명은 같다. 하나님이 원하시는 대로만 살아가는 것이다.

그리스도인의 건강을 규정하는 기준은 우리가 얼마나 행복한가, 얼마나 성공했는가, 얼마나 건강한가, 심지어 지난 한 해 동안 얼마나 많은 사람을 주께로 인도했는가? 등이 아니다. 그리스도인의 건강을 규정하는 궁극적 기준은 우리가 얼마나 진심으로 항복의 백기를 드는가에 있다. 얼마나 열심히 하나님이 원하시는 행동만 하고 하나님이 원하시는 존재가 되는가에 있다.

그렇다면 영적 성장과 건강에 이르는 질문은 이것이다. 오늘 이 시간 나를 향한 하나님의 뜻은 무엇인가? 하나님은 나를 어디로 인도하고 계시는가? 어떻게 그분께 순복할 수 있는가? 윌리엄 로가 그 단서를 제공한다.

> 그러므로 경건한 사람은 더는 자기 뜻대로나 세상의 풍조와 정신대로 살지 않고 오직 하나님의 뜻대로 산다. 그는 매사에 하나님을 생각하고, 매사에 하나님을 섬기며, 평범한 일상의 모든 부분에서 경건하게 산다. 모든 일을 하나님의 이름으로 하고, 모든 기준을 하나님의 영광에 맞춘다.[11]

우리는 옛 습성을 새것으로 바꾸는 게 아니라 그냥 깨끗이 씻으려고 한다. 하지만 성경은 우리에게 옛 습성을 죽이라고 했지 씻으라고 하지 않았다. 참된 기독교는 하나님께 철두철미하게 절대적으로 순복하는 것이다.

Part 3
Absolute Surrender

19 두 가지 본질적 질문

하나님께 완전히 순복하는 쪽으로 가다 보면 두 가지 근본 문제와 씨름하게 된다. 첫 번째는 '하나님은 선하신 분인가?'이다. 하나님의 선하심을 진심으로 믿어야만 우리 자신을 완전히 그분의 보호에 맡길 수 있다. 두 번째는 '하나님은 주님이신가?'이다. 다시 말해서 '하나님이 실제로 세상사를 주관하시는가?'이다. 하나님의 선하심과 섭리는 둘 다 성경에 아주 명백히 나와 있다. 하지만 오늘날에는 둘 다 의심의 대상이다. 하나님이 그렇게 선하신 분이라면 왜 악한 일이 벌어지게 두시는가? 하나님이 주관하신다면 왜 이렇게 세상이 엉망인가? 이 두 문제가 머릿속에서 풀리지 않으면 우리는 하나님과 불화하게 된다.

이런 질문들로 씨름하는 게 부적절한 일이라는 말은 아니다. 이것은 정당한 의문이며, 아버지와 친밀해지려면 우리의 회의를 솔직히 인정해야 한다. 하지만 성숙해지려면 궁극적으로 다음과 같은 결론에 이르러야 한다. '그렇다, 하나님은 선하신 분이다. 그렇다, 하나님은 주님이시다.' 그렇게 하기 전에는 친밀한 순복은 아예 불가능하다.

하나님을 의심하면서 어떻게 그분께 순복할 수 있겠는가? 설령 하나님의 선하심을 확신한다 해도, 그분께 변화를 이루실 능력이 없다고 생각한다면 어떻게 그분께 순복할 수 있겠는가?

성경은 하나님의 선하심을 명백히 증언한다.

- 여호와는 선하시고 정직하시니 … 여호와의 모든 길은 … 인자와 진리로다 시 25:8,10.
- 여호와는 선하시니 그의 인자하심이 영원하고 그의 성실하심이 대대에 이르리로다 시 100:5.
- 나는 선한 목자라 요 10:11.
- 우리가 알거니와 하나님을 사랑하는 자[에게는] … 하나님이 모든 것이 합력하여 선을 이루시느니라 롬 8:28 NIV.
- 만일 하나님이 우리를 위하시면 누가 우리를 대적하리요 롬 8:31.
- 온갖 좋은 은사와 온전한 선물이 다 위로부터 빛들의 아버지께로부터 내려오나니 약 1:17.
- 너희가 주의 인자하심을 맛보았으면 그리하라 벧전 2:3.

성경은 또한 하나님의 주권과 섭리를 이렇게 선포한다.

- 당신들은 나를 해하려 하였으나 하나님은 그것을 선으로 바꾸사 오늘과 같이 많은 백성의 생명을 구원하게 하시려 하셨나니 창 50:20.
- 하늘의 군대에게든지 땅의 사람에게든지 그는 자기 뜻대로 행하시나니 그의 손을 금하든지 혹시 이르기를 네가 무엇을 하느냐고 할 자가 아무도 없도다 단 4:35.
- 염려하지 말라 … 공중의 새를 보라. 심지도 않고 거두지도 않고 창고에 모아들이지도 아니하되 너희 하늘 아버지께서 기르시나니 너희는 이것들보다 귀하지 아니하냐 마 6:25~26.
- 그가 하나님께서 정하신 뜻과 미리 아신 대로 내준 바 되었거늘 행 2:23.

논쟁의 대상이 되는 일부 구절들은 일부러 피했다. 칼뱅주의자들과 알미니안주의자들은 각자의 논리를 개진하려고 그런 구절들을 가지고 끝없는 변론을 벌이지만, 여기서 나는 하나님의 더 큰 진리에 호소하고 싶다. 성경은 하나님이 항상 선하시고 주관하시는 분임을 명백히 선포하고 있다. 그것이 인간의 의지나 구원의 과정과 어떻게 연관되는지에 대해서는 의견의 차이가 있다. 하지만 참으로 선하신 하나님이 세상에 친밀하게 개입하신다는 사실만큼은 이론의 여지가 없는 성경의 진리다. 그리스도인으로서 순복의 땅에 들어가려면 우리도 그 진리 속으로 피해야 한다.

부인할 수 없는 사실이 있다. 기독교 신앙의 고전을 저술한 남녀들은 하나님의 선하심과 주권을 믿었다. 토마스 아 켐피스는 하나님의 선하심에 대해 이렇게 말했다.^{그가 이것을 순복의 기초로 제시하고 있음에 주목하라}

"무엇이든 주님의 뜻대로 하소서. 주님이 제게 어떻게 하시든 그것은 선할 수밖에 없습니다. 주님의 뜻이라면 저는 어둠 속에 있겠습니다. 주님을 송축합니다. 주님의 뜻이라면 빛 속에 있겠습니다. 역시 주님을 송축합니다. 위로를 주셔도 주님을 송축하고, 고난을 주셔도 똑같이 주님을 송축합니다." 내 아들아, 나와 동행하기 원할진대 네 마음 상태가 바로 그래야 한다. 너는 기쁨뿐 아니라 고난도 언제든지 받을 준비가 되어 있어야 한다. 풍요롭고 부유할 때만 아니라 궁핍과 가난 속에서도 즐거워해야 한다.[1]

윌리엄 로는 하나님의 섭리에 대해 이렇게 썼다.

모든 인간은 자신을 하나님의 섭리의 특별한 대상으로 여겨야 하며, 마치 세상이 나 한 사람을 위해 지어지기라도 한 것처럼 자신이 하나님의 보호와 돌보심 아래 있다고 믿어야 한다. 사람마다 하필 이때 여기서 이런 부모 밑에 이런 조건을 안고 태어난 것은 결코 우연이 아니다. … 각 영혼이 이때 이 상황에서 몸속에 들어온 것은 하나님의 분명한 계획과 의도와 뜻과

특별한 목표가 있어서다.²

하나님의 선하심에 대한 토마스 아 켐피스의 말과 하나님의 섭리에 대한 윌리엄 로의 말에 동의하지 않고는 우리의 순복에 진전은 없다. 우리 중에는 내면의 상처부터 치유해야 이 두 진리를 받아들일 수 있는 사람이 많다. 순복은 기독교 신앙의 기본이다. 따라서 필요하다면 영혼에 작업을 해서라도 하나님의 선하심과 섭리를 바로 이해해야 한다. 그런가 하면 지적인 산을 올라야 비로소 항복의 백기를 흔들 수 있는 사람들도 있다. 어느 경우든 우리는 어떻게 해서라도 이 두 가지 근본 문제를 지체 없이 해결해야 한다.

Part 3
Absolute Surrender

20 불평이 죽는다

　우리 아들 그레이엄은 세 살 때 벽난로의 화덕 위로 넘어져 왼쪽 눈 바로 윗부분이 찢어졌다. 나는 그를 급히 병원으로 데리고 가 곁을 지켰다. 간호사들이 그의 팔을 움직이지 못하게 고정하고 의사가 이마를 꿰매기 시작했다. 아들의 손을 잡고 있던 나는 그가 울먹이며 하는 소리에 가슴이 미어지는 것 같았다.

　"제발, 아빠, 이 사람이 나를 아프게 해요. 못하게 하세요. 제발, 아빠, 말려 주세요, 제발."

　내 마음이 무너져 내렸다. 그레이엄은 배신감을 느꼈다. 평소에 이 꼬마는 무서울 때 나한테 달려왔다. 위로가 필요할 때 내 품에 파고들었다. 나를 의지했다. 그런데 낯선 사람이 바늘로 자기 이마를 찌르는데도 자기가 믿는 아빠가 가만히 있으니 도무지 그 이유를 알 수 없었다. 아들은 "아빠, 왜 가만히 있어요?"라며 배신감을 표현했고, 그 말이 내 가슴을 찢어 놓았다.

하지만 그의 이해력에 한계가 있으니 아무 말도 할 수가 없었다. 설명해 주었다 해도 별 소용이 없었을 것이다.

"이 녀석아, 네가 지금은 잘 모르겠지만, 언젠가는 너도 여자한테 데이트 신청을 하게 될 거야. 그런데 눈 위쪽에 살점이 대롱거리면 별로 좋을 게 없잖아."

또는 "그레이엄, 제대로 치료하지 않으면 감염될 수 있어. 게다가 환부가 뇌 근처야. 죽을 수도 있다고! 나중에 더 큰 탈이 나지 않으려면 지금은 아파도 조금 참아야 해."

그레이엄은 겨우 세 살이었다. 자기 외모를 여자가 어떻게 생각할지 걱정하는 마음이 들 리가 없었다. 감염의 원리도 알 턱이 없었다. 그냥 단지 보호자인 나의 보호를 원했을 뿐이다. 그런데 내가 보호해 주는 것 같지 않자 깊은 배신감을 느꼈다.

물론 나는 그를 보호하고 있었다. 다만 이번에는 그 자신으로부터 보호하고 있었다. 상처를 꿰매는 일은 꼭 필요한 일이었다. 그러니 아이에게 이 고통을 겪게 하는 수밖에 없었다.

치료가 진행되고 있는 동안 어떤 사람이 반대쪽에서 아이의 귀에 대고 이렇게 속삭였다고 생각해 보라.

"봐라, 그레이엄, 너의 아빠는 정말 너를 사랑하지 않아. 사랑한다면 너를 이 모든 고통 속에 집어넣지 않겠지. 네가 내 아들이라면 나를 따른다면 나는 너에게 이런 고통을 주지 않을 거야."

당신이 역경을 통과할 때도 그와 똑같은 일이 자주 벌어진다. 하나님은 무엇이 우리에게 가장 좋은지 아신다. 하지만 우리 영혼의 원수는 자꾸 이런 생각으로 우리를 유혹한다. 하나님이 정말 우리를 사랑하신다면 이런 곤경을 면하게 하시리라는 것이다. 이것은 근시안적 생각이다. 그런 거짓말에 귀를 기울이면 자칫 영적으로 큰 피해를 볼 수 있다. 바로 이럴 때 순복의 삶이 굉장히 중요하다. 그 삶이 예배의 마음을 지켜 준다.

하나님이 가장 잘 아신다고 날마다 자신을 환기해야 한다. 하나님이 가장 잘 아신다는 사실을 받아들이면 불평이 들어설 여지가 없어진다. 윌리엄 로가 그것을 분명히 밝혔다.

> 하나님의 뜻을 감수한다는 것은 하나님에게서 오는 모든 것을 즐거이 수긍하며 감사로 받는다는 뜻이다. 꾹 참으며 복종하는 것만으로 부족하다. 우리는 하나님이 섭리하시고 명하셔서 닥쳐오는 모든 일을 고맙게 받고 십분 인정해야 한다. … 순전히 하나님에게서 기인한 일인데도 사람들은 제멋대로 흠을 잡을 때가 얼마나 많은지 모른다. … 물론 하나님의 섭리에 대해 투덜대기보다 세상이나 어떤 일에 대해 투덜대고, 하나님에 대해 불평하기보다 계절과 날씨에 대해 불평하는 게 듣기에 훨씬 낫다. 하지만 그 일이 순전히 하나님과 그분의 섭리에서 기인한 일이라면, 일 자체에 대해서만 화가 나고 그 일의 원인이자 연출자이신 하나님에 대해서는 아니라고 구분하는 것은 궁색한 변명이다.[1]

어떤 사람들을 보면 그런 행동을 신학적으로 한다. 예컨대 지옥에 대해 불평할 때가 그렇다. 그들은 "지옥이 없었으면 좋겠다. 나라면 결코 아무도 지옥에 보내지 않을 것이다"라고 말한다. 그러면서 자신이 남들보다 더 생각이 깨였다고 생각한다.

하지만 우리가 지옥에 대해 알고 있는 내용은 대부분 예수의 입에서 직접 나온 것이다. 따라서 그런 교만한 그리스도인들은 사실상 이렇게 말하는 셈이다.

"하나님이 좀 더 최선을 다해 지옥이 필요 없는 세상을 만드셨어야 해. 나라면 하나님보다 더 나은 우주를 창조했을 거야. 내가 창조주라면 모든 사람이 다 천국에 가게 할 거다. 얼마나 좋은가? 결국, 내가 하나님보다 더 긍휼이 많은 것 같아. 나라면 그분처럼 사람들을 지옥에 보내지 않을 테니 말이야."

이 얼마나 교만하기 짝이 없는 신성 모독인가!

우리는 자신의 삶을 향한 하나님의 뜻에만 순복할 게 아니라 그분이 창조하신 세상과 그분이 성경에 보여 주신 진리에도 겸손히 순복해야 한다. 하나님이 왜 이렇게 하시는지 일일이 다 모를 수 있다. 그렇다고 그분을 문제 삼는단 말인가? 좀 더 최선을 다해 세상을 내 마음에 들게 지으셨어야 한다고 그분께 훈수한단 말인가? 오 하나님, 우리를 불쌍히 여기소서!

하나님을 흠잡지 말라

자신이 하나님에 대해 불평하고 있음을 잘 인정하지 못하는 사람들이 많다. 이 죄에서 해방되려면 반드시 정직해져야 한다. 코치나 정치가가 내리는 결정에 대해 사사건건 불평하면서 그 사람을 지지하는 척할 수는 없다. 하나님은 우리 각자의 몸을 설계하셨고, 세상의 다양한 기후와 계절을 설계하셨다. 또 우리를 자신의 형상대로 지어 자유 의지를 주셨고, 그리하여 우리를 비롯해 어떤 인간이든 아주 끔찍하고 처참한 일도 저지를 수 있게 하셨다. 우리는 무슨 수를 써서라도 불평을 버려야 한다. 알고 보면 불평의 궁극적 대상은 하나님일 때가 많다.

내 인생에 유난히 힘든 시기가 있었다. 장장 8년 동안 하나님이 나를 구덩이 속에 가두신 것처럼 느껴졌다. 습관적으로 예배를 드리기는 했지만, 속으로는 "하나님, 저한테 왜 이러시는 겁니까?"라는 의문이 떠나지 않았다.

사실 그것은 어폐가 있는 말이다. 신뢰하지 못하는 대상을 예배할 수는 없다. 나도 완전히 깨져서 순복하기 전까지는 교훈을 배울 수 없었다. 나의 의문은 솔직한 고통에서 교만한 신성 모독으로 선을 넘기 일보 직전이었다.

알고 보니 신앙을 시험하는 기준은 하나님이 내 기도에 내가 바라는 대로 응답하신 적이 얼마나 많은가에 있지 않았다. 그것은 그분이 하고 계신 일을 전혀 모를 때조차도 계속 감사하며 그분을 섬기려는 내 마음가짐에 있었다. 그러려면 내 사고가 근본적으로 바뀌어야 했고, 하나님이 내 삶을 주관하고 계심을 확신해야 했다. 그 길고 힘들었던 8년을 이제 와서 돌아보면, 그런 시기가 꼭 필요했음을 새삼 깨닫는다.

> 당신은 자신이 보기에 본인이 행복해지고 하나님께 영광이 될 만한 환경과 조건을 원했다. 그런데 당신이 지금과 같은 사람이 된 것은 하나님이 모든 것을 고려하여 당신에게 최적의 조건을 주셨기 때문이다. 모든 원인과 동기가 연쇄적으로 당신을 움직여 바른 삶의 길로 이끌었다. 하나님이 보시는 것을 당신도 다 볼 수 있다면, 현재의 상태가 다른 어떤 상태보다 더 마음에 들고 최적으로 보일 것이다. 하지만 당신은 그것을 볼 수 없기에 믿음이 필요하다. 하나님을 신뢰하는 그리스도인으로서 당신은 믿음을 사용해 지금의 복된 상태에 대해 진심으로 감사해야 한다. 마치 이렇게 된 모든 원인까지도 육안으로 훤히 보는 것처럼 말이다.[2]

그래서 나는 이제는 불평의 여지가 없어졌다. 하나님의 섭리에 대들지 않고 드디어 그 섭리 안에서 안식할 수 있게 되었다.

당신 자신의 영혼을 위해 오늘 모든 불평을 죽이라. 당신의 삶에서 작고 세세한 부분 하나만 달랐어도 당신은 지금과 아주 다른 사람이 되었을 수 있다. 그게 더 나았을 거라고 단정하지 마라. 어떤 중대한 일에서 세부 사항이 하나라도 달랐다면 훨씬 더 힘든 상황이 초래되었을 것이다.

다음 장에서 불평하는 마음을 무찌를 수 있는 가장 강력한 무기 중 하나를 살펴볼 것이다. 바로 감사의 훈련이다.

Part 3
Absolute Surrender

21 감사가 태어난다

고전 영성 작가들은 엄청나게 강력한 도구를 내놓는다. 바로 감사다. 감사는 불평하는 마음을 즐거이 하나님을 예배하며 그분의 뜻에 순복하는 마음으로 변화시킬 수 있다.

내 불평의 죄를 그 반대의 덕인 감사로 대체하는 일이 처음에는 쉽지 않았다. 당연했다. 다행히 시간이 가면서 자비로우신 하나님께서 내 마음속에 감사를 심어 주셨다. 이 감사의 선물은 눈덩이가 불어나듯 점점 자랐고, 그러자 불평이 서서히 자취를 감추었다.

그러다 어떤 고비에 이르면서 드디어 나는 8년간의 광야로 인해서도 하나님께 감사할 수 있게 되었다. 내 내면의 수없이 많은 죄가 보였다. 그 광야는 하나님이 나를 치유하시려고 쓰신 완벽한 도구였다. 만일 하나님이 내 기도에 응답해 일찍 고통을 없애 주셨다면 그것은 사랑의 행위가 아니었을 것이다. 오히려 나는 미성숙한 상태로 남았을 것이다. 내가 그 병원의 의사를 막아 그레이엄을 꿰매지 못하게 했다면 아들도 환부가 찢어진 채로 남았을 것과 마찬가지다. 나는 계속 엉망으로 살았을 것이다. 윌리엄 로는 우리가 범사에 하나님께 감사해야 함을 이렇게 표현했다.

> [그리스도인]은 형통하고 행복할 때만 아니라 재난과 고통 중에도 하나님께 감사와 찬양을 드려야 한다. 그렇지 못한 사람은 그리스도인의 경건과 거리가 멀다. 나를 사랑해 주는 사람들만 사랑하는 사람이 그리스도인의 사랑과 거리가 먼 것과 마찬가지다. 마음에 드는 일로만 하나님께 감사한다면 이는 합당한 경건의 행위가 아니다. 눈에 보이는 대상만 믿는 것이 믿음의 행위가 아닌 것과 마찬가지다. 하나님께 순종하고 감사하는 일이 경건의 행위가 되려면 그것이 하나님의 선하심에 대한 믿음과 신뢰와 확신의 행위가 되어야 한다.[1]

내 구원의 유일한 희망은 하나님이 나를 내 삶의 운전대에서 끌어내시는 것이었다. 하나님은 내가 겪었던 힘든 시기를 통해 그 일을 하셨다. 그 효험을 깨닫고 나니 차라리 그 일을 인해 감사하는 마음이 생겼다. 감사도 하나의 훈련임을 깨달은 것은 바로 그때였다. 다른 모든 훈련처럼 감사도 연습해야 한다. 윌리엄 로는 내게 우선 작은 일로 감사하는 연습부터 하라고 가르쳐 주었다.

> 괜히 있지도 않은 일을 공상하며 자신에게 취하지 마라. 나라

면 재앙이나 기근이나 박해 속에서도 아주 경건하게 행동하며 하나님께 순복할 거라고 생각하지 마라. … 그보다 오늘 하루를 잘 마치는 데 집중하라. 참된 열정을 보이는 최고의 방법은 작은 일들 속에서 큰 경건을 실천하는 것이다. 그것을 명심하라. 그러므로 가장 작고 평범한 일에서부터 시작하라. 자기 생각을 길들여 날마다 지극히 소소한 일상 속에서 경건을 연습하라. 멸시, 모욕, 작은 상처, 손해, 실망 등 매일의 자잘한 사건들 속에서 매번 하나님을 떠올리며 합당한 순종의 행위를 보이라. 그러면 가장 큰 시련과 고통 속에서도 하나님께 순종하고 감사하는 사람들의 반열에 당신도 당당히 들 수 있다.[2]

신호등에 빨간불이 들어와 차를 세워야 했는가? 이런 작은 불편함이 영적 훈련의 순간이 될 수 있다. 그렇게 받아들일 마음만 있다면 말이다. 빨간불 앞에 서서 우리는 자신을 추스르고, 조급한 마음을 버리고, 하나님의 평안을 구할 수 있다.

감사의 기도에 순복의 기도가 더해지면 효과가 더 커질 수 있다. 토마스 아 켐피스가 좋은 모본을 제시했다.

> 내 아들아, 너는 범사에 이렇게 고백하라. "주여, 이것이 주님을 기쁘시게 한다면 달게 받겠습니다. 주여, 이것이 주께 영광이 된다면 그대로 시행하소서. 주여, 주께서 이것을 선하게 보시고 저의 유익을 위해 허락하신다면, 제가 주의 영광을 위해

그것을 선용하게 하소서. 하지만 주께서 보시기에 이것이 저에게 해롭고 제 영혼의 건강에 무익하다면, 그것을 바라는 마음을 저에게서 모두 거두어 가소서."³

무엇이 좋은지는 하나님이 정하신다

우리의 마음이 참으로 하나님께 순복하려면, 선악을 분간하는 권한을 하나님께 드려야 한다. 그분이 그분의 뜻대로 우리를 빚으실 수 있어야 한다. 우리는 기꺼이 옳은 일을 행할 뿐 아니라 무엇이 옳은지를 하나님이 정하시게 해 드려야 한다. 하나님이 원하시는 것이면 무엇이든 선하고, 하나님이 금하시는 것이면 무엇이든 악하다.

하나님의 뜻에 맞추는 일이 처음에는 순전히 의지의 행위일 수 있다. 하나님께 순종하되 딱히 그러고 싶어서가 아니라 그냥 그래야 하기 때문일 수 있다. 하지만 우리의 의지를 계속 신실하게 하나님께 순복하다 보면, 머잖아 하나님의 뜻에 순종하고 싶어지고 결국 감사하게 된다. 윌리엄 로는 이렇게 썼다.

"하나님이 사랑하시는 것을 당신도 사랑하면 그분과 연합하여 함께 행동하는 것이다. 하지만 하나님이 싫어하시는 것을 사랑하면 그분을 대적하여 멀어지는 것이다."⁴

그래서 하나님께 고의로 반항하면 영적으로 완전히 무력해진다. 순종과 불순종은 둘 다 습관이다. 우리의 욕구와 소원은 미뢰^{척추동물}

에서 미각을 맡은 꽃봉오리 모양의 기관와 같아서 이미 익숙해진 것을 탐하게 마련이다. 진정한 순복을 경험하려면 자신의 갈망에 대해 죽어야 한다. 그래야 하나님이 새로운 갈망을 주실 수 있다. 불평이 순복의 태도를 억압하듯이 감사는 확실히 순복의 태도를 북돋는다.

하나님이 내 마음속에 감사를 낳으시자 나의 가장 순수한 부르짖음은 단순히 "하나님, 하나님 편에 있고 싶습니다"가 되었다. 어디든 하나님이 계시는 곳에 나도 있는 것, 그것만이 내 간구의 제목이었다. 부유하든 가난하든, 병들든 건강하든, 집이든 이역만리든 하나님이 계시는 자리에 나도 있고 싶었다. 무엇이든 하나님이 하시는 일을 나도 하고 싶었다. 다른 모든 것은 중요하지 않았다.

순복할 때 누리는 기쁨과 평안

불평이 원망과 억울함과 들끓는 분노로 이어지듯이 감사는 엄청난 기쁨과 평안으로 이어진다. 프랑수아 페넬롱은 이렇게 썼다.

"오 영혼들의 신랑이시여, 반항하지 않는 영혼들에게 주님은 이생에서 더할 나위 없는 지복至福을 맛보게 하십니다."[5]

그리스도인의 삶의 영광은 다음 사실에 있다. 하나님은 우리에게 힘든 일에만 순복하라고 하지 않으신다. 처음에는 그렇게 보일 수 있지만, 중간에 포기하지 않으면 결국 알게 된다. 하나님은 우리가 수많은 놀라운 일에도 순복하기 원하신다. 이 또한 하나님의 선하심을 신뢰할 때 누리는 결과다. 선하신 하나님께 순복하는 사람이 선한 일에 순복해야 함은 당연하다. 죄는 입에서는 달지만, 뱃속에 들어가면 쓰게 변한다. 그러나 대개 거룩함은 처음에는 쓰지만, 나중에는 달게 변한다. 세월 속에서 숙성되는 좋은 포도주와 같다.

순복의 기쁨 중 하나는 깊은 평안이다. 반항은 전쟁을 뜻한다. 따라서 순복은 논리적으로 평화를 가져다준다. 이 평안은 우리의 관계 속에 새로운 자유를 준다. 늘 그렇듯이 참된 기독교 영성은 가정과 교회의 공동체 생활에 영향을 미친다. 토마스 아 켐피스가 경고했듯이, 하나님께 순복하지 않으면 우리는 사람들과도 불화하게 된다.

> 마음이 평안한 사람은 남을 의심하지 않는다. 하지만 불만과 불안에 차 있는 사람은 온갖 의심에 시달린다. 자신도 쉬지 못하고 다른 사람들도 쉬지 못하게 한다. … 그는 남들이 해야 할 일만 생각하고, 자신이 해야 할 일은 소홀히 한다.[6]

앞으로 천 년이 지나면 우리의 인생이 왜 이렇게 풀렸는지 모두에게 분명히 밝혀질 것이다. 하지만 지금은 하나님이 어련히 알아서 하심을 믿고 그것으로 자족해야 한다. 그리스도께서 그런 모범을 보이셨다. 토마스 아 켐피스는 그분이 이렇게 말씀하실 거라고 생각한다.

나는 너의 죄를 위해 하나님 아버지께 자원해 나 자신을 드렸다. 십자가 위에서 벌거벗은 몸으로 양손을 벌렸다. 엄위하신 하나님께 나의 전부를 온전히 속죄의 제물로 바쳤다. 마찬가지로 너도 날마다 나에게 자원해서 너 자신을 바쳐야 한다. … 네 힘과 사랑과 지극정성을 다해 그리해야 한다. 힘써 너 자신을 온전히 나에게 의탁해야 한다. 그 이상 내가 무엇을 더 바라겠는가?[7]

하나님은 절대로 항복하지 않으신다. 그분은 반항하는 모든 사람에게 전쟁을 선포하셨다. 그분께 지는 사람들은 영생을 받지만, 끝까지 고집 부리는 사람들은 자신의 어리석음으로 정죄를 당한다. 순복하기 전에는 평안도 없다. 하나님께 순복하는 것은 그리스도인의 삶의 본질이자 가장 큰 복이다.

순복의 기도

순복의 은혜에서 자라가고 싶다면 프란시스 드 살레가 쓴 이 기도를 옮겨 적어 놓고 지금부터 꾸준히 그렇게 기도해 보라. 당신의 마음이 그렇게 빚어질 때까지 해 보라.

한없이 은혜롭고 자비하신 나의 하나님 앞에서 나는 지금부터 영원까지 그분을 섬기고 사랑하기로 다짐한다. 이것은 내가 바라고 뜻하는 바이며 돌이킬 수 없는 결단이다. 이를 위해 나는 내 영혼의 모든 능력과 내 마음의 모든 애정과 내 육체의 모든 감각을 그분께 구별해 드린다. 다시는 내 존재의 어느 한 부분도 하나님의 뜻과 엄위하신 주권에 어긋나게 오용하지 않기로 다짐한다. 나 자신을 그분께 산 제물로 바쳐 영원히 그분의 충성되고 신실하고 순종하는 피조물이 될 것이다. 나의 이 행위는 결코 번복되거나 철회될 수 없다.

하지만 행여 내가 원수의 꼬임이나 인간의 연약함 때문에 마음이 변해 죄를 범하거나 이 결단과 헌신을 지키지 못한다면, 성령의 도우심으로 그 순간 다짐하고 결심한다. 나는 실족을 깨닫는 순간 조금도 지체 없이 바로 일어나 다시 자비하신 하나님께 돌아갈 것이다. 이는 어길 수 없고 돌이킬 수 없는 내 뜻과 의지와 결단이다. 이에 나는 거룩하신 하나님 앞에서 무조건 예외 없이 이를 선포하고 확증하는 바이다.[8]

이 기도를 옮겨 적은 종이에 서명하고 그것을 당신 자신의 기도로 삼으라. 당신이 양심에 거리낌 없이 그리할 수 있다면, 부디 그렇게 하고 날짜를 표시해 두라. 그리고 그 종이를 가지고 다니라. 성령께서 순복하도록 감화하시는데 당신의 마음에 저항이 느껴질 때마다, 지갑이나 핸드백에서 그 종이를 꺼내 읽으라. 그러면 하나님의 은혜로 다짐했던 마음을 다시 한 번 되살릴 수 있을 것이다.

고요하고 겸손한 삶

4

Part 4
A Quiet and Humble Life

22 하나님은 우리를 고요함으로 부르신다

"하나님, 저는 하나님을 볼 때까지 이 자리에 있겠습니다. 모세에게 하나님을 보여 주셨으니 저에게도 보여 주십시오."

내가 열 살 때 했던 기도다. 침묵만 흘렀다. 바닥의 장판이 무릎에 배겼다. 슬슬 배가 고파졌다.

"좋습니다." 나는 큰 소리로 말했다.

"다시 눈을 감았다가 뜨겠습니다. 제발 저한테도 하나님을 보여 주십시오."

눈을 감고 잔뜩 기대감에 부풀었다. 그러나 눈을 떴을 때 보인 거라고는 싱크대와 욕조뿐이었다. 성육신하신 하나님은 보이지 않았다. 갑자기 쾅쾅 문을 두드리는 소리가 났다.

"이건 뭐지?" 그런 독백과 함께 내 심장이 두근거렸다.

"게리야."

귀에 익은 엄마의 목소리에 내 심장은 다시 정상으로 돌아왔다.

"너 괜찮은 거냐? 이 방에 들어간 지 오래됐어."

"쳇, 부모님 때문에 모세가 되기도 쉽지 않군."

나는 그렇게 중얼거렸다. 하나님은 끝내 몸으로 나타나지 않으셨고, 나는 어린 마음에 몹시 실망했다. 그때만 해도 하나님께 30분의 기회를 드린다는 것은 내 딴에는 아주 후하게 느껴졌다. 하지만 여러 해 후에 출애굽기를 읽으면서 마음이 바뀌었다.

출애굽기 24장에 보면 모세가 하나님을 만나러 산에 오르자 즉시 구름이 산을 가렸다.

"구름이 엿새 동안 산을 가리더니 일곱째 날에 여호와께서 구름 가운데서 모세를 부르시니라"16절.

모세는 산 위에 앉아 엿새 동안 기다렸고, 그제야 하나님이 입을 여셨다. 장장 엿새 동안이었다! 나는 하나님께 기도한다고 앉아 6분만 기다려도 자신이 대단하게 느껴진다. 이런 생각이 들 때가 너무 많다.

"자, 하나님, 어서 진도 나갑시다. 저도 바쁜 사람이거든요. 할 일이 많다고요."

모세는 기꺼이 엿새 동안이나 말없이 앉아 있었다! 그런데 이스라엘 백성은 어땠는가?

"백성이 모세가 산에서 내려옴이 더딤을 보고 모여 백성이 아론에게 이르러 말하되 '일어나라, 우리를 위하여 우리를 인도할 신을 만들라'"출 32:1.

딱하게도 이스라엘 백성이 우상 숭배에 빠진 것은 순전히 지루함 때문이었다. 지겨웠다! 고작 그것 하나 때문에 그들은 거짓 신들에게로 돌아섰다. 그냥 기다리기에 지쳤을 뿐인데 말이다.

오늘날 우리도 마찬가지다. 돈을 달라고 해 보라. 수표를 끊어 줄 것이다. 시위 현장이나 특별 예배에 나오라고 해 보라. 당장 달려갈 것이다. 뭔가를 포기하라고 해 보라. 기꺼이 희생할 것이다. 하지만 지루함을 견디라고 해 보라. 텔레비전을 켜고, 라디오를 틀고, 인터넷에 접속하고, 아이팟을 꽂을 것이다. 제발 권태롭게 하지만은 말아 달라. 지루함이라면 질색하는 우리의 이런 반감 때문에 우상 숭배의 문화가 무르익는다.

기독교 고전을 쓴 신앙의 대가들에게, 시끄럽고 혼잡하고 조급한 삶은 곧 세속적 삶이었다. 그들의 권면대로 우리는 하나님께 시간과 공간과 고요함을 내어드려야 한다. 그런데 현대와 포스트모던 시대의 우리는 하나님을 멀리하는 기발한 방법들을 만들어냈다. 그중 가장 간사한 것으로 '영적 숨바꼭질'을 빼놓을 수 없다.

영적 숨바꼭질

그리스도인 중에 하나님께 주먹을 흔들며 면전에서 대드는 죄에 빠지는 사람은 별로 없다. 그것은 비그리스도인들 사이에서 흔히 볼 수 있는 모습이다. 대신 우리는 하나님께 수동적으로 반항하는 죄를 짓는다. 우리의 삶을 과도한 소음과 분주함으로 가득 채우는 것이다. 그러면 하나님의 음성이 뚫고 들어올 수 없다^{또는 그분이 일부러}

음성을 거두신다

우리 아이들이 어렸을 때 그런 일이 많았다. 아이스크림을 먹으라는 말은 작은 소리로 해도 아이들이 용케 멀리서도 듣고 달려왔다. 하지만 저녁을 먹으라는 말은 불과 5미터 거리에서 크게 외쳐도 이상하게 아이들의 청력이 갑자기 나빠졌다.

물론 아이들은 내게 주먹을 흔들며 "지금 노는 중이니까 조용히 좀 해요, 아빠"라고 말하지는 않았다. 그래서는 안 된다는 것쯤은 그들도 알았다.^{그런 행동을 했다가 맛본 결과가 썩 달갑지 않았다.} 그래서 대신 아이들은 좀 더 엉큼한 방법을 썼다.

"아, 우리 불렀어요, 아빠? 미안해요, 못 들었어요."

이것은 노골적인 반항은 아니지만 그래도 반항이며, 목적도 같다. 어디 어디로 오라는 아버지의 음성이 들렸지만, 아이들은 분주함 때문에 거기에 따르지 않았다. 우리도 마찬가지다. 프랑수아 페넬롱은 그것을 이렇게 설명한다.

> 하나님은 말씀을 그치지 않으신다. 다만 우리가 바깥세상의 소음과 내면의 감정의 소음 때문에 듣지 못할 뿐이다. 그분의 형언할 수 없는 음성을 아주 고요한 영혼 전체로 들으려면 세상과 자신의 소음을 모두 가라앉혀야 한다. 귀를 기울여야 한다. 이 고요하고 세미한 음성은 다른 모든 소리를 더는 듣지 않는 사람들에게만 들리기 때문이다.[1]

소음과 흥분과 일에 중독되어 있다면, 고요함을 가꾸는 일은 고통스러운 경험이 될 것이다. 영적 고요함 쪽으로 문을 열면 영적 두려움과 외로움도 함께 들어올 수 있다. 하나님을 대면하려면 많은 용기가 필요하다.

파스칼이 말한 바로는 우리가 흔히 두려워하는 것이 있다. 속도를 늦추기 시작하면 내 속의 깊은 불행이 나를 공격해 올 거라는 두려움이다. 우리는 이 불행에 맞설 용기가 없어 무서운 속도로 최대한 시끄럽게 살아간다. 너무 둔해지거나 바빠져서 고통을 외면하는 것이다. 파스칼은 많은 젊은이가 근본적으로 부정직하게 살아가고 있다고 보았다. 사실은 자기 마음의 실상을 늘 두려워하면서 겉으로는 잘 지내는 척하고 있다는 것이다.

> [그들의] 삶은 온통 소음과 오락뿐이고 미래에 대한 생각뿐이다. 그런 오락을 빼앗기면 그들은 지루해서 죽으려고 한다. 그러면서 자기도 모르는 사이에 자신이 허무하게 느껴진다. 오락을 잃고 내면을 들여다보게 되면 참을 수 없이 금방 우울해지게 마련이다. 그보다 더 비참한 상태는 없다.[2]

어거스틴은 어른들이 젊은이들의 이런 오락 중독을 자주 비판하지만 실은 어른들도 같은 잘못을 범할 때가 많다고 썼다. 그는 자신도 그런 비판을 받은 적이 있다고 고백했다.

"[내] 영혼의 유일한 낙은 노는 것이었다. 사람들은 그런 [나를]

벌했지만, 그들도 나와 똑같이 살고 있었다. 어른들의 게으름은 '일'이라 부르면서, 아이들이 똑같이 게으르면 그 어른들에게 벌을 받는다."[3]

파스칼도 어거스틴과 같은 생각에서, 심지어 왕도 오락이 없으면 아주 비참해진다고 썼다.[4] 남녀노소 빈부귀천을 떠나 우리가 가장 두려워하는 것은 고요함이다. 하지만 내면의 평안은 고요함 속에서 태동한다. 이 고요함이 없으면 우리는 안절부절못하게 된다. 오락을 탐하는 마음은 그만큼 우리가 불행하다는 증거다. 파스칼의 말마따나 우리가 진정 행복하다면 "굳이 행복에 대한 생각을 피하려고 오락을 찾을 필요가 없다."[5]

하나님과의 관계 속에서 만족을 얻는 것이 하나님께 받은 우리의 운명이다. 그런데 우리의 어수선한 영혼과 분주한 마음이 그것을 앗아간다. 뭔가 잘못되었다고 말하는 음성이 영혼 깊은 곳에서 들려오지만, 우리는 너무 두려워 속도를 늦추지 않는다. 삶이 어떻게 달라질 수 있는지 알려 하지도 않는다. 이런 딜레마로 씨름하는 사람들을 파스칼은 이렇게 묘사했다.

> 은밀한 본능이 그들을 몰아가 외부의 오락과 일을 구하게 한다. 이는 그들이 항상 느끼고 있는 불행의 결과다. 하지만 원래 영광스럽게 창조된 그들에게 은밀한 본능이 하나 더 남아 있다. 그 본능은 유일한 참된 행복이 흥분 속에 있지 않고 안식 속에 있다고 말한다. 이 상충하는 두 본능은 혼란스러운 계

략을 만들어내고, 그 계략은 그들의 영혼 깊은 곳에 보이지 않게 묻혀 있다. 거기에 이끌려 그들은 활동에서 안식을 얻으려 한다. 그래서 몇 가지 뻔한 난관을 극복하여 문을 열고 안식을 맞아들이기만 하면, 여태 없었던 만족이 찾아올 거라고 늘 상상한다. 우리의 평생이 이런 식으로 지나간다. 우리는 특정한 장애물을 퇴치하여 안식을 얻으려 한다. 하지만 장애물을 극복하고 나도 안식을 견디지 못한다. 그 상태가 지루하기 때문이다. 그래서 우리는 거기서 벗어나 흥분을 탐할 수밖에 없다.[6]

파스칼은 우리를 오락으로 몰아가는 권태가 오히려 변화의 촉매제가 될 수 있다고 말한다. 그러려면 우리가 두려움 없이 권태에 정면으로 맞서야 한다. 하지만 사탄은 자신의 온갖 마취제를 대안으로 내놓는다. 그런 마취제는 '눈에 보이지 않게 우리를 죽음으로' 몰아간다. 텔레비전 시청과 인터넷 장난은 다분히 잠 못 이루는 고요한 죽음이다. 그런 식으로 우리는 시간을 허송하여 자신의 영혼을 죽인다. 텔레비전이나 컴퓨터 화면 앞에서 몇 시간이고 보낼 수 있지만, 그래서 얻은 것이 무엇인가? 실제로 누구와 대화를 한 것도 아니고, 일을 해낸 것도 아니고, 대개는 통찰이나 감화를 얻은 것도 아니다. 하지만 그렇게 흘러간 시간은 다시 돌아오지 않는다. 요컨대 하나님이 허락하신 이생의 소중한 한 조각을 자원해서 날려버린 것이다.

단순한 삶에는 어려운 점이 있다. 단순하게 살려 하면 때로 영적 권태감이나 침울함이나 심지어 가벼운 우울증이 찾아올 수 있다.특히 오락 중독을 끊고 나서 얼마 안 됐을 때 그렇다. 이것은 우리가 반드시 직면해야 할 영적 삶의 실체다. 솔직히 말해서, 오늘까지도 오락에 푹 빠져 살던 사람이 내일 당장 영광스러운 환희 속에서 하나님과 손잡고 동행할 수는 없다. 마약 중독자가 마약을 끊으려면 반드시 금단 증상이라는 대가를 지급해야 한다. 오락이라는 마약에 중독된 우리도 고요함에 들어가려면 싸움을 예상해야 한다. 우리 영혼은 오락을 달라고 아우성칠 것이다. 물론 그 방법을 따르면 하나님의 임재를 잃는다.

이런 권태와 두려움의 귀신에 맞서려면 용기가 필요하다. 그것들이 얼굴만 살짝 내밀어도 우리는 이를 피하려고 다시 착실하게 끊임없는 활동 속에 빠진다. 그래서는 안 된다. 우리는 반드시 그것들에 맞서야 한다. 두려움과 권태에 밀려 다시 오락으로 돌아가면 단순한 삶의 복을 절대로 알 수 없다.

이 모든 소음 속에서 하나님은 우리를 고요함으로 부르신다.사 30:15. 그분과의 더 깊은 교제 속으로 이끄신다. 그런데 하나님을 피하여 숨지 않으려면 우선 우리가 숨는 이유부터 알 필요가 있다.

하나님을 피하여 숨는 이유

하나님께 더 가까이 가면 우리 마음속에 초자연적 동요가 일어난다. 우리는 자신이 아슬란을 상대하고 있음을 깨닫게 된다. C.

S. 루이스C. S. Lewis의 《나니아 연대기: 사자 마녀 옷장 이야기》Chronicles of Narnia: The Lion, the Witch and the Wardrobe에 나오는 이 사자 왕은 루시가 경험한 바와 같이 결코 길들지 않은 맹수다. 우리는 하나님을 통제할 수 없다. 그런데 우리는 자신이 통제할 수 없는 것을 대개 두려워하며, 그래서 피한다.

하지만 모든 오락을 내려놓고 고요함 속에 들어가려면 몇 가지 이유에서 용기가 필요하다. 첫째로, 우리는 영적으로 두려움이 많은 존재이며, 하나님 앞에 단독으로 서면 벌거벗은 나약한 존재다. 더는 가식을 부릴 수 없다. 하나님 앞에서 우리가 택할 길은 순종 아니면 불순종뿐이며 위장이나 합리화는 더는 통하지 않는다. 자신이 불행하다면 그 불행을 직시해야 한다. 자신이 슬프다면 그 슬픔을 직시해야 한다. 하나님의 임재 안에 살려면 진실해야 한다. 결과나 대화 자체를 우리 마음대로 통제할 수 없다.

둘째로, 우리가 숨는 이유는 믿음의 시험이 두려워서일 수 있다. 무릎을 꿇으면 하나님의 압도적 임재 대신 영원히 계속될 듯한 공허감에 부딪칠 것만 같다. 그 요란한 공허감이 우리의 믿음을 식히고, 우리를 유혹하여 회의에 빠뜨린다. 우리는 자신의 믿음이 거짓으로 입증되는 게 싫어 아예 입증하지 않는다.

셋째로, 우리는 하나님이 내 굶주린 영혼을 능히 채워 주시다는 확신이 없을 수 있다. 그래서 그분께 아예 기회를 드리지 않는다. 머리로는 복음을 믿을지 모르지만, 정서적 만족까지 거기에 걸고 싶은 마음은 없는 것이다.

끝으로, 우리가 하나님을 피하여 숨는 것은 지금 불순종 가운데 살기 때문일 수 있다. 요나처럼 우리도 하나님이 맡기신 일인 줄 알면서도 그것을 피하여 달아나는 중일 수 있다. 아담과 하와처럼 우리도 죄를 짓고 하나님의 임재가 두려워 숨어 있을 수 있다. 우리는 하나님을 즐거이 따른다지만 사실은 조건이 있다. 마음속의 원한, 부적절한 관계, 떳떳하지 못한 사업 관행만은 그분이 건드리지 않으셔야 한다.

이런 시험에 맞서려면 용기가 필요하다. 그런데 우리는 때로 그만한 용기가 없다. 그래서 시험에 맞서기보다 그냥 그것이 시험이 아닌 척 행세한다. 계속 바쁘게 살며 그냥 하나님을 피한다. 고양이 알레르기가 있는 사람은 초기 증상만 나타나도 얼른 상황을 피한다. 마찬가지로 우리도 하나님이 내 마음속에 뚫고 들어오시는 게 무의식중에 느껴지면 서둘러 어떤 활동이나 오락에 들어가 그분의 임재를 피한다.

고금의 그리스도인들처럼 살고 싶고 그들처럼 사랑하고 싶다면, 그들이 중시한 것들을 중시할 줄 알아야 한다. 그것은 우선 침묵으로부터 시작된다. 로렌조 스쿠폴리의 말을 들어 보라.

"사랑하는 자여, 침묵은 영적 전투에서 안전한 요새요 확실한 승리의 보장이다. 침묵은 자아를 믿지 않고 하나님을 믿는 사람의 친구다. 침묵은 기도의 영을 지켜 주는 수호자이며, 덕을 기르는 데도 큰 도움이 된다."[7]

요란하고 분주한 세상에서 로렌조 스쿠폴리 같은 사람들을 따라 침묵의 길로 전진할 것인가? 이것은 워낙 복된 여정인 만큼 한 장을 더 할애하여 그 부요함을 살펴보고자 한다.

Part 4
A Quiet and Humble Life

23 고요함 속에 들어가라

대륙을 횡단하는 이사를 앞두고 이삿짐 회사에 전화를 걸었다. 비용을 무게로 계산한다고 했다. 그 액수는 살림을 몽땅 도로 사는 값과 맞먹었다. 그래서 살림을 추리기로 했다. 비싼 비용을 지급하면서까지 가져갈 만한 물건인지 일일이 따져서 정말 아까운 물건이 아니면 처분했다.

친구들에게 그 이야기를 했더니 한결같이 부러워하며 말했다.

"듣고 보니 정말 좋겠다. … 우리도 다 버리고 다시 시작할 수 있으면 좋겠네."

이렇게 외적으로 표현된 단순성과 자유 속에 내면의 단순성이 반영되어 있다. 내면의 단순성은 우리의 영혼을 훈련하고 자유롭게 해방해 준다. 옛 영적 거장들은 고요함 속에 살기 원하는 그리스도인들에게 특히 도움이 될 네 가지 주제를 강조했다. 이 네 가지 훈련이란 바로 하나님께 매료된 마음, 재갈 물린 혀, 호기심의 제한, 기도 시간 후에 서서히 일상에 복귀하는 것 등이다.

하나님께 매료된 마음

신체적 힘이 제한되어 있듯이 우리의 정서적, 영적 힘도 제한되어 있다. 십자가의 요한은 이렇게 말했다.

"사람들이 하나님 외의 다른 것을 기뻐할수록 하나님으로 인한 기쁨은 그만큼 약해지고, 다른 것에 소망을 둘수록 하나님을 향한 소망은 그만큼 줄어든다."1

농구 선수가 시합 직전 마라톤을 달려 탈진한 모습으로 나타난다면 당연히 코치에게 엄한 책망을 들을 것이다. 직원이 밤새도록 텔레비전을 보고 나서 녹초가 되어 출근한다면 어떤 변명도 상사에게 통하지 않을 것이다. 코치들과 직장 상사들은 우리가 정말 중요한 일을 위해 에너지를 아끼기를 원한다. 하나님도 마찬가지다.

내 영적 삶의 한 결정적 순간에 찾아온 깨달음이 있었다. 내가 만일 스포츠의 모든 주요 행사, 모든 정치 선거, 증권시장의 모든 동향, 자녀양육의 모든 관심사에 몰두하여 거기에 마음을 빼앗긴다면 결코 나는 안식일, 세례, 성만찬, 크리스마스, 부활절, 기타 중요한 축제를 진정으로 즐길 수 없다. 나는 마음을 지켜야 할 필요성을 배웠다잠 4:23. 내 마음의 역량은 제한되어 있어 무한히 기뻐하거나 놀랄 수 없다. 덧없이 지나가는 것들에 몰두해 있으면 마음의 역량이 소진되어 정말 중요한 것들을 챙길 수 없다. 그러면 젊은 날의 어거스틴처럼 된다. 그는 이렇게 고백했다.

"이렇게 나는 잠에 취한 듯 현세의 짐에 즐겁게 짓눌려 살았다."²

그리스도인의 삶이 더 깊어지려면 일상 속에서 하나님을 기억할 방법을 찾아내야 한다. 프랑수아 페넬롱은 독자들에게 이렇게 권고했다.

> 하루의 일과 속에서 우리는 마음을 추스르는 데 익숙해지자. 그러려면 시선을 오직 하나님께로만 향해야 한다. 마음이 뒤숭숭해질 때마다 즉각 내면의 모든 움직임을 가라앉히자. 하나님께로부터 오지 않는 낙은 모두 멀리하자. 헛된 생각과 꿈을 잘라내자. 빈 말을 하지 말자. 하나님을 구하자. … 그러면 반드시 그분을 만날 것이다.³

단순성이 속박으로 변하지 않으려면 이렇게 하나님께만 초점을 맞추는 것이 절대적으로 필요하다. 프랑수아 페넬롱은 그것을 이렇게 설명했다.

> 나 자신과 내 관심사에만 몰두하는 생각들을 계속 떨쳐내려다 보면 그 노력 자체가 나에 대한 끊임없는 몰두로 변한다. 그리하여 우리는 하나님의 임재와 그분이 맡기시는 일에서 멀어지고 만다. 중요한 것은 쾌락과 편의와 평판에 대한 우리의 모든 관심사를 하나님의 손에 진심으로 넘겨 드렸다는 사실이다.⁴

우리가 단순하고 고요한 마음을 원하는 이유는 하나님의 음성을 듣고 싶어서다. 그분께 매료되려면 나머지 모든 것은 기꺼이 버려야 한다. 그래야 그분을 참으로 알고 동행할 수 있다. 우리가 버리는 것 중 일부는 다시 주어질 수도 있다. 그래도 우리는 계속 하나님께 초점을 맞추게 해주는 요소들만 도로 받아들일 것이다.

재갈 물린 혀

고요함 속에 들어가는 가장 실제적인 방법의 하나는 고요해지는 것이다. 혀를 끊임없이 놀리는 것은 생각이 지나치게 바쁘다는 증거다. 이냐시오 Ignatius는 이렇게 썼다.

"한담은 도무지 할 것이 못 된다. 나나 남에게 유익이 되지 않는 말, 이렇다 할 목적이 없는 말은 다 한담이다."[5]

요한 클리마쿠스는 수다를 영적 성숙의 큰 적으로 보았다.

> 수다는 허영심의 왕좌다. 수다는 거기 앉아 우쭐거리며 과시하기에 바쁘다. 수다는 무지의 증거, 험담의 관문, 희롱의 선도자, 거짓의 종, 후회의 화근, 낙심의 원인, 잠의 사자, 묵상의 소멸, 근신의 종말, 열정의 냉각, 기도의 무덤이다. 반면 지혜로운 침묵은 기도의 모태, 굴레의 해방, 열정의 수호자, 사고의 파수꾼이다.[6]

요한 클리마쿠스는 수사들에게 "일단 수도의 방을 나서거든 혀를 조심하라. 많은 수고의 열매가 한순간에 날아갈 수 있다"고 권고했다. 말하고 싶은 욕구가 불타오르거든 잠시 멈추어 그 불의 근원을 확인해 보아야 한다.

"아무리 옳은 의견일지라도 대화 중에 자신의 의견을 내세우고 싶은 충동에 사로잡힌다면, 그 사람은 마귀의 병이 자신에게 임했음을 알아야 한다."[7]

묘하게도 말이 많은 사람일수록 대개 기도는 적게 한다. 그러면서 걸핏하면 시간이 없다고 핑계를 댄다. 그런 사람들에게 토마스 아 켐피스는 이렇게 조언했다.

"하릴없이 놀러 다니며 한담을 일삼지 마라. 색다른 이야기나 소문에 귀를 쫑긋하지도 마라. 그러면 좋은 것들을 묵상할 … 여가가 넉넉해질 것이다."[8]

영적인 그리스도인의 표지는 잔소리하는 혀가 아니라 경청하는 마음에 있다.[9] 단순한 그리스도인은 하나님의 음성을 듣고자 할 뿐, 자신의 음성을 듣는 일은 별로 즐거워하지 않는다.

물론 단순성은 우리의 경청에도 필요한 요소다. 토마스 아 켐피스는 "색다른 이야기나 소문에 귀를 쫑긋하지 마라"고 권했거니와 이는 단순성의 다음 행위인 호기심의 제한으로 연결된다.

호기심의 제한

　단순하게 살면 삼류 잡지 같은 그리스도인이 되지 않을 수 있다. 유명 인사든 주변 사람이든 무슨 스캔들의 냄새만 풍긴다 싶으면 우리는 대개 지저분한 내막을 다 알려 한다. 남의 사생활 엿보기에 빠진다. 자신의 호기심을 가식적 사랑이나 기도하려는 관심으로 위장하려 할지 모르지만, 대개 우리가 원하는 것은 그냥 자신의 인간적 욕망을 채우는 것뿐이다.

　옛 영적 거장들은 이 부분에서 거의 충격적일 정도로 엄격했다. 로렌조 스쿠폴리는 이렇게 썼다.

　"당신과 관계되지 않은 모든 세상적 일들에 대해서 죽은 사람 같이 되어야 한다. 그 일이 그 자체로 해가 없을지라도 말이다."[10]

　최근에 어떤 남자와 전화 통화를 했는데, 그는 어느 기독교 지도자에 대한 자신의 불만을 쏟아내기 시작했다. 나는 이렇게 물었다.

　"제가 이것을 정말 들어야 할 필요가 있을까요? 그렇지 않은 것 같습니다."

　그런 말을 하기가 나로서는 쉽지 않다. 경건한 척하는 것처럼 들릴 수 있기 때문이다. 하지만 그럴 때 우리는 친구들의 판단보다 하나님을 더 두려워해야 한다. 기독교 고전이 상기시켜 주듯이 험담을 하는 것 못지않게 들어 주는 것도 죄다.

　초창기의 프란체스코회 수사로 유명했던 질스(Giles) 형제는 삶이 거룩하여 사방에서 사람들이 모여들었다. 그 중에는 질스 형제의 개입을 바라며 '기도 제목'을 전달하려는 사람들도 있었다. 하지만 그는 "나는 다른 사람의 죄에 대해 알고 싶지 않습니다."라고 딱 잘라 말했다.

간단히 말해서 내가 책임을 물어야 할 대상이 아니라면 상대방의 내막을 알 필요가 없다. 우리의 책임은 사사건건 모든 사람을 판단하는 것이 아니라 자신의 평안을 지키는 것이다. 게다가 내가 깨달은 사실이 있다. 나 자신에게도 고칠 것이 너무 많아 정말 다른 사람들의 잘못을 듣고 있을 시간이 없다는 것이다. 토마스 아 켐피스도 하나님이 자신에게 그런 태도를 원하신다고 믿었다.

> 매사에 너 자신, 네가 하는 일, 네가 하는 말에 집중하라. 오직 나만을 기쁘게 하고 나 외에는 아무것도 바라거나 구하지 마라. 네 모든 관심을 거기에만 쏟으라. 다른 사람들의 말이나 행동에 대해서는 절대로 함부로 판단하지 마라. 너에게 맡겨지지 않은 일에 끼어들지도 마라. 그러면 네 마음이 흐트러질 일이 거의 없을 것이다.[11]

불청객이 되어 다른 사람들의 삶 속에 불필요하게 개입하면 우리 자신이 중심을 잃고 만다. 요한 클리마쿠스는 "너와 무관한 일에 간섭하지 마라. 다른 무엇보다도 호기심이 우리의 고요한 마음을 더럽힐 수 있다"고 권면했다.[12]

마라톤을 달리기 전날만 해도 나는 에너지가 가득하다. 하지만 마라톤이 끝나면 불과 24시간 후인데도 거의 한 걸음도 걸을 수 없다. 근육에 무리가 와서 사실상 옴짝달싹도 못하게 된다. 24시간 전만 해도 날아갈 듯이 몸이 가뿐했는데 말이다.

분주한 삶도 마라톤과 같아서 우리의 주의력, 집중력, 실망에 대처할 힘, 평안과 안식 등을 앗아간다. 그래서 우리는 늘 탈진과 짜증과 분노의 언저리에서 살아간다. 이제 우리는 자신을 추스르고, 평안을 지키고, 집중해야 한다. 그래야 홀가분하게 정말 중요한 일들을 챙길 수 있고, 하나님이 맡기신 일에 전념할 수 있다.

베트남 전쟁 때 보병들은 여러 명씩 원을 만들어 모여 있곤 했다. 그렇게 모여 있으면 적의 기습이나 측면 공격이나 매복을 막을 수 있었다. 각 병사가 할 일은 원의 자기 부분을 지키는 것이었다. 각자가 맡은 일에 집중하면 모두가 무사했다. 그러나 원에서 떨어져 나가는 사람에게는 불상사가 닥쳤다.

마찬가지로 우리 그리스도인 군사들도 자신의 원에서 각자 맡아야 할 지정된 자리가 있다. 하나님은 당신을 정치_{정치가나} _{운동가}, 사업_{사장이나 종업원}, 교육, 예술 등 수많은 분야 중 하나로 부르셨을 수 있다. 중요한 것은 각자의 원의 테두리를 인식하고, 그 너머에 대해서는 지나친 호기심을 버리는 것이다. 이것은 일을 적게 한다는 뜻이 아니다. 다만 하나님께 배치받은 곳에 우리의 노력을 집중하고, 혹시 빈틈이 생기면 대장이신 하나님이 알아서 채우실 것이라 믿는다는 뜻이다.

재정 지원을 호소하는 편지가 우리의 책상에 수북이 쌓이고, 우리의 마음속에도 하고 싶은 일들이 많다. 우리는 거기에 일일이 다 응할 만큼 돈이 많지 않다. 우리의 사고는 은행 잔액보다 소중하고 은행 잔액만큼 유한하다. 그러므로 돈 한 푼을 아끼는 것만큼이나 우리의 사고도 아껴야 한다. 허구한 날 우리의 화제가 뉴스 편집자들에게 끌려다녀서는 안 된다. 대신 우리는 하나님이 지금 자기 백성에게 가르치시는 내용을 간절히 들어야 한다. 우리의 사고를 영적 원리들이 지배하게 해야지, 6개월만 지나면 아무도 신경 쓰지 않을 최신 여론 조사에 지배당해서는 안 된다.

토마스 아 켐피스의 이 말은 지금도 나에게 복이 된다.

> 내 아들아, 많은 경우에 너의 의무는 무지하게 있는 것이다. 너 자신을 완전히 죽은 사람으로 여기고, 온 세상이 너에 대해 십자가에 못 박힌 것으로 여기라. 너의 의무는 또한 많은 일에 귀를 닫고 그냥 지나가는 것이다. 반대로 너의 평안에 속한 일들을 생각하라. 변론의 종이 되기보다는 불쾌한 일에서 눈길을 돌려 모두의 의견을 그냥 두는 것이 더 유익하다.[13]

하나님께 매료된 마음, 재갈 물린 입, 호기심의 제한에 더하여 기도 후에 서서히 일상에 복귀하는 것도 단순한 삶에 꼭 필요한 훈련이다.

기도 후에 서서히 일상에 복귀하기

단순한 삶의 목표는 하나님과의 교제다. 토마스 아 켐피스는 그것을 '영적 관상觀想'이라 불렀다. 오늘날의 분주한 문화 속에서 영적 관상은 잃어버린 기술이 되고 말았다. 그래서 우리가 상기해야 할 것이 있다. 영적 진리들은 처음 태어날 때는 유약하다는 것이다. 잡초가 꽃을 숨 막히게 하듯이 분주한 사고는 영적 진리를 숨 막히게 한다.

프란시스 드 살레는 고요함을 그 예방책으로 처방했다.

> 기도 후에는 마음이 흐트러지지 않도록 조심하라. 그렇지 않으면 기도 중에 받은 귀한 향유를 엎지르고 만다. 이 말은 가능하다면 한동안 침묵 속에 남아 있어야 한다는 뜻이다.
> 당신의 마음은 서서히 기도에서 벗어나 다른 일로 넘어가야 한다. 기도 중에 품었던 애정의 느낌을 최대한 오래 보유해야 한다.[14]

텔레비전의 횡포에 대해서는 이미 많이 말했다. 하지만 전화나 문자 메시지의 횡포도 만만치 않다. 하나님과 대화하다가 200달러짜리 기계 때문에 생각이 끊겨야 할 이유가 무엇인가? 우주의 창조주보다 내게 더 많은 것을 알려 줄 사람이 누구인가? 30분 정도도 뒤로 미룰 수 없을 만큼 급한 전화나 문자는 별로 없다. 그런데 우리의 내면은 마치 이 소음을 잠시라도 무시하면 중죄라도 짓는 것처럼 수선을 떤다.

기도하다 말고 그 요란한 소음 속으로 돌진하면, 하나님께 받은 그 날의 작은 꽃을 짓밟는 것이다. 하나님이 친히 우리에게 맡겨 주신 소중한 진리들은 무심히 버려져, 머잖아 길 한복판에 짓밟힌 지저분한 장미꽃처럼 되고 만다.

경건한 마음으로 천천히 일어나라. 시선을 계속 하나님의 얼굴에 머물게 하라. 신앙 일기가 큰 도움이 된다. 기록해 두지 않으면 깊은 통찰의 유통 기한은 우유보다 짧을 수 있다. 기록의 실천을 통해 통찰이 머릿속에 더 깊이 새겨진다. 이런 사고들이야말로 하나님이 내게 맡겨 주신 가장 소중한 재산 중 일부다. 따라서 그것을 잘 지킬 책임이 있다.

물론 간혹 외부의 일에 주목해야 할 때도 있고, 어쩌면 아예 몰입해야 할 수도 있다. 하지만 계속 거기에 정신이 팔려 있을 필요는 없다. 꼭 필요한 일로 사고가 중단되었다 해도 최대한 빨리 다시 거기로 돌아오려 애써야 한다. 하나님은 언제나 우리와 함께 계시며, 우리가 그분의 임재를 연습하기를 기다리신다. 프란시스 드 살레는 이렇게 격려했다.

> 잊지 마라 … 겉으로 업무나 대화에 임하는 중에도 이따금 마음의 고독 속으로 물러나라 … 당신의 생각을 가지고 수시로 마음속으로 물러나는 것이다. 모든 사람과 떨어진 그곳에서

당신의 영혼의 일로 친밀하게 하나님을 상대할 수 있다.[15]

내 경우 가장 좋은 기도 시간의 일부는 많은 무리 중에서나 흥겨운 사교 모임 중에 벌어진다. 나는 일행에서 잠시 빠져나와 바깥의 조용하고 한적한 곳을 찾아 하나님 만나기를 좋아한다. 마치 소음과 잡담이 내게 하나님의 음성을 듣고 싶은 갈증을 불러일으키는 것 같다. 부부가 서로의 존재를 확인하려 가끔 배우자의 손을 잡는 것처럼, 나도 손을 내밀어 하나님의 손을 만진다. 나 혼자가 아니라 그분도 나와 함께 이 밤을 경험하고 계심을 상기하는 것이다.

이렇듯 단순한 삶은 고독 속의 침묵이면서 또한 소음 속의 초연함이다. 단순성은 삶을 하나로 묶어 준다. 단순성은 우리의 시간 속에 영원을 들여놓고, 영원을 위해 시간을 사용하게 한다. 단순한 삶에 힘입어 우리는 이 땅의 시민으로서 본분을 다할 뿐 아니라 천국의 시민으로서 자유롭게 살아간다.

고요함이 주는 보상

지금까지 나는 기독교 신앙의 고전을 읽으며 많은 영적 통찰을 얻었지만, 그중 단순성이야말로 가장 소중한 교훈에 속한다. 단순성의 위력이 나를 하나님의 임재 안으로 인도해 주었다. 마음이 온갖 소음과 일로 가득해 있으면 영적 삶이 불가능하다.

단순성 자체에도 보상이 있지만 결국 단순성은 다른 목적을 위한 수단이다. 단순한 삶은 우상이 아니라 여과 장치다. 우리가 단순하게 살려 하는 이유는 하나님이 워낙 크신 분이기 때문이다. 그분께 가지 못하게 막는 너저분한 것들을 치우고 싶어서다. 우리는 하나님과 우리 사이를 가로막는 것이 전혀 없기를 원한다. 그렇게 아름다우신 분을 앞에 두고 그 이하의 것에 안주한다면 우리는 바보다. 프란시스 드 살레는 자신에게 이렇게 권했다.

"오 내 영혼아! 하나님을 누릴 수 있는 네가 그분보다 못한 것에 만족한다면 화가 있을 것이다."[16]

단순한 삶이 진심으로 당신의 기도 제목이라면 토마스 아 켐피스의 이 기도를 종이에 옮겨 적어 보라.

> 오 주님, 제 생각이 해이해지지 않고 하늘의 것들에 주목하게 하소서. 그것이 온전한 사람이 할 일입니다. 걱정거리가 많아도 그 속을 태평하게 지나가게 하소서. … 은혜가 무한하신 나의 하나님, 주께 구하오니 저를 이생의 염려로부터 지켜 주소서. 거기에 너무 얽매이지 않게 하소서. 몸에 꼭 필요한 많은 것들로부터 지켜 주소서. 쾌락에 빠지지 않게 하소서. 또한, 영혼의 모든 장애물로부터 지켜 주소서.[17]

이 기도로 하루를 시작하라. 그것이 당신의 무의식적인 갈망이 될 때까지 그렇게 하라. 마음이 산만해질 때마다 이 기도를 꺼내 다시 읽으라.

이 연습을 통해 당신의 마음을 하나님께로 돌이키라. 그러면 하나님이 당신을 단순성의 기쁨 속으로 인도하실 것이다.

24 우리의 초라함과 하나님의 위대하심

　　어거스틴은 재능이 뛰어나고 야심만만한 유능한 청년이었다. 하지만 기독교로 회심하고 어머니를 사별한 뒤로 은퇴할 마음이 들었다. 자신의 출생지인 타가스테로 이주한 그는 묵상과 사색의 삶에 힘썼다. 하지만 세상은 그런 인물을 쉽게 놓아 주지 않는다. 어거스틴의 고요한 삶은 얼마 못 가서 끝났다. 히포^{현재의 알제리 소재}를 방문했던 차에 사제 서품을 받게 된 것이다. 그로부터 불과 5년 만에 그는 히포의 주교로 임명되었다. 그가 입은 권위의 옷은 맞춤복처럼 꼭 맞았다.

　4세기에 그렇게 혜성처럼 나타나 교회 고위직에 오른다는 것은 결코 우연한 일이 아니었다. 어거스틴의 소명은 이후의 사역을 통해 확증되었다. 그는 과연 빠르게 인정받을 만한 사람이었다. 그의 저작은 그리스도인의 삶에 영원한 흔적을 남겼다. 어거스틴의 말이 인용되지 않은 기독교 고전은 눈을 씻고 보아도 찾기 힘들다.

자신이 마음먹기에 따라 어거스틴은 교회에 훌륭한 성인, 주교, 교부로만 기억될 수도 있었다. 그의 사역과 영향력이 부상해 절정에 달하면서 그의 부끄럽고 시시콜콜한 과거는 금세 잊혔다. 본인만 거기에 대해 침묵했다면 그는 흠이나 오점이 없는 인물로 기억될 수도 있었다. 자신의 영향력과 신학 체계만 미래 세대에 전수할 수도 있었다.

하지만 어거스틴은 과거의 모습과 현재의 평판 사이에 점점 더 괴리가 커지는 것을 우려했다. 대중은 그의 감화력 있는 인품과 리더십, 그가 수사학과 철학 분야에서 전문 교육을 받았다는 사실 등에 주목했다. 하지만 어거스틴은 교만과 아집과 나태와 방탕에 빠져 살던 젊은 날의 자신을 아직 기억하고 있었다. 그때 그는 명예욕에 굶주려 있던 이단아였다. 무엇보다 그는 평생의 간절한 기도로 아들을 회심하게 한 어머니의 기도를 잊을 수 없었다.

이런 인간적 측면은 영영 묻힐 수도 있었다. 하지만 어거스틴은 전체 이야기를 담아 자신의 고백을 기록하기로 했다. 아이러니지만 이런 겸손한 행위가 그의 명성을 더욱 높여 주고 역사 속에서 그의 위상을 굳혀 주었다. 고금의 기독교 서적을 통틀어 《성 어거스틴의 참회록》*The Confessions of Saint Augustine*은 지금도 가장 널리 읽히는 책 중 하나다.

모든 성인처럼 어거스틴도 진정하고 성숙한 그리스도인의 삶에서 겸손과 정직이 필수 요소임을 깨달았다. 그는 사람들이 하나님의 위대하심을 보기를 원했고, 대개 그것이 인간의 연약함을 통해 가장 잘 드러남을 알았다. 그가 자신의 전체 이야기를 숨겼다면, 하나님께 합당한 영광을 그분에게서 박탈하는 꼴이 되었을 것이다. 어거스틴의 삶에 놀라운 변화를 이루신 분은 하나님이었다.

겸손의 두 기둥 : 우리의 초라함과 하나님의 위대하심

위대한 개혁 신학자 존 오웬에 따르면, 진정한 기독교 영성의 두 기둥은 겸손에 뿌리를 두고 있다.

"겸손해지려면 두 가지가 필요하다. 첫째, 하나님의 위대하심과 영광과 거룩하심과 권능과 위엄과 권위를 생각하면 된다. 둘째, 우리 자신의 비천하고 비참하고 죄 많은 상태를 보면 된다."[1]

영성 작가들이 거의 이구동성으로 말하듯이, 우리는 하나님의 웅대하심과 자신의 빈곤 앞에서 존재의 심연까지 부들부들 떨려야 한다. 이 두 기둥을 한 단어로 합하면 곧 겸손이다.

프랑수아 페넬롱은 이렇게 썼다.

"모든 성인이 확신하듯이 진실한 겸손은 모든 덕의 기초다. 이는 겸손이 순결한 사랑의 산물이기 때문이다. 겸손은 진실의 다른 이름이다. 세상에 진실은 두 가지뿐이니 곧 하나님은 전부이시고 피조물은 아무것도 아니라는 것이다."[2]

토마스 아 켐피스는 겸손이 가장 성숙한 그리스도인들의 공통점이라 믿었다.

"하나님 앞에서 가장 위대한 성인일수록 자신을 지극히 작은 자로 보았다. 더 영광스러워질수록 그들의 내면은 그만큼 더 겸손해졌다."3

아빌라의 테레사도 똑같이 겸손을 영성 전체의 기초로 보았다. 겸손이 없으면 성장할 수 없다는 것이다.

> 건물 전체의 … 기초는 겸손이다. 진정한 겸손이 없다면 주님은 높은 건물을 짓지 않으신다. 우리의 유익을 위해서다. 그렇지 않으면 건물이 폭삭 주저앉고 만다. 그러므로 … 당신도 든든한 기초 위에 지어야 한다. 지극히 작은 자요 모든 사람의 종이 되고자 힘써야 한다. 어디서 어떻게 남을 섬기고 기쁘게 할 수 있을지 살펴야 한다. 이것은 남을 위해서라기보다 더 당신 자신을 위한 일이다. 그렇게 벽돌을 짱짱하게 쌓으면 성이 무너지지 않는다.4

야망에 찬 젊은이들은 스포츠나 예술이나 정치를 이용해 자신의 이름을 내려 할 수 있다. 마찬가지로 그들은 기독교도 똑같은 목적으로 이용할 수 있다. 다만 이 경우에는 비범한 그리스도인으로 알려지고 싶을 뿐이다. 그래서 그들은 자신의 신앙을 '더 좋게' 하려고 사력을 다할 수 있다. 하지만 이런 추구는 추악하다. 교만에서 비롯되었기 때문이다.

요한 클리마쿠스가 살았던 수도원의 세계는 성취욕이 높은 곳이었고, 유명한 그리스도인이 되려고 애쓰는 사람들이 많았다. 그러나 그는 참된 신앙의 핵심이 희생이 아니라 겸손임을 깨달았다.

"완전한 초탈, 천국의 보화들, 기적과 예언의 능력 등을 얻고자 몸이 닳도록 헛수고를 하는 사람들이 있다. 하지만 이 가련한 바보들은 그 모든 것의 모태가 분투가 아니라 겸손임을 모른다."[5]

윌리엄 로도 요한 클리마쿠스처럼 자신에게 엄격했던 사람으로 알려졌는데, 그런 그도 이렇게 썼다.

"[겸손]은 영혼의 바른 상태에 워낙 필수 요소라서 겸손이 없이는 경건한 삶이나 바람직한 삶을 흉내조차 낼 수 없다. 눈이 없으면 볼 수 없고 호흡이 없으면 살 수 없듯이 겸손한 마음이 없으면 신앙생활이 불가능하다."[6]

성경은 온통 겸손을 가르치는 말씀으로 넘쳐난다. 하나님이 교만한 자를 대적하시고 겸손한 자에게 은혜를 주신다는 말씀만도 각기 다른 상황에서 세 번이나 등장한다. 아울러 로마서 12장 3절도 생각해 보라. 바울은 우리에게 "[자신에 대해] 마땅히 생각할 그 이상의 생각을 품지 말고 … 믿음의 분량대로 지혜롭게 생각하라"고 당부한다. 16절에도 비슷한 권면이 두 번이나 나온다.

"높은 데 마음을 두지 말고 …스스로 지혜 있는 체하지 마라."

더 겸손해져야 한다는 부름이 한 장에 세 번이나 나온다!

겸손이 모든 덕 중에 가장 막강한 이유는 이것이다. 하나님이 불어넣어 주신 참된 겸손이 있으면 죄가 불가능해진다. 겸손한 사람은 다른 사람을 상대로 성적인 죄를 지을 수 없다. 나의 쾌락을 위해 남을 악용한다는 생각 자체가 혐오스러운 일이기 때문이다. 겸손하면 남의 것을 훔칠 수도 없다. 남의 정당한 소유를 취하느니 차라리 내가 손해를 보거나 굶는 게 낫기 때문이다. 겸손하면 무리에게 받아들여지기 위해 험담을 일삼을 수 없다. 내 평판보다 다른 사람의 평판에 더 마음을 쓰기 때문이다. 겸손한 사람은 물질만능주의에 빠질 수 없다. 나를 움직이는 것은 내 주관적 소원과 욕구가 아니라 다른 사람들을 향한 긍휼이기 때문이다.

겸손은 사실상 모든 유혹을 무력하게 만든다. 겸손이 깊어지면 죄를 뿌리째 도려내는 것과 같다. 겸손은 예수의 인격 안에 영광스럽게 존재하고, 성경의 가르침 속에 칭송되고 있고, 성인들의 증언 속에 고이 간직되어 있다. 그러므로 겸손의 기초와 겸손이 그리스도인의 삶에서 차지하는 자리를 좀 더 자세히 들여다보기로 하자.

25 그리스도인이여, 자신을 알라

많은 문제의 근원은 교만이다. 그것을 인식하지 못하면 영적인 병에 걸린다. 우리는 병 자체가 아니라 증상만 다스리려 한다. 하지만 그것은 보습 로션으로 나병을 치료하려는 것과 같다.

교만한 사람들은 모든 것을 자기와 연결한다. 어떤 상황이든 자기와의 이해관계를 떠나서는 볼 수 있는 능력이 거의 없다. 공감이란 책에서나 읽는 것이지 결코 그들은 진정으로 공감을 품을 수 없다. 로렌조 스쿠폴리의 말마따나 '그들의 삶과 대화에서 보이는 것'은 분명한 교만의 모습이다.

> 큰일이든 작은 일이든 그들은 매사에 자신의 유익을 구하며, 남보다 더 호감을 사려 한다. 그들은 아집과 독선에 사로잡혀 있고, 자신의 결점은 볼 줄 모르고, 남의 결점은 예리하게 짚어내며, 남의 말과 행동을 혹평한다.[1]

교만은 우리를 철저히 무지하게 만든다. 교만은 교만 뒤에 숨는다! 교만은 우리를 영적으로 병들게 할 뿐 아니라 눈까지 멀게 한다. 그래서 자신의 병이 더 악화하고 있음을 보지 못하게 한다. 교만은 교활하고 사악한 악이다. 교만한 사람에게는 그것이 보이지 않지만, 영적으로 건강한 사람에게는 훤히 보인다.

그래서 로렌조 스쿠폴리 같은 사람들은 우리에게 자기 자신을 알아야 한다고 촉구한다. 이는 이기심의 발로가 아니라 영혼을 무지하게 만드는 교만이라는 음흉한 악을 막기 위한 방어책이다.

너 자신을 알라

자신의 참 자아를 번드르르한 이미지 뒤에 감추는 사람들이 있다.다음 장에서 '영적 화장술'에 대해 살펴볼 것이다. 하지만 자신이 정말 누구인지 아예 모르는 사람들도 있다. 요한 클리마쿠스는 그것을 이렇게 지적했다.

"흔히 … 교만한 사람들은 대부분 자신의 참 자아를 끝내 발견하지 못한다. 스스로 보기에는 욕망을 극복한 것 같지만, 자신의 초라한 실상을 죽어서야 알게 된다."[2]

토마스 아 켐피스는 자아를 정확히 알면 겸손해질 수밖에 없다고 믿었다.

"누구든지 자신을 잘 아는 사람은 자신이 초라해 보이는 법이며, 인간의 칭찬을 즐거워하지 않는다."[3]

거꾸로 자신이 초라해 보이지 않고 인간의 칭찬에 의존하는 사람은 당연히 자아를 잘 모르는 것이다.

아빌라의 테레사도 이것을 자세히 다루었다. 토마스 아 켐피스처럼 테레사도 정확한 지식과 겸손을 대등하게 보았다.

"자신을 아는 것이 매우 중요하다. 그래서 나는 이 부분에서 조금도 해이해지고 싶은 마음이 없다. … 이 땅에 사는 동안 우리에게 겸손보다 더 중요한 것은 없다."[4]

여기서 조심해야 할 한 가지 위험이 있다. 영적 성장을 바라는 우리의 갈망에 이 위험이 숨어 있다. 우리는 장차 되고 싶은 모습에 너무 집착한 나머지 현재의 자신의 모습을 놓치고 만다. 나도 몇 년 동안 이 덫에 갇혀 있었다. 한때 나는 죄를 너무 두려워하여, 죄짓지 않는 데만 온통 혈안이 되어 있었다. 물론 죄는 아주 골치 아픈 문제이며, 따라서 죄를 두려워하는 게 뭐가 문제인가 싶을 수 있다. 문제는 내 두려움이 하나님의 은혜와 분리되어 있어, 나 자신의 마음을 정직히 들여다보기가 두려웠다는 것이다. 그래서 나는 내 연약함을 놓쳤고 그 결과는 교만이었다. 나는 거룩함을 흉내 내며 환상과 자기기만 속에 살고 있었다. 그것은 훈련과 행위에 기초한 것이었다. 그러는 내내 내 마음은 악한 태도와 판단으로 가득 차 있었다. 하나님은 고갈의 시기를 통해 내 마음의 실상을 드러내 주셨다. 십자가의 요한의 이 말이 내게 얼마나 감명을 주었는지 모른다.

고갈되고 공허한 이 욕망의 밤에 인간은 또한 영적 겸손을 얻는다. 겸손은 악 중의 악인 영적 교만과 상반되는 덕이다. 겸손은 자아를 알 때 얻어진다. 형통할 때 교만에 빠졌던 모든 악과 부족함이 겸손을 통해 정화된다. 이렇게 자신의 메마르고 비참한 실상을 알게 되면 전처럼 내가 남들보다 낫다는 생각이 애당초 들지 않는다. 반대로 남들이 나보다 나음을 알게 된다. 이 겸손에서 이웃 사랑이 나온다. 겸손하면 이웃을 판단하지 않고 존중하게 되기 때문이다. 이전에 내 열정만 대단하고 남들은 그렇지 못하다고 착각했을 때는 그런 사랑이 없었다. 겸손한 사람들은 자신의 비참한 상태를 절대 놓치지 않는다. 그것만 알기에도 바빠 다른 사람의 행실을 쳐다볼 겨를이 없다.[5]

보다시피 십자가의 요한은 겸손이란 '자아를 알 때 얻어진다'고 했다. 《무지의 구름》 The Cloud of Unknowing 을 쓴 무명의 저자는 우리에게 "그러므로 자신의 참모습을 알고 느끼기 위해 최대한 모든 방법으로 땀 흘려 노력하라"고 권면했다. 이는 세속적이고 자율적인 방식으로 자아를 이해하려는 노력이 아니다. 오히려 저자의 표현대로 "교만의 원인은 다분히 무지에 있다"는 인식에 기초한 것이다.[6]

자아인식에서 자라가라

그렇다면 어떻게 거기에 도달할 것인가? 자아를 아는 지식이 그토록 중요하다면 어떤 길로 가야 그 지식에 이를 수 있는가? 우리가 활용할 수 있는 다섯 가지 유익한 방법을 생각해 보자.

평판보다 겸손을 중시하라

출발점은 자신의 평판보다 겸손을 중시하는 것이다. 겉모습보다 진정성을 더 중요하게 여겨야 한다. 그리스도를 닮는 일을 무엇보다도 더 원한다면 자신의 결점에 대한 통찰을 기꺼이 받아들일 것이다. 하지만 평판을 가장 중시한다면즉 우리의 동기가 교만이라면 자신의 약점을 지적받거나 단점이 드러나면 못마땅해 할 것이다. 그래서 우리는 정말 의로워지는 게 아니라 그냥 의로워 보이려 할 것이다. 이런 태도는 미래의 성장을 일체 막는다.

하나님처럼 우리도 겸손을 중시할 때 자아인식이 시작된다. 자아를 인식하게 되면 우리도 바울처럼 자신이 죄인 중의 괴수임을 받아들일 것이다. 또한, 죄가 우리의 말과 생각과 행동에 지독한 영향을 미치므로 죄를 경계해야 함도 받아들일 것이다. 자신의 죄성에 무지한 사람은 죄가 야음을 틈타 파멸을 일삼도록 죄에 전권을 내주는 셈이다. 로렌조 스쿠폴리가 그것을 아주 잘 표현했다.

"영적 전투에 임할 때는 절대로 자신을 의지해서는 안 된다. 그렇지 않고서는 절대로 바라는 승리를 얻을 수 없고, 자신의 가장

미약한 욕망마저도 극복할 수 없다."⁷

우리가 당연한 일로 간주해야 할 것이 있다. 우리의 모든 행동과 말과 감정과 동기 속에는 물론 심지어 종종 우리의 기도 속에도 교만이 작용한다는 것이다. 그런데도 자신을 의지한다면 이는 성경에 중대한 도전을 가하는 것이다. 성경은 인간의 마음이 만물보다 거짓되다고 말한다. 우리가 자신을 의지할 때 교만은 이를 틈타 교묘히 활보한다.

반대로 겸손은 우리에게 후련한 해방을 가져다준다! 이제 우리는 발각될까 두려워하는 게 아니라 오히려 지적받고 성장하기를 간절히 원한다. 겸손한 사람은 하나님을 의지하여 안식의 자리에 이른다. 오직 그분의 권위로만 살아가고 사역하기 때문이다. 다시는 넘어지지 않겠다고 매번 하나님께 교만하게 약속하던 우리가 이제는 잔느 귀용처럼 기도하는 자세를 취할 수 있다.

> 그분께 갈 때는 연약한 아이, 완전히 더럽고 멍투성이인 아이, 넘어지고 또 넘어져 상처를 입은 아이로 나아가라. 주님께 갈 때는 철저히 무력한 존재, 스스로 깨끗해질 능력이 없는 존재로 나아가라. 자신의 가련한 상태를 아버지의 눈빛 아래 겸손히 내려놓으라.⁸

자신을 그리스도와 비교하라

자신을 비그리스도인들, 초신자들, 덜 성숙한 그리스도인들과 비교하는 사람들이 많다.

"그들에 비하면 나는 거룩한 편이다. 물론 나도 성장할 부분들이 있지만 적어도 저렇지는 않다."

교만해 보일까 봐 소리 내어 말하지는 않지만, 그것이 우리의 생각이다.

우리에게도 사도 야고보의 시각이 필요하다. 그는 예수의 동생으로 자랐다. 물론 예수는 기적으로 잉태되셨고 야고보는 육신의 아버지를 통해 태어났다. 하지만 둘은 같은 어머니를 두었고 어려서 한집에서 살았다. 그러니까 야고보는 범사에 완전한 형과 함께 살면서 그분의 태도와 행동과 말투를, 그리고 기회 있을 때마다 힘써 사랑하시는 모습을 날마다 목격했다. 그러다 보니 자신의 죄를 민감하게 알아차리는 시각이 생겼다.

"우리가 다 실수가 많으니" 약 3:2.

문맥상 야고보는 성숙한 선생들에 대해 말하고 있다.

자신을 알고 싶거든 그리스도와 비교하라. 당신은 그분보다 얼마나 용감한가? 얼마나 긍휼이 많은가? 얼마나 지혜로운가? 얼마나 온유한가? 얼마나 사랑이 많은가?

자신이 아무것도 아님을 자랑하라

물론 우리는 신성하게 창조된 하나님의 자녀로서 깊은 사랑을 받고 있다. 우리는 이 사실을 받아들이고 즐거워하고 거기서 힘을 얻어야 한다. 하지만 옛 그리스도인들이 우리보다 훨씬 더 기꺼이 탐색한 또 하나의 신학적 진리가 있다. 하나님을 떠나서는 우리가 아무것도 아니라는 사실이다. 로렌조 스쿠폴리는 그것을 이렇게 묘사했다.

> 당신이 서야 할 안전한 평지는 다음과 같은 참되고 깊은 확신이다. 당신은 아무것도 아니고, 아무것도 모르고, 아무것도 할 수 없다. 가진 거라고는 비참하고 부족한 모습밖에 없고, 마땅히 받아야 할 거라고는 영원한 저주밖에 없다. …
> 당신이 창조되기 전의 시간을 생각해 보라. 보다시피 그 모든 영원의 심연 속에서 당신은 그야말로 아무것도 아니었다. 아무것도 한 일이 없고, 결코 자신을 창조해낼 수도 없었다. 당신이 창조된 것은 오직 하나님의 선하심 덕분이며, 매 순간 목숨이 부지되는 것도 그분의 끝없는 섭리 때문이다. 이렇게 그분의 것을 다 그분께 돌리고 나면 지금도 당신은 처음과 똑같이 아무것도 아니다.[9]

물론 자신이 아무것도 아니라는 태도는 자칫 우리의 인격을 병들게 할 수 있다. 마음과 태도가 잘못되어 있으면 그렇고, 또한 우리가 하나님의 자녀로 입양되었다는 반대쪽 진리가 빠져 있으면 그렇다. 그래도 그 본질만은 사실이 아닌가? 우리는 하나님 없이는 존재할 수도 없다. 하나님 없이는 그분을 실제로 알기는 고사하고 이렇게 놀라운 하나님을 상상할 수조차 없다. 하나님 없이는 죄에서 돌이켜 그분께 오지도 못했다. 우리의 모든 것은 그분에게서 왔다. 그런 관점에서 볼 때 무슨 근거로 우리가 교만해질 수 있단 말인가?

나는 잔느 귀용의 솔직함이 참 좋다. 그것은 내게 엄청난 해방을 가져다준다.

"당신과 나는 아주 약하다. 아무리 잘나 봐야 한없이 약하다."[10]

다른 사람들에게 물어보라

아내와 내가 우연히 알게 된 사실이 있다. 친구를 제대로 알 수 있는 가장 좋은 방법은 친구의 여덟아홉 살 된 자녀를 집으로 초대해 하룻밤 자게 하면 된다. 우리 아이들이 어렸을 때의 일이다. 아이들이 자기네 친구들을 집에 불러 함께 자는 날이면 한 어린아이의 입을 통해 얼마나 많은 것이 흘러나오는지 정말 우스울 정도였다. 우리가 일부러 살살 화제를 안전한 쪽으로 돌리곤 했다.

하지만 자녀가 어차피 당신의 내면을 어느 정도 안다면, 당신의 현 상태를 자녀에게 물어보면 어떤가?

"엄마가 가장 열심을 내는 일이 무엇인 것 같니?"

"네 생각에 아빠가 이런 건 하지 말았으면 좋겠다 싶은 것은 뭐지?"

"네가 볼 때 내가 성장하고 있는 부분은 어디일까?"

물론 자녀의 나이에 맞게 해야 하고, 평소에 자녀와 당신의 관계가 어떠한지도 고려해야 한다. 하지만 그렇게 물어볼 용기만 있다면 이를 통해 당신의 눈이 열릴 수도 있다. 또한, 덤으로 겸손의 본을 보이는 효과까지 있다. 자녀 못지않게 당신도 아직 진행 중인 작품임을 보여 주기 때문이다.

직장 동료 중에 그리스도인들이 있다면 과감히 그중 하나를 점심시간에 데리고 나가 이렇게 물어보라.

"제가 사람들을 어떻게 대합니까? 부사장을 대할 때나 비서를 대할 때나 태도가 같습니까? 제가 열심히 일한다고 보십니까? 저는 너무 저밖에 모릅니까, 아니면 다른 사람들에게 진정한 관심을 보입니까? 다른 사람들이 일을 잘하여 성과를 올릴 때 제가 얼른 칭찬하고 인정해 줍니까, 아니면 그들의 성공을 질투하며 배 아파합니까?"

당신에게 성장의 여지가 있다고 단정하고 주의 깊게 경청하라. 그리고 겸손한 마음을 가꾸어 나가라.

하나님께 여쭈어 보라

끝으로 당신에게 묻고 싶다. 당신의 기도는 얼마나 겸손한가? 교만한 그리스도인은 마치 하나님을 꾸짖거나 조종하려는 것처럼 기도한다.

"하나님, 그렇게 하시겠다고 했잖아요. 그럼 그렇게 하셔야지요!" "주님, 저에게 이러시면 안 됩니다." "주님, 아무개만 변화시켜 주시면 제 삶이 한결 쉬워질 겁니다. 기도한 지도 오래됐습니다. 그러니까 오늘 해 주시면 어떨까요?"

겸손한 그리스도인은 듣는 시간이 더 많다.

"주님, 제 마음이 어느 부분에서 냉랭해지고 있습니까? 제게 성장이 필요한 부분은 어디인가요? 오늘은 어떤 섬김의 자리로 저를 부르시렵니까?"

겸손한 그리스도인은 기도할 때 하나님을 심부름꾼처럼 대하지 않는다. 겸손한 그리스도인은 하나님을 마땅히 주님, 즉 주인으로 대한다. 기도할 때 우리가 하나님께 따지는 시간을 줄이고 자신을 더 살핀다면 교회에 겸손이 훨씬 많아질 것이다.

겸손은 격려를 가져다준다

여기 아이러니가 있다. 우리의 자아인식이 진정 하늘에서 온 것이라면, 자신의 결점을 알수록 낙심되는 게 아니라 오히려 격려가 된다. 이상하게 들리겠지만 사실이다. 하나님의 계시啓示는 위로와 함께 오고, 그분의 온유한 지적은 인정認定과 짝을 이룬다. 이 경험은 질책보다 목욕沐浴처럼 느껴진다. 프랑수아 페넬롱은 거기에 대해 이렇게 말했다.

> 내면의 빛이 더 밝아지면 이제부터 자신의 부족한 모습이 이전보다 훨씬 크고 해로워 보인다. … 하지만 이 경험은 당신을 낙심시키기는커녕 오히려 모든 자만심을 뿌리 뽑고 교만이라는 건물을 완전히 무너뜨리는 데 도움이 된다. 자신의 비참한

모습을 보면서도 불안과 낙심이 없어진다. 영혼이 알차게 진보하고 있음을 이보다 더 잘 보여 주는 징표는 없다.[11]

우리는 건강한 자아상의 근거를 나 자신의 가치가 아니라 하나님 안에서 나에게 귀속된 가치에 두어야 한다. 그렇게 되면 자신의 결점을 선뜻 인정하고 고쳐 나갈 수 있다. 코치의 건설적 비판을 달게 받는 운동선수처럼 되는 것이다. 선수는 자신의 실력이 향상되기를 원한다. 그래서 코치가 작은 허점을 보고 도와주면, 선수는 절망하여 쓰러지는 게 아니라 열심히 그것을 수용한다. 코치는 그를 팀에서 제명하거나 타순에서 빼려는 게 아니다. 선수의 발전을 도우려는 것뿐이다.

자신의 참 자아를 정확히 모르는 사람들도 있다. 참 자아를 아주 잘 알기에 무슨 수를 써서라도 그것을 가리려 하는 사람들도 있다. 그들은 남들이 자신의 본색을 알면 자신을 받아 주지 않을 것으로 생각한다. 이런 거짓된 경건은 참된 영적 성장에 치명타를 입힌다. 이것을 다른 말로 영적 화장술이라 한다. 여기에 대해서는 따로 한 장을 할애해 살펴볼 필요가 있다.

26 영적 화장술을 조심하라

자신의 영적 상태가 부끄러울 때 선택하는 길은 두 가지다. 우선 겉모습만 그럴듯하게 가면을 쓸 수 있다. 이것이 영적 화장술이다. 반대로 하나님과 자신과 사람들 앞에 솔직해져서 변화를 받아들일 수 있다. 양쪽 모두를 할 만한 에너지나 자원이 우리에게 없으므로 반드시 둘 중 하나를 선택해야 한다.

파스칼은 이렇게 썼다.

"우리는 현재의 자신의 삶과 존재에 만족하지 못하여 남들 앞에서 가상의 삶을 살아가기 원한다. 그래서 실제와 다른 인상을 풍기려 한다. 자신의 참 존재를 무시한 채 끊임없이 가상의 존재를 유지하고 미화하려 애쓴다."[1]

바울은 갈라디아서 1장 10절에 경고하기를, 우리의 동기가 사람들에게 인정받는 것이라면, 동시에 그리스도 안에서 자라며 그분의 일에 헌신할 수 없다고 했다. 윌리엄 로는 이렇게 덧붙였다.

"칭찬받고 인정받으려는 욕구 때문에 행동하는 사람은 다른 모든 원리를 버려야 한다. 검은 것을 희다 하고, 쓴 것을 달다 하고, 단 것을 쓰다 해야 한다. 인정받기 위해 가장 비열하고 치사한 일도 해야 한다."2

조나단 에드워즈Jonathan Edwards는 판단에 기초한 아주 미묘한 유혹 하나를 우리에게 경고한다. 특히 그리스도인들이 이 유혹에 빠지기 쉽다.

> 그리스도를 위한 잘못된 담대함은 오직 교만에서 비롯된다. 무모하게 주변의 눈 밖에 날 일을 하거나 심지어 세상의 반감을 일부러 유발하는 사람이 있는데, 그 동기가 교만일 수 있다. 남들과 구별되어 보이도록 우리를 부추기는 것이 영적 교만의 속성이다. 우리는 남들에게 세속적이라는 딱지를 붙이고 전의를 불사를 때가 많은데, 이는 자신이 무리 중에서 더욱 돋보이기 위해서다. 그러나 그리스도를 위한 진정한 담대함은 이 모든 것을 초월하며, 상대가 친구이든 적이든 상대의 반감에 신경 쓰지 않는다.3

우리가 흔히 생각하는 '비위 맞추기'란 세상 사람들을 상대로 한 것이다. 하지만 사도 바울과 조나단 에드워즈의 경고처럼 교회 안에서도 사람들의 비위를 맞출 수 있다. 우리는 동료 그리스도인들에게 좀 더 높은 평가를 받기 원한다. 그래서 비그리스도인들에게 빈정대듯 말해 일부러 그들의 나쁜 반응을 유발한다. 그렇게 함으로써 자신이 더욱더 그리스도인으로서 구별될 줄로 생각하는 것이다. 하지만 이것은 다 쇼에 지나지 않는다. 그 동기는 진정으로 죄를 미워하는 마음이나 상대방을 회개로 이끌려는 마음이 아니다. 그저 소위 담대함을 보여 동료 그리스도인들의 찬탄을 얻어내고 싶을 뿐이다. 이는 하나의 죄^{교만}로 다른 죄를 정죄하는 교만한 행위다.

하나님은 결국 드러내신다!

거짓된 삶이 오래되면 현실 감각을 잃게 된다. 삶은 쇼의 연속으로 변하고, 우리는 온전히 통합된 인간이 되지 못한다. 그래서 영적 화장술은 서커스의 행위이며 그리스도인의 삶에 들어설 자리가 없다.

하나님은 결국 그분을 드러내신다. 건강한 공동체에 들어가면 그것이 불가피하다. 우리는 숨기지만 하나님은 치유하기 원하신다. 치유하시려면 우선 드러내셔야 한다. 하나님의 임재의 빛이 결국 모든 것을 드러낸다. 하나님과 가까이 동행하는 사람들은 흔히 가식을 꿰뚫어볼 수 있다. 숨은 것을 드러내는 성령의 은사 중 몇 가지만 생각해 보라. 예언의 말씀도 있고, 지식의 말씀도 있고, 영의 분별도 있고, 방언의 해석도 있다. 원래 하나님은 알려지지 않은 것을 알리시는 분이다.

아나니아와 삽비라는 기독교 공동체에 거액의 돈을 기부하면서 그것이 전부인 냥 속였다. 하지만 자신들의 희생을 부풀려 공동체를 속이려 한 죄가 드러나고 말았다. 하나님이 보시기에 그 가식은 죽어 마땅한 죄였다 행 5장. 하나님은 모든 거짓을 미워하신다. 반면에 그분을 대적하는 마귀는 거짓의 아비다 요 8:44. 예수님은 자신을 길이요 진리요 생명이라 표현하셨다 요 14:6. 그러므로 바울이 묘사한 모범적 기독교 공동체에서, 비그리스도인들이 자기 마음의 숨은 일들이 드러날 때 하나님의 임재를 느끼는 것은 당연한 일이다 고전 14:25. 하나님은 우리의 비밀을 드러내신다. 숨은 죄는 암처럼 우리 내면의 영적 생명을 갉아먹기 때문이다. 겸손이 없이는 하나님의 얼굴을 볼 수 없다.

겸손한 사람들은 자신의 숨은 내면이 드러날 때 기꺼이 받아들인다. 그들의 관심은 의로워 보이는 데 있지 않고 정말 더 의로워지는 데 있다. 그러므로 진실을 향한 걸음은 매번 반가운 걸음이다. 그래서 기독교 고전은 진리 안에서 안식을 얻자고 호소한다 성경도 마찬가지다. 어차피 우리는 은혜가 절실히 필요한 죄인들이며, 우리의 삶은 세상의 주목을 하나님께로 돌리기 위한 것이다. 그분은 우리에게 은혜와 그 이상을 베푸신다.

겸손이 우상화될 때

여기서 다루어야 할 똑같이 미묘한 유혹이 하나 더 있다. 겸손이 워낙 소중한 것이다 보니 사탄은 사이비 겸손을 만들어 그것으로 우리를 해치려 한다. 겸손이 화장의 일부가 되면 영적 화장술은 특히 더 위험해진다.

프란시스 드 살레는 우리에게 이런 웃지 못할 경고를 내놓는다. "우리는 흔히 자신이 아무것도 아니고 더없이 비참한 존재이며 세상의 쓰레기라고 고백한다. 그런데 막상 누가 그 말을 그대로 믿거나 남에게 내가 정말 가련하고 비참한 존재라고 전하면, 우리는 굉장히 못마땅해한다."4

결국은 이 질문으로 귀결된다. 우리는 정말 겸손해질 마음이 있는가? 아니면 그냥 겸손한 사람으로 알려지고 싶은 것인가? 겸손을 중시하는 공동체 안에 있으면 나는 겸손한 것처럼 말하며 겸손을 흉내 내려 할 것이다. 하지만 내 동기는 좋은 인상을 풍기려는 교만한 마음에 있다!

그러므로 우리는 겸손을 빙자하여 겸손해 보이려는 행동조차 해서는 안 된다. 그보다 실제로 겸손해지려고 애써야 한다. 사람들의 시선을 의식하지 않고 겸손에서 자라가는 데 초점을 맞추어야 한다. 거룩한 남녀에게 중요한 유일한 재판관은 거룩하신 하나님뿐이다.

어떤 사람들은 늘 자신을 깎아내리고, 자신의 약점에 시선을 끌고, **뻔한 사실**우리 스스로는 능력도 없고 자격도 없다는 사실을 자꾸 되뇐다. 이런 사람들은 위에 말한 덫에 빠져 있을 수 있다. 물론 지도자들은 겸손의 본을 보이기 위해 간혹 그런 말을 해야 할 수도 있다. 하지만 좋은 인상을 풍기려고 그런 말을 한다면, 그들은 겸손해 보이려고 겸손의 정신을 악용하는 것이다. 이거야말로 영적 화장술 중에서도 최악의 부류에 속한다.

내 안의 겸손이 아예 내 눈에 띄지 않을 정도로 겸손이 우리 존재의 일부로 깊이 자라가야 한다. 그것이 우리의 목표다.

하나님을 대적하는 싸움

하나님은 겸손을 지극히 귀하게 여기시지만 교만한 자들은 대적하신다. 그러므로 우리 중에 영적 화장술을 쓰는 사람들은 하나님을 대적하여 싸우고 있다. 노파심에서 못 박아 말하자면 이 싸움의 승자는 하나님이시다. 그러니 이 싸움은 터무니없이 부질없는 짓이다.

게다가 은혜의 진리와 평화 속에 안식할 수 있는데 굳이 싸울 이유가 무엇인가? 솔직히 인정하자. 예수의 동생 야고보가 지적했듯이 우리는 다 죄 문제로 씨름하고 있다. 잔느 귀용은 "하나님은 가장 훌륭한 성도들 안에도 일부러 결함을 남겨 두신다. 이는 그들을 교만해지지 않게 하고, 또 겉모습만 보고 판단하는 인간들의 칭찬에 놀아나지 않게 하기 위해서다."라고 말했다.[5]

서로 영적 흠을 들추어내는 습성을 버릴 수 있을까? 모든 인간은 죄를 짓는다. 모든 목사, 모든 아버지, 모든 어머니, 모든 자녀, 모든 대학생, 모든 운동선수, 모든 사업가 등 누구도 예외가 없다.

그러니 솔직해지자. 마땅히 연약한 모습으로 있자. 그래야 죄에서 점점 벗어나 그리스도께 가까워지도록 서로 도울 수 있다. 교만하게 서로 흠을 잡으려 한다면 두려워 자신의 죄를 고백하지 못할 것이다. 자신의 죄를 숨기고 다른 사람처럼 행세할 것이다. 영적 화장에 에너지와 시간을 다 낭비해 정작 참으로 영광에서 영광으로 변화될 수는 없다.

 죄를 숨기는 것은 암세포를 키우는 것과 같다. 머잖아 그것이 우리를 죽일 것이다. 영적 화장술은 기독교 교회에 발을 붙여서는 안 될 치명적 해악이다. 그것은 흉하고 악하다 못해 마귀적인 일이다. 그러니 아예 상종하지 마라.

Part 4
A Quiet and Humble Life

27 그리스도인이여, 하나님을 알라

앞서 보았듯이 겸손은 인간의 비천함과 하나님의 위대하심이라는 두 개의 진리를 받아들인다. 그러나 고전 영성 작가들이 말한 바로는, 겸손을 기르는 길은 우리의 비천한 모습에 몰두하고 집착하는 것이 아니라 시간을 내서 하나님의 뛰어난 영광을 충분히 묵상하는 것이다. 이는 겸손의 정신을 길러 주는 장기 계획이자 과정이다. 《무지의 구름》에 나오는 다음 말을 생각해 보라.

> [우리가] 겸손의 근거로 택해야 할 것은 불완전한 자신의 비참한 모습이 아니라 완전하신 하나님의 놀랍도록 고귀하고 합당하신 모습이어야 한다. 다시 말해서 자신의 죄성보다 하나님의 합당하신 모습을 더 예의주시해야 한다.[1]

하나님의 위대하심에 대한 이런 인식은 계시를 통해 주어진다.

십자가의 요한은 이렇게 썼다.

"하나님은 영혼에 빛을 비추어 주시되 각자의 낮고 천함을 아는 지식뿐 아니라 그분의 웅대하심과 위엄을 아는 지식까지 부어 주신다."² 에드워즈는 그것을 이렇게 표현했다.

> 그리스도 안에서 하나님의 무한한 영광과 우월성을 더 많이 볼수록, 그리고 죄인들을 향한 그리스도의 사랑의 끝없는 길이와 너비와 깊이와 높이를 더 많이 알수록 우리가 느끼는 경탄은 그만큼 더 커진다. 그런 영광의 구원자 하나님을 향한 우리의 사랑이 너무도 미흡함을 깨닫기 때문이다.³

진정한 겸손은 하나님을 만날 때 찾아온다

프랑수아 페넬롱은 하나님을 직접 체험하지 않고는 겸손할 수 없다며, 그 이유를 우리 기준이 왜곡되었기 때문이라고 설명했다.

> 시골에 처박혀 사는 농부는 자신의 비참한 상태를 잘 모른다. 하지만 으리으리한 왕궁과 호화로운 궁전을 보고 나면 비로소 자기 마을의 모든 빈궁을 깨닫게 된다. 그런 웅장한 광경을 본 사람은 오두막을 견딜 수 없다. 이렇듯 우리는 하나님의 무한히 웅대하고 아름다운 모습 속에서 자신의 흉하고 무가치한 모습을 보게 된다.⁴

리모델링을 한 집에 초대받은 적이 있는가? 예컨대 그 집의 부엌을 뜯어고쳤다고 하자. 바닥도 넓어지고, 찬장도 새로 더 들이고, 카운터 공간도 두 배로 늘었다. 주방 한복판에 별도의 카운터까지 새로 설치했다. 결과가 정말 성공적이라고 가정해 보자. 색깔과 스타일 등 모든 것이 완벽하다. 그 집에 있다가 당신 집에 돌아와 부엌에 들어서면 한숨부터 나온다. 세 시간 전만 해도 당신의 부엌은 괜찮아 보였다. 세 시간 동안 부엌은 하나도 달라지지 않았다. 하지만 부엌의 변신 가능성에 대한 당신의 인식은 분명히 달라질 것이다.

마찬가지로 우리도 하나님의 거룩하심을 조금이라도 보기 전까지는 자신의 거룩함이나 성품에 대해 교만해지기 쉽다. 일단 그분의 성품을 보고 나면 누구나 겸허해지게 되어 있다. 이것은 눈부신 햇살을 막으려고 눈을 가늘게 뜨는 것처럼이나 당연한 일이다. 빛이 너무 밝아서 그대로 다 받아들일 수가 없다.

프랑수아 페넬롱은 그 어느 인간적 기준으로 보아도 우리의 비천한 상태가 드러날 수 있지만, 그런 논리는 "수박 겉핥기일 뿐 속에까지 미치지 못한다"고 했다. 하나님을 직접 만나야만 우리의 존재가 심연까지 흔들린다.

"하나님의 광선이 우리의 내면을 비추면 그제야 우리는 자신이 아무것도 아님을 보게 된다. 타락한 피조물의 악한 심연이 보이는 것이다."[5]

이런 겸손의 작업은 우리 삶에 지속할 수 있고 마땅히 그래야 한다. 물론 거기에는 초자연적 손길이 필요하고, 신비가 같은 추구가 요구된다. 그냥 하나님에 대해 읽는 것만으로는 어림도 없다. 마음이 이렇게 변화되려면 실제로 하나님을 만나야 한다.

기차의 탈선을 막는다

이 모두에 덧붙여 한 가지 도전이 더 있다. 겸손의 정신이 조수^{潮水}처럼 드나들 수 있다는 사실이다. 겸손은 좀처럼 정적^{靜的}이지 않으며 결코 우리의 소유물이 아니다. 우리가 하나님을 추구하는 일에 해이해지거나 그분의 웅대하심을 망각한 채 지름길로 간다면, 교만이 옳다구나 하고 예고 없이 뛰어든다.

그래서 존 오웬이 도덕적 쇠퇴와 부패의 제2단계에 붙인 이름은 하나님을 향한 외경의 상실이다.6 삶의 모든 일^{거룩함, 관계, 정체, 목적, 사역}에서 우리는 마땅히 하나님을 두려워하고 경외하는 마음을 유지해야 한다. 그래야 기차의 탈선을 막을 수 있다. 우리는 하나님을 너무 만만히 대하거나 깊은 경외심을 잃어서는 안 된다. 하나님의 하나님 되심에 매료되어 경이감 속에 말없이 서 있을 수 있어야 한다. 그렇지 않으면 교만과 죄가 기다렸다는 듯이 우리 영혼을 삼키려 든다. 우리가 조금만 허점을 보이거나 서서히 식거나 현실과 멀어져 관념에 만족하면, 그때부터 교만과 죄가 길길이 날뛴다.

자신을 하나님 대신 다른 그리스도인들^{또는 심지어 비그리스도인들}과 비교한다면, 우리의 겸손은 너무 바싹 탄 과자처럼 부서지고 말 것이다. 아빌라의 테레사는 이렇게 썼다.

"하나님을 알고자 힘쓰지 않으면 우리는 결코 자신을 다 알 수 없다. 그분의 웅대하심을 보아야 자신의 비천함을 알 수 있고, 그분의 정결하심을 보아야 자신의 부정함을 볼 수 있고, 그분의 겸손을 생각해야 자신이 얼마나 겸손과 거리가 먼지 알 수 있다."[7]

그 말을 한 사람이 누구인지 생각해 보라. 역사를 거슬러 올라가 아빌라의 테레사를 만난다면 마치 테레사 수녀를 만날 때와 비슷하게 정결함의 화신을 만났다는 생각이 들 것이다. 그런 여인에게 왜 회개가 필요하단 말인가? 답은 간단하다. 그런 사람들은 겸손을 받아들일 때 주변을 둘러보는 게 아니라 위를 올려다본다.

그러므로 겸손해지려면 반드시 하나님을 보아야 한다. 거꾸로 하나님을 보려면 반드시 겸손해야 함과 같다. 하나가 없이는 다른 하나도 지킬 수 없다. 파스칼은 이렇게 썼다.

"기독교는 이상하다. 기독교는 사람에게 자신이 악하고 심지어 가증스러운 존재임을 깨닫게 한다. 그러면서 동시에 하나님을 닮고 싶은 마음을 품게 한다. 이런 평형추가 없다면 우리는 너무 높아져서 한없이 자만해지거나 반대로 너무 비하되어 한없이 처참해질 것이다."[8]

겸손 자체에 매달리는 사람들에게서 나는 종종 그런 결과를 보았다. 그보다 하나님께 초점을 맞추면 겸손은 부산물로 따라오게 되어 있다. 자신의 추악함과 '가증스러운' 본성에 초점을 맞추면, 하나님의 공급과 일하심과 영광이라는 진리가 위축되어 균형을 잃는다. 균형 잡힌 성경적 겸손 가운데 행하려면, 참된 예배^{하나님의 임재} ^{안에서 보내는 시간}가 반드시 필요하다. 조나단 에드워즈는 그것을 복음적 겸손이라 불렀다.

율법적 겸손과 복음적 겸손

조나단 에드워즈는 율법적 겸손과 복음적 겸손을 구분했다.

율법적 겸손은 "인간은 크고 두려우신 하나님 앞에서 자신이 작고 아무것도 아님을 깨닫는다. 자신이 파멸한 존재이며 전적으로 무력하여 스스로 거기서 헤어날 수 없음을 느낀다. 하지만 이에 대한 반응으로 진정 자신을 낮추려는 마음은 들지 않는다. 하나님만을 즐거워해야 할 필요성도 느끼지 못한다."[9]

이런 사람들은 자연적 겸손은 느끼지만, 초자연적 계시는 받지 못한 상태다. 하나님께 깊은 감명은 받았지만, 이제부터 그분의 영광을 위해 살 만큼 영혼이 깨어나지는 못한 상태다. 다시 말해서 그들은 하나님께 감탄할지는 모르지만, 에드워즈의 설명대로 그분을 주님으로 섬길 마음은 없다.

> 그런 태도는 복음적 겸손을 통해서만 온다. 즉 하나님의 거룩하신 아름다움을 마음으로 깨닫고 거기에 압도되어야 한다. 율법적 겸손은 양심에 죄를 깨닫기는 하지만 아직 영적 이해는 없다. 의지가 깨지지도 않았고 마음의 성향이 바뀌지도 않

았다.

인간은 복음적 겸손을 경험할 때 진정한 자유를 얻는다. 하나님의 영광은 영원히 변하지 않는다. 그 영광을 위해 살면 당신의 기쁨도 끝이 없다. 당신의 죄나 상황은 하나님의 영광을 건드리지 못한다. 당신의 건강, 결혼 여부, 개인적 고민, 소소한 일들은 하나님의 압도적인 아름다움을 훼손하지 못한다. 삶의 목적이 하나님의 영광을 즐거워하고 선포하고 그 안에서 안식하는 것이라면, 당신은 진정으로 자유로운 사람이다.

로렌조 스쿠폴리는 이것이 우리 자신의 죄를 대하는 태도에도 영향을 미친다고 했다.

"당신이 실족한 뒤에 낙심과 고민과 절망에 빠져 진보할 수 없다고 불평한다면, 그런 감정은 지금까지 당신이 하나님보다 자신을 신뢰했다는 확실한 증거다."[10]

이것을 하나님의 관점에서 생각해 보라. 우리가 실족하자마자 하나님께 다시는 실족하지 않겠다고 약속한다면, 그분께 얼마나 어이없어 보이겠는가! 하나님을 신뢰하는 겸손한 그리스도인이라면 오히려 이렇게 기도할 것이다.

"아, 제 모습이 또 나왔습니다. 주님, 주께서 만져 주시지 않는다면 저는 이런 죄를 수없이 되풀이할 수밖에 없습니다. 하지만 저는 주님을 신뢰하고 주님의 구속救贖을 믿습니다. 저를 이 죄에서 건져내 주실 주님의 능력을 믿습니다."

복음적 겸손은 우리의 실패에 영향을 미칠 뿐 아니라 또한 사역의 초점을 잡아 준다. 요나의 문제는 그가 긍휼과 용서를 베푸시는 하나님의 평판보다 참 선지자라는 자신의 평판에 더 신경을 썼다는 것이다. 교만은 사역과 공존할 수 없다. 자녀양육, 사업상의 결정, 그 밖에 인간의 모든 일과도 공존할 수 없다. 범사에 우리는 하나님의 영광과 진리를 구한다. 중요한 핵심은 우리가 아니다. 우리의 초점은 오직 사람들에게 하나님의 영광스러운 선하심과 통치와 능력을 조금이라도 더 보여 주는 데 있다. 하나님의 영광을 조금이라도 보고 나면 자신의 영광을 위한 염려가 한심한 일로 변한다. 자신과 관계된 그 무엇보다도 하나님께 더 매료되기 때문이다.

이렇듯 겸손을 기르고 지키려면 철저히 하나님께 초점을 두어야 한다. 그래서 기독교의 고전 작가들은 겸손을 그렇게 높이 평가했다. 조나단 에드워즈는 "우리는 겸손을 진정한 기독교를 특징짓는 가장 본질적 요소 중 하나로 보아야 한다"고 말했다.[11] 칼뱅은 《기독교 강요》에 더 강경하게 말했다.

"기독교의 강령에 대해 내게 묻는다면 첫째도 둘째도 셋째도 내 대답은 항상 '겸손'이다."[12]

지금까지는 겸손을 주로 우리 자신과 연관 지어 생각해 보았다. 이제부터는 겸손이 대인관계에 어떤 영향을 미치는지 살펴보기로 하자.

28 공동체의 겸손

네 살배기 놀런은 처음으로 낚시 도구 상자를 받고는 너무 기뻤다. 잘 몰라서 '타코 상자'라 불렀다. 놀런은 자신의 타코 상자를 형 마이클의 상자와 비교했다. 형 옆에 서서 일부러 자신의 상자를 형의 상자 바로 옆에 놓았다. 놀런의 얼굴에 환한 미소가 번졌다. 마이클이 무슨 일인지 의아해하자 놀런이 아주 확실히 가르쳐 주었다. 그는 잔뜩 힘준 목소리로 이렇게 말했다.

"내 타코 상자가 더 크다."

아이들 사이에 이런 우쭐거림은 흔하다. 그런데 어른들도 똑같다. 차이라면 어른들의 자랑에는 영적 허세가 깔려 있다. "내 자동차가 네 것보다 비싸다"고 말하지는 않지만, 머릿속에 판단과 비난의 말을 떠올리며 간접적으로 자신의 성품을 높인다.

"나라면 절대로 배우자를 저렇게 대하지 않는다."

"저것 좀 보라. 부모로서 나는 저 여자보다는 훨씬 낫다."

"나도 약점이 있지만 그래도 저런 데 중독되지는 않았다."

말로 표현하든 그렇지 않든 이렇게 으스대는 태도는 진정한 그리스도인의 교제에 악영향을 끼친다. 기독교 가정과 교회를 포함해 기독교 공동체는 구성원들이 겸손을 잃으면 무너지고 만다. 존 오웬은 수백 년 전에 그것을 지적했다.

> 자기 마음속의 악을 아는 사람만이 믿음과 순종에서 유용하고 유익하고 견고한 사람이다. 나머지 사람들은 자신을 기만할 뿐이며, 그리하여 가정과 교회와 기타 관계를 무너뜨린다. 자만에 빠져 남을 판단하는 그들의 모습은 전혀 앞뒤가 맞지 않는다.[1]

누구나 권위의 자리에 있어 본 사람은 스스로 의롭게 여기는 사람들의 맹목적이고 교만한 공격을 당해 보았다. 내가 아는 한 목사는 안타깝게도 경제 불황기에 일부 교역자들을 해임해야만 했다. 그러자 교인들은 그에게 차라리 사무용품을 아끼는 방법을 생각해 보았느냐고 따져 물었다! 사실 그 목사와 장로들은 사랑하는 교역자들을 내보내지 않고 다른 해답을 찾으려고 모든 지출에 대해 각고의 고심을 거듭했다. 그런데 교인들은 마치 해임이 일말의 심사숙고도 없이 5분 만에 간단히 내려진 결정인 냥 행동했다.

사람들은 결과가 자기 책임이 아닐 때는 너무도 자신 있게 속단한다. 모든 상사와 코치와 부모는 그것을 당해 보아 안다. 우리의 비판에는 자신이 모든 사실을 안다는 전제가 깔려 있다. 그런데 지도자의 위치에 있지 않은 우리 대부분은 모든 사실을 모른다. 비난은 매우 위험한 일이며 사탄이 애용하는 도구다. 프랑수아 페넬롱에 따르면 이 영적 독의 해독제는 겸손뿐이다.

"우리도 허물투성이이면서 과연 공정하게 남을 멸시하며 남의 허물을 문제 삼을 수 있는가?"[2]

해임을 문제 삼았던 교인들이 이렇게 자문했다면 어떨까?

"우리는 헌금을 충실히 잘하고 있는가? 최대한 생산적으로 일하고 있는가?"

지도자들이 그런 난감한 상황에 부닥친 것이 어쩌면 교인들의 책임감 부족 때문일 수도 있다. 하지만 우리는 좀처럼 그런 식으로 생각하지 않는다. 대신 우리는 지도자들이 뭘 몰라서 그런다고 속단을 내린다. 나중에 프랑수아 페넬롱은 우리가 '남의 허물에 대해 느끼는 강한 감정' 자체가 '큰 허물'이라고 덧붙였다.[3]

관용

우리에게는 관용이 절실히 필요하다. 그 관용의 근거는 죄에 대한 성경적 신학에 있다. 죄인들이 우리에게 죄를 지을 때 우리는 왜 그렇게 놀라는가? 그들에게 그것 말고 무엇을 기대한단 말인가? 사람들이 함부로 대한다는 이유로 분개한다면, 분명히 우리가 망각한 것이 있다. 하나님의 자비와 은혜만이 우리를 깨끗하게 하며, 사랑으로 행동할 힘을 준다는 사실이다.⁰ 또 하나 망각한 것이 있다. 우리도 고질적인 죄로 사람들에게 수시로 상처를 주고 있다. 은혜 바깥에 있는 사람은 우리가 복음의 진리를 말한다는 이유로 우리를 원수로 대할 수 있다. 그럴 때 우리가 기억해야 할 것이 있다. 하나님의 임재가 우리 삶 속에 머물지 않는다면 우리도 그 사람과 똑같이 할 것이다.

어떤 죄인을 그가 죄인처럼 행동한다는 이유로 판단하고 싶어지거든, 이것을 생각해 보라. 예수와 스데반은 죽임을 당하면서도 자신을 죽이는 사람들의 죄를 그들에게 돌리지 말아 달라고 하나님께 기도했다. 그만큼 은혜를 알았고, 겸손이 깊었고, 자비를 실천했다. 웬만한 우리로서는 꿈에나 그려 볼 수 있는 차원이다.

그렇다. 겸손의 정확한 시금석은 우리가 자신에 대해 어떻게 말하느냐가 아니라 남을 어떻게 대하느냐에 있다. 프랑수아 페넬롱은 겸손의 이런 관계적 차원을 강조한다.

> 당신이 이런 행복한즉 겸손한 상태에 있다면, 그렇지 못한 사람들을 겨우 참고 견디는 정도가 아니라 오히려 그들의 모든 약점과 좁고 이기적인 마음을 한없이 넓은 마음으로 받아 주고 긍휼을 품을 것이다. 더 완전한 사람일수록 불완전한 사람과 잘 지내는 법이다. 바리새인들은 세리와 창녀를 용납하지 못했지만 예수 그리스도는 세리와 창녀를 온유하고 친절하게 대하셨다.⁴

토마스 아 켐피스는 특유의 말투로 딱 잘라 말했다.

"자신이 만인보다 못하다고 느껴지지 않는 한 조금도 진보를 이루었다고 생각하지 마라."

그는 겸손이 특히 대인관계에 아주 실제적이고 긍정적인 영향을 미친다고 보았다.

"자신을 만인 아래로 낮추는 것은 본인에게 해가 되지 않지만, 자신을 어떤 한 사람보다 앞세우는 것은 본인에게 매우 해롭다."[5]

우리 중 다수는 이 부분에서 비참하게 실패한다. 자신의 죄에 대해서는 변명하기에 급급하면서 다른 이들에게는 매정하게 완벽한 기준을 들이댄다. 프란시스 드 살레에 따르면 우리는 "파플라고니아-흑해에 인접한 현재의 터키 지역-역주의 자고꿩과에 딸린 메추라기 비슷한 새-역주처럼 심장이 둘이다. 자신을 대할 때는 관대하고 호의적이고 공손한 심장으로 대하고, 이웃을 대할 때는 완고하고 엄격하고 가혹한 심장으로 대한다."[6]

자신이 죄를 지었을 때는 스트레스가 심했고, 피곤했고, 사탄의 유혹이 끊이지 않았고, 남의 못된 행동이 내 죄를 유발했다는 식으로 설명한다. 하지만 다른 사람이 죄를 지었을 때는 그런 변명이 떠오르지 않는다. 그때는 결론만 보고 남을 판단한다.

"너는 죄를 지었다. 고로 너는 유죄다."

자기에 대해서는 변명하고 남에 대해서는 속히 판단하는 이런 성향은 교만이 우리의 마음을 사로잡고 있다는 증거다. 윌리엄 로는 이 부분에서 우리가 철저히 정직해져야 한다고 촉구한다.

교만으로 가득 찬 사람일수록 다른 사람의 교만을 털끝만큼도 참지 못한다. 자기 마음에 겸손이 적은 사람일수록 다른 사람에게는 겸손을 요구하며 당연시한다. … 그러므로 당신은 행동을 반대로 해야 한다. 자신에게는 매번 겸손을 강요하고, 딱 그만큼만 자신을 겸손하게 여겨야 한다. 반면에 다른 사람에게는 결코 겸손을 요구해서는 안 된다.[7]

다른 사람들을 엄격하게 판단할 때 우리는 하나님만의 정당한 자리로 스스로 올라서는 것이다. 우리는 상대방의 전체 이야기를 알지 못하며, 설령 알더라도 완벽한 객관성과 무흠한 정의감이 없으므로 정확한 판정을 내릴 수 없다. 목사들과 담당 지도자들이야 어차피 결정을 내려야 하지만, 내 수하에 있지도 않은 사람들의 일을 판단하는 것은 우리의 교만이다.

이 대목에서 윌리엄 로의 말을 길게 인용할 만하다. 알다시피 그의 책 《경건한 삶을 위한 부르심》은 영적으로 역사상 가장 엄격한 논문 중 하나다. 그런데 윌리엄 로가 죄인들을 어떻게 대하는지 잘 보라.

> 죄인들을 한없이 긍휼히 여기는 마음이 없다면 그리스도의 영에 속한 사람이 아니다. 아주 연약하고 흠이 많은 사람을 향해 사랑과 긍휼이 넘쳐난다면, 당신이 온전하다는 증거로 그보다 더 큰 증거는 없다. 반면에 다른 사람들의 죄의 행동에 더없는

분노와 반감이 든다면 이거야말로 자신을 대견하게 여겨야 할 이유다. 모든 죄는 어디서나 마땅히 미워하고 혐오할 대상이다. 하지만 죄를 배격하는 우리의 자세는 병을 배격할 때와 같아야 한다. 병은 미워하되 병자에게는 긍휼과 사랑을 베풀어야 한다. 죄에 빠져 비참해진 사람들을 향해 우리의 마음에 가장 부드럽고 자상한 애정이 충만해야 한다. 그렇지 않다면 죄를 미워한다면서 동시에 자신도 똑같은 죄의 종이 된다.[8]

사실 이것을 진지하게 받아들이려면 거룩한 이중 잣대를 품을 줄 알아야 한다.

거룩한 이중 잣대

당신은 혹시 눈여겨본 적이 있는가? 예수는 스스로 의롭게 여기는 사람들의 위선을 상대하실 때는 가차 없이 냉엄하게 지적하셨지만, 비참한 죄에 빠진 사람들을 상대하실 때는 상한 갈대도 꺾지 않으시고 꺼져가는 등불도 끄지 않으시는 심정으로 사 42:3 낯빛을 부드럽게 하셨다. 윌리엄 로는 그리스도를 닮은 사람일수록 사역도 그리스도처럼 한다고 말했다.

그러므로 이것을 확실한 원칙으로 받아들여도 좋다. 하나님의 성품에 동참할수록 우리 자신은 더 나아지지만, 덕에 대한 의식이 높아질수록 부덕한 사람들을 더 불쌍히 보고 긍휼히 여기게 된다. 이제 그런 사람들을 보아도 거만한 멸시나 삐딱한 분노가 생겨나는 게 아니라 병원의 환자들을 볼 때처럼 깊은 긍휼이 차오른다.[9]

영적으로 성숙한 사람들은 자신에게는 높은 기준을 적용하지만 다른 사람들에게는 너그럽다. 상대 쪽에 유리한 이중 잣대를 가지고 있다. 에드워즈는 이렇게 말했다.

"열정이 잘못된 사람은 그 열정으로 남의 죄만 대적하고 자신의 죄는 대적하지 않는다. 그러나 참된 열정을 품은 사람은 그것으로 주로 자신의 죄를 대적한다."[10]

자신이 용서받았음을 알고 있고 현재 마음속에 죄를 품고 있지 않다면, 힘들어하는 사람들에게 더 쉽게 치유와 은혜의 말을 해 줄 수 있다. 자신도 치유와 은혜를 받았기에 그리스도께서 죄에서 불러내신 것과 똑같은 태도로 다른 사람들을 죄에서 불러내게 된다.

오래전에 어느 동료 그리스도인과 나눈 대화가 기억난다. 그는 어느 특정인의 삶에 있는 여러 가지 악을 공개적으로 지적하며 하나님의 심판을 선포해야 한다고 열변을 토했다. 사람들을 거룩함으로 불러야 한다는 데야 대찬성이지만 말투가 거슬렸다. 그래서 이렇게 물었다.

"말해 보게. 하나님이 자네의 마음을 얻으셨을 때 심판으로 하셨는가 은혜로 하셨는가?"

"그야 은혜로 하셨지. 그건 왜 묻는가?" 그가 되물었다.

"자네의 마음을 얻은 게 은혜라면 자네가 다른 사람들의 마음을 얻을 때도 은혜가 가장 확실한 방법이 아닐까?"

갈라디아서 6장 1절은 이렇게 권고한다.

"형제들아, 사람이 만일 무슨 범죄한 일이 드러나거든 신령한 너희는 온유한 심령으로 그러한 자를 바로잡고."

윌리엄 로는 우리가 다른 죄인들을 대하듯 하나님이 우리를 대하신다면 우리가 어떻게 되겠는지 생각해 보라고 도전한다.

> 부덕한 사람들을 용납하지 못하는 사람은 으레 자신이 남달리 덕을 사랑해서 그렇다고 생각한다. 그는 이 사람 저 사람을 혐오하고 멸시하고 참지 못하면서, 이 모두가 자신이 죄를 미워하고 덕에 대한 의식이 높다는 증거라고 생각한다. … 성자 하나님의 영께서 그런 식으로 죄를 미워하셨다면 세상의 구원은 없었을 것이다. 하나님이 밤낮 그런 식으로 죄인들을 미워하셨다면 세상 자체가 이미 오래전에 없어졌을 것이다.[11]

겸손하다면 자신이 최악의 죄인으로 보일 수 있다.

최악의 죄인

영적 진리는 이것이다. 다른 사람들을 엄격하게 대하는 이유는 자신의 죄의 깊이를 모르기 때문이다. 이것은 성숙한 모습이 아니다. 사도 바울은 자신이 죄인 중의 괴수라고 고백했다. 그런데 연쇄 살인범, 아동 학대자, 마약 밀매인, 화이트칼라 범죄자 등이 워낙 언론에 단골로 등장하는 시대이다 보니 우리 중 다수는 여간해서 바울의 정서를 자기 것으로 받아들이기 어렵다. 우리에게도 문제가 있기는 하지만 우리가 아돌프 히틀러는 아니지 않은가.

이 부분에서 윌리엄 로가 유익한 조언을 들려준다. 그에 따르면 우리는 내가 아는 최악의 죄인이 나라고 공정하게 선고할 수 있다. 이유는 우리가 '남들의 미련한 마음보다 내 미련한 마음을 더 많이 알기' 때문이고, '우리의 죄가 큰 주된 근거가 우리를 향한 하나님의 선하심이 크다는 데 있기' 때문이다. 그러므로 "모든 죄인은 다른 사람들의 죄보다 자신의 막중한 죄를 더 많이 알고 있으며, 따라서 나를 내가 아는 최악의 죄인으로 보아도 공정하다." 윌리엄 로의 설명은 이렇게 이어진다.

> 하나님이 다른 죄인들에게 얼마나 선을 베푸셨고, 어떤 깨달음과 교훈을 특별히 내리셨고, 어떤 복과 은혜를 주셨고, 얼마나 자주 그들의 영혼을 거룩한 감화로 만져 주셨는지 당신은 모른다. 하지만 자신에 대해서는 그 모든 것을 알고 있다. 따라서 당신은 자신의 막중한 죄를 더 많이 알고 있으며, 다른 사람들에게 할 수 있는 것보다 더 큰 배은망덕의 죄로 자신을 고발할 수 있다.[12]

윌리엄 로는 우리의 삶을 다른 사람들과 비교하지 않는 것이 겸손을 기르는 최고의 방법이라고 가르친다.

> 당신은 자신의 특별한 상황, 건강, 질병, 나이, 특별한 소명, 교육 수준, 여태까지 받은 깨달음과 교훈의 정도, 함께 대화했던 좋은 사람들, 들었던 권고들, 읽었던 양서들, 수없이 받았던 하나님의 복과 은혜와 도움들, 거절했던 은혜의 선물들, 종종 어겼던 변화의 결심들, 무시했던 양심의 가책들 등을 모두 고려해야 한다.
> 바로 이런 정황을 바탕으로 누구나 자신의 죄의 규모와 크기를 말해야 한다. 그런데 당신이 아는 죄의 정황이라고는 오직 자신의 것뿐이며, 따라서 당신은 다른 사람들에게 할 수 있는 것보다 더 높은 수준의 죄로 자신을 고발할 수밖에 없다.
> 물론 전능하신 하나님은 누가 더 큰 죄인인지 당신보다 더 잘 아신다. 그분은 모든 사람의 죄의 정황을 다 보고 아시기 때문이다. 하지만 당신은 자신의 죄보다 더 큰 죄를 발견할 수 없다. 당신의 마음이 충실할진대 그렇다. 당신이 볼 수 있는 죄의 정황은 오직 자신의 것뿐인데, 죄의 대부분이 거기에 있기 때문이다.[13]

우리의 유리한 조건들이 다른 사람에게 있었다면, 그들은 우리보다 훨씬 더 충실했을 수 있다. 그들의 불리한 조건들이 우리에게 있었다면, 우리는 훨씬 더 잘못했을 수 있다. 우리는 알 길이 없다. 그러므로 우리는 아무에 대해서도 정확하게 판단할 능력이 없다.

여기에는 다음과 같은 이면이 있다. 자기 마음속에 있는 죄의 깊이를 참으로 안다면 우리는 남을 판단할 시간이 없을 것이다. 이에 대한 질스 형제의 말은 고전이 되었다.

"인간이 천 년을 산다 하고 외부에 아무런 할 일이 없다 해도, 자기 마음속에만도 할 일이 충분할 것이다. 그 일조차도 능히 다 완수하지 못할 것이다. 자기 내면에만도 할 일이 너무 많을 것이다!"14

죄가 삶 전체에 얼마나 깊은 영향을 미치는지 우리가 참으로 안다고 하자. 그래서 하나님의 은혜와 자비를 깊이 들이마시며 산다고 하자. 또한, 거룩하고 완전하신 성자 하나님을 바라보며 참된 영광과 탁월한 성품이 정말 어떤 것인지 본다고 하자. 그런 우리가 무슨 근거로 남을 판단할 수 있겠는가? 전혀 근거가 없다.

한 프란체스코회 수사의 놀라운 말로 이 장을 마치려 한다. 일찍이 유명한 군인이었던 그는 프란체스코회 수사가 되었다. 그가 템플 기사단이나 비슷한 수도회에 들어갔더라면 신앙생활에 힘씀과 동시에 군인으로 싸울 수 있었을 것이다. 그런데 그는 그렇게 하지 않았다. 누가 이유를 묻자 군인 출신인 그는 이렇게 대답했다.

"여태까지 나는 다른 사람들과 싸우는 데 강했습니다. 이제부터는 나 자신과 싸우는 데 강해지고 싶습니다!"15

# 29 겸손한 지도자들

지위와 자리는 다르지만, 인간은 거의 누구나 지도자다. 당신도 그중 하나라면 겸손한 삶보다 당신의 영혼에 안식을 가져다줄 것은 없다. 감히 말하건대 겸손이 없으면 사역이 결국 당신을 비참하게 만들 것이다. 겸손이 있으면 사역이 날로 더 즐거워질 것이다.

잘 생각해 보아야 할 중요한 말이 또 있다. 겸손의 진리 안에 살려면 이제는 자신의 약점을 속이거나 허물을 은폐하지 않는 정도로는 안 된다. 자신의 강점에 대해서도 거짓말을 해서는 안 된다. 이것은 겸손이라는 기초에서 흘러나온 말이다. 겸손이란 진실을 그대로 인정하고 받아들이는 것이다. 윌리엄 로는 그것을 이렇게 지적했다.

겸손이란 자신을 본연의 정체보다 나쁘게 보거나 실제보다 비하하는 것이 아니다. 모든 덕의 기초가 진실이듯이 겸손의 기초도 자신의 연약함과 비참함과 죄를 참되고 공정하게 인식하는 데 있다. 이렇게 자신의 상태를 바로 느끼며 살아가는 사람은 겸손하게 사는 것이다."¹

에드워즈도 비슷하게 말했다.
"내 말에 오해가 없기를 바란다. 이 땅의 성도가 하나님의 은혜를 체험할수록 자신을 더 낮추보아야 한다는 말이 아니다. 여러 면에서 오히려 정반대다. 은혜를 가장 많이 받은 사람일수록 그에 비례해 죄의 타락으로부터 해방되기 때문이다."²

수완이 뛰어난 사업가가 "순전히 재수가 좋아서 성공했다. 나는 아무것도 한 게 없다"고 말한다면 이것은 겸손이 아니다. 거짓말과 겸손은 다르다. 성공한 사업가가 겸손하다면 이렇게 말할 것이다.

"하나님은 저에게 동기를 부여하는 능력과 예산을 관리하는 능력을 주셨습니다. 제가 인내심을 좀 더 발휘하고 자아에 덜 함몰되었더라면 참 좋았을 것입니다. 몇몇 분께 제가 상처를 입힌 것을 잘 알고 있습니다."

자신의 강점을 인정할 줄 모르는 사람은 약점도 인정하기 어렵다. 거짓된 약점"나는 정말 좋은 매니저가 아니다"을 고백하는 것이 참된 약점"나는 화나면 무뚝뚝하고 약간 매정해질 수 있다"을 고백하는 것보다 더 쉽다. 자신의 강점을 거짓말로 감추면 하나님께 합당한 영광을 빼앗는 꼴이다. 당신에게 그 강점을 주신 분이 하나님이기 때문이다.

사역지를 교만 때문에 결정해서는 안 된다

겸손이 없으면 당신은 하나님이 뜻하신 최선의 사역지를 끝내 찾지 못할 수 있다. 온갖 잘못된 이유로 현재의 자리를 떠나거나 그냥 남아 있을 수 있다.

물이 아래로 흐르듯 교만한 사람은 반드시 박수갈채를 찾아다닌다. 반면 겸손한 지도자들은 남을 섬기는 데 집중되어 있으며, 추종자들의 반응을 성공의 척도로 삼지 않는다. 바울처럼 그들도 추종자들의 영적 건강을 생각하느라 여념이 없다.

"나의 자녀들아, 너희 속에 그리스도의 형상을 이루기까지 다시 너희를 위하여 해산하는 수고를 하노니"갈 4:19.

겸손한 지도자들은 추종자들이 불평한다 해서 자신이 떠날 때라고 단정하지 않는다. 오히려 그들은 이 기회를 활용해 더욱더 겸손해진다. 불평에 맞설 뿐 아니라 때에 따라 불평을 견뎌낸다. 놀랍게도 기독교의 영성 작가들은 남의 거부와 조롱과 모욕을 기꺼이 받아들였다.

아시시의 프란체스코는 이것을 실천한 대가다. 초창기에 그는 추종자들의 수도복을 일부러 아이들의 옷과 비슷하게 만들었다. 프란체스코회의 제복에 익숙해지기 전인 수도회 초창기에만 해도 수사들의 겉모습은 조롱을 자아냈다. 마치 오늘날 목사가 가슴에 곰돌이 푸를 수놓은 위아래 한 벌의 잠옷을 입고 슬리퍼를 끌고 정식 교회 예배에 나타나는 것에 비할 수 있다. 이런 목사를 사람들은 미쳤다고 생각할 것이다. 마찬가지로 옛날 사람들도 프란체스코회 수사들이 미쳤다고 생각했다.

바로 그것이 요지였다.

우골리노 형제 Brother Ugolino 는 초창기의 프란체스코회를 다룬 《성 프란체스코의 작은 꽃들》 The Little Flowers of Saint Francis 이라는 고전에 당시 프란체스코회 수사들을 이렇게 묘사했다. 그들은 "십자가에 못박힌 사람들이었다. … 세상의 헛된 명예나 존경이나 칭찬을 받기보다 오히려 그리스도를 사랑한다는 이유로 수치와 모욕을 받기를 더 원했다. 거꾸로 그들은 모욕을 받으면 즐거워했고 명예를 얻으면 슬퍼했다."[3]

한번은 프란체스코의 첫 공식 추종자였던 베르나르도가 어느 동네에 들어가 아이들과 주민들의 많은 조롱과 구박을 평온하게 견뎌냈다. 마침내 어느 부유한 사업가가 구박을 말리며, 베르나르도가 끝없는 경멸과 조롱 앞에서 성숙한 그리스도인의 훌륭한 모습을 보여 주었다고 지적했다. 그 부자는 베르나르도가 어쩌면 성인일지 모른다는 말까지 했다. 덕분에 이 프란체스코회 수사는 하룻밤 사이에 유명 인사가 되었다. 어느새 사람들이 그의 발치에 앉아 그의 의견을 물었고 그에게 최고의 음식을 내왔다. 그날로 베르나르도는 그 동네를 떠났다. 그는 칭찬 대신 조롱을 받을 수 있는 다른 마을을 찾아야겠다고 프란체스코에게 설명했다.

"이렇게 큰 명예를 받다가 자칫 내가 거기서 얻는 것보다 잃는 게 더 많지 않을까 우려됩니다."[4]

앞서 말했듯이 어거스틴이 《참회록》을 쓴 것은 자기를 주교로만 알던 사람들이 자기를 지나치게 우러러보지 않게 하기 위해서였다. 바울도 고린도 교인들에게 어쩔 수 없이 자신의 자격을 늘어놓아야 했을 때, 마지막에는 일부러 자신의 부끄럽고 연약한 모습으로 말을 맺었다 고후 11:22~12:10. 우리가 사는 이 시대는 기독교 지도자들이 자신의 경력과 많은 업적을 중시하고 공표하고 옹호하는 시대다. 하지만 거기에 열성이 지나치면 그리스도를 닮아간다는 정신 자체를 부정하게 된다. 그 정신이야말로 우리가 모두 힘써 본받아야 할 정신이다.

내가 강사의 자리에 설 때마다, 맨발의 가르멜 수도회의 훌륭한 지도자였던 아빌라의 테레사의 모본이 나를 겸허하게 한다.

"최대한 모든 면에서 우리는 하나님과 사람들 앞에서 진실하게 행해야 한다. 특히 남들이 나를 실제보다 낫게 생각해 주기를 바라는 욕심이 없어야 한다."[5]

자신을 변호해야 할 때

그래서 우리는 어거스틴이 경고한 대로 이렇게 인정한다. 우리는 자신의 결백을 입증하려는 '욕심'을 버려야 한다.[6] 아울러 내가 인정하는 것이 또 있다. 질스 형제의 자세를 받아들이는 것이 좋다. 초창기의 프란체스코회 수사였던 그는 이렇게 조언했다.

"누가 당신에 대해 나쁜 말을 하거든 당신이 자신에 대해 더 나

쁜 말을 해 그를 도와야 한다."⁷

하지만 거룩한 이유에서 간혹 자신을 분명히 변호해야 할 때도 있다. 하나님이 불러 맡기신 일을 유지하는 데 변호가 꼭 필요하다면, 그때는 자신을 변호하는 것이 겸손이다. 프란시스 드 살레는 좋은 평판을 유지하는 것에 대해 이렇게 썼다.

> 좋은 평판이 없어도 사랑할 수 있다면 겸손은 좋은 평판을 멸시할 것이다. 하지만 좋은 평판은 인간 사회의 기초이며, 그것이 없이는 우리는 무익할 뿐 아니라 오히려 대중에게 불이익을 끼치게 된다. 그래서 비방을 면하기 위해 우리는 [좋은 평판을] 바라고 잘 지켜야 한다. 사랑이 그것을 요구하고 겸손도 거기에 동조한다. …
> [그러나] 좋은 평판을 유지하기 위해 지나친 결벽에 빠져서는 안 된다. … 평판을 유지하려 너무 아등바등 애쓰는 사람은 평판을 완전히 잃고 만다. … 좋은 평판을 잃을까 봐 지나치게 두려워하는 것은 그만큼 평판의 기초에 대한 불신이 크다는 증거다. 그 기초란 바로 선한 삶의 진리다.⁸

이럴 때 우리가 변호하는 것은 자기 자신이라기보다 하나님의 일이다. 겸손을 잘못 이해해 아무런 변호도 하지 않으면 자신의 경건을 하나님의 일보다 앞세우게 된다. 그것은 지혜로운 처사가 아니다.

겸손은 소명의 닻이다

 이렇듯 겸손은 우리의 소명과 직업에 닻의 역할을 한다. 교만의 극악한 계략 중 하나는 우리를 각자의 인생 목적과 대립시키는 것이다. 교만은 우리를 헛된 야욕에 부풀게 해 결국 오늘의 참 소명을 저버리게 한다.

 오늘의 순종을 내일의 꿈으로 대신할 수는 없다. 겸손이 없으면 우리는 오늘의 성실한 삶을 방해하는 기만적 욕심에 빠지기 쉽다. 아빌라의 테레사는 이렇게 썼다.

 "때로 마귀는 우리에게 큰 야망을 준다. 그래서 우리는 당면한 과제에 열심을 쏟지 않는다. 가능한 일들로 주님을 섬기는 게 아니라 불가능한 일들을 꿈꾸는 것으로 만족한다."[9]

 프란시스 드 살레의 말도 아주 비슷하다.

 "흔히 원수는 있지도 않은 일들, 앞으로도 영영 없을 일들에 대해 큰 욕망을 품게 한다. 우리의 생각을 현재의 목표들에서 다른 데로 돌리려는 것이다. 현재의 목표들이 아무리 사소할지라도 정작 우리가 큰 유익을 얻을 수 있는 곳은 바로 거기다."[10]

 하나님을 위해 큰일을 하려는 갈망은 귀한 것이다. 하지만 미래의 사역에 대한 갈망 때문에 현재의 과제를 소홀히 한다면, 이 갈망이 하나님의 감화인지 아니면 사탄의 작전인지 기도하는 마음으로, 또한 영적 조언을 통해 분별해야 한다. 사탄은 그런 식으로 우리의 주의를 분산시켜, 지금의 자리에서 열매 맺는 삶을 살지 못하게 막는다.

　20대와 30대의 그리스도인들에게 한마디만 한다면 이렇게 권하고 싶다. 아직 활발하게 자녀를 기르고 있는 동안에는 겸손한 마음으로 거기에 우선순위를 두고 스케줄을 정하라. 장로와 지도자의 일은 자녀양육이라는 막중한 책임이 없는 사람들에게 맡겨도 된다. 자녀양육의 계절은 끝이 없을 듯 보이지만 생각보다 빨리 지나간다. 당면한 일에 온 힘을 기울여라. 가정생활에서 성실성을 입증한 사람들이야말로 교회 생활을 이끌기에 최선의 자격을 갖춘 사람들이다딤전 3:5. 가정생활은 당신을 준비시켜 교회 생활을 잘하게 해 준다. 양쪽이 서로 경쟁 관계가 아니다. 하나님이 정해 주신 이 준비 과정을 건너뛴 채 가족들을 소홀히 하면서까지 교회를 '세우려' 한다면, 당신은 그 교회에 준비되지 못하고 미성숙한 종으로 나서는 것이다.

　하나님의 뜻을 잘못 알아 배우자와 미성년 자녀들을 소홀히 하는 그리스도인은 이후의 소명에도 불성실할 것이다. 가족들을 섬기는 현재의 사역이 당신에게 충분히 중요해 보이지 않는다면 조금만 겸손해지라. 그러면 나중에 큰 후회를 면할 수 있다.

　우리의 야망에서 비롯된 꿈은 광명의 천사로 가장한 마귀의 사자일 수 있다. 그러나 하나님의 마음에서 태어난 꿈은 소중한 원동력이 된다. 겸손이 우리에게 일깨워 주는 것이 있다. 우리가 하나님 앞에서 받을 상의 근거는 우리가 나서서 하는 일이 아니라 주어진 삶에 성실히 임하는 자세다. 프란시스 드 살레는 그것을 이렇게 설명했다.

> 영광의 왕께서 그분의 종들에게 보상하시는 근거는 그들의 직책이 얼마나 높았느냐가 아니라 얼마나 사랑과 겸손으로 그 일에 임했느냐는 것이다. 사울은 아버지의 나귀를 찾다가 이스라엘의 왕이 되었다. 리브가는 아브라함의 낙타에게 물을 먹이다가 그의 며느리가 되었다. 룻은 보아스의 추수꾼들을 따라 곡식을 줍고 그의 발치에 누웠다가 그의 아내가 되었다. 특별한 은총을 얻으려는 붕 뜬 야망은 환상과 기만으로 끝나게 마련이다. 스스로 천사라고 생각하는 사람일수록 정작 착한 사람조차 못 될 때가 종종 있다. …
>
> 우리는 … 더 낮지만 안전한 길에 남아 있어야 한다. 덜 돋보이는 그 길이 작고 부족한 우리에게 더 잘 맞는다. 거기서 우리가 겸손하고 충실하게 행한다면 하나님은 반드시 우리를 참으로 높은 자리로 올려 주실 것이다.[11]

겸손은 전진의 원동력이다

겸손은 우리를 있어야 할 자리에 묶어 두는 닻일 뿐 아니라 우리를 자칫 두려워 항해하지 못할 곳으로 떠미는 바람이다. 우리 중 어떤 사람들은 교만 때문에 현재의 의무를 피하지만, 어떤 사람들은 교만 때문에 미래를 향한 부름을 피한다. 프란시스 드 살레는 그것을 이렇게 설명했다.

> 교만한 사람은 자기를 신뢰하기 때문에 아무것도 시도하지 않을 정당한 이유가 있다. 그러나 겸손한 사람은 자신의 무력함을 훨씬 더 인정하기 때문에 훨씬 더 용감하다. 그는 자신을 비참하게 여길수록 더 담대해진다. 하나님을 전적으로 신뢰하기 때문이다. 그분은 우리의 연약함 중에 자신의 전능하심을 드러내기를 기뻐하시고, 우리의 비참함 위에 자신의 자비하심을 드높이기를 기뻐하신다.[12]

때로 교만과 창피당할 것에 대한 두려움이 우리의 앞길을 막을 수 있다. 나는 교회 수련회에서 강사로 자주 섬기는데, 대여섯 차례씩 강의하노라면 적어도 한 번은 실수를 하게 마련이다. 한 번은 '청년의 정욕'이라고 해야 할 것을 실수로 '유익한 정욕'이라고 말했다. "하나님은 겸손한 자를 대적하시되 교만한 자들에게는 은혜를 주시느니라"라고 거꾸로 말한 적도 있다. 내 친구 목사는 그보다 한 술 더 떴다. 그는 교회에 나온 사람들을 환영하면서 자기 교회가 '사랑과 섹스와 용서의 치유 공동체'라고 말했다. '사랑과 수용과 용서'라는 말이 그렇게 잘못 나왔다.

어쩌면 당신이 두려운 이유는 지식이 부족해서, 경험이 모자라서, 실패할까 봐, 결국 바보처럼 보일까 봐 등일 수 있다. 그래서 당신은 시도조차 하지 않는다. 만일 우리가 교만하게 "하나님, 창피당할 일만 없게 해 주신다면 하나님을 섬기겠습니다."라고 말한다면, 결코 참으로 하나님을 섬길 수 없다. 실수는 누구나 하게 마련이다. 그래도 겸손 덕분에 우리는 계속 섬긴다. 두려워서 뒤로 물러나는 것은 교만이다.

겸손한 사람은 사역에 이기심이 없어지고 하나님만 의지한다. 우리는 사역의 자격 요건을 소명이 아니라 은사에 두려는 덫을 피해야 한다. 은사가 많은 사람도 반드시 은사 때문에 자격이 있는 것은 아니다. 마찬가지로 은사가 부족한 사람도 반드시 그 부족함 때문에 자격이 없는 것은 아니다. 교만은 하나님의 소명의 근거를 나에게 있거나 없는 것들에서 찾게 한다. 우리가 망각하는 것이 있다. 인간의 가장 큰 기여와 인간의 가장 큰 약점은 하나님의 공급 앞에서 전혀 변수가 못 된다. 하나님의 무한한 능력은 우리의 기여 때문에 강해지는 것도 아니고 우리의 약점 때문에 줄어드는 것도 아니다.

아시시의 프란체스코가 놀랍게 그 본을 보여 주었다. 초창기 추종자였던 마세오 형제에게 질문을 받았을 때였다. 마세오 형제는 프란체스코의 인기가 그렇게 높은 이유를 통 알 수 없어 이렇게 물었다.

"온 세상이 당신의 뒤를 따라다니는 것 같은데 그 이유가 무엇입니까? 모든 사람이 당신을 보고 듣고 당신에게 순종하기 원하는 것 같습니다. 당신은 미남도 아니고, 학식이나 지혜도 뛰어나지 못하고, 귀족도 아닙니다. 그런데 왜 온 세상이 당신의 뒤를 따라다닙니까?"

프란체스코는 하나님 앞에 오래 앉아 있다가 이렇게 대답했다.

> 왜 모든 사람이 내 뒤를 따라다니는지 정말 알고 싶습니까? 이것은 온전히 거룩하신 하나님의 눈에서 비롯된 것입니다. … 온전히 거룩하신 그 복된 눈은 죄인 중에서 나보다 더 천하거나 부족한 사람을 찾지 못하셨습니다. 그래서 자신이 뜻하신 놀라운 일을 행하시려고, 이 땅에 더 천한 피조물이 없어 나를 택하셨습니다. 하나님은 세상의 미련한 것들을 택하여 지혜 있는 자들을 부끄럽게 하려 하셨고, 세상의 천한 것들과 멸시 받는 것들을 택하여 크고 귀하고 강한 것들을 폐하려 하셨습니다. 모든 훌륭한 덕이 피조물에서 나지 않고 하나님에게서 나게 하심으로 어떤 피조물도 그분 앞에서 자랑하지 못하게 하셨습니다. "자랑하는 자는 주 안에서 자랑하라." 하심으로 영광과 존귀가 영원히 하나님께만 돌아가게 하셨습니다.[13]

이 자유를 알겠는가? 우리는 자신을 변호하거나 자신의 가치를 입증할 필요가 없다. 하나님을 영화롭게 하고 사람들에게 그분의 선하심과 충족하심을 가리켜 보이는 데에만 우리의 에너지와 시간을 백퍼센트 사용할 수 있다. 우리의 연약함과 한계가 하나님의 영광을 더 부각해 준다면, 그만큼 더 좋다.

세례 요한은 하나님의 겸손한 종의 전형적 본보기다. 그는 하나님이 사역을 위해 자신을 준비시키시는 동안에는 기꺼이 광야에서 무명으로 겸손히 섬겼다. 그러다 하나님이 자신을 유명하고 능력 있는 선지자로 높여 주셨을 때는 강경하게 발언했고, 다시 때가 되자 자신의 사역을 기꺼이 그리스도께 넘겨드렸다. 하나님이 이런 종들을 더욱 많이 일으켜 세워 주시기를 기도한다.

죽음, 고난, 영적 식탐

5

Part 5
Death, Suffering,
and Spiritual Gluttony

30 죽음을 기억하라

스포츠 담당 아나운서인 글렌 브레너^{Glen Brenner}가 워싱턴 DC에서 44세의 나이로 죽었을 때 그 도시는 며칠 동안 충격에 빠졌다. 왜 그랬을까? 어차피 그 도시는 미국의 살인 수도首都로 불려 왔다. 폭력 범죄의 피해자들이 거의 날마다 거기서 죽음을 맞는다. 어떤 때는 하룻밤 사이에 대여섯 명이 죽기도 한다. 그런데 라디오 토크쇼 진행자들은 오전이나 오후 내내 브레너의 죽음만 다루었다. 신문도 일주일 내내 매일 그 소식을 전했다. 어느 텔레비전 방송국은 30분짜리 추도 프로그램을 방영하기도 했다.

그 도시를 경악에 빠뜨린 것은 죽음의 돌연성이었다. 그 일을 통해 사람들은 죽음이 늘 95세까지 기다리는 것만은 아님을 상기해야 했다. 때로 죽음은 40대의 나이에도 슬그머니 찾아온다. 토크쇼에 전화를 걸어 충격을 표현한 사람들이 너나없이 후렴구처럼 되풀이한 말이 있다.

"너무 갑작스럽고 너무 뜻밖입니다. 고인은 아주 젊고 건강도 좋았는데, 그런데 갑자기 … 믿어지지 않습니다."

브레너는 죽기 얼마 전 마라톤을 완주했다. 그는 젊고 건강하고 유머 감각이 뛰어난 성공한 사람이었다. 그런데 뇌종양이 목숨을 앗아가자 그 모두가 무의미해졌다. 그의 심장혈관계는 최고의 역량을 자랑했지만 죽음은 그런 것을 고려하지 않았다. 그는 부양해야 할 자녀들이 있었고, 자기 분야에서 성공한 사람이었고, 수도에서 사랑받는 인물이었지만 죽음은 그런 것도 묻지 않았다. 죽음은 이것저것 묻거나 이력서를 검토하지 않고 그냥 찾아온다.

삶을 중단시킨 죽음의 무례한 침범이 그 도시를 뒤흔들었다. 부정否定은 불가능했고, 사람들은 다음과 같은 생각을 떨칠 수 없었다. 삶에는 여태까지 우리가 들었던 것 이상이 있을지도 모른다. 죽음이 나의 문을 두드리기 전에 우리는 몇 가지를 질문하고 답해야 할지도 모른다.

가끔 부고 기사에 흘긋 눈길이 갈 때가 있다. 그럴 때면 고인의 나이를 본다. 또래이거나 그보다 젊으면 저절로 주춤해진다. 제발 심장마비나 암은 아니기를 바라며 사인을 확인해 본다. 나만은 거기서 예외가 되고 싶다. 적어도 지금은 아니다. 아무리 죽음을 부정한다 해도 그것이 죽음에는 아무런 의미가 없다. 죽음은 우리의 허락을 구할 필요가 없다. 죽음은 오고 있다. 하루하루가 누군가의 마지막 날이다.

죽음을 부정함

죽음이 보편적 현상임에도 우리는 될 수 있으면 죽음에 대해 말하지 않으려 한다. 그런 면에서 우리는 과거의 세대들과 비슷하다. 프랑수아 페넬롱은 몇 세기 전에 이런 부정에 대해 기록했다.

> 우리는 자신을 불멸의 존재나 적어도 수백 년쯤 살 사람처럼 생각한다. 어리석은 인간의 마음이여! 날마다 사람들이 새로 죽어 이미 죽은 사람들의 뒤를 잇고 있다. 잠시 후에 여정을 떠날 사람은 자신이 불과 이틀 전에 먼저 떠난 사람과 멀다고 생각해서는 안 된다. 삶은 홍수처럼 흐른다![1]

자신이 결국 죽음을 맞이할 것은 알고 있다. 다만 그 일이 오늘이나 이번 주나 이번 달이나 올해가 아니라 수십 년 후에 있을 것으로 생각할 뿐이다. 죽음은 가까운 이웃이 아니라 이방인이다.

우리는 그 환상을 꼭 붙들고 살아간다. 그렇지 않고서야 유서 없이 죽는 사람이 그토록 많다는 사실을 어떻게 설명할 수 있겠는가? 우리가 유서를 쓰지 않고 사는 이유는 자신이 죽지 않을 거라고 믿어서가 아니라 이번 주에는 죽지 않으리라고 생각하기 때문이다. 그러다 보니 더 중요한 일들을 처리해야 하고, 회의에 참석해야 하고, 물건을 사야 하고, 벽에 페인트칠도 해야 한다.

그런데 왜 우리는 죽음을 부정하는 것일까? 프랑수아 페넬롱은 죽음을 생각하면 슬퍼지므로 우리가 그 생각을 피한다고 보았다. 프랑수아 페넬롱은 그것을 근시안이라고 말했다.

"죽음이란 미리 그것을 생각해 보지 않은 사람들에게만 슬픈 일이 된다."²

윌리엄 로는 살아 있는 세상의 화려함에 우리의 눈이 멀어 죽음의 실체와 영원을 보지 못한다고 썼다.

"우리 몸의 건강, 마음의 열정, 세상의 소음과 분주함과 낙과 일 따위에 이끌려 우리는 눈이 있어도 보지 못하고 귀가 있어도 듣지 못하게 된다."³

우리가 함께 지내는 사람들도 이런 부정의 일부 원인이 된다. 대학교와 신학교에서 공부하던 7년 동안 내가 다닌 교회는 주로 젊은이들로 이루어져 있었다. 7년 동안 사망한 교인이 딱 한 명이었고 그것이 일대 뉴스가 되었다.

신학교를 마치고 내가 처음 부임한 교회는 장년층 교인들이 주를 이루는 전통적 교회였다. 저번 교회에서는 아기방으로 쓸 방이 두 개가 필요했는데, 이번 교회에서는 아기들을 다 모아도 대여섯 명이 되지 않았다. 첫 6개월 동안 장례식이 세 차례나 있었다.

젊은 사람들은 삶을 보는 눈이 한쪽으로 치우쳐져 있다. 그들은 결혼식과 신생아 파티의 저편에 장례식이 기다리고 있음을 잊은 채 살아간다. 그렇게 자기들끼리만 떨어져 있으면 관절염에 걸린 사람이 주위에 없으면 완전히 현실 감각을 잃을 수 있다.

윌리엄 로는 죽음에 대한 생각을 미루면 사람들은 대부분 후회

할 거라고 역설했다. 막상 죽음이 찾아오면 대개 뭔가를 고치기에는 너무 늦다. 일례로 윌리엄 로는 하나의 상징적 인물을 제시했는데, 그 인물은 임종을 앞두고 그동안 자신이 무심했음을 한탄했다.

> 죽어가는 사람을 이처럼 충격과 혼란에 빠뜨릴 수 있는 일이 또 있을까? 양심이 자신의 모든 어리석음을 고발해 올 때 그 사람의 고통이 어떻겠는가? 꿈처럼 지나가는 사소한 일들에는 철저하고 정확하고 똑똑했지만, 인간의 마음으로 가히 떠올릴 수 없는 영원한 일들에는 아무런 생각이나 원칙도 없이 미련하고 무지하게 살아온 자신 – 그것을 깨달을 때 어떻겠는가?[4]

어느 잡지 기자는 슈퍼마켓의 냉동 피자 판매대 앞에서 중증 심장마비로 죽은 한 쇼핑객의 기사를 썼다. 기자는 그녀가 마지막으로 했을 생각을 되짚어 보았다.

"페퍼로니 피자로 할까, 채소 피자로 할까?" 또는 "3종 치즈 피자는 어떨까?" 내세의 문턱에서 영원에 들어가기 몇 초 전이었는데도 쇼핑객은 그것을 전혀 모르고 있었다. 사소한 것에 생각이 팔려 있었다.

죽음이 이렇게 불시에 찾아오기 때문에 우리는 다시 보아야 한다. 편리한 부정을 재고하고, 당장 이번 주에라도 죽음이 나를 찾아올 수 있음을 인정해야 한다.

죽음을 기억하면 삶에 도움이 된다

　남북전쟁 당시 북부군의 장군이었던 윌리엄 넬슨^{William Nelson}은 켄터키 전투에서 사고로 죽었다. 자신의 진지 안에서 말다툼이 벌어져 가슴에 총을 맞았다. 그는 역전 노장이었지만 정작 치명타는 부하들과 함께 쉬고 있을 때 찾아왔다. 전혀 예상하지 못한 일이었다. 부하들이 도우려고 계단을 뛰어 올라왔을 때 장군의 부탁은 딱 하나였다.

　"성직자를 불러 주게. 세례를 받고 싶네."

　그는 청소년기나 청년 시절에는 세례받을 시간을 내지 못했고, 군 지휘관으로 있을 때는 당장 눈앞의 일이 너무 많았다. 그런데 불과 1초도 안 되는 시간에 장군의 우선순위가 완전히 뒤바뀌었다. 맹렬한 전쟁이 계속되고 있었지만, 갑자기 내세가 그의 관심을 사로잡았다. 남부군의 로버트 E. 리 사령관을 무찌르는 일이 이제 와서 무슨 소용이란 말인가? 의사를 부르기에도 너무 늦었다. 성직자를 불러오라! 죽음이 시시각각 다가오는 상황에서 그의 유일한 관심사는 영원을 준비하는 것이었다. 그는 세례를 받고 싶었다.

　넬슨은 30분 후에 죽었다.

　죽음을 기억한 것이 이 장군에게 얼마나 도움이 되었을까? 거의 아무런 도움도 되지 못했다. 너무 늦게 죽음을 기억했다. 우리는 이런 중대한 잘못을 피해야 한다. 그래서 토마스 아 켐피스는 우리에게 이렇게 권고했다.

"그러므로 당신은 모든 생각과 행동에서 마치 오늘 죽을 것처럼 자신을 준비해야 한다."[5]

윌리엄 로는 그것을 이렇게 설명했다.

> 모든 신사나 상인이나 군인은 다음과 같은 질문들을 자신에게 진지하게 던져야 한다. 모든 행동에서 내가 추구해야 할 최선의 목표는 무엇인가? 어떻게 인생을 최대한 활용할 것인가? 이 세상을 떠날 때 나 자신이 어떤 길들을 택했기를 바랄 것인가? 이렇게 자문하지 않아야 할 이유를 나는 모르겠다.[6]

넬슨 장군처럼 우리도 목숨이 30분밖에 남아 있지 않다면, 영혼을 준비하는 일 외에 별로 할 수 있는 일이 없다. 최악에는 우리의 인생 전체가 거짓이었음이 죽음의 순간에 밝혀질 수도 있다.

조지 H. W. 부시 George H. W. Bush는 부통령 시절에 구소련의 정상이었던 레오니트 브레즈네프 Leonid Brezhnev의 장례식에 미국을 대표해 참석했다. 비종교적인 장례식이 진행되는 동안 부시는 브레즈네프의 미망인에게서 침묵의 시위를 목격했다. 그녀는 관이 닫히기 몇 초 전까지 관 옆에 미동도 없이 서 있었다. 그러다 군인들의 손이 관 뚜껑에 닿자 그녀는 대단한 용기와 희망의 행위를 했다. 틀림없이 역사상 가장 심오한 시민 불복종 행위의 하나로 꼽힐 만한 몸짓이었다.

브레즈네프의 미망인은 관 속에 손을 넣어 남편의 가슴 위에 십자 성호를 그었다.

거기 비종교적이고 무신론적인 권력의 심장부에서 아내는 그 권력을 휘둘렀던 남편이 틀렸기를 바랐다. 그녀는 내세가 있기를 바랐고, 그 내세를 가장 잘 보여 주신 분이 십자가에서 돌아가신 예수이기를 바랐다. 그 예수가 남편에게 자비를 베풀어 주시기를 바랐다.

미국 남북전쟁의 한 장군과 소련의 한 정상에게 죽음에 대한 생각은 너무 늦게 찾아왔다. 우리에게도 그럴 것인가? 당신의 시신이 관 속에 누워 있고 유가족들이 당신의 삶을 기억할 때, 당신은 배우자나 자녀나 친구들이 이렇게 생각했으면 좋겠는가?

"이 사람은 인생을 헛살았다. 다 낭비였다. 하지만 그런 쓸데없는 목적들에 삶을 바친 그에게 혹시라도 하나님이 자비를 베푸셔서 이제라도 그를 영원한 나라로 받아 주실지도 모른다."

사실상 모든 고전 작가들은 죽음을 기억하는 일을 필수적인 영적 훈련으로 중시했다. 죽음을 기억하며 살면 나중에 그 삶이 애도의 대상이 아니라 축제의 대상이 되는 데 도움이 된다.

"정말 잘 살아내고 싶은 사람은 자신의 인생이 길지 않다는 생각을 늘 품고 살아야 한다."[7]

31 죽음을 종으로 삼으라

"데이비드가 세상을 떠났대요. 그의 부모가 당신에게 장례식 설교를 부탁했어요. 하관이 내일이래요." 아내가 말했다.

그날 나는 아이들과 함께 인근의 야외 축제에 다녀왔다. 어린이용 롤러코스터도 타고, 위로 붕 뜨는 바퀴도 용감히 견뎌내고, 솜사탕도 먹었다. 밤늦게 집에 돌아와 보니 13시간 후에 차로 3시간 거리에서 장례식이 예정되어 있었다. 알다시피 그렇게 갑자기 희비를 오가는 게 쉬운 일은 아니다.

그 장례식이 특히 슬펐던 것은 데이비드가 감옥에서 죽었기 때문이다. 과거에 그는 정맥에 헤로인을 너무 자주 주사했고, 그러던 중에 HIV 바이러스가 바늘에 딸려 들어갔다. 데이비드는 에이즈에 걸려 서서히 몸이 야위어 갔다. 그의 나이 아직 30대 초반이었다. 나는 이런 말로나마 그의 부모를 위로하려 했다. "30대 초반인 아들의 죽음을 보는 심정을 하나님도 잘 아십니다."

리자와 나는 아이들을 장례식에 데려가기로 했다. 가는 길에 우리는 이 슬픈 죽음에서 무엇을 배울 수 있는지 아이들에게 말했다.

"마약을 거부하면 뭔가를 놓치는 거라고들 그러지. 혹시 누가 너희에게 그런 말을 하거든 이번 일을 잘 기억해 둬라."

내가 말했다.

"이 사람을 생각해 봐라. 젊은 사람이 인생을 다 살아 보지도 못하고 아내도 없고 자녀도 없이 감방에 갇힌 채 죽었다. 마약을 하면 너희도 그렇게 된다는 걸 기억하렴."

죽음에 대해 조문객들의 마음에 가 닿을 메시지를 전하고 싶었다. "데이비드는 이제 갔습니다."

나는 우리가 배울 수 있는 교훈들을 찾다가 그렇게 말문을 뗐다. 기독교의 고전 작가들이 도움이 되었다. 그들은 비참한 죽음 속에도 값진 진리가 숨어 있을 수 있음을 내게 가르쳐 주었다. 긍정적인 진리가 아니라면 부정적인 진리라도 들어 있다. 사실 그 작가들은 우리에게 죽음을 이용하라고 권한다. 매 죽음에서 메시지를 뽑아내 죽음을 우리의 종으로 삼으라는 것이다. 죽음을 기억하는 일이 오늘의 우리에게 어떻게 도움이 될 수 있는지 지금부터 살펴보기로 하자.

순전한 시각

많은 사람이 사슬에 묶여 있다고 상상해 보라. 그들은 모두 사형 선고를 받았다. 날마다 모두가 보는 앞에서 그중 일부가 사형에 처해진다. 남아 있는 사람들은 동료들의 운명 속에서 자신의 운명을 본다. 슬픔과 절망 중에 서로 바라보며 자기 차례를 기다린다. 바로 이것이 인간 조건의 이미지다.[1]

블레즈 파스칼은 인간 조건의 실체를 이 말 속에 잘 담아냈다.

죽음을 기억하는 일은 여과 장치와 같아서, 본질적인 일은 붙들고 사소한 일은 놓게 해 준다. 요한 클리마쿠스는 "사형 선고를 받은 사람은 극장이 어떻게 돌아가는지 걱정하지 않는다"고 지적했다.[2] 물론 그의 요지는 우리가 모두 사형 선고를 받았다는 것이다. 단지 시간문제일 뿐이다. 그러니 왜 사소한 문제들에 마음을 빼앗기겠는가?

영원은 확실히 모든 것을 반대로 돌려놓는다. 나는 해마다 세금보고를 준비할 때 그런 생각이 들곤 한다. 한 해 동안 월급과 기타 수입이 들어올 때는 즐겁고, 십일조와 헌금을 낼 때는 움찔해진다. 즐겁게 드리려고 최선을 다하지만, 솔직히 늘 쉽지만은 않다. 나름대로 돈을 써야 할 데와 쓰고 싶은 데가 따로 더 있을 때는 특히 그렇다.

그런데 한 해가 끝나면 모든 것이 바뀐다. 납세액을 계산할 때는 모든 수입원이 나를 움찔하게 하고 모든 십일조와 헌금은 즐거움을 준다. 수입이 많으면 세금이 늘지만, 헌금이 많으면 공제액이 늘기 때문이다. 모든 것이 거꾸로 뒤집힌다. 어쩌면 이것이 본래 바른 상태인지도 모른다.

내 생각에 심판 날도 그와 비슷할 것이다. 지금은 귀찮고 우리의 계획에 지장을 주는 일들(예컨대 시간을 내서 누군가를 격려하거나 도와주는 일)이 그때는 가장 중요하게 여겨질 것이다. 병자의 집에 페인트칠하느라 영화 보기를 포기해야 한다면, 썩 즐겁지 않을 수 있다. 재소자나 환자를 면회하느라 사교 모임에 빠져야 한다면, 이 또한 달갑지 않을 수 있다. 하지만 영원 속에서 보면 영화나 사교 모임이 훨씬 덜 중요해 보일 것이다. 시간을 내서 그런 도움을 베푼 것이 오히려 다행으로 여겨질 것이다.

프랑수아 페넬롱도 아마 그래서 이렇게 썼을 것이다.

"아무리 개탄해도 지나치지 않은 현상이 있다. 사람들은 눈이 멀어 죽음을 생각하려 하지 않는다. 불가피한 죽음을 자주 생각하면 오히려 행복해질 수 있건만 한사코 그것을 외면한다. 죽음은 이런 세속적인 사람들에게만 괴롭게 다가온다."[3]

우리는 무엇이 정말 중요한지 볼 줄 아는 순전한 시각을 유지해야 한다. 그러려면 삶을 죽음의 렌즈를 통해 뒤에서부터 거꾸로 볼 필요가 있다.

갈망을 거르는 여과 장치

죽음을 기억하면 우리의 갈망을 걸러내는 데도 도움이 된다. 파스칼은 "무해無害한 갈망을 품고 싶거든 살 날이 일주일밖에 남지 않은 사람처럼 행동하자"고 썼다.[4] 파스칼의 교훈에 담긴 실제적 요소에 주목하라. 죽음을 기억하면 죄의 갈망은 사르르 열기가 식어 버린다.

요한 클리마쿠스도 똑같이 조언했다.

"오늘을 자신의 마지막 날이라 생각하지 않고는 하루를 경건하게 지낼 수 없다."[5] 그는 죽음에 대한 생각을 '가장 본질적인 일'이자 하나님의 선물이라 표현했다.[6]

"날마다 죽음을 생각하며 사는 사람은 칭송받을 사람이고, 매시간 그렇게 사는 사람은 분명히 성인聖人이다."[7]

윌리엄 로는 우리가 도덕적 선택을 내릴 때마다 임종 시에 어떻게 느껴질지에 비추어 보아야 한다고 말했다.

"자신이 거룩함을 얼마나 사모해야 하는지 알 수 있는 최고의 방법이 있다. 얼마나 거룩해져야 현재의 삶이 쉬워질까를 생각하면 안 된다. 얼마나 거룩해져야 죽음의 시간이 쉬워질까를 물어야 한다."[8]

제정신인 사람치고 자신이 내일 아침에 깨어날 수 없음을 알면서도 외도를 생각하겠는가? 술에 취해 인사불성인 상태에서 감히 영원에 들어서려 할 사람이 있겠는가? 죽기 직전에 한 번 더 일확천금하려고 자신의 사랑하는 사람들과 하나님을 마지막 밤에까지 무시할 바보가 있겠는가?

토마스 아 켐피스는 시야를 아예 더 넓혀서, 죽음을 기억하면 영적 성장 전반에 큰 위력이 미친다고 역설했다.

장수보다 죽음을 더 자주 생각하는 사람은 틀림없이 성장에 대한 열망이 더 깊어질 것이다. 사후의 지옥의 고통을 깊이 생각하는 사람은 생전의 어떤 수고나 슬픔도 달게 받을 것이고, 가장 엄격한 금욕도 두려워하지 않을 것이다. 하지만 이런 것들은 여간해서 우리 마음에 들어오지 않으며, 그래서 우리는 여전히 당장 즐거운 것들만 사랑한다. 그래서 우리의 신앙은 늘 냉랭하고 아주 둔하다.⁹

영원과 무관하게 우선순위를 정하고 욕망을 따라간다면, 이는 망원경을 반대쪽에서 들여다보는 것과 같다. 사물이 더 똑똑히 보이기는커녕 오히려 시야가 좁아지고 뒤틀린다. 그래서 우리는 전체 그림을 놓치고 만다. 윌리엄 로는 이런 비뚤어진 시각을 이렇게 묘사했다.

> 다른 것을 생각하지 않을 때는 잔치와 사업과 쾌락과 유희가 큰일처럼 보인다. 하지만 거기에 죽음을 더하는 순간 그 모두는 똑같이 작아지고 만다. 몸을 떠난 영혼은 잔치나 사업을 잃었다고 애통하지 않는다.¹⁰

죽음을 부정하는 사람만이 하나님께 계속 반항할 수 있다. 우리는 자신의 잘못된 상태를 앞으로 차차 고치면 된다고 생각한다. 그래서 지금은 잘못된 상태로 그냥 살아간다. 하지만 우리 중 일부는 그러다 큰 낭패를 볼 것이다. 결국, 우리는 마음이 둔해져 그런 생각조차 망각할 것이고, 여느 누구와 같이 죽음이 홀연히 우리를 덮칠 것이다.

그래서 토마스 아 켐피스는 우리에게 "지금 힘써 그렇게 살라. 그러면 죽음의 때에 두려워하지 않고 오히려 즐거워할 수 있다"고 권고했다.[11] 그때가 오고 있다. 오늘 밤이 그때라면 현재의 자신의 상태에 즐거워할 수 있겠는가? 아니면 생각만 해도 영혼에 두려움이 몰려오는가? 이것은 비단 우리의 영원한 운명만 걸려 있는 문제가 아니다. 하나님의 자비가 우리를 그분의 영원한 임재 속에 들여 줄 수는 있다. 어떻게 하겠는가? 힘닿는 대로 최대한 충성되게 하나님을 섬기다가 천국에 들어가고 싶은가? 아니면 인생을 허송한 것을 깨닫고 막판의 필사적인 고백 끝에야 들어가고 싶은가?

나는 지친 몸으로 죽음을 맞고 싶다. 하나님께 배당받은 기력을 다 쓰고 가고 싶다. 나는 젊었을 때 크로스컨트리 육상을 했는데, 그중 제일 만족스러웠던 경기는 식은 죽 먹기로 이긴 경기가 아니라 사력을 다해 이긴 경기였다. 부지런히 열심히 일해서 찾아온 피로는 저주가 아니라 보상이다. 영원한 안식이 그리스도를 아는 우리 모두를 기다리고 있다. 그런데 왜 지금 안식에 집착하는가?

죽음을 통한 위로

이 세상에서 특별히 힘든 상실이나 시련에 부딪치는 사람들에게는 죽음에 대한 생각이 위로가 될 수 있다. 프랑수아 페넬롱이 지적했듯이 "성 바울은 모든 그리스도인에게 죽음을 생각하며 함께 위로를 받으라고 권했다."12

그리스도인은 누구보다도 죽음을 통해 위로를 받을 이유가 있다. 우리는 이 땅에서는 말째이지만 천국에서는 첫째가 될 것이다. 우리의 신앙을 비웃는 사람들, 새디스트처럼 자신들의 변질된 모습으로 우리 모두의 영혼을 오염시키며 거기서 낙을 얻는 사람들은 천국에서 발언권이 없다. 사별해 못내 보고 싶었던 사랑하는 사람들이 시간의 저편에서 우리를 기다리고 있다. 천국에는 우리를 괴롭히던 장애나 망가진 몸도 없다. 대신 우리는 흠 없이 새로워진 자신을 만나 즐거워할 것이고, 아픔도 없고 고통도 없고 죄성도 없는 새로운 존재가 될 것이다.

더 중요한 것은 죽음을 통해 우리 마음의 소원이 성취되어, 유일하신 참 하나님과 대면하여 교제하게 될 것이다. 이거야말로 가장 큰 위로다. 모든 진실한 그리스도인은 이 땅에서 조금이라도 외로움을 경험한다. 하나님과 더 친밀하게 동행할 날을 사모하기 때문이다. 영원의 문턱을 넘는 순간 그 동행이 상상을 초월해 현실이 된다.

죽음을 생각할 때 고통을 느끼는 것은 정상이자 건강한 일이다. 예수도 나사로의 죽음 앞에서 눈물을 흘리셨다. 하지만 죽음은 희망도 가져다줄 수 있다. 죽음 자체 때문이 아니라 하나님이 죽음 저편에 약속하신 것들 때문이다. 영생의 위로를 생각하지 않고는 그리스도인의 삶은 완전히 의미를 잃는다. 바울도 만일 기독교 신앙이 덧없는 이 세상만을 위한 것이라면 다른 누구보다도 우리가 가장 불쌍한 사람이라고 했다.^{고전 15:19} 장 칼뱅은 우리가 죽음의 날을 간절히 고대하지 않는다면 영적으로 전혀 성숙하지 못한 것이라고 했다.

죽음을 살려 두라

버지니아 주에 살 때 나는 18세기에 세워진 성공회 교회에서 수요일에 드리는 성찬 예배에 가끔 참석했다. 오래된 교회들이 흔히 그렇듯이 그 교회도 묘지에 둘러싸여 있다. 매주 오가는 길에 나는 묘비들 사이를 지나갔다.

그 짧은 걸음은 내게 예배 자체 못지않은 은혜를 주었다. 한 주의 후반부에 접어드는 나에게 그 묘지는 언젠가 내 살과 뼈도 땅속에 누울 것을 상기시켜 주었다. 언젠가 내가 이 땅에서 하는 일은 끝날 것이다. 그때 무엇이 중요할 것인가? 거기에 비추어 지금 무엇을 중시해야 하는가?

나는 오래된 묘지를 좋아한다. 괴상한 취미가 있어서가 아니라 어디서도 얻기 힘든 감화를 거기서 얻기 때문이다. 나도 토마스 아 켐피스처럼 죽음을 이용하고 싶다.

죽음의 때를 늘 눈앞에 두고 날마다 죽을 준비를 하는 사람은 복이 있다. … 아침이 밝거든 밤이 오기 전에 자신이 죽을 수도 있다고 생각하라. 밤이 오거든 감히 내일 아침을 기약하지 마라. 그러므로 늘 준비하고 살아가라. 준비되지 않은 상태에서 죽음이 덮치지 못하게 하라.[13]

윌리엄 로는 죽음이라는 주제를 저녁마다 우리가 드리는 기도의 초점으로 삼아야 한다고 권면했다.

[저녁] 기도에 가장 알맞은 주제는 죽음이다. 그러므로 온전히 죽음에 대해 기도하며 죽음의 모든 위험과 불확실성과 공포를 쭉 훑어 나가라. 무엇을 통해서든 당신의 생각이 깨어나 죽음을 바로 이해하게 해 달라고 기도하라. 죽음의 필연성과 중요성에 대해 바른 생각을 품고, 죽음이 가까이 와 있다는 느낌이 늘 머릿속을 지배하게 해 달라고 하나님께 간절히 구하라. 그리하여 죽음이 늘 생각에서 떠나지 않게 하고, 무엇을 하든 죽음 앞에서 하는 것처럼 하며, 날마다 죽음을 준비하는 하루로 삼아라.

당신의 잠자리가 곧 무덤이라고 상상하라. … 저녁마다 엄숙하게 자신을 하나님의 손에 의탁하고, 다시는 보지 못할 것처럼 세상과 작별하라. 이 모두를 밤의 침묵과 어둠 속에서 하라. 이런 연습은 머잖아 당신의 심령에 탁월한 효과를 미칠 것이다.[14]

로렌조 스쿠폴리는 가장 흔한 일상의 한 단면을 가지고 죽음을 기억할 것을 촉구했다.

"걸을 때 생각하라. 걸음을 내디딜 때마다 죽음에 한 발짝씩 더 가까워진다고 생각하라."15

내가 죽음을 의식하고 사는 또 하나의 방법은 앞서 간 성도와 마음으로 교제하며 사는 것이다. 나는 신앙과 삶으로 내게 힘이 되어 준 사람들의 사진이나 어록을 여기저기 붙여 둔다. 그러면 일할 시간이 한정되어 있음을 상기하게 된다. 세상이 디트리히 본회퍼Dietrich Bonhoeffer나 블레즈 파스칼 같은 사람이 없이도 돌아갈 수 있다면둘 다 30대의 나이에 죽었다 나 없이도 돌아갈 수 있다. 언젠가는 정말 나 없이 돌아갈 것이다. 내게 주어진 시간은 유한하다. 생각보다 훨씬 짧을 수도 있다.

우리 시대의 성도가 죽거든, 그동안 그들의 삶에서 유익을 누린 것 못지않게 그들의 죽음에서도 유익을 누리자. 신학교에서 나를 지도해 준 클라우스 복뮤엘 박사의 죽음은 내게 삶을 돌아보는 좋은 계기가 되었고, 20년이 지난 지금도 감화를 준다. 현명한 쇼핑객은 쿠폰을 오린다. 현명한 그리스도인은 부고 기사를 오린다.

그리스도인이 죽음에 대한 생각을 살려 두는 최고의 방법은 물론 십자가에서 돌아가신 우리 주님을 기억하는 것이다. 예수는 돌아가실 때 "다 이루었다"고 선포하셨다. 당신이 이 땅에 보냄 받은 목적을 완수했음을 알고 죽는다면, 이 얼마나 놀라운 승리의 죽음이겠는가. 당신의 '다'는 무엇인가? 당신이 꼭 이루어야 할 일을 미리 분별해 두라. 그러면 죽을 때 당신도 하늘을 우러러보며 사도 바울처럼 이렇게 고백할 수 있다.

"나의 떠날 시각이 가까웠도다. 나는 선한 싸움을 싸우고 나의 달려갈 길을 마치고 믿음을 지켰으니 이제 후로는 나를 위하여 의의 면류관이 예비되었으므로 주 곧 의로우신 재판장이 그날에 내게 주실 것이며"딤후 4:6~8.

우리 가족이 다른 주로 이사하기 직전에 80대의 귀한 선교사인 고든 던Gordon Dunn이 리자와 나를 초대해 송별 저녁 식사를 대접해 주었다. 밤이 이슥할 무렵 고든이 나를 한쪽으로 부르더니 닳고 닳은 자신의 성경책을 펴 사도행전 26장 19절을 보여 주었다. 바울이 아그립바에게 "하늘에서 보이신 것을 내가 거스르지 아니하고"라고 말한 대목이었다.

고든은 나를 똑바로 바라보며 말했다.

"게리, 자네도 인생이 끝났을 때 바울처럼 하늘에서 보이신 것을 거스르지 않았다고 고백할 수 있겠는가?"

지금까지도 나는 그 대화를 잊지 않고 있다. 특히 성찬식에 임할 때마다 그리스도께서 십자가 위에서 하신 말씀과 함께 그 말을 기억하려 한다. 우리가 성찬을 받을 때마다 인식해야 할 것이 있다. 그리스도께서 인간의 육신을 입고 이 땅에서 사역하실 때 그분의 일에도 시작과 끝이 있었듯이, 그분이 우리에게 맡기신 사명에도 시작과 끝이 있다.

내 편집자 중 한 명이 어느 동료 작가에 대해 들려주었다. 그 작가는 미국에서 잘 알려진 사람은 아닌데 비교적 젊은 나이에 세상을 떠났다. 그는 그리스도인들을 예술에 더 활발히 참여시키기 위해 지칠 줄 모르고 일했다. 그의 삶은 하나님의 은혜와 창의력을 보여 주는 간증이었다. 어느 모로 보나 충실한 남편이고 좋은 아버지이고 복음의 충성스러운 종이었다.

그의 장례식에서 많은 사람이 눈물을 흘렸고, 다들 그가 수십 년은 더 살았어야 한다고 아쉬워했다. 그런데 운구하는 사람들이 그의 관을 들고 교회 통로를 지나갈 때 놀라운 일이 벌어졌다. 조문객들이 축하객들로 변했다. 온 무리가 각본에 없이 우레 같은 기립 박수를 보냈다. 그 사람은 인생을 잘 살아냈다. 죽음을 통해 그의 삶은 패배가 아니라 승리로 드러났다. 충실함과 섬김으로 점철된 그의 삶은 우레 같은 환호를 받을 자격이 충분히 있었다. 우리 모두도 죽을 때 기립 박수를 자아낼 만한 그런 삶을 살기를 기도한다. 이 땅의 그리스도인들만 아니라 하늘의 성도들과 천사들에게서도 그런 박수가 나오기를 기도한다.

죽음을 늘 의식하며 사는 일은 우리가 연습할 수 있는 가장 열매가 풍성한 영적 훈련 중 하나다. "초상집에 가는 것이 잔칫집에 가는 것보다 나으니 모든 사람의 끝이 이와 같이 됨이라. 산 자는 이것을 그의 마음에 둘지어다"전 7:2.

Part 5
Death, Suffering,
and Spiritual Gluttony

's
32 십자가의 삶을 기억하라

　믿기 힘든 소식을 들고 요셉을 찾아간 마리아는 분명히 경이감으로 충만했을 것이다. 하나님이 마리아를 찾아오셨고, 하나님의 아들을 기르는 믿기 힘든 일에 그녀와 요셉을 택하셨다. 하지만 마리아는 요셉의 눈에서 회의를 보았고 그의 말에서 불신을 느꼈다. 그때 마리아의 경이감과 흥분은 어떻게 되었을까? 혼동과 두려움으로 바뀌었을까?

　성경에는 마리아와 요셉의 이 만남에 관한 자세한 내용이 나와 있지 않다. 하지만 이런 결론은 가능하다. 마리아는 요셉을 만나고 돌아갈 때 두 가지를 알았다. 첫째, 요셉은 그녀의 말을 믿지 않았다. 그가 아직 파혼 계획을 발설하지는 않았지만, 마리아는 그에게 심각한 회의가 있음을 알았다. 둘째, 그가 믿지 않았기 때문에 그녀의 삶은 위험해졌다. 요한복음 8장에 보듯이 바리새인들은 간음에 대한 처벌^{돌로 쳐 죽이는 것}을 지체 없이 시행했다. 요셉은 의롭고 점잖은 사람이라 해도, 마리아의 임신이 눈에 띄게 되면 바리새인들을 누가 막겠는가?

그때부터 마리아의 의문이 시작되었을까?

"하나님, 어떻게 저한테 이러실 수 있어요? 순종을 서원한 저에게 돌아온 보답이 이것인가요? 하나님께 남김없이 다 드렸는데 이제 동네 사람들이 저를 거짓말쟁이라 부르며 제 목숨을 위협할 것입니다!"

하나님은 마리아의 일이 아주 쉬워지게 하실 수도 있었다. 예컨대 마리아가 요셉에게 이 일을 알리기 전에 그분이 먼저 요셉을 찾아가실 수도 있었다. 이는 아기 예수를 기꺼이 수태하기로 한 마리아에게 좋은 보상이 되었을 것이고, 그러면 요셉도 즉각 그녀를 위로하며 이렇게 말할 수 있었을 것이다.

"괜찮소, 마리아. 나는 당신을 믿소! 하나님이 어젯밤에 나를 찾아오셔서 다 말씀해 주셨소."

잊지 말라, 요셉이 천사의 특별한 방문을 받은 것은 마리아에게 그 엄청난 소식을 듣고 난 뒤였다. 하나님은 왜 마리아의 일이 더 쉬워지게 요셉을 며칠 더 일찍 찾아가지 않으셨을까? 어쩌면 하나님은 마리아를 통해 기적을 행하시기 전에 마리아 안에 하실 일이 있었는지도 모른다. 어쩌면 그랬을 수도 있다. 하지만 한 가지만은 확실하다. 하나님은 마리아를 어려운 길로 부르셨다.

지금도 하나님은 성도를 큰 도전으로 부르신다.

현대의 일부 교사들과 달리 옛날의 그리스도인들 사이에는 영적 삶이 몹시 어렵다는 인식이 퍼져 있었다. 그것이 고전마다 이구동성으로 하는 말이며, 그중 가장 대표적인 사람은 요하네스 타울러일 것이다.

"사랑하는 자여, 아무도 고난을 피할 수 없다. 사람은 어디에 있든지 고난을 겪어야 한다."[1]

십자가의 삶

앞서 간 사람들이 남긴 분명한 증언이 있다. 하나님과 쉬운 삶 중 하나만 구해야지 둘 다 구할 수는 없다. 우리가 가는 길은 절대 쉽지 않다. 하나님은 우리가 상상할 수 없을 정도로 우리를 사랑하시며, 우리의 삶을 향한 놀라운 계획을 세우고 계신다. 하지만 그 계획에는 흔히 긴장과 불확실성이 내포되어 있으며 정서적, 영적, 신체적 고통이 따른다. 요한 클리마쿠스는《거룩한 등정의 사다리》에 그것을 이렇게 언급했다.

> 침노[마 11:12 참조]와 끝없는 고통은 몸으로 천국에 오르려는 사람들의 운명이며, 특히 등정 초기에 그렇다. 그때는 우리의 무감정한 마음과 쾌락을 사랑하는 성향이 엄청난 비애 속을 통과해야 한다. 그래야 하나님과 거룩함을 사랑하는 쪽으로 갈 수 있다. 이것은 힘든 일이다. 정말 힘들다.[2]

로렌스 형제는 만성 통풍痛風이 있어 다리를 절어야 했다. 통증이 너무 심해 불룩한 통을 타고 굴리며 다닌 적도 있다. 이런 경험은 그를 겸손하게 했다. 하지만 정작 그가 시간을 들여 글을 쓴 주제는 그런 신체 조건이 아니었다. 그에게 정말 힘든 싸움은 영적 전투였다. 로렌스는 끊임없는 기도 생활을 가꾸는 도전에 대해 이렇게 썼다.

"이 연습은 이만저만 힘든 게 아니지만 그래도 나는 모든 역경을 딛고 계속한다."³

묵상하는 기도 생활을 진지하게 가꾸려는 사람은 누구나 엄청난 도전에 부딪치게 마련이다. 《무지의 구름》을 쓴 무명의 저자는 그런 도전에 대해 이렇게 경고했다.

"이 일에 헌신하는 사람은 정말 힘든 과제에 마주 선 것이다. 사실은 지극히 힘든 일이다."

그는 독자들에게 인내를 촉구하면서 "아무리 고통스러워도 끝까지 인내하고 참으며 이 일에 수고해야" 한다고 말했다.⁴ 마찬가지로 프란체스코회 수사인 질스 형제도 성품을 기르는 일이 어렵다고 보았다.

"어려움과 노력 없이 덕을 얻기란 불가능하다."⁵

그래서 로렌조 스쿠폴리는 우리가 새신자들에게 더 솔직해야 한다고 역설했다.

> 처음에는 수고와 싸움이 크다. 초신자들이 악한 삶을 고치기

> 로 결단하면 많은 어려움을 겪는다. 세상과 육신을 버리고 자신을 드려 그리스도를 사랑하고 섬기기로 작정하면 공격이 따른다. 거룩한 의지와 세속적 의지가 양쪽에서 싸울 때 고차원의 의지가 공격을 견뎌내야 한다. 공격이 너무 날카롭고 사나워 많은 고난이 따른다.6

로렌조 스쿠폴리가 보기에, 덕이 쉽게 얻어지거나 성품이 고통 없이 변화된다는 말은 곧 전쟁이 평화롭거나 폭동이 고요하다는 말과 같다. 그만큼 솔직하지 못하다는 뜻이다.

> 우리는 아주 단단히 각오하고 자신의 성향을 쳐부수어야 하며, 여태까지 세상적 애착으로 붙들고 있던 크고 작은 낙들을 다 버리는 고통을 감수해야 한다. 그렇지 않고서는 진정한 덕을 기르는 일과 하나님을 합당하게 섬기는 일이 가능하다고 생각해서는 안 된다.7

그리스도인의 삶이 어렵다는 진리는 현대의 많은 그리스도인에게 특히 도전이 된다. 그들은 그리스도께 오면 삶이 더 쉬워진다고 배웠다. 그러나 이 작가들의 관점에서 보면, 그리스도께 오면 전혀 새로운 고난의 계절이 시작된다.

이런 예에서 보듯이 영성 고전은 우리 현대인의 사고를 요긴하게 바로잡아 준다. 고난은 불가피하며 우리에게 꼭 필요하다. 그것이 성경 전체의 가르침이자 역사 속의 그리스도인들이 거의 한목소리로 내놓는 증언이다. 그런데도 우리는 하나님이 환난 중에 우리와 동행하신다는 복음이 아니라 하나님이 우리의 환난을 없애 주신다는 복음을 만들어냈으니 정말 알다가도 모를 일이다. 실제로 그런 복음을 가르치는 사례가 간혹 있다. 신앙이 성숙해지려면 그런 피상적인 사고를 버려야 한다.

최고급 침대에서 자는 성도들

여행을 많이 다니다 보면 점차 모든 것이 똑같아 보인다. 그래서 뭔가 특이한 것이 나타나면 확 눈에 띈다. 전문직 종사자처럼 보이는 남자가 한 손에 서류 가방을 들고 한 손에 화려한 색깔의 베개를 들고 있는 모습도 그랬다. 보기에 따라 그의 행선지는 월스트리트의 회의실인 것 같기도 했고 산 속의 캠프장인 것 같기도 했다.

우리가 비행기에서 내릴 때 그 남자는 이렇게 설명했다.

"호텔의 베개는 항상 너무 딱딱해서 한잠도 잘 수가 없거든요."

옛 신앙의 선배들이 잠자고 생활했던 수도자의 방을 생각해 본다. 그것을 내가 누워 자는 최고급 침대에 비교해 보면, 현대의 그리스도인들이 고난에 대한 기독교 고전의 가르침을 과연 제대로 이해할 수 있을지 의문이 든다. 비행기의 그 남자는 베개가 조금만 푹신푹신하지 않아도 참을 수 없었다. 풍요가 우리를 얼마나 나약하게 만들었는가.

옛 신앙의 선배들은 우리의 안락을 하나님의 복이 아니라 곤란한 문제로 보았을 것이다! 노리지의 줄리안의《하나님 사랑의 계시》*Revelations of Divine Love*에 나오는 첫 문장은 기독교 고전에서 단연 가장 충격적인 말 중 하나다.

"나는 하나님의 선물로 세 가지 은혜를 구했다. 첫째는 그리스도의 수난을 생생히 느끼는 것이었고, 둘째는 몸의 병이었고, 셋째는 하나님이 내게 세 군데의 상처를 주셔야 한다는 것이었다."[8]

나는 지금까지 소그룹 기도회에 수없이 많이 참석해 보았지만, 그리스도의 수난을 더 절절히 느끼고 싶어 자신에게 병과 상처를 달라고 기도하는 사람은 한 번도 본 적이 없다.

줄리안은 그런 희한한 기도 제목을 갖게 된 이유를 이렇게 설명한다.

"이 병을 통해 나는 육체와 영혼의 온갖 고난을 맛보고 싶었다. …그 이유는 하나님의 자비로 정결함을 얻어 그 뒤로 이 병 덕분에 더욱 하나님의 영광을 위해 살고 싶었기 때문이다."[9]

이것은 종교적 감상주의자의 말이 아니다. 줄리안은 흑사병의 시대에 살았다. 흑사병은 14세기에 영국의 인구를 격감시킨 유명한 선腺페스트였다. 그녀는 그저 평범한 코감기를 달라고 기도한 게 아니다.

우리는 싸움이나 실망이나 역경에 부딪치면, 대개 그것이 당장 끝나도록 기도해 달라고 다른 그리스도인들에게 부탁한다. 자신의 영적 미성숙보다 역경을 더 큰 악으로 보기 때문이다. 십자가의 요한은 이것을 전혀 다른 관점에서 보았다.

> 항상 애써 우리의 마음을 기울여야 할 쪽은 가장 쉬운 길이 아니라 가장 어려운 길이다. 가장 쾌적한 길이 아니라 가장 험한 길이다. 가장 만족스러운 길이 아니라 덜 즐거운 길이다. 안식이 아니라 고된 일이다. 위로가 아니라 위로가 없는 삶이다. 최다가 아니라 최소다. 가장 높고 귀한 길이 아니라 가장 낮고 멸시받는 길이다. 뭔가를 원하는 게 아니라 아무것도 원하지 않는 것이다. 일시적인 것들을 찾을 때도 최선이 아니라 최악을 구하는 것이다. …
> 이런 연습을 진지하게 받아들이고, 그에 대한 자기 의지의 반감을 극복해야 한다. 이것을 질서 있고 신중하게 진심으로 실천하면 그 속에서 큰 기쁨과 위로를 얻을 것이다.

개인적으로 나는 자칫 우리가 요한의 조언을 너무 지나치게 받아들일 수 있다고 생각한다. 나는 어렵고 덜 즐거운 길이 곧 하나님의 뜻이라고 단정하지 않는다.^{동일한 섭리가 때로 우리를 기쁨과 즐거움으로 인도할 수도 있다.} 하지만 하나님의 섭리 아래서 기꺼이 고통을 받아들이는 마음만은 우리에게 분명히 필요하다.

독일의 목사이자 순교자인 디트리히 본회퍼는 고난을 '참된 제자도의 표지'라 표현하며 이렇게 덧붙였다.

"우리의 삶에 금욕의 요소가 전혀 없다면 … 그리스도를 섬기기

위한 훈련이 힘들어질 것이다."¹⁰

그야말로 성장하기 원하는 사람들에게 불편함은 적이 아니라 친구다.

우리 시대의 안락한 삶

오늘 아침에 나는 냉난방을 갖춘 집에서 나와 냉난방을 갖춘 차를 타고 냉난방을 갖춘 사무실로 이동했다. 나는 몸에 만성 통증도 사실상 전혀 없고, 진정한 굶주림을 경험해 본 적이 없다.

예수는 내가 가정과 신앙 중에서 또는 직장과 신앙 중에서 기꺼이 양자택일을 해야 한다고 하시지만, 실제로 내가 그래야만 했던 경우는 한 번도 없다. 사실 내 직업은 내 신앙과 직결되어 있다. 성장기에는 간혹 신앙 때문에 비웃음을 당한 적이 있지만, 지금은 사무실을 나설 때마다 대개 방해보다 격려를 받는다.

그러다 보니 그리스도인의 삶이 어렵다는 성경과 고전의 말은 우리에게 거의 신파조로 들린다. 물론 리처드 백스터 Richard Baxter 의 삶은 어려웠다. 그는 옆구리에 괴기한 종양이 덜렁거리는 상태로 《성도의 영원한 안식》 The Saints' Everlasting Rest 을 집필했다. 로렌스 형제의 삶도 어려웠다. 그는 고통스러운 만성 통풍 때문에 결국 다리에 궤양이 생겨 평생 눈에 띄게 절뚝거려야 했다.^{자동차나 휠체어나 자전거가 없던 시대였다.} 요한 클리마쿠스를 비롯한 수사들의 삶도 어려웠다. 그들은 수십 년씩 햇볕이 쨍쨍 내리쬐는 기둥 위에서 지내기도 했고,

너무 좁아 일어설 수도 없고 누울 수도 없는 방에서 살기도 했고, 자기 몸에 거머리가 꼬이게 하기도 했다. 당시의 사회는 이런 관행을 칭송했다. 요컨대 그들은 삶을 일부러 어렵게 만들었다. 그런데 당신과 나의 삶도 그렇게 힘든가?

이 성인들이 오늘의 교회에 들어와 우리의 푹신한 좌석과 냉난방을 갖춘 교실과 음향 시설이 완비된 예배당과 고급 자동차를 본다면, 그리스도인의 삶이 어렵다고 가르칠까? 그리스도를 따르기란 "힘든 일이다. 정말 힘들다"고 말할까?

어떤 면에서 그들은 지금이 더 어렵다고 말할지도 모른다. 백스터가 천국에 대한 유명한 논문에 썼듯이, 그는 천국이 가까워지고 있음을 자신의 종양을 통해 상기할 수 있었다. 천국에 매료되는 일이 그에게는 쉬웠다. 몸이 그걸 잊도록 그냥 두지 않았다. 지금은 의술이 발달하고 수술 실력이 좋아지다 보니 우리는 거기에 속아 거짓된 안전감에 빠진다. 심장박동이 한 번만 멎어도 곧장 천국으로 간다는 사실을 망각하는 것이다. 삶이 쉬워질수록 신앙은 덜 중요해진다. 세상 사람들이 보기에는 그렇다.

요즘 세상의 신체적, 사회적 사치품들 또한 우리 내면의 껄끄러운 문제를 대면하는 일을 더 어렵게 만든다. 도피처가 하도 많아 아예 그런 문제를 대면할 필요가 없다. 라디오, 아이팟, 텔레비전, 인터넷 등이 새벽부터 밤중까지 계속 우리의 머릿속을 장악한다. 그러니 그리스도인의 헌신이나 희생 같은 무거운 생각들로 굳이 고민할 필요가 없다. 우리의 삶을 소음으로 가득 채우면 하나님을 섬겨야 할 책임과 복음의 진리를 피해 숨을 수 있다.

서구의 중산층 그리스도인들은 풍요로운 세상에 살고 있다. 어쩌면 그런 풍요가 중세기의 결핍과 다를 바 없이 우리 신앙을 공격하고 있는지도 모른다. 옛 성도들은 하나님밖에 의지할 대상이 없었지만 우리는 아무런 물건이나 골라잡으면 안락을 얻을 수 있다.

우리의 바깥세상은 중세기의 사람이 보기에 낯설겠지만 내면세계는 지금도 똑같다. 불신과 죄와 유혹은 영적 조상들에게 못지않게 우리에게도 사납게 날뛴다. 어쩌면 더할지도 모른다. 그리스도인의 삶이 어렵다는 역사적 메시지는 예수가 그 말씀을 처음 하셨을 때와 똑같이 지금도 사실이다. 우리가 그것을 받아들일 마음이 덜할 뿐이다. 푹신푹신하지 않은 베개를 견디지 못하는 세대에게 어떻게 십자가에 대해 말할 것인가?

회심자인가 제자인가?

기독교 신앙은 두 가지 요소로 이루어진다. 기쁜 소식^{기쁨과 평안}이 있고 나쁜 소식^{박해, 자아부인, 십자가}이 있다. 우리 사회는 이것을 내재적 모순으로 본다. 여기서 우리에게 유혹이 생겨난다. 비그리스도인들에게 더 매력 있어 보이게 하려고 신앙을 슬쩍 고치고 싶어지는 것이다.

우리의 목표가 제자를 삼는 것이 아니라 회심자를 내는 것이라면, 그리스도인의 삶을 주관적 필요^{그리스도 안의 삶이 가져다주는 평안과 만족과}

의미에 맞게 고쳐 말하고 싶은 유혹이 든다. 하지만 그 부분만 말하고 그친다면 마치 올림픽에서 금메달을 딴 기분성취감, 기쁨, 감격만 말하고 거기에 요구되는 지독한 훈련은 언급하지 않는 것과 같다.

성경에 보면 제자들은 "우리가 하나님의 나라에 들어가려면 많은 환난을 겪어야 할 것이라" 하며 서로 "마음을 굳게 하여 … 권하고" 있다.[11] 보다시피 성경은 그들이 장차 환난이 닥칠 수 있다며 서로 "겁을 주었다"고 말하지 않는다. 아니, 그들은 서로 마음을 굳게 하고 권했다.

예수는 기독교의 길을 굳이 십자가에 견주셨다. 십자가는 편안한 시간으로 이어지는 우아한 도구가 아니라 캄캄한 무덤으로 끝나는 잔인한 처형 기구다.푹신한 최고급 십자가가 있다는 말을 들어 본 적이 있는가? 그래서 예수는 그리스도인의 삶을 이렇게 소개하셨다.

"아무든지 나를 따라오려거든 자기를 부인하고 날마다 제 십자가를 지고 나를 따를 것이니라."[12]

적어도 세 가지 이유에서 우리는 사람들에게 환난을 가르쳐야 한다. 첫째, 예수가 그리스도인의 삶의 환난을 말씀하셨으므로 우리도 그래야 할 의무가 있다. 이것이 가장 불가항력적인 이유다. 우리의 메시지의 저자이신 그분이 "세상에서는 너희가 환난을 당하나"요 16:33라고 말씀하셨다. 우리는 이외에 다른 메시지를 전할 권리가 없다. 기독교 신앙은 본래 우리의 독창성이 필요 없이 그냥 주어진 것이다. 우리가 만들어낸 것도 아니고, 편집할 권한도 주어지지 않았다. 어떤 식으로든 그것을 변형시킨다면 이는 주제넘은

월권이요 최악에는 교만한 이단이 된다.

둘째, 환난을 외면하면 자칫 환멸에 찬 그리스도인들을 만들어 낼 수 있다. 그들은 열심히 신앙에 뛰어들지만, 기쁨이 시들해지고 좌절과 고생이 찾아오면 당장 다른 종교로 옮겨간다. 결국 이 신앙을 완전히 버릴 수도 있고, 그러면 진정한 기독교에 대해 면역이 생길 수 있다. 이미 시도해 보았다는 착각 때문이다. 하지만 정작 그들이 경험한 것은 껍데기에 지나지 않는다.

셋째, 우리가 환난을 기억해야 함은 계속 전진하기 위해서다. 토마스 아 켐피스가 일깨워 주듯이 우리는 내가 힘들면 남들도 힘들다는 사실을 알아야 한다.

> 고난을 심히 많이 당한 사람들에 비하면 너의 고난은 별것 아니다. 그들은 아주 거센 유혹을 받았고, 아주 중한 고통을 당했고, 여러모로 시험과 연단을 받았다. 그러므로 너는 다른 사람들의 더 무거운 고난을 기억해야 한다. 그러면 너의 아주 작은 고충을 더 쉽게 감당할 수 있다.[13]

그리스도인의 삶이 어렵다는 것을 아는 사람은 환난이 닥쳐올 때 자신의 신앙을 의심하지 않고 오히려 하나님을 의지한다. 그러면 그분이 우리의 신앙을 굳건하게 해 주신다. 이제 우리는 환난에 힘입어 계속 전진한다.

우리는 고통스럽게 시작해 많은 험산을 올라야 하지만, 그리고 나면 마침내 안식의 땅에 이른다. 그것이 하나님의 놀라운 계획이다. 그것을 언급하지 않는다면 우리는 정직하지 못한 것이다. 이냐시오는 그것을 이렇게 표현했다.^화자는 예수다.

"그러므로 누구든지 나와 함께 가려는 사람은 나와 함께 수고해야 한다. 고통 중에 나를 따르는 사람은 영광 중에도 나를 따를 것이다."14

다음 장에서는 특별히 두 사람의 생애를 살펴볼 것이다. 둘 다 도에 지나도록 많은 고난과 역경을 극복했다. 일단 여기서는 우리도 성경과 고대의 진리를 받아들이도록 하자. 기독교가 제시하는 삶은 어려운 삶이다. 물론 영광스러운 삶, 풍요로운 삶, 상상할 수 있는 최고의 삶이지만 그래도 쉬운 삶은 아니다. 요하네스 타울러의 말처럼 "우리 주님은" 부활하시기 전에나 후에나 "제자들에게 늘 평안을 약속하셨지만, 그들은 결코 외적인 평안을 얻지 못했다. 그럼에도 그들은 슬픔 중에 평안을, 환난 중에 기쁨을 누렸다. 죽음을 통해 생명을 얻었다. 재판받고 유죄를 선고받는 것이 그들에게는 기쁨의 승리였다."15

33 역경을 지나거든 혼자가 아님을 알라

지금까지 무수히 많은 그리스도인이 아빌라의 테레사의 고전이자 기도에 관한 논문인 《내면의 성》에 감화를 받아 하나님과 더 친밀해지고자 힘썼다. 그런데 테레사는 기도가 너무 고통스럽고 힘들어 한동안 기도를 포기했다.

테레사는 아버지의 뜻을 거스르고 성육신 가르멜 수녀원에 들어갔다. 어머니가 죽은 후로 아버지는 그녀가 교육을 잘 받기를 원했다. 그는 딸이 수도원에 들어가 '인생을 허송할' 줄은 꿈에도 몰랐다. 테레사는 사실상 스스로 고아가 되었다. 어머니를 사별한 상태에서 자신의 인생을 향한 하나님의 소명을 따르기 위해 스스로 아버지마저 버렸다. 훗날 그녀는 그 이별이 마치 자기 몸의 모든 뼈가 으스러지는 것처럼 느껴졌다고 술회했다.

몇 년 후에 테레사는 중병에 걸렸는데 갖가지 돌팔이 치료법 때문에 목숨을 잃을 뻔했다. 한 '의사'의 치료가 끝나자 그녀는 혼수 상태에 빠져 사흘 동안 아무런 생명의 징후도 보이지 않았다. 결국, 정신이 돌아왔으나 몸이 일부 마비되었고, 3년 후에도 여전히 걷지 못했다.

그러나 그녀의 역경은 신체적인 것만이 아니었다. 30대에 테레사는 심한 영적 고통을 경험했다. 기도 생활로 수많은 사람에게 감화를 끼친 그녀이지만 정작 자신은 한동안 기도를 포기했다. 기도 생활이 너무나 고통을 안겨 주었기 때문이다. 이 시기에 대한 그녀의 글을 보면 질색하는 기색이 묻어난다. 그녀가 보기에 그때는 자신이 가장 심하게 죄에 빠진 때였다. 하지만 그 당시에는 기도가 너무 힘들어 기도보다 차라리 혹독한 참회가 더 나아 보였을 것이다. 테레사는 하나님께 이렇게 쓴 적이 있다.

"하나님의 친구들을 이렇게 대하시니 하나님께 적들이 그렇게 많은 것도 당연합니다."

이런 신체적 싸움과 영적 싸움 외에도 테레사는 머잖아 엄청난 사회적 싸움의 원인이 되었다. 그녀의 평생 과업은 수도원을 개혁하는 일이었는데, 그녀가 《내면의 성》을 쓰는 동안 윗사람들이 개혁을 좋지 않게 보고 위협을 가했다. 이탈리아의 가르멜 수도원들은 테레사의 개혁이 스페인에서부터 퍼져 자신들까지 개혁이 불가피해질까 봐 우려했다. 테레사는 자신이 설립한 일부 수도원을 귀한 친구인 십자가의 요한에게 맡겼는데, 요한은 테레사의 가르침에 충실하다는 이유로 험악한 대우를 받고 옥에 갇혔다. 사회적 싸움 때문에 테레사의 병이 도졌던 모양인지 몸의 병세도 다시 심해졌다. 테레사는 고전 서문에 이렇게 썼다.

"석 달 동안 머릿속이 얼마나 시끄럽고 허해졌던지 이제 꼭 필요한 사무적인 글조차도 쓰기가 힘들다."

테레사는 영적 삶을 심화시켜 나갈 때 부딪치는 여러 어려움에 관해 썼는데, 이는 자신의 경험에서 직접 우러난 것이었다.

> 영혼은 일곱 번째 방에 들어가기 전에 안팎으로 엄청난 시련을 겪는다! 때로 그 생각을 하면 이런 우려마저 든다. 만일 영혼이 그것을 미리 안다면, 그런 시련을 당하고 통과하기로 결단하기가 한없이 어려울 것이다. 아무리 큰 복이 뒤따른다 할지라도 영혼이 본능적으로 연약하기 때문이다.[1]

테레사가 말하는 '일곱 번째 방'이란 기도를 통한 '영적 결혼'의 상태를 가리킨다. 그녀가 그 상태에 이르던 순간 십자가의 요한도 방에 함께 있었다. 이 두 영적 거장은 얼마나 기뻤겠는가. 거기에 이르기까지 둘 다 엄청난 역경을 통과했으니 말이다.

십자가의 요한의 여정

십자가의 요한도 어려운 환경에서 자랐다. 그의 아버지는 그가 세 살 때 죽었고, 그의 가정은 굶주림과 빈곤에 내던져졌다. 요한은 결국 제대로 교육을 받았으나 그래도 수도원에 들어가는 길을 택했다. 테레사와 아는 사이에다 그녀의 가르침을 따른다는 이유로 그는 체포되어 반역자로 분류되었다. 그리고 그 죄에 걸맞은 형벌에 처해 매를 맞고 옥에 갇혔다. 빵과 물마저 주지 않을 때도 있었다. 요한이 갇힌 감방은 가로 2미터 세로 3미터의 좁은 방이었고, 너비 5센티미터의 창문 하나로만 빛이 들었다. 그는 9개월 동안 그 캄캄한 곳에 살면서 음식도 별로 먹지 못했고 옷도 거의 갈아입지 못했다.

그런데도 하나님의 빛이 감방의 어둠 속을 뚫고 들어왔다. 영혼의 어두운 밤에 대한 요한의 가르침은 이후로 수많은 그리스도인에게 감화를 끼쳐 영적 광야를 인내로 통과하게 했다. 요한이 환난에 대해 쓴 말을 읽어 보라.

"영적이든 일시적이든 어둠과 시련은 복된복되다는 표현에 주목하라 영혼들이 온전함이라는 높은 경지로 나아가는 길에 으레 겪는 것이다. 그런 어둠과 시련이 얼마나 많고 깊은지 인간의 학문으로 다 이해할 수 없다."[2]

나중에 그는 이렇게 덧붙였다.

"감각과 영혼은 둘 다 그런 고뇌와 고통을 겪는다. 마치 어둡고 막막한 짐에 짓눌리는 것 같아 영혼은 차라리 죽음을 구원이라 여길 정도다."[3]

자신의 삶이 쉽지 않았는데도 요한은 몸의 고통이나 추위나 굶주림이나 외로움을 언급하지 않았다. 그 점을 잊지 마라. 오히려 그의 관심은 내면의 힘든 싸움, 영혼의 전투에 있었다. 바로 그 씨름에 초점을 맞추었다.

요한은 내면의 고통이 '문지기'가 되어 우리를 더 깊은 성장으로 인도한다고 보았다. 그는 영혼이 발전하지 못하는 이유는 어두운 밤을 직면할 마음이 없기 때문이라며, 어두운 밤이 우리를 하나님과 더 친밀하게 동행하도록 이끌어 준다고 썼다.[4] 그는 또 환난의 필요성을 이해하지 못하는 지혜롭지 못한 상담자들에 대해 이렇게 경고했다.

> [고난을 겪는 사람들이] 지독한 어둠과 시련과 갈등과 유혹 속에서 꼭 만나게 되어 있는 사람이 있다. 그 사람은 욥을 위로하러 온 친구들처럼 이렇게 선언할 것이다. 이 모두가 우울증이나 울화나 욱한 성미나 숨은 악 때문이며, 그 결과로 하나님이 그들을 버리셨다고 말이다. 결국, 그들의 판결은 뻔하다. 이 사람들은 악한 삶을 살았기 때문에 그런 시련이 닥친 것이다.[5]

그래서 상담자는 전반적인 죄의 고백을 권할 수 있다. 하지만 요한은 그것을 '다시 십자가에 못 박는 일'이요 때에 맞지 않는 일이라 여겼다.

> 이 지도자가 이해하지 못하는 것이 있다. 어쩌면 지금은 그런 행동을 할 때가 아니다. 오히려 지금은 그 사람들을 혼자 두어야 할 때다. 하나님이 그들의 내면을 정화하시는 중이다. 또

지금은 위로와 격려를 베풀어야 할 때다. 하나님의 뜻이라면 언제까지고 이 고통을 견디기 위해, 그들이 바라는 것이 그것일 수 있다. 그때까지는 어떤 처방도 영혼 자신이 무엇을 하든, 고해 신부가 무엇을 하든 적당하지 못하다.⁶

십자가를 거부하지 말라

어두운 밤에 대한 요한의 급진적 시각이 내게 강하게 다가온다. 오늘날 웬만한 그리스도인들이 어두운 밤의 근처에라도 가는 상황에 부딪치면, 그들의 상담자들과 목사들과 친구들은 무조건 그 상황을 고쳐 주어야 한다는 부담을 느낀다. 그래서 고난을 겪는 그리스도인들을 시련에서 빠져나오도록 도우려 한다. 요한은 정반대로 믿었다. 그는 하나님이 그를 데리고 영혼이 으스러지는 경험 속을 통과하시도록 우리가 가만히 있어야 한다고 보았다. 그래야 그 사람이 성숙할 수 있다는 것이다. 우리는 그런 상황을 '고칠' 게 아니라 잘 견디며 거기서 배워야 한다.

역경을 거부하다가 자칫 우리는 십자가를, 그리하여 그리스도 자신을 거부할 수 있다. 십자가의 요한만 여기에 대해 쓴 게 아니다. 토마스 아 켐피스의 말을 생각해 보라.

> 그리스도의 생애 전체는 십자가요 순교였다. 그런데 너는 안식과 기쁨을 구하는가? 너는 속고 있다. 환난을 견디지 않고

다른 것을 구한다면 너는 속고 있다. 이 필멸의 삶은 온통 불행으로 가득하며 사방에 십자가가 세워져 있다. 영적으로 높은 경지에 오른 사람일수록 십자가가 더 무거워질 때가 많다.⁷

십자가를 기꺼이 지면 반드시 영적 성장을 낳는다. 반대로 십자가 지기를 거부하면 성장할 수 없다. 테레사와 요한도 돌아서고 싶을 때가 많았을 것이다. 하지만 그들은 성경에서 위로를 얻었다. 성경 어디를 보든 하나님을 가장 가까이 따른 사람들이 고난도 가장 심하게 당했다. 예수 자신이 최고의 예다. 테레사는 '매번 보다시피 우리 주 그리스도와 가장 가까운 사람들일수록 시련도 가장 컸다'고 썼다.⁸

어쩌면 테레사는 노리지의 줄리안의 체험담을 읽었는지 모른다. "내 침대맡에 서 있는 십자가는 피를 철철 흘리고 있다."⁹

지금 역경의 때를 지나고 있거든 혼자가 아님을 알라. 하나님은 수많은 성도를 대하신 것처럼 당신도 똑같이 대하고 계신다. 그 사실에서 힘을 얻어라. 마리아에서부터 테레사와 요한에 이르기까지 그런 사람들이 수없이 많았다. 물론 당신의 삶 속에 죄가 있다면 회개해야 한다. 하지만 그것으로 당장 치유되거나 해방될 거라고 기대하지는 마라. 어쩌면 하나님이 당신에게 맡기실 중요한 일이 있는지도 모른다. 그 일을 하려면 당신은 지금보다 더 강인하고 성숙하고 믿음이 충만해야 한다. 그렇게 될 수 있는 길이 지금의 이 어려운 길일 수 있다.

신앙의 대가들은 그것을 알았기에 시련을 귀하게 여겼다. 로렌조 스쿠폴리의 멋진 말로 이번 장을 마치려 한다.

"당부하노니 고통스럽고 어려운 일을 사랑하라. 그런 일을 통해 자아를 이길 수 있기 때문이다. 모든 것은 자아를 이기는 데 달려 있다."[10]

34 참된 그리스도인이 되기란 쉽지 않다

그리스도인의 삶은 왜 이렇게 어려울까? 다섯 가지 매우 도전적인 장애물이 끈질기게 우리를 괴롭힌다. 아무리 성숙해도 이 장애물들은 끊임없이 우리를 따라다닌다. 안수받은 사역자이든 갓 믿은 회심자이든, 이것은 타고난 인간 조건의 일부이므로 영원에 들어갈 때까지는 어느 정도 그 짐을 지고 살 수밖에 없다.

몸의 장애와 한계 (롬 8:18~25)

우리는 물리적 몸 안에 살고 있다. 꼭 필요하지만 버거운 짐이기도 한 이 몸이 우리의 영적 이상주의에 제동을 거는 첫 번째 장애물이다. 우리는 기도하고 싶지만 잠이 든다. 금식하기 원하지만, 배에서 요란한 소리가 난다. 허기지기 전에 포기하라는 것이다. 또 우리는 인내하고 싶지만, 상황의 스트레스 때문에 성질을 부린다.

이처럼 우리는 육체적 존재인지라 많은 제약을 받는다. 우선 생활비를 벌어야 한다. 관절염부터 암까지 많은 고통에 부딪쳐야 한다. 피곤해지고 배가 고파진다. 육체적 충동이나 두려움과 싸운다. 이 모두에 축농증, 알레르기, 두통 등 온갖 병까지 더해지면 하루가 참 길게 느껴질 수 있다. 이것은 다 인류가 타락한 결과이며, 그리스도께서 재림하실 때까지 우리는 망가진 세상 속에 살아갈 수밖에 없다.

몸은 우리의 일부다. 나중에 천국에서 영화로운 상태가 되어도 우리는 몸 없는 존재가 아니다. 물론 영화로운 몸이지만 그래도 몸은 몸이다. 그때까지 우리는 이 불완전한 도구로 버티며 이 몸을 통해 신앙을 실천해야 한다.

신체적 어려움에는 재정적 어려움도 포함된다. 예컨대 그동안 세율이 굉장히 인상되어, 십일조에 헌신한 그리스도인들은 종종 수입의 절반도 안 되는 돈으로 살아간다._{연방세, 주세, 지방세를 다 합하면 수입의 40~50퍼센트에 달할 수 있다.}

우리 삶에 영적 탈진의 조짐이 느껴지거든 몸 상태를 점검할 필요가 있다. 혹시 몸을 혹사하고 있지는 않은가? 우리는 몸에 지배당해서도 안 되지만 그렇다고 몸을 돌보지 않아도 되는 것처럼 살아서도 안 된다.

"영혼의 생각이나 감정치고 육체와 무관한 것은 없고, 육체의 행동이나 동작치고 영혼에 전혀 영향을 미치지 않는 것은 없다."[1]

몸의 고통이 타락의 결과이기는 하지만, 하나님은 우리의 영적 진보를 위해 그것을 사용하실 수 있고 실제로 그렇게 하신다. 로렌스 형제는 "[하나님]은 때로 영혼의 병을 고치시려고 몸의 고난을 허락하신다"고 말했다.[2]

사회적 고통(살전 2:2)

타락한 신체 상태에서 생겨나는 고통 외에도 타락한 사회 환경에서 사느라고 발생하는 고통도 있다. 우리 자신도 죄인이지만 죄인들에 둘러싸여 살아간다. 사람들이 우리에게 상처를 입힌다. 부모와 친구와 동료 그리스도인들이 우리에게 고통을 안겨 준다.

한 아버지가 나에게 가슴 아픈 사연을 들려주었다. 그가 크리스마스 때 딸에게 사 준 선물을 딸이 이듬해 7월에 도로 돌려주었다고 한다. 선물은 휴대전화였는데, 7개월 동안 전화를 써 본 딸은 "아무도 나한테 전화를 거는 사람이 없어요"라고 말했다. 딸이 세상으로부터 소외된 존재임을 그 전화기가 상징적으로 확인해 주었다. 한번은 전화기를 세 번이나 충전하는 동안 단 한 통도 전화가 걸려오지 않았다. 결국, 딸은 자신이 바보처럼 느껴졌고 이전보다 더 외로워졌다. 자신을 찾는 사람이 아무도 없음을 그렇게 확인하며 살 필요는 없었다.

사회적 고통도 신체적 고통 못지않게 심해질 수 있다. 물론 일부는 자초하는 고통도 있겠지만, 그렇지 않은 경우도 많다. 누구나 주변에 다양한 신경증, 강박증, 건강하지 못한 애착이나 욕구 등을

지니고 있는 사람들이 있게 마련이다. 이런 사회적 고통 속에서 종종 우리는 현기증을 느끼며 해방을 갈구한다.

우리 아이들이 어렸을 때 아주 좋아했던 한 책에 보면 곰 사냥을 나가는 일가족이 나온다. 아버지와 자녀들은 온갖 장애물에 부딪친다. 캄캄하고 으슥한 숲도 나오고, 질척거리는 진흙탕도 나오고, 사납게 소용돌이치는 눈보라도 만난다. 딜레마에 부딪칠 때마다 그들이 내리는 결론이 있다.

"건너뛸 수도 없고 돌아갈 수도 없다. 아, 어쩌나! 통과하는 수밖에 없다!"

그 책에 들어 있는 교훈은 아이들에게만 아니라 어른들에게도 적용된다. 우리는 늘 사회적 고통을 피해 달아날 수는 없다. 때로는 그냥 통과하는 수밖에 없다. 불건전한 사람들과 어쩔 수 없이 함께 일해야 할 수도 있다. 배우자나 부모나 자녀가 냉혹한 사람일 수도 있다. 피해서 달아나도 결국 상황만 바뀔 뿐 똑같은 고통에 부딪칠 때가 많다. 내 친구 하나는 상사와의 껄끄러운 관계에 갇혔는데, 끝까지 회사를 그만두지 않았다.

"지금까지 네 명의 상사가 있었는데 모두 지금의 상사와 비슷했어. 피하는 건 아무런 의미가 없더라구. 하나님이 내게 가르치시려는 것이 무엇이든 나는 그것을 배워야 해."

사회적 고통이 심해지면 거룩하지 못한 방법들로 고통을 달래고 싶어질 수 있다. 각종 중독, 음식, 도박, 텔레비전 같은 영적 표사漂砂에 빠지는 것이다. 그 밖에도 우리가 고통을 통해 배우기보다 고통을 피하려고 기분전환용으로 찾는 것들이 많다. 그런가 하면 하나님이 불공평하다며 그분께 분노와 원망을 품기도 한다. 분노는 속에 깊이 묻혀 있을 수도 있다. 하지만 치유가 시작되려면, 삶이 어렵다는 사실을 기꺼이 받아들여야 한다.

그런 관점에서 보면 '성격 차이로 화해할 수 없는' 많은 부부의 상황도 성장의 기반이 될 수 있다. 물론 그러려면 포기하지 않고 계속 부부로 남아 있어야 한다. 예수가 택하신 열두 제자는 서로의 사고방식이나 태도나 성향을 잘 받아들일 수 없는 사람들이었다. 평화와 조화를 원할진대 나라면 결코 세리와 열심당원을 나란히 두지 않을 것이다. 그 둘은 타고난 앙숙 관계다. 하지만 예수는 진정한 영성이란 대인관계에서 검증됨을 아셨다. 그래서 그분은 일부러 사람들을 그런 관계 속으로 불러 저마다의 안전지대를 벗어나게 하셨다.

여기서 우리가 잊지 말아야 할 사실이 있다. 죄인들의 세상 속에 사는 어려움을 하나님도 잘 아신다. 예수가 하신 가장 놀라운 말씀 중 하나가 있다. 십자가를 지러 가시는 길에 그분은 자신의 처지 때문에 우는 여자들에게 이렇게 말씀하셨다.

"예루살렘의 딸들아, 나를 위하여 울지 말고 너희와 너희 자녀를 위하여 울라 … 푸른 나무에도 이같이 하거든 마른 나무에는 어떻게 되리요"눅 23:28,31.

물론 예수는 이 여자들의 동정을 고맙게 받으시지만, 동시에 자신의 사람들을 향한 놀라운 공감을 보이신다. 그들이 사는 세상이 인간을 이렇게 취급하는 곳임을 그분은 못내 애석해하신다. 하나님은 이 세상이 살기 쉬운 곳이 아님을 아신다. 그 사실이 내게 큰 위로가 되곤 한다.

우리의 죄성(롬 7:14~20)

우리는 죄 가운데 태어났고 마음의 모든 성향이 악을 행하려 한다. 존 오웬의 말대로 그리스도인들은 죄의 통치가 깨져 그 힘이 약해지고 줄었지만, 죄의 법칙은 여전히 '크고 유효한 세력'이다. 그는 "그리스도인들 안에 살아 있는 죄는 매우 막강한 힘이며 늘 악 쪽으로 작용한다"고 썼다.[3]

그래서 존 오웬의 말대로 우리의 적은 바깥뿐 아니라 우리 안에도 있다.[4] 우리는 죄를 극복한 척 행세할 수 있으나 그런 허식은 사탄에게나 유익할 뿐 하나님께는 도움이 되지 않는다. 존 오웬은 죄의 법칙에 무지하면 "무분별하고 경솔하고 게으르고 자만심에 차고 교만해진다. 주께 속한 영혼은 이 모두를 미워한다"고 썼다.[5]

바울은 로마서 7장에 육신을 상대로 한 자신의 끝없는 싸움을 솔직히 털어놓았는데, 여기서 우리는 하나님의 자비를 볼 수 있다. 하나님이 바울에게 감화하여 그렇게 솔직히 기록하게 하신 것은 하나님이 우리를 이해하심을 알리시기 위해서다. 하나님은 육신과의 싸움이 맹렬하고 끝이 없고 때로 고통스럽기 그지없음을 잘 아신다. 그리스도인은 결코 죄에 지배당하지 않지만, 죄의 공격을 자주 받는다. 바울을 통해 하나님은 우리에게 그것을 가르쳐 주신다.

나는 성경 말씀을 하나님의 말씀이라 믿으며, 따라서 바울의 이 말도 우리에게 일부러 주시는 하나님의 메시지로 받는다. 막강한 죄성을 지닌 채 살아가는 삶이 얼마나 어렵고 답답하고 굴욕적일 수 있는지 그분은 속속들이 이해하신다. 물론 하나님은 우리의 죄를 미워하신다. 하지만 그분이 바울에게 감화하여 그의 씨름을 허심탄회하게 털어놓게 하심으로써 우리에게 알려 주신 사실이 있다. 하나님은 기준을 아주 높게 정하시지만, 그대로 살기가 쉽지 않음을 아신다. 그분은 이해하신다. 죄와 싸운다는 것은 결코 만만한 일이 아니다.

생각해 보라. 죄는 모든 관계, 삶의 모든 상황, 모든 거룩한 순간을 오염시키려 한다. 하나님이 좋은 식사를 공급하실 때도 우리는 식탐을 물리쳐야 한다. 우리는 자녀를 사랑하지만, 그 사랑 때문에 두려워질 수 있고, 자녀가 실망하게 할 때 정도 이상으로 분노를 표출할 수 있다. 이렇듯 부모의 사랑이라는 고상한 애정조차도 경건하지 못한 행동의 원인으로 작용할 수 있다.

인류 역사의 시초로부터 늘 그랬다. 하나님은 첫 살인자에게 이렇게 경고하셨다.

"죄가 문에 엎드려 있느니라. 죄가 너를 원하나 너는 죄를 다스릴지니라"창 4:7.

당신의 문에 엎드려 있는 죄가 정말 지겹지 않은가? 지금도 당신을 공격해 오는 죄성과 끊임없이 싸우느라 지치지 않는가? 물론 당신은 그렇다. 우리가 모두 그렇다.

장 칼뱅의 말이 늘 내게 도움이 된다. 일단 우리가 하나님의 자녀로 입양되었으면 그분은 우리의 죄를 대하실 때 법관이 아니라 의사로서 대하신다. 하나님은 우리가 죄짓는 것을 아시며, 그에 합당하게 우리를 징계하실 것이다. 하지만 그럴 때 그분의 마음은 우리를 벌하려는 법관의 마음이 아니라 우리를 낫게 하시려는 의사의 마음이다.

바로 이 부분에서 동방정교회 계통의 저작을 읽는 것이 내게 큰 깨달음과 도움을 주곤 한다. 개신교의 개혁 전통은 그리스도의 죽음이 우리를 향한 하나님의 진노를 해결했음을 강조하며, 성경에는 이를 뒷받침하는 본문이 많다. 그런데 동방정교회는 예수의 죽음이 주로 하나님의 진노를 담당하기 위해서가 아니라 그분의 사람들을 대적하는 죄와 흑암의 권세를 무찌르기 위해서였음을 강조한다. 인간은 가해자만이 아니라 피해자이기도 하다. 로마서 8장 3절 말씀대로 하나님은 "육신에 죄를 정하"셨다. 갈라디아서 1장 4절에는 "그리스도께서 … 이 악한 세대에서 우리를 건지시려고 우리 죄를 대속하기 위하여 자기 몸을 주셨으니"라고 했다.

물론 우리는 유죄이며, 따라서 자신을 피해자로만 보거나 주로 피해자로 보아서는 안 된다. 하지만 다른 의미에서 하나님은 우리를 피해자로 보신다. 우리 스스로는 아무런 능력이 없어 내면의 죄의 세력을 이길 수 없음을 그분이 아시기 때문이다.

이렇듯 하나님은 죄에 대한 우리의 싸움에 공감해 주신다. 동방정교회의 그런 관점이 내게 큰 격려가 되곤 한다. 내가 자라난 전통 속에서는 나는 하나님의 진노와 실망을 강하게 의식했다.지금도 그렇다. 그러다 동방정교회의 도움으로 알게 되었다. 하나님은 내 씨름에 공감하시는 분이기도 하며, 그분이 아들을 보내신 것도 죄 짐을 져야 하는 우리를 몹시 안쓰럽게 여기신다는 표현이었다.

기독교의 고전 작가들이 말한 바로는, 우리가 죄의 고충을 기억해야 하는 이유는 비단 삶 속에서 죄에 대처하기 위해서만이 아니다. 그것은 또한 하나님이 주신 모든 것을선한 것들까지도 죄가 얼마나 변질시키는지 알아야 하기 때문이다. 하나님께 받은 선물로 하나님 나라를 세우기보다 오히려 사탄을 이롭게 한 사람이 우리 중에 얼마나 많은가? 유머로 사람을 치유하고 격려하기보다 오히려 깎아내리고 조롱한 사람이 얼마나 많은가? 돈 버는 은사를 받았으나 그 돈을 온갖 이기적인 일에 낭비한 사람이 얼마나 많은가? 섬길 능력을 받았으나 그 은사를 변질시켜 사람들에게 보상을 받아내려 한 사람이 얼마나 많은가? 지도자의 역량을 받았으나 그 은사를 조종과 통제의 도구로 둔갑시킨 사람은 또 얼마나 많은가?

우리 삶 속에는 죄의 법칙이 작용하고 있으며, 죄를 정복하기란 지극히 어렵다. 우리가 그 사실을 망각한다면 사탄은 스스로 의롭게 여기는 경솔한 우리를 보며 희희낙락할 것이다. 조심하지 않으면 우리의 강점조차도 약점으로 변한다.

우리는 거룩하도록 부름 받았으나 우리의 성향은 이기적으로 악을 행하려 한다. 그 결과는 단지 삶의 고생 정도가 아니라 내면의 전쟁이다. 건강한 그리스도인들은 어느 정도 자신을 의심한다. 그럴 만한 이유가 있다!

죄로 유혹하는 마귀(벧전 5:8)

네 번째 어려움은 세 번째 어려움을 바탕으로 하여 그것을 더 악화시킨다. 타고난 죄성만도 문제인데 우리의 상황은 더 심각하다. 우리를 죄로 유혹하는 존재가 살아 실존하고 있으니 곧 악한 사탄이다. 베드로는 우리에게 "너희 대적 마귀가 우는 사자 같이 두루 다니며 삼킬 자를 찾나니"벧전 5:8라고 경고한다.

요한 클리마쿠스도 같은 사실을 되풀이해 말했다. "우리가 세상을 버리고 나면 귀신들이 우리를 공격해 온다."[6]

사탄은 예수께 삶을 드리는 우리를 보고 좌절해 그냥 물러날 존재가 아니다. 그는 계속 우리를 넘어뜨리려 한다. 기도 중에는 우리를 잡념에 빠뜨리려 하고, 봉사하려 하면 나 자신만 생각하도록 꼬인다. 사탄과 그 졸개들은 우리의 걸음을 늦추거나 아예 길에서 벗어나게 하려고 혈안이 되어 있다.

당신은 가장 약할 때 가장 약한 부분에서 한 대 맞고 마치 누군가에게 당한 것처럼 느껴진 적이 있는가? 정말 당했을지도 모른다고 생각된 적이 있는가? 죄를 변명하려는 게 아니다. 영적 존재들이 열심히 우리와 우리 가족들과 직장 동료들을 죄로 유혹하고 있음을 더 잘 숙지해야 한다는 뜻이다. 우리는 은혜와 이해와 용서를 힘써 받아들여야 한다. 그렇지 않으면 영적인 적들이 우리의 가정과 교회와 일터를 찢어 놓을 것이다.

나는 다양한 상황에 부닥친 전국 각지의 그리스도인들을 수시로 만나 대화하곤 한다. 가장 위험한 그리스도인들은 자신의 죄성과 그 죄성을 이용하려는 사탄의 속셈을 망각한 그리스도인들이다. 사탄을 망각한 채 어둠 속에 제멋대로 활보하게 두면 그의 세력이 엄청나게 커질 수 있다. 우리에게는 구주도 계시지만 또한 원수도 존재한다. 고금의 사려 깊은 그리스도인들은 그 사실을 절대 잊지 않았다.

죄의 법칙을 정복하기도 어렵지만 늘 깨어 있어 마귀의 계략을 경계하기도 어렵다. 우리 그리스도인들은 때로 실패하게 마련이다. 우리의 배우자와 자녀와 목사와 동료 교인들도 때로 실패하게 마련이다. 지금 마귀가 그들을 실패시키려고 유혹하고 있다. 우리는 이 어려움을 인정하고 은혜의 사람이 되어 서로의 싸움을 응원할 수도 있고, 아니면 조금만 잘못해도 서로 물고 뜯을 수도 있다.

죄의 심각성을 경시하자는 말이 아니다. 다만 비난의 목소리를 버리고, 유혹에 초연한 사람처럼 행세하지 말고, 성경의 지침대로 온유하게 사람들을 바로잡아 주자는 말이다 갈 6:1. 내게 죄를 짓는 사람은 그 죄를 짓도록 맹렬한 유혹을 받았다. 그 사실을 참으로 이해하면 공감과 이해심이 싹튼다. 그래서 용서의 행위가 좀 더 쉬워지고, 어쩌면 덜 고통스러워질 수도 있다.

놀랍게도 과거의 신앙 선배들은 사탄의 방해라는 이 고난에서 상당한 위안을 얻었다. 클리마쿠스는 귀신들의 방해가 실제임을 경고하면서도 공격받는다는 사실이 곧 우리가 싸우고 있다는 증거임을 지적했다. 이 어려움은 진보의 표징이므로 그리스도인들은 이것을 두려워해서는 안 된다. 오히려 방해가 없는 상태를 두려워해야 한다. 공격이 부재하다는 것은 그만큼 원수가 우리를 공격할 만한 대상으로 여기지 않는다는 뜻이기 때문이다.

인간의 기만적인 마음(렘 17:9)

만물보다 거짓된 것이 인간의 마음이다. "어떤 길은 사람이 보기에 바르나 필경은 사망의 길이니라"잠 14:12. 생각해 보라. 우리는 몸의 고통과 한계를 견디고, 사회적 고통 속에서 인내하고, 죄성과 싸우고, 죄로 유혹하는 사나운 원수와 대결한다. 그런데 이 모든 일이 벌어지는 장場인 우리 마음은 태어날 때부터 맹인이다. 그래서 우리는 자신을 속인다. 때로는 자신의 원수가 되기도 한다.

존 오웬은 "우리는 … 자기 마음의 은밀한 음모와 계략과 기복과 행동과 성향을 모른다"고 썼다.[7] 우리는 걸핏하면 곁길로 빠지는데, 대개 자신이 그것을 원하기 때문이다. 우리는 자신의 감정이나 두려움을 하나님의 음성으로 혼동하고, 하나님이 이해해 주실 거라고 합리화하고, 자신에게 닥친 상황이 모호한 것처럼 행세한다. 그렇게 우리는 자신과 남들에게 거짓말을 하며 쉬운 길을 택한다. 빨간불에 서지 않고 수없이 그냥 달려 놓고도 막상 대형 사고가 터지면 깜짝 놀란다.

그리스도인의 삶을 혼자서도 살 수 있다고 자신을 믿어서는 안 된다. 자만과 독선에 빠진 고독한 그리스도인은 속고 있다. 그는 이미 추락 중이거나 곧 추락할 거면서도 그것을 알지 못한다. 그래서 나는 내 주위에 성숙한 그리스도인들이 있는 게 참 기쁘다. 나는 그들과 꾸준히 함께 기도하고 있으며, 그들은 내 삶 속에 하나님의 진리를 말해 줄 수 있다. 그들은 나를 잘 알기에 내 기도가 조금만 부실해져도 금방 알아차리며, 나를 깊이 사랑하기에 그것을 지적해 준다.

바울도 자신을 판단하는 일이 자신의 몫이 아님을 인정했다. "내가 자책할 아무것도 깨닫지 못하나 이로 말미암아 의롭다 함을 얻지 못하노라"고전 4:4.

우리는 가장 치열한 삶의 전쟁터에 놓여 있으나 얄궂게도 원수를 경계하는 것 못지않게 자신도 경계해야 한다. 자신의 생각과 마음과 영적 이해도 믿어서는 안 된다.

다섯 번째 장애물인 이 자기기만을 망각하는 그리스도인이 너무 많다. 그들은 이에 대한 방어 대책을 전혀 취하지 않는다. 잊지 말라, 고독한 그리스도인은 사탄이 제일 좋아하는 노리개다. 우리가 혼자 있을 때 사탄은 한껏 악을 즐기며 우리를 파멸로 유혹한다.

피하여 달아날 곳이 없다

설상가상으로 이 땅에는 이런 도전들을 피하여 달아날 곳이 정말 아무 데도 없다. 고금의 그리스도인들은 그리스도인으로서의 어려운 삶 때문에 다른 많은 생활환경을 시도해 보았다. 유혹이 덜한 삶을 찾으려는 절박한 시도일 때도 있었다.

그 중 가장 잘 알려진 것은 다음 세 가지 생활환경이다. (1)고독하게 살아가는 은자들의 세계다. (2)수도원장의 지도 아래 살아가는 수사들의 대규모 공동체다. (3)아주 긴밀한 유대감 속에서 영적 아버지나 어머니의 지도 아래 살아가는 신앙인들의 소그룹 공동체다.^{이것을 흔히 '중도'라 불렀다.}

요한 클리마쿠스는 다른 시기에 세 가지 환경에서 다 살아 보았으나 결국 중도로 마음을 정했다. 삶의 모든 상황에는 각기 다른 유혹들이 따라온다. 아무런 유혹도 없는 상황이란 없다. 요한 클리마쿠스는 고독하게 사는 사람들은 특히 교만에 빠지기 쉽고, 큰 공동체는 험담과 부당한 애착과 시간 낭비를 조장할 수 있다고 보았다. 그는 우리가 할 수 있는 일은 각기 다른 죄에 덜 취약하게 해 줄 환경을 선택하는 것뿐이라고 말했다. 그가 깨달았듯이 죄가 우리를 자기 쪽에 유리하게 조종할 수 없는 생활환경이란 전혀 없다.

죄는 반드시 당신을 찾아내 당신의 상황을 자기 쪽에 유리하게 이용할 것이다. 당신이 미혼이든 기혼이든, 이혼했든 사별했든, 자녀가 있든 없든, 자녀가 다 자라 집을 떠났든 한창 아장아장 걸을 나이이든, 직장이 있든 없든, 건강하든 병들었든, 부유하든 가난하든, 시골에 살든 도시에 살든 예외가 없다. 유혹의 종류가 바뀔 수는 있지만, 유혹을 완전히 피할 수는 없다.

게다가 불쾌한 비밀이 하나 있다. 삶의 어려움은 점점 줄어드는 게 아니라 더 늘어나는 경향이 있다. 20대나 30대가 되면 대개 어떻게 되는가? 결혼한다. 그러면 앞서 말한 다섯 가지 실체가 두 배로 증가한다. 이제 우리는 자기 삶의 어려움만 아니라 배우자의 어려움마저 상대해야 한다. 때로 배우자의 몸의 고통을 감당해야 하고, 때로 배우자의 사회적 고통 때문에 고생해야 하고, 배우자의 죄성을 정면에서 당해야 하고, 배우자를 향한 마귀의 공격도 겪어야 한다. 그뿐 아니라 배우자도 나처럼 상황 파악조차 하지 못할 수도 있다.

잠깐 기다리라. 여기까지도 정말 어렵게 들리지만, 아직 끝나지 않았다. 결혼한 사람들은 대개 아기를 낳는다. 그러면 머잖아 네댓 사람이 삶의 어려움에 직면하게 된다. 모두가 몸의 고통과 영적 유혹을 견뎌야 한다. 그 과정에서 서로 최선의 모습이 나올 수도 있지만, 최악의 모습이 나올 수도 있다.

그러니 지칠 대로 지칠 만도 하다! 일부 가정들이 그냥 포기하는 것도 놀랄 일이 아니다! 물론 답은 포기하는 게 아니다. 하지만 우리가 이런 어려운 현실을 가르치지 않는다면, 사람들이 혹시 지금의 가정을 새것으로 바꾸어야 한다고 생각해도 누가 그들을 탓하겠는가? 그들은 자신이 인간 조건을 피해 달아날 수 없음을 모른다. 일요일 아침에 그들에게 보이는 거라고는 인간 조건에 초연한 듯 웃는 얼굴들뿐이기 때문이다.

삶은 어렵고 그리스도인의 삶은 더 어렵다. 일부 기발한 신학이 생겨나 어려움을 교묘하게 부인하고 있지만, 그렇게 새로 페인트칠을 해도 녹슨 자국이 가려지는 것은 잠깐일 뿐이다. 조만간 우리는 진실을 직시해야 한다. 그래서 토마스 아 켐피스는 이렇게 지적했다.

"하나의 십자가를 버리면 너는 틀림없이 다른 십자가를 만날 것이며, 어쩌면 그 십자가는 더 무거울지도 모른다. 어떤 인간도 피할 수 없는 십자가를 너라고 피할 것 같으냐? 세상의 성인 중에 십자가와 환난이 없던 사람이 있더냐?"8

다음 장에서는 이 모든 현실과 도전의 영적 유익을 몇 가지 살펴볼 것이다. 다만 지금은 성경의 관점과 역사적 기독교의 관점을 확언하고 싶다. 우리는 마땅히 어려움을 예상해야 한다. 성숙할수록 삶이 더 쉬워지리라는 생각은 철저히 잘못된 것이다. 오히려 정반대일 때가 많다. 지금 당신이 걷는 길이 특별히 어렵다면, 무조건 자신이 하나님의 뜻에서 벗어나 있다고 단정하지 마라. 오히려 당신은 정확히 하나님이 원하시는 자리에 있을 수도 있다. 그 가능성에 마음을 열기 바란다.

35 고난의 달콤한 이면

한때 나의 제자훈련 사역은 정말 지독했다. 나는 경건의 시간을 한 번도 빼먹지 않았고, 내가 훈련하는 사람들이 경건의 시간을 빼먹으면 그들 신앙의 진실성을 의심했다. 그러던 나를 자비하신 하나님이 장장 8년 동안 나를 거꾸러뜨리셨다. 그전까지 한 번도 접해 보지 못했던 죄들이 사납게 날뛰었다. 기도도 어려워졌고 사역은 억지처럼 어색하게 느껴졌다. 나를 통해 흘러나가는 하나님의 능력이 전혀 느껴지지 않았다.

그 기간이 끝나자 문이 활짝 열리고 어둠이 걷혔다. 나는 변화되어 있었다. 알고 보니 하나님께 필요한 사람은 설교도 잘하고 금식도 오래 하고 기도와 전도도 많이 하는 사람이 아니었다. 하나님은 그분의 사람들을 사랑하는 사람을 원하신다. 나는 훈련과 헌신에 대해서는 많이 알았지만, 사랑에 대해서는 아무것도 몰랐었다.

어려움은 우리를 가르쳐 목회적인 사람이 되게 한다. 이는 저절로 되는 일이 아니다. 자신의 고통을 부정하는 사람은 다른 사람들의 고통에도 눈을 감아야 한다. 그래서 우리에게 어려움이 필요하다. 어려움이 없으면 우리는 교만하고 이기적이고 남을 돌볼 줄 모르고 자아로 가득 찬 괴물이 되기 때문이다.

어려움을 겁내거나 부정할 게 아니라 이용하면 된다. 나는 이렇게 말하는 사람을 본 적이 없다.

"나는 처음 백만 달러를 벌고 나서야 비로소 인생의 의미를 깨달았고, 삶의 우선순위가 바로잡혔고, 하나님과 관계가 깊어졌다."

하지만 우리 중에 이런 말을 들은 사람들은 많이 있다.

"병과 치료가 정말 싫지만, 이 암 또는 실직이나 배신 덕분에 삶에 대해 많은 것을 배웠다."

쉽고 편한 삶을 구한다면 이는 하나님께 자신의 성품과 신앙을 계속 얄팍하게 내버려 두시라고 기도하는 것이다. 그러나 어려움을 성장의 길로 볼 줄 알면 우리의 관계들이 달라진다. 어려움의 긍정적 영향을 기억하면 힘든 관계들이 그리스도인의 영성에 꼭 필요한 요소가 된다. 어려운 직장, 교회와 가정의 힘든 관계, 사역의 장애물—이 모두를 하나님의 손에 올려 드리면 그것이 보배로 바뀔 수 있다. 관계가 버겁다는 이유만으로 그 관계를 피하여 달아나지 마라. 관계를 정리해야 하는 이유가 많이 있지만, 단지 어렵다는 것은 이유가 못 된다.

소중한 고통

아빌라의 테레사가 많은 고통 속에서 깨달은 사실이 있다. 어려움의 유익에 눈을 뜨면 고통이 소중해질 수 있다는 것이다.

> 주님, 주님은 사랑하시는 이들에게 얼마나 고통을 주시는지요! 하지만 그 후에 주님이 주시는 것들에 비하면 모두가 별 것 아닙니다. 귀한 것일수록 그만큼 대가가 큰 것은 당연하지요. 게다가 고난의 목적이 영혼을 정결하게 하는 것이라면 … 고난은 망망한 바다에서 한 방울 물에 지나지 않습니다. … 영혼은 고통이 소중한 것임을 느낍니다. 받을 자격이 없을 정도로 소중한 것임을 익히 잘 압니다. … 이것을 알기에 영혼은 아주 기꺼이 고통을 당합니다. 이로써 하나님을 섬길 수만 있다면 평생이라도 당할 것입니다.[1]

고난의 달콤한 이면은 명백한 역설인데, 기독교 영성 문헌에서 이런 역설을 두루 볼 수 있다. 요한 클리마쿠스는 이렇게 썼다.

"우리는 결연히 십자가를 져야 한다. 범사에 하나님을 위해 단호히 시련을 찾아 견디려 하면, 그 속에서 크고 달콤한 위안을 얻을 것이다."[2]

고난의 달콤한 이면을 이해하려면 우리의 의지가 하나님의 주권에 온전히 복종해야 한다. 아울러 바울이 썼듯이 "우리가 잠시 받는 환난의 경한 것이 지극히 크고 영원한 영광의 중한 것을 우리에게 이루게 함"고후 4:17을 분명히 깨달아야 한다. 어려움은 일시적이지만 유익은 영원하다. 토마스 아 켐피스도 비슷한 생각을 이렇게 표현했다.

> 육신이 고통으로 쇠약해질수록 영혼은 내면의 은혜로 더욱 강건해진다. 때로 영혼은 환난과 역경을 바라며 위안을 얻는다. 그리스도의 십자가에 동참하고 싶어, 슬픔과 환난이 없는 상태를 싫어한다. 하나님을 위해 더 무거운 고난을 많이 당할수록 하나님을 더욱 기쁘시게 할 것을 믿기 때문이다.³

아주 작은 일에서라도 절대적 안락을 요구하면 하나님과의 교제를 망치게 된다. 내 본능은 내가 완전한 안락 속에 살아갈 권리가 있다고 말한다. 그래서 냉난방이 고장 나거나 식사가 한두 시간 늦어져 안락이 깨질 때마다 내 마음의 본색이 드러난다. 내 마음은 무엇이 조금만 불쾌하거나 불편해도 권리를 주장하며 야수처럼 원망과 분노로 으르렁거린다.

고통을 통한 성숙

조나단 에드워즈는 여러 시련이 우리 신앙에 유익하다고 보았다. "시련은 신앙의 진실성을 드러내 줄 뿐 아니라 신앙의 진정한 아름다움과 매력을 한층 높여 준다. 참된 덕은 악조건 속에서 가장 아름답다. 진정한 기독교의 거룩함과 탁월함은 최고의 시련 속에서 가장 잘 드러난다."[4]

이어 그는 시련이 참믿음을 '정결하고 강건하게 한다'고 말했다.

교회사를 보면 고난을 바라는 마음이 극단으로 흐른 적도 있다. 그러나 오늘 우리는 반대쪽 극단으로 치닫고 있는지도 모른다. 프랑수아 페넬롱이 건강한 균형을 제시했다. 그는 어려움을 일부러 구할 필요는 없지만 어려움이 닥치거든 "절대로 아무런 결실도 없이 그냥 보내서는 안 된다"고 했다.[5]

고통의 달콤한 이면은 우리를 매료하여 세상에 초연해지게 할 수 있다. 그러려면 우리가 고통에 대해 불평하기보다 고통을 통해 배우기로 마음먹어야 한다. 아빌라의 테레사는 그것을 이렇게 설명했다.

"세상을 멸시하는 마음이 영혼 안에 이전보다 커진다. 이 고통 중의 자신에게 도움이 되는 것이 세상에는 전혀 없음을 보기 때문이다. 이제 영혼은 피조물들에 훨씬 더 초연하게 된다. 오직 창조주만이 자신에게 위로와 만족을 주실 수 있음을 보기 때문이다."[6]

바로 그것이 핵심이다. 우리는 궁극적 만족을 무엇에서 또는 누구에게서 얻고 있는가?

그리스도인의 삶은 쉽지 않지만, 영광이 우리를 기다리고 있다. 그리스도를 향한 사랑이 우리의 마음을 사로잡으면 우리는 그분을 위해 무엇이든 당할 수 있고, 어떤 어려움도 견딜 수 있고, 어떤 시련 속에서도 인내할 수 있다. 그리하여 윌리엄 로의 말을 비로소 이해하게 된다.

"역경이 얼마나 많은 성도를 천국으로 보냈던가? 형통이 얼마나 많은 가련한 죄인을 영원한 불행에 빠뜨렸던가?"[7]

어쩌면 우리는 십자가의 요한의 궁극적 지혜까지도 받아들이게 될 것이다.

"그리스도를 닮으려 하지 않고 쉽고 편한 길만 찾는 영성을 나는 가치 있게 여기지 않는다."[8]

36 영적 식탐

프란시스 드 살레는 어려서부터 위대한 성인이 될 운명처럼 보였다. 그는 가끔 유치한 장난을 한 적은 있어도 예컨대 젊은 날의 이냐시오나 어거스틴처럼 속세에 물든 적은 없다.

프란시스 드 살레가 동시대 사람들과 특히 구별되었던 점은 남다른 영적 민감성이었다. 그의 민감한 영혼은 18~19세 때 악한 유혹에 시달려 절망에 떨어질 뻔했다.

"자신이 하나님의 저주를 받을 존재가 아닌가 하는 병적인 확신이 그를 점점 덮쳐왔다. 당연히 이 신경증적 악몽은 금세 그의 영과 육을 허약하게 만들었다."[1]

이런 고통 속에서 몇 주를 지낸 끝에 드디어 프란시스 드 살레의 입에서 이런 기도가 나왔다.

"내세에서 주님을 사랑할 수 없다면 지옥에서 주님을 찬송할 사람은 아무도 없사오니 적어도 짧은 이생에라도 매 순간 최대한 주님을 사랑하겠나이다."

이 기도를 드린 후로 프란시스의 영적 병은 '나환자의 살갗처럼 발밑에 떨어져' 흔적을 감추었다. 그의 전기를 쓴 캐서린 브레지 Katherine Bregy는 이렇게 썼다.

"자신이 유혹에 시달려 보았기에 그는 다른 괴로운 영혼들을 오직 인내와 공감으로 대할 수 있었다."

신앙 전기들을 읽고 다른 그리스도인들과 대화하며 발견한 사실이 있다. 프란시스 드 살레의 경험을 공유한 성실한 그리스도인들이 참으로 많다는 것이다. 다만 프란시스의 경험에 특이한 점이 있다면 그 경험이 아주 짧았다는 것이다. 대개 우리는 율법적 고갈의 시기에 들어갔다가 은혜와 사랑에 감화되어 고갈의 계절을 벗어난다. 전에는 정죄하기에 빠르던 우리가 이제 중보기도에 빨라진다. 지금까지 우리는 여러 장에 걸쳐 그리스도인의 삶의 많은 어려움을 살펴보았다. 이번 장부터는 '영혼의 어두운 밤' 또는 광야의 경험이라 알려진 내면의 영적 도전에 초점을 맞출 것이다. 프란시스 드 살레는 그것을 이렇게 묘사했다.

> 때로 신앙의 모든 감정이 완전히 없어질 것이다. 당신의 영혼은 거칠고 황무한 불모의 광야처럼 보일 것이다. 하나님을 찾을 길은 흔적조차 보이지 않고, 갈증을 식혀 줄 은혜의 물도 없을 것이다. 오직 고갈만이 당신을 완전하고 절대적인 광야로 떠밀 듯 위협해 올 것이다.[2]

로렌조 스쿠폴리는 이렇게 지적했다.

"때로 사고의 크고 깊은 어둠이 고갈에 수반된다. 그래서 당신은 어느 쪽을 향해야 할지도 모르고 어디에 발을 디뎌야 할지도 모른다. 이럴 때도 당황하지 말고 십자가 밑에 홀로 견고히 서라."[3]

이번 몇 장을 현재 그런 고갈에 부딪쳐 있거나 이미 부딪쳤던 우리 시대의 용감한 그리스도인들에게 바친다. 그들은 자신이 무엇이 잘못된 것인지 의문이 들고, 행복한 성도로 가득한 교회에서 철저히 혼자처럼 느껴진다. 분명히 말하지만, 당신은 혼자가 아니다. 사실 가장 훌륭한 영혼 중 일부도 당신과 아주 비슷한 경험을 통과했다. 잔느 귀용의 표현으로 "영혼의 땅에 발을 내디뎠다면 … 고갈의 시기가 당신을 기다리고 있음을 알아야 한다. … 영적 고갈의 시기는 반드시 찾아온다. 그것이 주님의 방법의 일부다."[4]

신앙의 초기

영적 여정의 초기에 새신자는 대개 교회나 기도나 성경만 있으면 더 바라는 게 없다. 다른 모든 것들은 그만큼 큰 기쁨을 가져다주지 못하기 때문이다. 이렇게 행복감에 취한 상태는 영적 성장의 한 부분이므로 마땅히 존중해야 한다. 하나님께 홀딱 빠지는 것과 비슷하다.

그러나 프란시스 드 살레처럼 우리도 결국 활기차고 감격스러운 예배와 기도와 전도를 뒤로한 채, 몇 달이나 몇 년 동안 영적 무기력과 권태와 좌절과 혼란에 빠질 수 있다.

새신자는 처음의 행복감에 의존하게 되지만, 성숙해지려면 그 행복감이 언젠가는 끝나야 한다. 지혜로운 신앙 선배라면 결국 새신자에게 아주 부드럽게 그 말을 꼭 해 주어야 한다. 영적 감정까지 포함해서 감정은 영혼의 지속적 성장을 막는 걸림돌이 될 수 있다. 자비하신 하나님은 그리스도인의 믿음을 성숙시키시기 위해 조만간 이유離乳의 과정에 돌입하신다.

노리지의 줄리안은 이렇게 '뒤로 물러나는 걸음'을 보편적이고 당연한 현상일 뿐 아니라 필수적인 일로 보았다.

"모든 사람에게 반드시 그런 경험이 필요하다."[5]

로렌조 스쿠폴리의 관점은 약간 달랐다. 그는 그런 고갈을, 믿음으로 인내하며 하나님을 사랑하는 성숙한 사람의 증거로 보았다. 피상적인 그리스도인들에게는 그런 고갈이 오지 않는다는 것이다.

"죄인들은 그런 시련 때문에 애통해야 할 일이 없다. 세상 것들에 빠져 사는 사람들도 마찬가지다. 이로 보건대 시련은 하나님이 사랑하시는 이들에게 먹이시는 귀한 양식임이 아주 분명하다."[6]

영혼의 이런 필요를 십자가의 요한보다 더 분명히 이해한 작가는 별로 없다. '영혼의 어두운 밤'이라는 유명한 말도 그가 지어낸 것이다. 요한이 지적했듯이 사람이 회심한 직후에는 하나님이 대개 "영혼을 기르시고 어루만져 주시되 … 마치 자애로운 어머니가 아이를 따뜻한 가슴으로 녹여 주고, 좋은 젖과 연한 음식을 먹이며, 품에 안고 어루만져 주는 것처럼 하신다."[7] 요한에 따르면 새신자들은 장시간의 기도와 '어쩌면 철야기도에서도' 기쁨을 얻는다. 금식도 행복을 불러일으키며 성례는 특별한 기쁨을 가져다준다.

그리스도 안의 황홀한 삶은 널리 인식되었고 기록에도 두루 나타난다. 일례로 《무지의 구름》을 쓴 저자의 말을 생각해 보라.

> 하나님은 … 인간에게 영과 육의 더없는 복을 상으로 주신다. 그 상을 주시는 과정에서 때로 그분은 여기 이생에서 여러 놀라운 즐거움으로 자신의 경건한 종들의 몸을 뜨거워지게 하신다. 그것도 한두 번만이 아니라 경우에 따라 그분이 원하시는 대로 아주 자주 그렇게 하신다. … 그런 즐거움을 이상하게 여겨서는 안 된다.[8]

프랑수아 페넬롱도 똑같이 말했다.

"이런 감각의 증언이 초신자들을 부축해 준다. 그것은 갓 태어난 가녀린 영혼들에게 주는 젖이다. 그들은 그 젖을 장기간 먹어야 한다. 너무 일찍 젖을 떼면 위험하다."[9]

프란시스 드 살레에 따르면 하나님은 이런 '천국의 기쁨 맛보기'를 통해 우리에게 '이 땅의 쾌락'을 끊고 '거룩한 사랑을 추구하도록' 독려하신다.[10]

중생하지 않았을 때 우리는 감각적 세계에서 살아간다. 그래서 하나님은 흔히 감각을 통해 우리를 그분께로 이끄신다. 그러나 때가 되면 그분은 감각의 부축을 거두시고 냉혹한 이유기에 들어가신다.

하나님이 뒤로 물러나시는 이유

강렬한 영적 감정들이 그리스도인들의 삶 속에 너무 오래가면 몇 가지 문제가 초래될 수 있다.

초점의 상실

'영적 어루만짐'이 줄어들지 않으면 결국 우리는 그것 때문에 초점을 잃는다. 자칫 우리는 자신이 예배하는 하나님을 즐거워하기보다 하나님을 예배할 때 오는 열매^{자신의 감정}를 더 즐거워할 수 있다. 어거스틴은 "하나님께 하나님 아닌 다른 것을 구하는 사람은 하나님을 순전히 사랑하지 않는 것이다. 남편이 부자이기 때문에 남편을 사랑하는 아내는 순전하지 못하다. 남편을 사랑하는 게 아니라 남편의 재물을 사랑하기 때문이다"라고 썼다.[11]

교만

나아가 영적 행복감이 지속하면 그것이 영적 교만으로 이어질 수 있다. 십자가의 요한은 감정이 강렬하게 남아 있으면 우리 안에 특정한 종류의 교만이 싹튼다고 경고했다.

"다른 사람들 앞에서 영적인 일을 말하고 싶은 약간 헛된^{어떤 때는 아주 헛된} 욕심이 생겨난다. 때로는 가르침을 받기보다 가르치려 들기도 한다."

요한은 덧붙이기를, 나 말고는 누구도 거룩해 보이는 게 싫을 정도로 우리의 '마음이 악해질' 수 있다고 했다. 그래서 우리는 말과 행위로 "기회 있을 때마다 다른 사람들을 정죄하고 깎아내린다."[12]

대부분 목사는 자기 교회의 초신자들에게 이런 교만이 싹터 그들을 지배하는 것을 보곤 한다. 그리스도인이 된 지 얼마 안 되는 이런 초신자들은 자기가 목사보다 목회를 더 잘할 수 있고, 장로들보다 더 잘 이끌 수 있고, 어느 교사보다도 더 잘 가르칠 수 있고, 예배 인도자보다 예배를 더 잘 인도할 수 있다고 생각한다.

안일

요하네스 타울러는 또한 영적 감정이 안일로 이어질 수 있다고 가르쳤다.

> 이런 즐거움을 경험하고 비범한 행복을 느끼는 순간 사람은 거기에 의존하려 든다. 그것만 믿고 이전처럼 열심히 충실하게 노력하지 않는다. 그는 버릇이 나빠져 제멋대로 행동하며, 자신에게 전과 같은 수고와 노력이 [필요 없다고] 생각한다. … 마귀는 이런 상태에 빠진 사람을 보자마자 그를 거짓된 달콤한 기분에 젖게 한다. 위험한 평안의 상태에 그를 묶어 두려는 것이다.[13]

'위험한 평안'이라니 얼마나 기막힌 표현인가! 정말 맞는 말이 아닌가? 대개 우리는 뭔가 문제가 생겨야만 의사를 찾아간다. 잠을 못 이룬다든지, 통증이 가시지 않는다든지, 몸이 가렵다든지, 어디가 불편해야만 병원을 찾는다. 건강하고 행복하고 원기 왕성하게 느껴질 때는 병원에 갈 생각을 하지 않는다.

마찬가지로 '영적인 달콤한 기분'은 우리에게 자신이 성숙했고 영적으로 행복하다는 거짓된 느낌을 줄 수 있다. 자신이 교만하게 느껴지지 않고, 이기적으로 느껴지지 않고, 하나님을 무시하고 있는 것처럼 느껴지지 않으니 관심을 기울이지 않는다. 타울러에 따르면 바로 그때부터 우리의 성장이 멎는다. 그는 영적인 달콤한 느낌 때문에 잠들어서는 안 되며, 오히려 이를 계기로 계속 박차를 가해야 한다고 권면한다.

> 하나님이 달콤한 위로와 영적 기쁨으로 우리를 먹이시고 힘을 주시면, 그만큼 모든 것이 더 깊어져야 한다. 우리의 사랑과 감사와 찬양도 많아지고, 하나님의 뜻대로 살려는 의지도 강해져야 한다. 달콤한 열망과 뜨거운 사랑으로 하나님을 향해 전력투구해야 하며, 이 섬김에 온전히 몰두해야 한다. 그러면 하나님이 당연히 위로와 영적 [즐거움]이라는 선물을 배가해 주실 것이다.[14]

분노

영적 식탐은 깊은 분노로 이어질 수 있다. 영적 예배의 즐거움과 만족이 사라지면 분노가 일어날 수 있다. 우리는 하나님이 나를 버리셨다는 생각에 그분께 분노할 수 있다. 감정을 잃어버린 자신에게 분노할 수도 있다. 예배 인도자나 목사가 감각적 만족을 막는 것 같아 그들에게 분노할 수도 있다. 그리고 내게 없는 감정을 경험하는 듯 보이는 다른 사람들에게 분노할 수도 있다.

다른 사람들에게 인내심을 잃거나, 그렇지 않으면 자신에게라도 인내심을 잃어 교만을 드러낼 수 있다. 여태까지 우리는 영적 감정이 나의 남다른 영적 헌신에 대한 보상이라고 착각했다. 그래서 이제 어떻게든 영적으로 훌륭한 일을 더 많이 하면 감정을 되살릴 수 있다고 착각한다. 십자가의 요한은 우리가 겸손히 인내하며 하나님을 기다려야 그분이 우리 영혼 안에서 일하실 수 있다고 했다. 하지만 영적 도취감에 중독된 우리는 하나님을 기다리지 않고, 필사적인 의지력으로 광야를 억지로 끝내려 한다.

지혜롭지 못한 상담자들은 우리에게 잃어버린 감정을 되찾으라고 말할지 모른다. 하지만 영적 식탐_{영적 감정에 대한 욕심}은 탐심, 과식, 성적 정욕, 권력욕 등 다른 욕구들의 문까지 활짝 열어젖힌다. 감정이 신앙의 초점이 되면 신앙은 친구가 아니라 적이 되고, 마음의 실상을 감추는 수단이 된다. 아주 뜨겁게 하나님을 만난 것 같은데 금방 다시 죄에 빠지는 자신을 보며 우리는 그 이유를 의아해한다. 우리는 자신의 마음을 앗아간 것이 진정한 경외심이 아니라 영적 식탐임을 깨닫지 못한다. 우리는 감정이 마음의 온도와 의지의 헌신을 나타내 주는 지표라고 착각하고 있지만, 감정은 그런 지표가 아니다.

그래서 하나님은 뒤로 물러나신다. 우리에게 아주 익숙해진 영적 감정을 그분은 단호히 거두어 가신다. 흔히 여기에 심한 고갈의 시기가 수반된다. 그때는 우리의 기도가 천장에 맞고 튀어나오는 것 같고, 우리의 마음은 메마른 열대의 사막처럼 느껴진다. 하나님이 그렇게 하심은 우리의 광야에 순전한 믿음이라는 시원한 물을 대시기 위해서다. 그래서 그분은 감각의 세계에 취한 우리의 중독을 끊으시고 우리를 참된 영의 세계로 부르신다. 그 결과 우리는 일말의 의혹이나 보상 욕구 없이 겸손히 이렇게 고백할 수 있다.

"오 하나님, 주님만이 저의 하나님이시니 평생 주님만 따르겠습니다."

다음 장으로 넘어가기 전에 분명히 해 둘 것이 있다. 광야는 실존하는 곳, 어려운 곳, 당연히 예상해야 하는 곳이다. 하나님은 당신에게만 이러시는 게 아니다. 당신을 벌하시는 것도 아니며 꼭 징계하시는 것도 아니다. 그분은 당신을 훈련하시고, 강건하게 하시고, 정결하게 하시고, 사랑하시는 것이다.

다음 장에서 영혼의 어두운 밤을 좀 더 살펴보기로 하자.

37 광야를 알아야 한다

광야의 경험은 우리를 돌보시는 하나님의 주권적 행위로 시작되고 끝나지만, 영적 고갈에는 많은 원인이 있다. 그중에는 우리 쪽에서 만들어내는 것들도 있다. 예컨대 프란시스 드 살레에 따르면 우리는 대단한 영적 성장을 이루려고 몸을 너무 혹사하다가 어두운 밤 같은 것을 자초할 수 있다.

> 때로 영혼의 고갈은 몸에 탈이 나서 생겨난다. 철야나 노동이나 금식이 지나쳐 몸이 피로, 졸음, 나른함, 기타 허약 증세에 시달리는 것이다. 이는 다 몸의 증상이지만 그 불편함이 영에도 퍼진다. 몸과 영이 서로 밀접하게 연관되어 있기 때문이다. … 그래서 [아시시의] 성 프란체스코는 자기 수도회의 [수사들]에게 영의 열정이 짓눌리지 않도록 노동을 적당히 하도록 정했다.[1]

프란시스 드 살레는 이어 고갈을 유발하는 여섯 가지 이유를 추가로 제시했다.

첫 번째 이유는 하나님이 우리의 영적 식탐을 끊으신다는 고전적 가르침이다.

"욕구의 충족이 아이를 더 허약하게 만들 수 있다면 어머니는 그런 욕구를 채워 주지 않는다. 마찬가지로 하나님도 위로를 거두실 때가 있다. 그 위로 때문에 우리가 헛된 안일에 빠지고, 자만하고 건방진 영적 병에 걸리기 쉬울 때 그렇게 하신다."

둘째, 프란시스 드 살레는 우리가 게을러 '하나님을 사랑하는 달콤한 즐거움을 제때에 수확하지' 않으면 하나님이 '게으름에 대한 벌로' 우리의 감정을 가져가실 것이라 경고했다. 우리 그리스도인들이 받아 누릴 수 있는 것들을 한 번 생각해 보라. 우리는 하나님의 지혜와 복과 애정과 통찰을 받을 수 있다. 그런데도 우리는 그런 기회들을 허비하고 나태해질 때가 얼마나 많은가. 하나님은 그분을 당연시하는 우리에게 경종을 울리시고자 감정을 거두어 가실 수 있다.

잔느 귀용도 똑같이 말했다.

"그분은 목적이 있어 자신을 숨기신다. 그분의 목적은 무엇인가? 당신을 영적 게으름에서 깨우시는 것이다. 그분이 당신에게서 물러나시는 목적은 당신으로 하여금 그분을 추구하게 하시기 위해서다."[2]

영적 광야의 세 번째 이유는 우리가 '감각적 위안의 침대'를 지나치게 좋아할 수 있다는 것이다. 그래서 하나님은 우리를 거기서 이유離乳시키셔야 한다. 우리는 영적 감정을 즐거운 선물로 보기는커녕 오히려 중독자처럼 행동하며, 하나님 자신보다 하나님의 임재의 혜택을 탐한다. 오로지 디저트를 먹기 위해 저녁을 먹는 사람과 같다.

네 번째 이유는 이것이다. 만일 우리가 솔직하지 않고 적당한 거짓말과 허위로 영성 스승을 속인다면 하나님이 고갈을 보내 우리를 진실 속으로 부르실 것이다. 이것을 현대식 표현으로 바꾸어 보면 이렇다. 우리는 하나님을 추구하는 데 느슨해지고 도덕적으로 타협하기 시작하면서도, 다른 사람들에게는 자신이 이전 어느 때보다 성장하고 있는 것처럼 꾸밀 수 있다. 하나님은 위선과 거짓을 미워하시는 진실하신 하나님이시다. 그래서 종종 감정을 거두어 우리를 진실에 깨어나게 하신다.

광야가 찾아오는 다섯 번째 이유는 우리가 세상의 쾌락에 흠뻑 취해 있기 때문이다. 그렇게 되면 '영적 즐거움'이 싫어져 그것을 누릴 수 없게 된다. 우리 마음은 부적절한 쾌락을 즐기도록 길들 수 있다. 현대의 신경학자들이 밝혀낸 대로 인간의 뇌는 반복되는 경험에 익숙해져 비슷한 것을 탐하게 된다. 스트레스가 쌓일 때 하나님을 찾기보다 술을 찾다 보면 결국 하나님보다 술에 의존하게 된다.

끝으로, 이미 받은 위안을 잘 지키면 새로운 위안을 기대할 수 있지만, 이미 받은 것을 부주의하게 잃어버리면 더 이상 받지 못할 수도 있다.³ 이는 청지기직의 문제다. 우리가 작은 것에 충실하지 않으면 하나님은 큰 것을 거두신다.

유혹이 증가된다

명심해야 할 것이 있다. 영적 감정을 잃으면 그와 동시에 유혹이 증가한다. 사실 옛 문헌에는 이 둘이 흔히 짝을 이루어 등장한다. 그만큼 영적 고갈과 영적 유혹은 서로 직결되어 있다. 한편으로 하나님이 멀어 보이고, 다른 한편으로 갑자기 세상이 아주 멋있어 보인다. 사실은 세상이 우리를 공격해 오는 것인데 말이다. 요하네스 타울러는 많은 사람을 대변해 이렇게 말했다. '가까이 계신 하나님의 정서적 위로가 더 이상 느껴지지 않는' 사람에게는 '영적 어둠의 공포와 유혹'이 닥쳐온다.⁴

유혹의 증가와 영적 감정의 상실은 이중의 타격으로 보일 것이다. 당신의 상태가 더 악화하고 있다고 느껴질 것이다. 하지만 로렌조 스쿠폴리에 따르면 바로 그것이 요지다. 이를 통해 우리의 겸손이 깊어진다는 것이다.

> 이런 생각을 통해, 즉 신앙의 결핍과 심령의 고갈을 통해 시험받은 하나님의 종은 대체로 이런 결론을 내린다. 그런 생각이 자신의 부족한 모습에서 비롯되었으며, 나보다 부족하고 미지근한 영혼은 있을 수 없다는 결론이다. 그가 믿기에 그런 생각

은 하나님께 버림받은 사람들에게만 찾아오는 것이며, 따라서 자신도 하나님께 버림받아 마땅한 사람으로 보인다. 그 결과 한때 자신이 대단한 줄 알았던 그가 이제 하나님이 보내신 이 쓴 약을 통해 자신을 세상에서 가장 타락한 사람이요 그리스도인이라 불릴 자격도 없는 사람으로 여기게 된다. 이 쓰라린 시험과 특별한 유혹이 억지로라도 주어지지 않았다면, 결코 그는 자신을 보는 눈이 그렇게 낮아지지 않았을 것이고, 이렇게 깊은 겸손에 이르지 못했을 것이다.[5]

보다시피 로렌조 스쿠폴리는 '특별한 유혹'에 대해 말하고 있다. 이는 그저 몇 가지 사소한 유혹을 가리키는 것이 아니라 새로운 차원과 깊이의 영적 공격을 말한다.

하나님과 성경과 옛 영적 거장들처럼 겸손을 참으로 귀히 여긴다면, 하나님이 그 겸손을 빚어내시기 위해 사용하시는 도구를 거부하지 않을 것이다. 그분의 방법이 아무리 혹독할지라도 말이다.

그리스도인이여, 당신은 지금 버림받거나 벌을 받고 있는 게 아니다. 당신은 빚어지고 있고, 성화되고 있고, 복을 받고 있다. 유혹이 증가하는 고갈의 시기에 하나님은 노리지의 줄리안, 프란시스 드 살레, 로렌조 스쿠폴리, 아빌라의 테레사, 십자가의 요한의 목자가 되어 그 시기를 지나게 하셨다. 바로 그 하나님이 능히 당신도 인도하여 이 시기를 지나게 하실 것이다.

그러나 거기로 넘어가기 전에 우선 살펴보아야 할 특정한 유형의 그리스도인들이 있다. 그들은 영적 감정을 예리하게 감지하기 때문에 영혼의 어두운 밤을 대다수 사람보다 더 예민하게 느낄 수 있다. 그들은 바로 감각적 그리스도인이다.

감각적 그리스도인

앞서 보았듯이 영적 감정은 그리스도인의 삶의 초기에 흔하다. 그런데 영적 감정의 기복은 영적 기질과도 관계가 있다. 우리를 움직이는 원동력은 사람에 따라 다르다. 사상일 수도, 행동일 수도, 감정일 수도 있다. 마지막 부류의 사람을 '감각적 그리스도인'이라 할 수 있다. 이런 그리스도인들은 영적 식탐과의 싸움을 치열하게 지속할 소지가 크다. 인간은 자신의 공급원에 대해 가장 취약하기 마련인데, 우리 중에는 기질상 감각적 감정이 공급원인 사람들이 있다. 심지어 감정에 중독된 나머지 감정이 없으면 안 된다고 생각할 수도 있다. 그래서 감정이 떠나가면 즉시 죄에 빠진다. 《무지의 구름》은 여기에 대해 이렇게 말한다.

> 어떤 사람들은 심령이 아주 약하고 여려서, 즐거운 감정의 위로가 없으면 이생의 육적·영적 원수들에게 당하는 온갖 유혹과 문제를 능히 감당하지 못한다. … 반면에 어떤 사람들은 심령이 아주 강해서, 자신의 뜻을 하나님께 맞추며 경건하고 온유한 사랑의 행위를 드린다. 그것으로도 충분히 영혼의 기쁨

을 얻어낼 수 있다. 신체적 감정의 즐거움이 없어도 삶을 지탱할 수 있는 사람들이다.[6]

하나님은 그분의 자녀들을 각각 개인으로 대하신다. 그리스도인은 하나의 획일화된 시간표를 따르거나 단일한 영적 기질에 들어맞을 수 없다. 조나단 에드워즈도 그것을 인정하며 이렇게 말했다. "지나치게 노력하는 사람의 열정은 그냥 체질적 성향일 수 있다. 반드시 은혜가 아닐 수도 있다."[7]

하나님은 우리를 개인으로 지으셨고 개인으로 대하신다. 그러므로 우리는 그리스도인마다 영적 감정의 필요가 서로 다를 수 있음을 존중해야 한다. 프랑수아 페넬롱은 이런 비유를 들었다.

> 지팡이가 없이는 걷지 못하는 환자는 아무에게도 지팡이를 내줄 수 없다. 그는 자신의 연약함을 느끼며, 넘어질까 두려워한다. 당연한 일이다. 하지만 그는 지팡이가 필요 없는 건강하고 튼튼한 사람을 보고 못마땅하게 여겨서는 안 된다. 건강한 사람은 지팡이가 없어도 자유자재로 걷는다. 하지만 그는 지팡이가 없으면 안 되는 사람을 멸시해서는 안 된다.[8]

다시 말해서 우리가 사람들을 지도하거나 제자훈련을 하고 있다면, 영적 감정이 있어야 죄와 싸울 수 있는 사람을 얕보아서는 안 된다. 반면에 신앙에 감각적 성향이 강한 사람들은 자신보다 신앙이 고리타분해 보이는 사람들을 얕보아서는 안 된다. 무엇보다 교회 생활이 경쟁의 장이 되어서는 안 된다. 교회는 서로 격려하고 존중하고 세워 주는 제자도의 학교다. 종류만 다를 뿐 누구나 여정 중에 이런저런 도전에 부딪침을 우리는 잘 안다.

우리의 반응

당신에게 영적 고갈이 지속되고 있는데 그것이 단순히 피곤이나 과로 때문도 아니고 긴 겨울을 나느라 기분이 우울해서도 아니라고 하자. 만일 그렇다면 프란시스 드 살레의 여섯 가지 이유 중 당신의 삶에 해당하는 것이 있는지 점검해 보라. 하지만 그는 이렇게 경고했다.

"이런 점검을 [걱정스러운] 마음으로 또는 지나친 호기심으로 해서는 안 된다."

자신에게 영적 감정이 결핍된 이유를 찾아낼 수 없거든 더 고민할 것 없이 '아주 단순한 마음으로' 다음과 같이 하면 된다.

- 하나님 앞에 자신을 낮추고 자신이 '아무것도 아닌 비참한 존재'임을 인정한다.
- 하나님을 부르며 그분의 위로를 구한다.
- '고해 신부'를 찾아가 우리 영혼의 '감추어지고 숨겨진 부분들을 열어 보인' 다음 '아주 단순하고 겸손한 마음으로 그의

조언에 따른다.'

[안타깝게도, 노련한 '고해 신부'나 영성 스승을 찾기란 쉽지 않다. 이 문제는 책 뒷부분에서 다룰 것이다.]

가능한 원인을 모두 따져 보았는데도 고갈의 상태만 계속될 뿐 원인을 짚어낼 수 없다면, 프란시스 드 살레의 이 말에서 위로와 지침을 얻기 바란다.

> 영적으로 고갈되었을 때 가장 유익하고 실속 있는 태도는 거기서 해방되려고 너무 집착하거나 애태우지 않는 것이다. 해방을 바라지 말아야 한다는 게 아니라 다만 거기에 연연해 해서는 안 된다는 것이다. … 영적 고갈 속에서 우리는 결코 용기를 잃지 말고, 다시 위로가 찾아오기를 인내심을 가지고 기다리자.[9]

우리의 소원을 하나님께 알리는 것과 고장 났다고 생각되는 데를 무조건 하나님께 고쳐 달라고 성급하게 요구하는 것은 천지 차이다. 그리스도인의 삶의 모든 면에서 그렇듯이 영적 고갈에 부딪쳤을 때도 겸손이 우리의 가장 진실한 친구다. 특히 조나단 에드워즈의 다음과 같은 지혜와 통찰을 붙들면 우리에게 큰 힘이 될 수 있다.

어둠 속에 처했을 때 하나님을 신뢰하는 것이 하나님의 사람들의 본분이다. … 하나님이 그들을 버리시고 기도를 듣지 않으시는 것처럼 보일 수 있다. 많은 먹구름이 모여들 수 있다. 많은 난공불락의 적들이 삼킬 듯 위협하며 그들을 에워쌀 수 있다. 모든 섭리의 사건들도 그들에게 불리해 보이고, 모든 환경을 보아도 하나님의 약속들이 실현되기가 너무 어려워 보인다. 그러나 하나님이 보이지 않고 약속을 이루실 가능성조차 보이지 않아도 우리는 그분을 신뢰해야 한다. 하나님의 말씀 외에 아무런 가망이 없어 보여도, 그럴 때일수록 하나님의 사람들은 바랄 수 없는 중에 바라고 믿어야 한다.[10]

38 광야에서 살아남고 형통하라

기독교 고전이 가르치듯이 영적 감정을 대하는 우리의 태도는 일기예보를 확인할 때와 같아야 한다. 날씨 때문에 우리의 일이 더 즐거워지거나 더 어려워질 수는 있으나 날씨가 우리의 일을 규정해서는 안 된다. 마찬가지로 감정 때문에 우리의 영적 삶이 더 쉬워지거나 힘들어질 수는 있어도 감정이 우리의 신앙을 지배해서는 안 된다.

로렌조 스쿠폴리는 고갈을 핑계로 신앙의 시간을 피해서는 안 된다고 강력하게 경고한다.

"어떤 이유로든 신앙의 행위를 하나라도 그만두어서는 안 된다. 아무리 마음이 내키지 않고 부질없어 보여도 힘을 다해 실천해야 한다. 쓴 잔을 기꺼이 마셔야 한다. 이 고갈 속에서 당신에게 그 잔을 내미시는 것이 하나님의 사랑의 뜻이다."[1]

나는 달리기를 좋아하며 평소에 마라톤 훈련을 즐긴다. 그런데 날씨가 궂다 해서 매일의 운동을 게을리한다면 결코 42.195킬로미터에 도전할 체력을 가지지 못할 것이다. 비가 올 때도 있고, 못 견디게 더울 때도 있고, 살을 에일 듯 추울 때도 있다. 날씨에 맞게 복장을 바꿀 수는 있지만, 날씨에 질 수는 없다. 날씨 탓에 운동에 대한 기대감이 달라질 수는 있지만, 궁극적 진보를 방해받을 수는 없다.

질스 형제는 기도할 마음이 내키지 않을 때도 기도하는 법을 배우면 유익이 있다고 강조했다. 그는 이런 질문을 받은 적이 있다.

"고갈되고 신앙이 부족하게 느껴질 때 어떻게 하면 자원하는 마음으로 기도할 수 있는가?"

그의 답변은 다음과 같았다.

어떤 왕에게 두 명의 신하가 있어 하나는 무장했고 하나는 무장하지 않았다고 하자. 둘 다 전쟁에 나가야 한다. 무장한 신하는 용감히 전쟁에 나가지만 무장하지 않은 신하는 왕에게 이렇게 말한다.

"전하, 보시다시피 저는 무기가 없습니다. 하지만 전하를 사랑하기에 무기가 없어도 전투에 나가겠습니다."

그러자 왕은 이 신하의 충성심을 보고 수행원들에게 이렇게 명한다.

"가서 갑옷을 준비하여 나의 이 충신에게 입혀 주라. 그리고 내 갑옷의 기장을 그에게 달아 주라."

마찬가지로 우리도 마치 무기가 없는 것처럼 고갈되고 신앙이 부족하게 느껴질 수 있지만, 그래도 기도의 전투에 나가면 하나님이 그 충성심을 보시고 그분의 갑옷의 기장을 우리에게 달아 주신다.[2]

얼마나 아름다운 모습인가! 다음번에 당신이 혹시 고갈되거든 갑옷이 없더라도 기도하며 하나님을 송축해 보라. 얼마나 감동적인 신앙이요 헌신인가!

때로는 우리 마음에 하나님의 기쁨이 충만하고 기도가 술술 흘러나와 마냥 신바람이 날 때가 있다. 하지만 단어 하나하나가 이루 말할 수 없는 진통을 요구할 때도 있다. 감정 때문에 기도와 신앙이 쉬워 보이거나 힘들어 보일 수 있지만, 감정에 대한 우리의 생각은 거기서 멈추어야 한다. 《무지의 구름》의 저자는 그것을 이렇게 표현했다.

> 육적이든 영적이든 우리는 달콤한 즐거움에 대해 … 초연한 자세를 품어야 한다. 그것이 아무리 즐겁거나 거룩해 보여도 마찬가지다. 그것이 오거든 반가이 맞이하되 거기에 의존하지는 마라. 그렇지 않으면 그것 때문에 당신이 약해진다. 달콤한 즐거움이 장기간 지속하면 당신의 힘이 엄청나게 소모된다.[3]

우리는 좋은 예배와 좋은 감정을 동등시하는 덫을 피해야 한다.

둘은 서로 무관하다. 프란시스 드 살레는 이렇게 지적했다. "달콤한 마음, 즐거움과 위안, 예민한 감각은 우리를 감동하게 해 눈물을 흘리게 하고 영적 체험에서 만족을 얻게 한다. 하지만 신앙이 늘 그런 것들로만 이루어지지는 않는다."[4]

앞서 배웠듯이 영적 감정은 오히려 우리의 적이 될 수 있다. 우리를 오도하여 거짓을 믿게 하거나 자신의 성숙이나 헌신의 수준을 과대평가하게 하기 때문이다. 감정은 우리를 속여 잘못된 가르침에 빠뜨릴 뿐 아니라 또한 우리 자신에 대한 착각에 빠뜨릴 수 있다. 그리하여 자신에게 어떤 은밀한 지식이 있다든지 자신과 하나님의 관계는 특별하다고 생각한다. 나머지 사람들보다 스스로 높아지는 것이다.

감정은 결코 진리의 잣대가 아니다. 감정은 진리를 확증해 줄 때보다 진리를 거스를 때가 훨씬 많다.

어두운 밤의 여정

영혼의 어두운 밤은 여러 모양으로 찾아올 수 있고 정도도 다양하다. 그것은 하나님이 명하시는 대로 반복되는 주기적 체험일 수도 있고, 며칠이나 몇 달이나 몇 년씩 줄어들지 않고 계속될 수도 있다. 우리는 저마다 필요가 다르며, 불살라져야 할 내면의 태도와 중독도 서로 다르다. 선인들의 지혜를 마음에 새겨 두면 광야를 지날 때 생존은 물론 형통함에도 도움이 된다.

하나님의 침묵은 필수다

앞서 말했듯이 내 아들 그레이엄은 어렸을 때 이마를 다쳐 꿰매야 했다. 그때 어떤 사람이 아이의 귀에 대고 이렇게 속삭였다면 아이의 기분이 어땠을지 다시 상상해 보라.

"너의 아빠가 정말 너를 사랑한다면 이 사람이 너한테 이렇게 하도록 그냥 두지 않을 거야. 네가 내 아들이라면 나는 너를 이렇게 버리지 않을 거야."

사탄도 어두운 밤에 종종 그와 똑같은 짓을 한다. 하나님은 힘들지만, 꼭 필요한 여정 속으로 우리를 인도하고 계신다. 그분의 침묵은 이 여정에 꼭 필요한 요소다. 그런데 사탄은 우리를 유혹하여 온갖 거짓말을 믿게 하려 한다. 이를테면 하나님이 잔인하게 우리를 버리셨다든지 우리가 어쩌다 하나님을 떠나 성령을 잃었다는 식이다. 사실 하나님은 우리를 성숙하게 키우고 계실 뿐이다. 감각의 도움이 없이도 신앙의 밤 속을 믿음으로 통과하도록 우리를 준비시키시는 것이다.

로렌조 스쿠폴리는 '고갈되어 신앙의 감정이 부재할 때 거기서 헤아릴 수 없이 많은 유익을 얻을 수 있다'고 믿었다. 그래서 그는 '비록 당시에는 의식하지 못해도' 그 광야의 계절을 '놀라운 도움'이라 표현했다.[5]

생각해 보라. 하나님이 감정을 가라앉혀 주지 않으시는 한 우리가 배울 수 없는 교훈들이 있다. 그러므로 하나님의 침묵은 그분이 우리를 버리시거나 마귀의 참소와 궤변에 동조하신다는 뜻이 아니다. 그분의 침묵은 감각에 의지하지 않도록 우리를 이유離乳시키시는 필수 과정이다.

당신은 혼자가 아니다

자신이 건기乾期에 들어서고 있다고 느껴질 때 꼭 알아야 할 것이 있다. 하나님은 그분의 성도를 늘 이렇게 다루셨다. 토마스 아 켐피스는 그것을 이렇게 지적했다.

> 위대한 성인들도 그렇게 다루어졌다면, 연약하고 초라한 우리는 자신이 때로 뜨겁고 때로 냉랭하다 하여 절망해서는 안 된다. 성령은 그분이 기뻐하시는 뜻대로 임하기도 하시고 물러나기도 하신다. … 나는 아주 신앙적이고 경건한 사람치고 때로 은혜가 떨어지거나 열정이 줄어들지 않았던 사람을 보지 못했다. 깊은 깨달음을 얻고 높은 기쁨에 도달한 성도치고 처음에든 나중에든 유혹을 경험하지 않은 사람은 없다.[6]

황량한 영적 광야는 극심한 고통을 안겨 줄 수 있다. 하지만 대다수 그리스도인이 어느 정도 광야를 견뎠다는 사실을 기억하면 우리에게 힘이 된다. 건기를 지난다 하여 우리가 비정상이거나 덜 헌신된 그리스도인은 아니다. 기쁨을 앗아가는 죄가 속에 묻혀 있을까 봐 괜히 파헤칠 필요가 없다. 우리는 그저 정상적 신앙의 과정을 통과하는 평범한 그리스도인일 뿐이다.

하나님이 당신을 심판하시는 게 아니다

영적 감정은 성숙의 척도가 아니다. 영적 감정이 시들해진다 해서 하나님이 우리를 심판하시는 것이 아니다. 토마스 아 켐피스는 우리에게 감정이 떠나갈 때 낙심하지 말라고 권면한다.

> 그러므로 나를 향한 네 감정이 … 네가 바라는 것보다 적다 해도 모든 것을 잃은 게 아니다. 때로 네가 느끼는 그 선하고 달콤한 애정은 은혜를 받은 결과이자 네 천국 본향에 대한 일종의 맛보기다. 하지만 거기에 너무 많이 기대서는 안 된다. 그것은 있다가도 사라지는 것이다.[7]

당신의 자책으로 자신과 하나님 사이에 벽을 쌓지 마라. 감정은 보상이 아니었으므로 감정을 거두시는 것도 벌이 아니다.

감정의 역할은 제한되어 있다

어떤 그리스도인들은 영적 어리광에 너무 의지한 나머지 참 신앙을 향해 매진하기보다는 그냥 철없는 상태로 편하게 남아 있으려 한다. 하나님이 감정을 가져가실 때 우리가 기억해야 할 것이 있다. 영적 감정은 그리스도인의 생활의 시작이지 끝이 아니다. 프랑수아 페넬롱은 그것을 이렇게 표현했다.

"하나님이 이유離乳를 시작하시는데도 뒷걸음질쳐 내면생활을 포기하는 영혼들이 얼마나 많은지 모른다! 그들은 예수 그리스도

안의 유년기를 온실 속에서 보내 너무 유약하며, 순한 젖밖에 먹을 줄 모른다. … 그들은 겨우 성전 현관을 성소로 삼는다."⁸

로렌조 스쿠폴리는 이 부분에서 매우 실제적이다.

"마음이 심란하여 평소처럼 기도와 묵상이 안 될 때도 최대한 묵상하라."⁹

감정은 우리가 통제할 수 없지만, 행동은 통제할 수 있다. 하나님도 행동에 대해서만 우리에게 책임을 물으신다.

자신의 십자가를 지라

프랑수아 페넬롱은 하나님이 우리에게서 뒤로 물러서시거든 우리도 그분을 따라 자신에게서 뒤로 물러서야 한다고 권면했다. 자아에 대해 죽는 것이야말로 이러한 이유離乳의 주목적 중 하나다.

> 하나님이 우리를 버리시는 듯할 때일수록 우리 자신을 하나님께 완전히 내어드려야 한다. 그분이 빛과 위로를 주실 때는 그것을 받아들이되 거기에 집착하지는 말자. 그분이 우리를 순전한 믿음의 밤 속으로 떠미실 때는 그 밤으로 들어가 이 고통을 사랑으로 당하자. 이 환난 속에서는 한순간이 천만 분의 가치가 있다.¹⁰

그리스도를 사랑하되 그분이 주시는 것영적 감정도 그중 하나다 때문에만 사랑한다면 이는 그분을 사랑하는 것이 아니라 우리 자신을 사랑하는 것이다. 자신이 아무리 희생하고 있다고 생각해도 소용없다. 영혼의 어두운 밤은 우리의 동기를 순화시켜 우리를 신약의 군중과 같이 되지 않게 한다. 그들은 예수를 따랐으나 그분의 가르침 때문이 아니라 기적으로 빵을 얻었기 때문이었다.[11]

그러므로 우리는 영적 감정이 사라졌다고 해서 그에 맞서 싸울 게 아니라 오히려 그 상실을 통해 십자가로 나아가야 한다. 어차피 하나님의 '엄한 사랑'이 우리의 쩨쩨한 반항보다 훨씬 끈질기고 오래간다. 우리의 태도는 분노나 반항보다 겸손이어야 한다. 애초부터 우리는 영적 감정을 받을 자격이 없었다. 따라서 그것이 사라졌을 때도 내 것이라 주장할 권리가 없다.[12] 아빌라의 테레사는 부드럽고도 단호한 말로 우리의 허를 찌른다.

"아직도 우리 안에 걸림돌과 부족한 면이 수없이 많고, 덕의 성장은 겨우 시작에 불과한데 … 그런데도 우리는 기도할 때 염치없이 영적 즐거움을 구하거나 고갈에 대해 불평하고 있으니 정말 우스운 일이다."[13]

광야 기간에 찾아오는 가장 큰 유혹 중 하나는 하나님께 이 고갈을 당장 끝내 달라고 교만하게 요구하는 것이다. 우리는 자신이 그분께 굉장히 많은 것을 남겨 드렸다고 생색을 낸다. 사실은 그동안 수많은 위험과 적으로부터 우리를 구해 주신 하나님을 찬양해야 하는데도 말이다. 또 우리는 지금까지 자신이 그분을 얼마나 열심히 섬겼는지 가르쳐 드린다. 사실은 삶의 목적을 주신 하나님께 감사해야 하는데도 말이다. 우리는 자신의 영성을 비뚤어진 관점에서 보며 살아간다. 겸손을 품지 않는다면^{십자가로 가지 않는다면} 필시 우리는 분노를 품을 것이다. 그리하여 그리스도와의 동행에서 성숙해지기는커녕 영적인 막다른 골목에 갇히고 말 것이다.

새로운 환경을 조심하라

감각적 즐거움이 사라질 때 우리가 할 수 있는 최악의 일이 있다. 그런 즐거움을 다시 만들어내려고 뭔가 새로운 영적 체험을 찾아다니는 것이다. 그렇게 하면 가짜 신앙에 빠질 뿐 아니라 우리 영혼 안에서 일하시는 하나님을 대적하게 된다.

도피의 유혹은 대단할 수 있다. 미치도록 목마른 사람은 목이라도 축이려고 사막을 빙빙 돌다가 웅덩이의 썩은 물을 마실 수 있다. 십자가의 요한은 즐거움을 거두시는 하나님을 받아들이지 않는 사람들에 대해 이렇게 경고했다.

> 그들은 만족과 영적 위안을 찾느라 시간을 다 보낸다. 아무리 신앙 서적을 읽어도 양이 차지 않는다. 잠시 이 주제를 묵상하다가 금방 다른 주제로 넘어간다. 하나님과 관계된 것에서 늘 뭔가 만족을 찾으려 한다. 하나님이 이런 초신자들에게 만족을 주지 않으심은 지당한 사랑과 분별의 처사다. 만일 하나님이 만족을 주신다면, 그들은 달콤한 것만 밝히는 욕심과 영적 식탐 때문에 헤아릴 수 없이 많은 악에 빠질 것이다. 그러므로 초신자들은 영혼의 어두운 밤에 들어가 이런 유치한 수준에서

벗어나는 것이 중요하다.[14]

프랑수아 페넬롱은 그리스도인들에게 "하나님이 거두어 가시는 것들에 집착하여 자신을 괴롭힐 게 아니라 시련 중에 침착함을 유지하라"고 조언했다.[15] 하나님은 목적이 있어 즐거움을 유보하시는 것인데, 그것을 필사적으로 찾으려고 여러 교회나 집회나 세미나를 전전하는 그리스도인들이 있으니 안타까운 일이다. 이런 사람들은 특히 새로운 교사들에게 넘어가기 쉽다. 새로운 교사들은 재미있어 보이며, 사람들이 간절히 찾는 체험을 약속한다. 이런 재미있는 요소를 즐거이 부각할 교사들은 항상 곳곳에 넘쳐난다. 그들은 사람들을 부추겨 자기네 교회나 텔레비전 사역으로 적을 옮기게 한다.

항복하라

지금 광야에 있어 계속 이 일로 하나님과 논쟁하고 있다면, 부디 항복하기 바란다. 솔직히 말해서 하나님을 이길 사람은 아무도 없다. 그분의 인내가 우리의 반항을 훨씬 능가한다. 대개 그분은 우리가 순복하고 그분이 가르쳐 주시려는 교훈을 배워야만 우리를 광야에서 이끌어내 주신다. 하지만 이것조차도 위험한 말이다. 단지 광야에서 벗어나기 위해서만 순복한다면 우리는 교훈을 배우고 있는 게 아니다. 흥정하고 있는 것뿐이다. 로렌조 스쿠폴리는 우리에게 주님의 태도를 본받으라고 권면한다.

또한 그리스도를 기억하라. 위로의 감정에 관한 한 그분은 겟세마네 동산과 십자가에서 하늘 아버지께 버림받는 큰 고통을 당하셨다. 그러니 당신도 그분과 함께 십자가를 지면서 "주의 뜻이 이루어지이다"라고 마음을 다해 고백하라. 그러면 당신의 인내와 기도가 심령의 제물로 타올라 하나님 앞에 상달되고, 당신은 참으로 경건한 사람이 된다. 참된 신앙은 당신도 그리스도를 본받아 어깨에 십자가를 지려는 힘차고 결연한 각오로 이루어진다. 그분이 어떤 방식으로 우리를 그분께로 부르시고 청하시든 우리는 각오가 되어 있어야 한다.[16]

영혼의 어두운 밤은 무서운 여정이다. 하지만 이를 통해 결국 우리의 친밀함은 고통이 조금도 아깝지 많을 만큼 새로운 깊이에 이르게 된다. 흔히들 말하듯이 밤이 어두울수록 새벽은 더 찬란한 법이다.

새로운 깊이, 새로운 힘, 새로운 자유에 이르는 길

우리는 감정이 아니라 믿음으로 살아야 하고, 아무리 고갈되게 느껴져도 끝까지 인내해야 한다. 그러면 아빌라의 테레사가 말했듯이 우리도 '보상을 바라고 주님을 섬기는 게 아니라 주님 자신을 원하는' 사람이 된다.[17] 즐거움이 따르든 고통이 따르든 관계없이 주님만을 원하고 섬긴다는 뜻이다. 우리가 그분을 섬기는 이유는 그분이 하나님이자 주님이시며 우리의 마음과 의지를 매료하셨기 때문이다.

"이런 영혼들의 갈망은 더 이상 위로나 영적 즐거움이 아니다. 주님 자신이 그들에게 임재하시기 때문이다. 이제 사시는 분은 왕이신 그분이다."[18]

이를 통해 우리는 새로운 깊이, 새로운 힘, 새로운 자유 속에 들어서게 된다. 거기에 이르는 길은 생각보다 훨씬 험했지만, 목적지의 풍경은 상상을 초월하는 장관이다. 남은 생애 동안 영적 감정은 더 이상 우리의 맹도견 seeing eye dog, 맹인안내견이 아니라 이따금 우리 곁에 나타나는 위로의 친구다.

영혼의 계절과
영혼의 수술

6

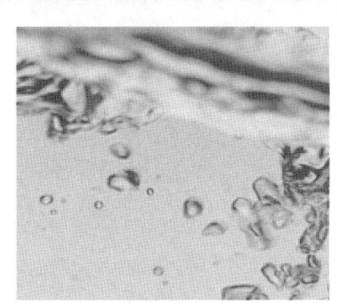

Part 6

Seasons and Surgery of the Soul

39 영혼의 계절, 영적 삶의 흐름

　블레즈 파스칼은 당대 최고의 수학적 지성의 소유자 중 하나였다. 사실 많은 분야에서 그는 기독교 신앙보다 수학과 과학에 대한 업적으로 더 잘 알려졌다. 파스칼의 아버지는 아들에게 먼저 어학을 가르친 뒤에 수학으로 넘어가게 할 계획이었다. 하지만 마룻바닥에 도형을 그리고 있던 블레즈를 보던 날 그의 계획이 바뀌었다. 그가 아들에게 무엇을 하고 있느냐고 묻자 블레즈는 삼각형의 세 각과 두 직각의 관계를 표시하려는 중이라고 답했다. 다시 말해서 파스칼은 유클리드의 《기하학 원론》 제1권의 32번 명제를 풀고 있었다.

　스무 살에 파스칼은 사칙연산을 수행하는 계산기를 발명해 전국에 명성을 떨쳤다. 나중에 그는 물리학 분야의 연구로도 유명해졌다.

　짧은 생애가 끝나갈 무렵 파스칼은 한 편지에 이런 말을 썼다.

기하학 연구는 정확한 논리력을 배우는 소중한 방법이고 지성을 최고도로 구사하는 일이지만, 하나의 직업일 뿐이며 궁극적으로는 쓸모가 없다.¹ 파스칼은 수학보다 더 어려운 연구 주제를 이미 알고 있었다. 그것은 바로 인간이었다.

"수학보다 인간을 연구하는 사람들이 더 적다. 사람들이 나머지 모든 주제를 공부하는 이유는 다만 인간을 연구하는 법을 모르기 때문이다."²

《팡세》는 어쩌면 다른 어떤 기독교 고전보다도 더 인간의 본성을 연구한 책이다. 이 연구서에 보면 파스칼의 여러 가지 도발적인 사상이 나온다. 그는 "우리가 너무 젊거나 너무 늙어서 내리는 판단에는 결함이 있다"고 썼다.³ 또 이런 말도 있다.

"본래 인간은 자기가 바보라는 말을 자꾸 들으면 정말 그렇게 믿는다. 자신에게 자꾸 되뇌는 대로 그렇게 확신한다. 혼자 있을 때 자신과의 내면의 대화가 계속되기 때문이다. 이 대화를 적절히 제어하는 것이 중요하다."⁴

파스칼을 본받아 우리도 다음 몇 장에 걸쳐, 영적 여정을 지나는 인간의 의미를 알아보고자 한다. 파스칼처럼 우리도 인간의 원동력이 무엇이고 영적 삶을 힘들고 신 나게 만드는 요인이 무엇인지 살펴볼 것이다. 다행히 뒤돌아보면 우리에게 많은 도움이 있다.

처음에 영성 고전에 손을 대면서 나는 다음과 같은 사실을 깨닫고 참 기뻤다. 내가 대학에서 공부했던 현대의 많은 심리학자보다 이들 고전 영성 저자들이 인간의 본성을 훨씬 깊이 이해했다는 것이다. 계속 읽어 나가면서 나는 수백 년이나 수천 년이 지나도 계속 읽히는 책과 몇 달 만에 절판되는 책의 차이가 바로 거기에 있음을 깨달았다.

예컨대 요하네스 타울러는 그리스도인의 참된 성숙이 얼마나 느린 과정인지 보여 주었는데, 나는 그 내용을 읽으며 깜짝 놀랐다. 지금은 30대의 젊은 목사들이 최고의 '인기 상품'인 시대다. 그런 우리에게 타울러는 이렇게 분명히 경고한다.

> 인간은 40세가 되기 전에는 결코 지속적 평안에 이르지 못하며, 아무리 노력해도 진정 하나님을 닮은 모습으로 빚어질 수 없다. 그때까지 인간은 잡다한 것에 사로잡혀 본능의 충동대로 여기저기 휩쓸려 다닌다. 하나님의 지배를 받고 있다고 생각할지 모르지만, 사실은 다른 것들에 지배당하고 있다. 그 나이에 이르지 않고는 참되고 온전한 평안을 얻을 수 없으며, 하나님을 보는 삶 속에 들어설 수도 없다.[5]

이 글을 읽을 때 내 나이 40대였는지라 은근히 기분이 좋아지려 하는데 그다음 말이 나왔다.

"우리에게 모든 것을 가르치시는 보혜사 성령께서 참으로 우리의 것이 되려면 그 뒤로도 인간은 10년을 더 기다려야 한다."

타울러에 따르면 우리가 자아에 대해 죽는 데 우선 수십 년이 걸리고, 성령의 역사에 복종하는 법을 제대로 배우는 데 적어도 다시

10년이 더 걸린다. 그 후에야 "가장 고결하고 숭고하게 성령을 받아들일 수 있고, 그리하여 성령께서 그에게 모든 진리를 가르쳐 주신다."

그렇다고 젊은 사람들에게는 우리가 배울 것이 별로 없다는 말이 아니다. 나는 30대 목사들의 설교를 즐겨 듣는다. 하지만 그래도 로렌조 스쿠폴리의 경고는 귀담아들을 만하다. 카리스마와 열정과 젊은 에너지를 성령의 역사와 손길로 혼동해서는 안 된다. 우리의 사고와 마음과 야망과 교만에 그리고 하나님과 타인과 자아를 보는 시각에 하나님의 흔적이 깊이 새겨지려면 시간이 걸린다. 타울러가 이 말을 한 대상이 하루 24시간 영적 삶에 헌신한 종교인들의 무리였음을 잊지 마라. 심지어 그런 상황 속에서도 40~50년이 지나야만 그리스도인의 진정한 성숙이 사람들의 영혼 속에 뿌리내릴 수 있다고 그는 지적했다.

영적 성장을 공부하려면 인간 조건을 이해해야 한다. 인생의 어려움에 대해서는 이미 살펴보았지만, 그 외에 그리스도인의 삶의 여러 단계와 상태와 도전도 알아야 한다. 앞서 간 선조들이 인식했듯이 영적 삶은 자연히 기복起伏과 부침浮沈으로 진행되게 마련이다. 그리스도인의 삶의 이런 진행을 세 가지 요소로 표현할 수 있다. 바로 영적 기후, 영적 지형, 삶의 단계다.

하나의 영적 처방이 모든 그리스도인에게 통한다는 생각은 착각이다. 그런 착각 때문에 고생하는 그리스도인이 너무 많다. 반대로 영성 고전이 우리에게 한결같이 일깨워 주는 것이 있다. 영적 기후와 지형과 단계는 사람마다 다르며, 따라서 우리의 필요와 능력도 각기 다르다.[6] 그뿐 아니라 영적 삶은 아주 유동적이어서 하나의 방법이 평생 통하는 일은 없다. 영적 기후와 영적 지형과 삶의 단계는 변하는 것이므로 우리의 영적 이해도 그것에 맞게 변해야 한다. 지금부터 이 세 가지 요소를 하나씩 자세히 살펴보자.

영적 기후

영적 기후란 하나님을 섬기는 우리의 환경을 말한다. 수사나 수녀로 신앙 공동체 안에 사는 사람과 대학 기숙사에 사는 사람은 영적 기후가 크게 다르다. 그리스도인 남편의 지원을 받으며 사는 여자와 비그리스도인 남편에게 구박받고 조롱당하며 사는 여자도 기후가 아주 다르다. 따뜻한 분위기에서 돌봄을 받으며 자라는 아이와 알코올 중독과 노골적인 부도덕 행위가 난무하는 가정에서 자라는 아이도 역시 기후가 다르다.

기후의 일부는 우리가 선택할 수 있지만, 전부는 아니다. 예컨대 결혼 상대는 우리가 선택하기 나름이며, 이 선택은 두고두고 영적 기후에 지대한 영향을 미친다. 하지만 자녀가 어느 가정에 태어날지는 본인에게 선택권이 없다. 우리 삶의 다섯 가지 주요한 기후는 가정, 직장, 친구 관계, 교회, 내면의 사고 또는 '개인적' 기후다. 모든 기후를 본인이 선택할 수 있는 사람은 거의 없으며, 그중 일부는 우리가 개선할 수조차 없다. 하지만 한두 가지의 기후는 거의 누구나 바꿀 수 있다. 그러면 나머지 영적 삶을 더 탄탄한 기초 위에 세울 수 있다.

건강한 영적 기후의 중요성이나 타당성은 우리가 미처 생각해 보지 않았을 수 있지만, 개념 자체는 새삼스러운 게 아니다. 북쪽 사람들은 몸을 더 건강하게 하려고 겨울에 남쪽으로 여행을 가곤 한다. 마찬가지로 우리 그리스도인들도 영혼을 더 건강하게 하도록 영적 기후를 바꿀 수 있다.

가정

어느 용감한 여자가 계획에 없이 임신한 여자들에게 복음도 전하고 실제적 지원도 베푸는 일을 하고 있었다. 하루는 그녀가 회의에 가려고 집을 나서는데 남편이 이런 잔인한 말로 그녀의 마음을 아프게 했다.

"당신은 지금 인생을 허비하고 있는 거요. 도대체 언제나 깨달을 참이오?"

그녀는 깜짝 놀랐다. 남편이 정말 저렇게 믿고 있단 말인가?

남편이 계속 말했다.

"어차피 낙태는 사라지지 않아요. 당신이 아무리 그래 봐야 절대로 달라지지 않는다고!"

물론 그렇지 않다는 것을 모를 그녀가 아니었다. 그녀의 일을 통해 생명을 얻은 아기들과 새 삶을 얻은 여자들이 그녀의 수고가 절대 헛되지 않다는 증거였다. 하지만 그래도 남편의 비하하는 말을 들으니 마음이 참담했다.

당신의 배우자가 마약 중독자나 지독히 부정적인 사람이나 비그리스도인이라면, 또는 당신의 자녀가 늘 슬픔이나 분노나 반항에 차 있다면, 당신은 남들에게 없는 영적 이슈들에 부딪칠 것이다.

이렇게 묻고 싶다. 가정생활 때문에 당신의 신앙이 더 쉬워지는가 힘들어지는가? 거룩함에서 자라가려는 당신에게 가정에서 격려보다 유혹이 더 많은가? 기도가 더 어려워지는가 쉬워지는가? 영적인 문제로 대화할 사람이 필요할 때 가정에 그런 사람이 있는가? 격려가 필요할 때 가족에게서 격려를 얻을 수 있는가?

함께 사는 사람이 룸메이트라면 기후의 문제에 쉽게 대처할 수 있다. 반면에 상대가 배우자나 역기능적 부모라면 변화가 쉽지 않다. 하지만 이런 문제를 아예 생각조차 하지 않는 그리스도인도 많다. 시간을 내서 당신의 생활환경의 영적 기후를 평가해 보라. 평가를 마쳤으면 어떻게 그것을 개선할 수 있는지 하나님께 여쭈어 보라. 당신이 이사를 나갈 수는 없을지 몰라도 함께 사는 사람들과 대화할 수는 있지 않은가? 더 나은 환경을 조성할 방법을 의논해 보라. 봄을 창출할 수 있는데 마지못해 영적 겨울 속에 남아 있을 까닭은 없다.

예컨대 배우자가 비그리스도인이라면 이렇게 말할 수 있다.

"나는 아침마다 조용히 하나님과 함께 시간을 보내야 해요. 당신이 그 부분을 도와주면 내가 당신에게 더 나은 배우자가 될 수 있어요. 당신에게는 그것이 시간 낭비처럼 보일 수 있겠지만, 이것만은 당신도 동의할 거예요. 내가 그 시간을 보내면 사랑이 더 많아진다는 것 말이에요. 어때요, 도와줄 마음이 있나요?"

영적 성장은 진공 속에서 이루어지지 않는다. 정말 성장하고 싶다면 자신이 살아가는 기후에 지혜롭게 신경을 써야 한다. 물론 때로는 어려운 생활환경이 오히려 영적 성장을 촉진할 수도 있다. 하지만 그런 상황에서도 지혜로운 그리스도인은 반드시 집 밖에서 지원과 격려를 얻는다. 공급이 없다고 느껴지는 교회에서 섬길지라도 가족이 응원해 주면 감당할 수 있다. 하지만 교회도 죽은 것 같은데 가정의 생활환경마저 어렵다면 추락을 자초할 수 있다.

우리 각자는 동시에 여러 다른 기후에 살고 있다. 따라서 변화가 가능한 기후를 더 굳건하게 다지면 어쩔 수 없이 견뎌야 하는 기후를 더 잘 견딜 수 있다. 가정의 기후는 다른 모든 기후의 기초이므로 특히 더 중요하다.

직장

지금까지 많은 프로 운동선수와 군인이 내가 인도하는 〈신성한 결혼 생활〉 세미나에 참석했다. 그럴 때면 종종 사목들과 군목들에게서 이런 설명을 듣는다. 프로 운동선수와 군인은 자신의 직장 환경을 음란물의 유혹에 부닥칠 일이 없도록 조성하기가 거의 불가능하다는 것이다. 날마다 라커룸이나 막사에 음란물이 돌아다니기 때문이다.

기독교 작가로서 나는 유혹이 최소화된 작업 환경을 조성할 수 있다. 하지만 그런 호사를 누릴 수 없는 사람들도 많다. 당신이 험담하기 쉬운 약점이 있는데 근무하는 사무실의 단골 소일거리가 험담이라면, 당신은 어려운 도전에 부딪칠 것이다. 마치 빵 가게에서 일하면서 빵을 먹지 않으려고 애쓰는 심정일 것이다.

그렇다고 문제를 피해 직장을 옮겨야 한다는 말이 아니다. 모든 그리스도인이 쾌적한 기후의 직장만 찾는다면 우리 그리스도인들은 더 행복해질지 몰라도 세상에 복음이 전해지지 않을 것이다. 게다가 수입은 필요한데 다른 직장을 구할 수 없어, 남들의 비하하는 말과 태도를 참고 견뎌야 하는 사람들도 있다. 직장의 기후를 개선하는 방법은 피하는 게 아니라 기도하는 마음으로 기후를 변화시키는 것일 수 있다.

이 책 앞부분에 말했듯이 나는 일터에서 '긍정적 뒷담화'를 실험한 적이 있다. 덕분에 아주 부정적이던 작업 환경이 약간 더 긍정적인 쪽으로 바뀌었다. 당신도 기도 중에 비슷한 긍정적 해결책이 떠오를 수 있다. 그러려니 하고 체념하는 게 아니라 변화의 주체가 되는 게 열쇠다. 만약 당신의 영적 삶만 고갈될 뿐 주변 사람들이 계속 달라지지 않는다면, 당신이 할 수 있는 일은 거기까지일 수 있다. 새로운 직장을 구해야 할 수도 있다.

당신이 가정과 교회와 친구 관계에서 힘과 응원과 풍성한 공급을 얻고 있다면, 직장의 부정적 기후에서 살아남을 뿐 아니라 형통할 수도 있다. 하지만 다른 영역들에서도 고통을 겪고 있다면, 직장의 해로운 기후가 결정적인 짐이 되어 당신을 무너뜨릴 수 있다.

직장의 악천후에 맞설 수 있을 만큼 다른 기후들의 지지 기반이 견고한지 적어도 따져 보아야 한다. 아니면 당신은 직장을 옮기는 방안을 심각하게 생각해야 하는 경우인가? 다른 영역들의 지지 기반도 약한데 이 영역의 부정적 영향이 너무 커 감당할 수 없다면, 그래야 할 수도 있다.

친구 관계

우리는 전도로 부름 받았으므로 악천후 속에 살거나 일해야 할 수도 있다. 그래도 누구와 친구로 지낼 것인지는 우리가 선택할 수 있다. 이 선택을 신중하게 해야 한다. 사실 사도 바울과 잠언의 저자들은 친구를 잘 가려서 사귀어야 한다고 분명히 권고하고 있다.

- 노를 품는 자와 사귀지 말며 울분한 자와 동행하지 말지니 그의 행위를 본받아 네 영혼을 올무에 빠뜨릴까 두려움이니라 잠 22:24~25.

- 내가 너희에게 쓴 편지에 음행하는 자들을 사귀지 말라 하였거니와 이 말은 이 세상의 음행하는 자들이나 탐하는 자들이나 속여 빼앗는 자들이나 우상 숭배하는 자들을 도무지 사귀지 말라 하는 것이 아니니 만일 그리하려면 너희가 세상 밖으로 나가야 할 것이라. 이제 내가 너희에게 쓴 것은 만일 어떤 형제라 일컫는 자가 음행하거나 탐욕을 부리거나 우상 숭배를 하거나 모욕하거나 술 취하거나 속여 빼

앗거든 사귀지도 말고 그런 자와는 함께 먹지도 말라 함이
라^{고전 5:9~11}.

- 누가 이 편지에 한 우리 말을 순종하지 아니하거든 그 사람을 지목하여 사귀지 말고 그로 하여금 부끄럽게 하라. 그러나 원수와 같이 생각하지 말고 형제 같이 권면하라^{살후 3:14~15}.

모든 영역이 다 악천후라면 거기서 형통할 수 있는 그리스도인은 별로 없다. 다행히 친구 관계의 기후는 여가의 일부이므로 비교적 바꾸기가 쉽다. 당신의 친구들은 진정한 친구들인가? 당신은 그들에게서 격려를 얻고 있는가, 아니면 계속 그들에게 물들어 건강하지 못한 행동을 하게 되는가? 늘 당신을 험담으로 유도하는 친구가 있는가? 항상 부정적인 말을 일삼으며 당신도 똑같이 반응하게 하는 친구가 있는가?

그런 관계라고 반드시 끝내야 하는 것은 아니지만 때에 따라 끝내려는 각오도 필요하다. 다만 우리는 서로 세워 주는 긍정적 관계, 함께 믿음 안에서 자라갈 수 있는 관계를 적극적으로 찾아야 한다.

어떤 사람들은 나에게 감화를 끼쳐 더 좋은 남편, 더 자상한 아버지, 더 창의적인 직장인, 하나님을 더 깊이 사랑하는 사람, 삶을 참으로 즐기는 사람이 되게 해 준다. 나는 그런 사람들 주변에 있고 싶다. 우리에게는 함께 웃을 수 있는 친구들도 필요하지만, 내

가 잘못된 길로 갈 때 사랑으로 지적해 줄 수 있는 친구들도 필요하다. 우리는 의지적으로 우정을 가꾸어 가야 하며, 때로는 관계를 정리할 수 있어야 한다. 친구 관계는 가장 유동적이고 바꾸기 쉬운 기후 중 하나다.

교회

교인들을 악용하는 교회도 있고, 그리스도의 몸 된 교회를 세우기보다 이용하는 교인들도 있다. 그런 교회들과 교인들에 갈수록 더 많은 이목이 쏠리고 있다. 당신의 교회는 당신이 하나님께 부름 받은 역할을 다하도록 도와주는가, 아니면 기관의 필요를 채우기에 더 급급한가? 당신이 하나님께 받은 은사를 구사할 수 있는 곳인가? 당신의 교회는 세상에 영향을 미치도록 당신을 준비시켜 주는가, 아니면 세상으로 나갈 시간이 없을 정도로 당신을 교회 일로 바쁘게 만드는가?

당신의 교회는 개인적 성장이 불가피한 기후를 조성하는가, 아니면 걸림돌을 놓아 당신을 방해하는가? 당신의 교회는 따뜻하게 돌보고 지지하는 환경을 조성해 왔는가, 아니면 두려움과 죄책감과 비밀과 조종을 바탕으로 돌아가는가?

나도 나이가 들다 보니 그동안 사생활과 가정과 직장에서 성숙하게 자라가는 그리스도인들도 보았고, 서서히 야위어 가다가 신앙을 떠나는 사람들도 보았다. 거의 언제나 교회의 건강이 그들에게 큰 영향을 미쳤다. 교회는 매주 선포되는 하나님의 진리를 듣는 곳, 하나님을 사랑하고 믿음을 전염시키는 사람들과 사귀는 곳이 되어야 한다. 그런 교회에 있으면 당신의 삶이 세워진다. 교회를 신중하게 선택하라.

내면의 대화와 개인적 행동

이것은 다른 어떤 환경보다도 당신의 재량이 가장 큰 환경이다. 당신이 매일의 행동과 내면의 대화로 만들어내고 있는 기후는 어떤 부류인가? 앞서 인용했던 파스칼의 말을 다시 생각해 보라. 당신은 끊임없이 자신에게 바보라고 말하고 있는가, 아니면 내면의 건강한 대화법을 배우고 있는가?

내가 배우고 있는 사실이 있다. 하루를 사는 동안 내가 자신과 남들에게 말하는 방식이 내 삶을 밝게 하기도 하고 낙심에 빠뜨리기도 한다. 내 사고와 말을 평가하면 내가 자신을 격려하고 있는지 아니면 더 비참하게 만들고 있는지 알 수 있다. 기본적으로 나는 하나님의 관점을 원한다. 내 관점은 늘 균형을 잃기 때문이다.

로렌조 스쿠폴리는 선의의 그리스도인이 '마귀의 덫'에 빠질 수 있다고 경고했다. 죄를 지었을 때 낙심하거나 지나치게 걱정하면 그렇게 된다. 이런 반응은 교만에서 비롯된 것이며 근심과 불안을 낳는다. 반대로 하나님의 평안은 친밀함과 교제와 순종을 낳는다.

은혜와 겸손은 단지 추상적 개념이 아니라 우리의 영적 생명의 골수 자체다. 자비를 사랑하는 사람은 죄를 변명하는 게 아니라 오히려 하나님께 나아간다. 그분은 우리의 죄를 지적하시고, 수치를 없애 주시고, 마음에 감사가 충만하게 하신다. 그 결과 우리는 더 잘 무장되어 이후의 유혹을 물리칠 수 있다.

내면의 부정적 대화는 교만에서 비롯된 것이다.

"내가 어떻게 이럴 수 있지? 이런 멍청이 같으니라고! 이제 희망이 없다."

내가 어떻게 이럴 수 있을까? 당연히 죄인이라 그렇다! 하지만 우리에게는 구주와 치유자와 구속자와 친구가 계시다. 자신을 비하할 게 아니라 용서하시는 그분의 품에 안기라. 그분의 도움을 구하고 그분의 수용과 인정을 받아들이라.

모든 기후의 종합

잠시 시간을 내서 지금까지 살펴본 각 기후를 평가해 보라. 당신의 경우 가장 든든한 기후와 가장 취약한 기후는 각각 무엇인가? 당신이 개선할 수 있는 기후가 있는가? 정원사는 때로 식물을 기를 최적의 환경을 만들고자 온실을 짓는다. 마찬가지로 당신도 자신의 영혼을 양육할 영적 온실을 지을 수 있겠는가?

이 작업을 하면서 기억해야 할 것이 있다. 우리 삶의 많은 환경은 하나님이 계획하신 것이다. 따라서 하나님의 주권을 마땅히 존중해야 한다. 무조건 "이 기후는 어려우니까 바꿔 버리자"라고 말할 수는 없다. 내 쪽에서 기후를 어렵게 만들었거나 어려운 기후를 선택했다면, 그런 평가가 얼마든지 의미가 있다. 하지만 하나님이 계획하신 기후라면 그것을 피해 달아나려 해서는 안 된다.

올림픽 선수들은 훈련의 유익을 극대화하려고 종종 악천후에서 훈련한다. 육상 선수들은 일부러 고도가 높은 곳으로 모이기도 한다. 비슷하게 하나님은 그분의 자녀들을 악천후 속에 두실 수 있다. 특정한 일에 그들을 준비시키기 위해 극한까지 시험하시는 것이다.

그런 계절이면 나는 두 가지를 기억하며 힘을 얻곤 한다. 기후는 어차피 바뀐다는 사실, 그리고 하나님이 내 상황을 알고 계시다는 사실이다. 우기는 지나가게 되어 있고, 겨울은 결국 봄으로 바뀐다. 그 못지않게 중요한 것이 있다. 눈보라 속에서는 하나님이 내게 아름다운 가을날만큼 빠르게 또는 멀리까지 달리기를 기대하지 않으신다. 프랑수아 페넬롱은 인내를 촉구했다.

"겨울이 끝날 때까지 기다리라. 죽어야 할 모든 것을 하나님이 죽게 하시고 나면 그제야 봄이 만물을 소생시킨다."[7]

영적 기후가 우리의 영적 성장을 결정짓지는 않지만, 영향을 미치는 것은 사실이다. 그 점을 염두에 두어야 한다. 하나님께 굶주려 있기에 우리는 영적 추구에 도움이 되고 힘이 되는 기후를 조성하고 유지해야 한다.

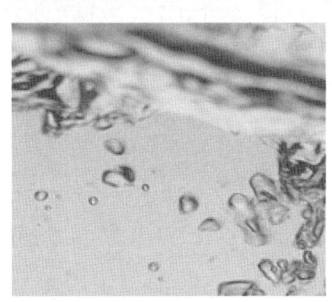

Part 6

Seasons and Surgery
of the Soul

40 영적 지형

영적 지형은 우리가 걸어가는 길이다. 영적 기후가 아무리 좋아도 길이 험해지면 영적 삶이 영향을 받는다. 예컨대 사업이 망하거나, 실직을 당하거나, 중병에 걸리거나, 사랑하는 사람을 사별하는 그런 경우다. 순탄한 기후는 큰 도움이 되지만 이런 역경까지 막아주지는 못 한다.

프란시스 드 살레는 이런 문제에 특히 민감했다. 노련한 영성 스승이었던 그는 사람들의 편지를 자주 받았는데, 그중에는 병과 싸우느라 기도 생활이 부실해져 죄책감을 느끼는 사람들도 있었다. 프란시스 드 살레는 하나님이 우리의 행동만 보시는 게 아니라 마음도 보신다며 그들을 다독여 주었다. 예컨대 그분은 우울증이 현실적 문제임을 아신다. 우울증 때문에 약물을 복용해야 하는 사람은 뇌에서 도파민이 충분히 생성되는 사람보다 기도하기가 훨씬 어렵다는 사실도 그분은 아신다.

하나님은 출산 후의 호르몬 반응이 여자의 정서를 교란시킬 수 있음도 아신다. 감정 기복이 심한 산후야말로 하나님을 향한 헌신이나 애정을 평가하기에 최적의 때가 아님을 그분은 아신다.젊은 엄마들도 물론 알 것이다! 산모는 자신의 몸에 치유와 적응의 시간을 주어야 한다.

영적 헌신을 다소간 어렵게 만드는 요인 중 많은 부분은 우리의 소관이 아니다. 하나님은 그런 요인들을 다 알고 계시며, 우리도 그것을 기억하는 것이 지혜롭다. 당신은 지금 결혼식을 앞두고 있거나, 멀리 타지방으로 이사해야 하거나, 부모나 자녀를 사별했거나, 장애와 씨름 중이거나, 직장에서 격무에 시달리고 있을 수 있다. 그렇다면 당신은 힘든 길을 걷고 있는 것이다.

내면의 지형

달리기의 노장들은 힘든 오르막길에서 운동해도 낙심하지 않는다. 물론 속도가 느려지고 힘도 더 들어간다. 하지만 그들은 이것이 자신의 몸 탓이 아니라 지형 탓임을 안다. 길이 언덕 마루를 지나 내리막으로 돌아서면 속도가 빨라지고 힘도 덜 든다. 하지만 이때도 그들은 갑자기 자신의 몸 상태가 더 좋아졌기 때문이 아니라 지형이 바뀌었을 뿐임을 안다. 영적 지형을 고려하지 않는다면, 우리는 생각보다 더 잘하고 있을 수도 있고 못하고 있을 수도 있다. 그리스도와의 동행이 힘들게 느껴지는 이유는 순전히 지금 겪고 있는 역경 때문일 수 있다.

마찬가지로 우리는 자신의 경험과 다른 사람들의 경험을 직접 비교할 수 없다. 눈앞에 닥친 영적 지형이 사람마다 다르기 때문이다. 만일 우리가 사람들에게 능력 이상의 것을 요구하거나 너무 빠른 진보를 바라거나 너무 느리게 가도록 둔다면, 그들의 진실한 마음에 큰 해를 입힐 수 있다. 그러므로 치유 및 상담 사역을 통해 영혼의 수술에 참여하기 원하는 그리스도인들은 특별히 신경 써서 경험의 폭을 넓혀야 한다. 그러려면 다른 사람들의 말을 잘 들어야 한다.

힘든 지형에 부딪칠 때 우리가 기억해야 할 것이 있다. 계절이 바뀌듯이 길도 결국 평평해진다. 하나님이 그리스도인들을 예컨대 회의懷疑의 시기에 평생 두시는 경우는 거의 없다. 심지어 우울증 같은 것도 대개는 주기적이다.

반면에 삶이 유난히 순탄한 사람들은 조금만 더 가면 길이 오르막으로 바뀔 수 있음을 기억해야 한다. 이냐시오는 '광야'나 역경과 싸우고 있는 사람들에게는 언젠가 편안한 '위로'의 상태가 올 것을 기억하라고 권했고, 거꾸로 즐거운 위로의 상태에 있는 사람들에게는 언젠가 광야가 다시 올 것을 기억하라고 권했다.[1]

영적 상승세를 타고 있을 때 다른 사람들을 가르치고 싶은 유혹이 강하게 들지만, 그것은 위험한 생각이다. 우리는 기분이 아주 좋을 때는 이상주의적 관점을 품을 때가 많다. 하지만 그러다 자칫 다른 그리스도인들을 환멸에 빠뜨릴 수 있다. 마치 우리 자신은 걷지 않고 땅 위에 둥둥 떠다니는 것처럼 말하기 때문이다. 반대로 우리가 유난히 어려운 씨름에 부딪쳐 있을 때는 다른 그리스도인들도 다 똑같이 힘들 거라고 착각할 수 있다.

여기 큰 위험이 보이는가? 산과 골짜기, 여름과 겨울을 객관적으로 인식하지 않으면 우리는 신앙을 주관화할 수 있는 큰 위험에 빠진다. 모든 사람의 신앙을 나의 특정한 계절과 체험을 기준으로 해석하는 것이다. 그러면 우리의 가르침과 설교와 상담은 늘 균형을 잃고 만다. 계절이 바뀔 때마다 힘들어하게 되기 때문이다.

그래서 우리는 젊은 그리스도인들에게 가르침을 부탁하는 것을 조심하고 잘 분별해야 한다. 여러 산을 넘고 많은 골짜기를 지나면서 그리스도인의 여정의 전반적 흐름을 감지하기 전까지는 우리의 가르침이 바른 시각과 균형을 잃기 쉽다. 그러다 보면 우리는 듣는 사람들을 나 자신의 체험 속에 가두게 된다. 사실은 그들을 하나님이 예비하신 각자의 체험 속으로 내보내는 것이 옳다. 《무지의 구름》의 저자는 이런 성향에 대해 이렇게 경고했다.

> 어떤 사람들은 오랜 수고 끝에야 이 작업의 원숙한 경지를 보거나 체험할 수 있으며, 그나마 그조차도 아주 드물다. 하지만 그들이 만일 다른 사람들도 자기처럼 어쩌다 한 번씩 각고의 노력 끝에야 거기에 도달할 수 있다고 생각하거나 말하거나 판단한다면, 그것은 큰 착각이다.[2]

기도를 우리보다 쉽게 하는 사람들이 있는가 하면 훨씬 더 어려워하는 사람들도 있다. 결심만 하면 죄를 딱 끊고 다시는 뒤돌아보지 않는 사람들도 있지만, 죄의 습성에서 서서히 벗어나야 하는 사람들도 있다. 현명한 교사들은 자신의 체험이 무수히 많은 이야기 중 하나임을 잊지 않는다. 다른 모든 그리스도인을 나 자신의 틀에 억지로 꿰맞추어서는 안 된다.

그러므로 하나님의 교회를 제대로 섬기려면 우리도 블레즈 파스칼처럼 학습자와 관찰자가 되어야 한다. 그리스도인의 삶의 공통된 유형들을 공부하자. 서로 대화하고 격려하며 서로에게서 배우자. 그러면 우리의 신앙 여정에서 실제적 조언으로 서로 응원해 줄 수 있다.

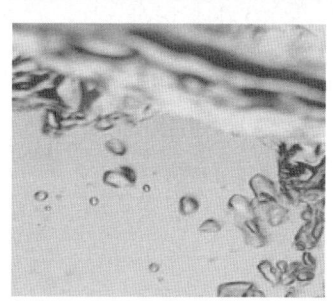

Part 6

Seasons and Surgery
of the Soul

41 삶의 단계

　　이전에 나는 어느 지혜롭고 경건한 그리스도인 변호사와 함께 저녁 시간을 보내는 복을 누린 적이 있다. 그는 직장과 가정에 신앙을 적용하는 사람이었다. 자녀들이 대학에 들어가 집을 떠난 뒤로 그는 매일 그들에게 편지를 썼다. 그렇다, 매일이다. 그의 기독교적 소신이 법률 회사의 다른 동료들을 불편하게 하기는 했지만, 그의 실력이 워낙 출중하고 고객들을 끌어들이는 재주가 뛰어나 아무도 그를 내보낼 수 없었다.

　그는 나보다 열다섯 살 위였다. 우리 아이들은 이제 막 대학에 들어가 집을 떠나던 참이었으므로 나는 그에게 앞으로 삶과 가정과 신앙에 무엇을 기대하고 예상해야 하는지 물었다. 우리 가족들과 관계된 사사로운 내용도 있으므로 여기서 그의 답변을 공개할 수는 없다. 하지만 그의 말이 정확히 옳았음을 깨닫고 놀라던 일만은 영영 잊지 못할 것이다. 그의 조언은 유감없이 진가를 발휘했다. 그 자신이 먼저 겪어 보았기 때문이다.

영성 고전도 삶의 단계에 함축된 영적 의미와 관련해 우리에게 그런 선견지명을 줄 수 있다. 삶의 단계에는 우리의 여러 역할이 포함된다. 예컨대 남편과 아내, 아들과 딸, 아버지와 어머니, 형제와 자매, 현직자나 은퇴자, 독신자나 사별한 사람 등과 같은 역할이다. 삶의 단계가 정확히 똑같은 사람들은 없지만, 그래도 유사한 점들이 많아 거기서 배울 수 있다.

각자의 단계에 적응해야 한다

지금까지 이 책에 인용된 요한 클리마쿠스, 윌리엄 로, 토마스 아 켐피스 등의 저작을 접하면서 간혹 좌절감과 심지어 낙심마저 들었을지 모른다. 그들의 말은 우리에게 교훈과 감화를 주기 위한 것이지만, 그 성인들의 영적 삶은 당신과 나보다 훨씬 뛰어나 보일 수 있다. 그래서 그냥 포기하고 싶어질 수 있다.

바른 시각을 유지하려면 영적 삶의 단계를 이해할 필요가 있다. 여섯 살 이하의 세 자녀를 둔 젊은 엄마가 아빌라의 테레사와 똑같은 영적 기회들을 누리기를 기대할 수는 없다. 테레사는 독신녀로 살면서 수십 년 동안 그리스도와 친밀하게 교제한 후에 말년에 《내면의 성城》을 썼다. 처자식이 있고 직장에 다니는 남자가 십자가의 요한과 똑같은 체험에 온전히 들어가기를 기대할 수는 없다. 요한은 결혼도 하지 않고 자녀도 없이 수도원에서 살았다. 단계를 뛰어넘으려 하면 하나님께 영광도 되지 않고 좌절감에 빠질 뿐이다. 굉장히 엄격한 영성을 요구했던 윌리엄 로도 우리의 영성을 삶에 맞추어야 함을 이해했다.

> 여가가 많은 사람일수록 경건한 삶의 거룩한 규율을 더 지키도록 특별히 부름 받은 듯 보인다. 반면에 자신의 선택이 아니라 부득이한 형편상 시간이 별로 없는 사람들은 적은 시간이나마 최선을 다하면 된다.¹

주식 중매인으로 매주 60시간씩 일하는 여자와 12학점만 듣고 주말마다 집에 가는 대학생은 신앙생활의 방식이 크게 다를 것이다. 사람마다 자기 나름의 유혹과 도전이 있게 마련이다.

한 장씩 전개되는 인생

엘턴 트루블러드 Elton Trueblood 는 고전 작가라 불리기에는 너무 현대인이지만 1994년에 작고했다, 인생이 한 장씩 전개된다는 그의 글을 읽으며 나는 전체를 바른 시각으로 보게 되었다. 하나님은 우리 인생의 이야기를 보실 때 현재 통과 중인 장만 보시는 것이 아니라 전체를 보신다. 예컨대 평범한 부부들이 경험하는 인생의 장들로는 미혼 시절의 장, 결혼 초기의 장, 자녀를 기르느라 피곤한 시절의 장, 자녀를 다 떠나보낸 후의 장, 은퇴의 장 등이 있다.

젊은 부모는 자녀를 다 떠나보낸 사람의 책임과 의무를 맡을 수 없거나 맡아서는 안 된다. 공부와 기도에 시간을 더 쏟아 부을 수 있는 시절도 있고 그렇지 못한 시절도 있다. 우리의 삶은 어느 한 순간만을 기준으로 평가되지 않는다. 충실한 삶이란 모든 시절 내내 사려 깊게 살아가는 삶이다.

당신이 자녀양육이나 직장 때문에 경건 생활에 큰 타격을 입고 있는 젊은 엄마라면 안심해도 된다. 열심히 자녀를 기르는 시절은 생각보다 짧다.자녀가 여남은 명 이상이 아니라면 말이다. 현재의 본분에 충실하라. 그 상태에서 경건 생활에 최선을 다하면 된다.

이것을 전쟁에 비유해 볼 수 있다. 군인은 신병 훈련, 배치와 대기, 전투, 회복 등의 시기를 거친다. 전투 중에 다쳐 회복 중인 부상병을 보고 게으르다고 비판할 사람은 없다. 하지만 신병 훈련을 건너뛰고 전투로 직행하려는 군인에게는 당연히 훈계가 필요하다. 성공한 군인은 매 단계를 시기와 목적에 맞게 살아가는 사람이다.

마찬가지로 우리도 신앙생활에 들어서면 하나님이 준비의 시기, 활동적 사역의 시기, 회복의 시기를 지나게 하실 수 있다. 그리고 이 세 시기는 다시 반복된다. 가장 멀리까지 가려면 하나님이 준비하라 하실 때 준비하고, 하나님이 일하라 하실 때 일하고, 하나님이 회복하라 하실 때 회복하면 된다.

시절마다 달라지는 죄

프란시스 드 살레에 따르면 심지어 우리의 죄도 삶의 단계에 비추어 평가되어야 한다.

> 신앙이 어린 초신자들은 … 범하는 잘못들이 따로 있다. … 낮은 수준의 맹목적 두려움은 새로운 회심자들의 영혼 안에 죄에 대한 지나친 양심의 가책을 낳는데, 이는 초신자들의 경우에는 훌륭한 일이며 장차 품게 될 정결한 양심의 어떤 전조이기도 하다. 그러나 신앙이 훨씬 앞선 사람들이 똑같은 두려움을 보인다면 이는 책망 받을 일이다. 그들의 마음을 지배하는 것은 사랑이어야 한다. 사랑은 그런 맹목적 두려움을 서서히 조금씩 몰아낸다.[2]

사실 지나친 윤리적 민감성은 새신자들의 회심이나 재헌신 후에 아주 흔히 나타나는 일이다. 이냐시오나 어거스틴처럼 회개할 것이 많은 사람만 그런 게 아니라, 비교적 깨끗하게 살아 당연히 양심의 고통이 덜할 듯한 프란시스 드 살레 같은 사람들도 마찬가지다. 하지만 결국 이 사람들은 모두 성숙하여 더 깊은 믿음에 이르렀고, 그 믿음의 기초는 죄책감과 계율이 아니라 사랑과 친밀한 관계였다.

그러므로 새신자들이 순종의 삶을 익히는 데 과민한 양심이 필요하다면, 우리가 그것을 고쳐 주려 해서는 안 된다. 반면에 세월이 한참 지났는데도 진보가 없는 사람들이 있다면 우리가 다가가 더 깊은 성숙에 이르도록 격려해야 한다.

영성 고전은 솔직하고도 실제적이다. 삶의 단계에 따라 더 빠지기 쉬운 욕구들이 있게 마련이며, 그것이 여러 가지 유혹으로 연결된다. 어거스틴도 그런 고백을 했다. 그는 자신이 젊었을 때 부딪친 유혹들과 나중에 《참회록》을 쓸 만큼 성숙한 사람이 되었을 때 부딪친 유혹들을 구분했다. 그는 교회의 연장자가 되었을 때는 성생활을 일체 끊어 젊은 날의 성적 유혹과 실패에서 벗어날 수 있었다. 하지만 식탐의 유혹이 그 자리에 대신 들어섰다. 식탐의 유혹은 피할 길이 없어 오직 싸우는 수밖에 없었다. 어차피 그는 먹어야 했으므로 음식에 대한 유혹은 항시 상존했다.

젊은 여자는 외모에 지나치게 신경을 많이 쓸 수 있으나 나이가 든 여자는 물질주의에 더 빠지기 쉽다. 당신에게 가장 큰 유혹이 10년 후에는 지금과 달라질 것이다.

자녀를 기르는 젊은 부부는 일해서 돈을 벌어야 하고, 그래서 당연히 일정이 빡빡해질 수밖에 없다. 하루의 대부분이 이미 그렇게 선점되고 나면 기도와 성경 공부와 묵상과 교제는 어떻게든 거기에 끼워 넣어야 한다. 가정이 있는 사람은 배우자나 자녀에게 애정도 느끼게 마련이다. 이것은 엄청난 복이기도 하지만, 온갖 복잡한 일과 스트레스의 원인이 되기도 한다.

자녀를 다 키운 나이 든 부부에게는 그들 나름의 유혹이 있다.

퇴직금 등으로 마음대로 쓸 수 있는 상당액의 수입이 난생처음 손에 들어올 수도 있다. 일 원 한 푼까지 쓸 데가 다 정해져 있던 때는 검소하고 책임감 있게 살기가 쉽지만, 풍요의 시절에는 물질주의가 그들의 마음을 앗아갈 수 있다. 삶의 단계마다 위험 지대도 다르다. 결국은 위험 지대에 안전거리를 띄우게 되지만, 그러고 나면 대개 새로운 위험 지대가 다가온다.

사도 바울은 특히 연령 집단과 관련지어 삶의 여러 단계에 대해 말했다.[3] 바울이 기대한 내용은 세대별로 달랐다. 신약에서 장로라는 말은 직분 이상이었다. 초대 교회가 연장자를 뜻하는 이 단어로 장로직을 표현한 것은 장로직이 젊은 사람들이 맡을 자리가 아니라는 인식 때문이었다. 간혹 예외도 있기는 했지만, 장로직을 맡을 그리스도인들에 대한 일반 원칙은 이것이었다. 그들은 그리스도인의 삶을 거의 다 통과했고, 그 삶의 여러 역경과 씨름했고, 각 단계의 기본적 욕구들을 극복했고, 그리하여 이제 뒤를 돌아보며 지도를 베풀 수 있는 사람들이었다.

장로들 자신이 삶에 고전하고 있다면 자유로이 교회를 섬길 수 없다. 한창 바쁜 가정, 야근이 잦은 직장, 각별한 관심을 필요로 하는 자녀 등으로 아예 짓눌려 있다면 더 말할 것도 없다. 이렇듯 삶의 단계는 개인의 신앙에만 아니라 교회에도 실제로 중요한 의미가 있다.

자신의 단계를 수용해야 한다

사도 바울이 분명히 말했듯이 하나님은 삶의 단계를 존중하신다. 바울은 고린도전서 7장 33절에 이렇게 썼다.

"장가 간 자는 세상일을 염려하여 어찌하여야 아내를 기쁘게 할까 하여."

그렇다면 우리는 결혼 생활을 끝내서라도 방해거리에서 벗어나야 하는가? 바울은 아니라고 말한다.

"오직 주께서 각 사람에게 나눠 주신 대로 하나님이 각 사람을 부르신 그대로 행하라."고전 7:17.

'영적으로' 살고 싶다는 이유로 삶의 책임을 도외시한다면 이는 하나님을 섬기는 게 아니라 모욕하는 것이다. 참된 영성은 현실의 삶으로 나타난다. 가족을 부양하는 것은 영적인 일이다딤전 5:8 참조. 부부간에 신체적 친밀함을 표현하는 것도 영적인 일이다고전 7:3~5, 히 13:4 참조.

우리는 삶의 계절과 단계를 솔직하고 현실적이고 객관적인 관점에서 보아야 한다. 우리는 어린 자녀를 즐거워할 수 있다. 새 직장에서 열심히 일하는 감격을 죄책감 없이 누릴 수 있다. 은퇴 후에는 삶의 속도를 조금 늦출 수 있다. 참된 기독교 영성은 삶의 단계와 맞서 싸우는 게 아니라 그것을 삶에 통합한다. 다만 이 모두를 너무 꽉 움켜쥐어서는 안 된다. 왜냐하면, 모두가 일시적이기 때문이다. 삶의 단계는 지나가지만, 하나님과의 관계는 영원히 남는다.

프란시스 드 살레는 뛰어난 영성 스승이었던 만큼 사람들이 그에게 마음을 털어놓는 일이 많았다. 그중 브륄라르 부인은 젊었을 때 말하곤 했던 그리스도인의 완전을 간절히 추구했다. 하지만 프란시스 드 살레는 그녀에게 완전이란 "다양한 소명에 따라 달라집니다"라고 부드럽게 지적했다. 아울러 그는 브륄라르 부인에게 과도한 신앙생활 때문에 남편이나 가족을 멀리하지 말라고 경고했다. 그는 이렇게 썼다.

"당신 자신도 신앙심이 두터워지고 경건을 사랑해야 하지만, 그 신앙이 주변 사람들에게도 호감을 주어야 합니다."4

다시 말해서 브륄라르 부인이 만일 하나님을 열심히 알아가고 섬기려다가 가정을 등한시한다면, 본의 아니게 가족에게 신앙에 대한 반감을 줄 수 있다. 그들은 그녀의 신앙에 끌리기는커녕 오히려 못마땅해 할 수 있다.

잔느 샹탈이라는 다른 여자는 신앙에 전적으로 헌신하고 싶어 수녀가 되기를 원했다. 결국, 프란시스 드 살레는 그녀에게 부드럽고도 단호하게 이렇게 말했다.

"다른 생활방식을 동경하며 한탄하는 것보다 완전을 향한 우리의 진보를 방해하는 것은 없습니다."5

하나님은 잔느를 결혼으로 부르셨고, 따라서 그녀가 하나님을 가장 기쁘시게 하는 길은 독신 수녀의 삶을 꿈꾸는 것이 아니라 결혼 생활의 본분과 의무에 충실한 것이었다. 하나님은 병원에서 상처를 싸매 주는 수녀를 받아 주시는 것 못지않게 아기의 기저귀를 갈아 주는 엄마도 흡족하게 받아 주실 분이다.

이 모든 것 위에 계시는 불변의 하나님

참된 기독교 영성의 모든 측면은 결국 하나님의 영광을 드러낸다. 영적 기후와 지형과 단계에 대한 논의도 예외는 아니다. 삶의 변화가 우리에게는 도전이 되지만 하나님께는 그렇지 않다. 우리는 모든 상황 속에서 모든 희망을 그분께 두고 그분을 경배한다.

하나님은 모든 변화하는 기후를 초월해 하늘 보좌 위에 계신다. 그분은 모든 지형을 초월해 땅 위에 다니신다. 그분은 또 삶의 모든 단계를 초월해 영원하신 분이다. 그러므로 우리의 확신의 기초는 그리스도께서 이미 다 이루신 일에 있고, 우리의 힘의 원천은 성령의 무한한 능력에 있으며, 우리가 수용 받는 근거는 아버지의 자비와 은혜에 있다. 아버지께서 아들을 통해 우리의 결점과 한계를 채워 주셨다.

신앙에 성공하는 근거를 우리 자신에게 둔다면, 우리는 겨울에는 환멸에 빠지고 봄에는 주제넘게 교만해질 것이다. 물론 우리는 우리 삶 속에서 일하시는 하나님께 협력하도록 부름 받았다. 하지만 우리의 영적 실존의 확실한 기초는 삼위일체 하나님이 이미 다 이루신 일에 있다.

끊임없이 변하는 영적 기후와 지형과 단계는 불변의 기초를 소리쳐 구하고 있다. 친밀함과 목적과 의미를 구하는 부르짖음이다.

그 부르짖음에 잘 귀를 기울이면 그것이 우리를 오직 하나님께로 인도한다. 바쁜 부모 노릇과 직장 생활은 어느 날 끝나지만, 하나님과 동행하는 삶은 끝이 없다. 우리를 지으신 그분은 우리 신앙의 반석이요 우리 영혼의 닻이시다.

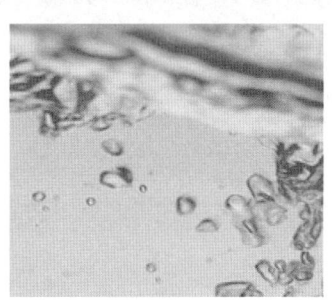

Part 6

Seasons and Surgery of the Soul

42 영혼의 수술, 영성 지도의 지침

어거스틴이 마침내 기독교 신앙으로 돌아선 일은 유명하다. 그렇게 돌아서기 시작하면서 그는 자신에게 도움이 필요함을 금방 깨달았다. 고립된 상태에서 위대한 그리스도인이 탄생한 경우는 거의 없다. 성숙하게 자라가는 가장 효과적인 길은 더 성숙한 그리스도인과 일대일의 관계를 맺는 것이다. 어거스틴은 이렇게 썼다.

"주님, 저는 밀라노의 암브로시우스 주교에게 왔습니다. … 주님의 인도로 무의식중에 그에게로 왔으나 그 후로는 그의 인도로 의식적으로 주께로 갔습니다. 하나님의 사람인 그는 아버지처럼 저를 받아 주었고 … 저는 그의 말을 귀담아들었습니다."[1]

이렇게 겸손하고 지혜롭게 영성 지도를 받은 덕에 어거스틴은 기독교 역사상 가장 영향력 있는 주교 중 한 명이 될 수 있었다. 그러나 어거스틴이 조언을 구한 것은 신앙 여정의 초기 때만이 아니었다. 이 점에서 우리는 더 큰 교훈을 배울 수 있다. 세월이 흐른 뒤에 어거스틴은 이렇게 썼다.

> 주님, 주께서 제 마음속에 [암브로시우스를 계승한 주교인] 심플리치아노를 찾아갈 마음을 주셨고, 제 눈에도 그것이 좋아 보였습니다. 그는 주님의 신실한 종으로 보였고, 주님의 은혜가 그 안에서 밝게 빛났습니다. 제가 듣기로 그는 아주 어려서부터 주님께 지극히 헌신하며 살았다고 합니다. 이제 나이가 지긋해진 그는 오랜 세월 주님의 길을 열심히 따른 사람답게 많은 경륜을 쌓은 사람으로 보였고 실제로 그랬습니다. 주님의 길을 가려는 저에게 가장 적합한 방법이 무엇인지 그가 자신의 보고寶庫를 바탕으로 일러 주었으면 좋겠습니다.²

어거스틴은 자수성가한 그리스도인이 아니다. 훌륭한 인물치고 그런 사람은 극히 드물다. 우리도 영적 코치를 받아야 한다. 이것은 일요일 아침마다 수백 명, 수천 명의 사람에게 전하는 설교와는 사뭇 다르다. 옛 영성 작가들은 그리스도인들에게 일대일 관계를 찾아 그 안에서 도전과 교정과 감화를 받아 신앙에 매진하라고 권면했다. 가장 영향력 있는 세 명의 영적 선배들도 완전히 생각이 같았다.

- 토마스 아 켐피스: "지혜롭고 성실한 사람에게 조언을 구

하라. 자신의 생각을 따르기보다 자신보다 나은 사람에게 힘써 배우라."
- 요한 클리마쿠스: "하나님께 헌신했으나 지도자 없이도 전진할 수 있다고 생각하는 사람은 분명히 자신을 속이고 있다. 이집트를 탈출하는 사람들에게는 모세가 있었고, 소돔을 탈출하는 사람들에게는 천사가 지도자가 되었다. … 우리의 썩어가는 환부를 고치려면 아주 숙련된 의사가 필요하다."
- 프란시스 드 살레: "진지하게 경건을 향해 걸어가고 싶거든 당신을 안내하고 인도해 줄 만한 좋은 사람을 구하라. 이것이 내가 줄 수 있는 최선의 조언이다."

영성 지도가 왜 필요한가?

왜 우리에게 영성 지도라는 도움이 필요한가? 그것이 필요한 중요한 이유를 네 가지로 설명할 수 있다.

우리의 마음이 기만적이다

당연한 일이겠지만, 성경을 진지하게 대한 옛 영적 선배들은 지혜롭고 객관적인 조언의 필요성에 대해 대체로 의견이 일치했다[잠 14:12 참조]. 우리는 객관성이 부족해 사물을 정확하게 보지 못한다. 따라서 자신의 영혼을 더 지혜로운 다른 그리스도인들에게 내보이면

명료한 더 시각을 얻을 수 있다. 혼자 있으면 길을 잘못 들 위험이 있다.

《무지의 구름》을 쓴 무명의 저자는 이렇게 말했다.

"영혼이 필멸의 육신 안에 거하는 한 우리는 영적인 세계와 특히 하나님을 정확히 알 수 없다. 우리의 지각에는 모종의 환상이 섞여 있어 그것이 우리의 행위를 부정하게 하기 일쑤다."[3]

요한 클리마쿠스에 따르면 아무리 성숙한 그리스도인도 남의 도움이 필요 없을 만큼 자란 것은 아니다. 우리 중 누구라도 잘못된 길로 들어설 수 있다.

"아무리 신중한 사람도 길잡이가 없으면 길을 잃기 쉽다."[4]

우리에게 겸손이 필요하다

꼭 신중한 태도 때문에만 남의 조언을 구하는 것은 아니다. 겸손도 우리를 움직여 좋은 충고를 얻게 한다. 토마스 아 켐피스는 이렇게 썼다.

"모든 것을 완전히 알 만큼 지혜로운 사람이 누가 있는가? 그러므로 자기 생각을 과신하지 말고 기꺼이 남의 의견을 들어라."[5]

보다시피 그는 "기꺼이 남의 의견을 들으라"고 했다. 다른 사람들의 생각에 매번 동의하지 않을 수는 있지만 적어도 겸손히 조언을 들어야 한다. 토마스 아 켐피스가 말한 '미숙한 사람들'에게는 이것이 특히 더 중요하다.

> 아직 초보자라서 주님의 길에 미숙한 사람들은 사려 깊은 사
> 람들의 조언에 따라야 한다. 그렇지 않으면 쉽게 속아 큰 낭패
> 를 볼 수 있다. 경험이 많은 사람들을 믿지 않고 자기 생각대
> 로 하다가는 결말이 위험해진다. 무분별한 교만에서 벗어날
> 생각이 없다면 특히 더하다.[6]

더 깊은 영적 성장을 막는 이런 태도나 편견을 솎아내려면 외부의 지도가 필요하다. 태도가 비뚤어져 있는데도 그 위력을 모른다면 그것이 몇 년씩 우리를 억누를 수 있다. 하지만 지혜로운 영성 스승은 그런 태도나 잘못된 생각을 몇 분 만에 짚어낼 수도 있다. 내 지혜의 수준까지로 성장을 제한할 까닭이 무엇인가? 여정의 동반자들에게 배우면 그리스도 안의 충만한 삶으로 나아갈 수 있다.

우리에게 원수가 있다

영적 친구가 필요한 또 다른 이유는 우리에게 악하고 교활한 영적 원수가 있기 때문이다. 성경에 나와 있듯이 사탄은 악착같이 우리를 대적한다.[7] 사탄은 우리가 죄를 짓기를 원하며, 우리를 넘어뜨릴 방도를 궁리한다. 사탄은 지금도 당신과 나를 실족시킬 계략을 꾸미고 있다. 이렇게 원수가 우리의 파멸을 궁리하고 있으니, 우리의 성장을 궁리할 친구도 있어야 하지 않겠는가?

현대 문화는 옛 그리스도인들이 당연시한 영적 실체들을 잃어버렸다. 이냐시오는 지옥이 그리스도인 개개인을 주목하고 있음을

알았다. 그가 깨달은 대로 사탄과 그 졸개들은 개인의 약점을 노리며 우리를 일일이 노려보고 있다.

> 원수는 영혼이 무딘지 예민한지 치밀하게 예의주시한다. 예민한 영혼이면 아예 예민함의 극으로 치닫게 한다. 더 쉽게 교란시켜 파멸로 몰아가기 위해서다. … 영혼이 아무런 죄에도 동조하지 않으면 … 원수는 죄가 아닌 말이나 사소한 생각 같은 것도 죄처럼 느껴지게 한다. 명백한 죄에는 영혼을 빠뜨릴 수 없기 때문이다. 반면에 무딘 영혼이면 원수는 더 무디어지게 만든다.[8]

다시 말해서 우리에게 필요한 영성 스승은 우리가 죄를 지을 때 지적해 줄 뿐 아니라 죄가 아닌데도 죄인 줄 알고 두려워할 때 우리를 위로해 줄 사람이다. '예민함의 극으로' 치닫는다는 이냐시오의 표현은 나를 두고 하는 말이다. 나는 수시로 자책감에 빠지는 경향이 있다. 한번은 친구가 이런 말로 내 좌절감을 간단히 해결해 주었다.

"나처럼 진짜 죄 문제로 고민하느니 자네처럼 죄도 아닌 것으로 고민하는 게 더 낫겠구먼."

하지만 나처럼 정죄에 시달리는 사람들에게는 그런 영적 전투가 절절하게 느껴진다. 그것 때문에 정말 비참해질 수 있다.

"아까 대화할 때 당신은 그리스도처럼 온유했는가? 철두철미하게 진실했는가? 그 만남에 당신의 교만이 조금이라도 섞여들지 않았는가?"

이냐시오가 지적하듯이 우리는 자신의 영적 성장을 볼 때도 시각이 왜곡되어 있을 수 있다. 사탄은 우리의 기분을 조종한다. 사탄은 능히 우리의 감정을_{심지어 하나님을 기쁘시게 하려는 갈망까지도} 이용해서 우리를 대적한다.

이런 가능성 때문에, 우리의 영혼에 진실을 말해 줄 객관적 음성들이 필요하다. 궁극적으로는 성령과 성령께서 감화하신 성경이 그 음성이다. 하지만 바로 그 성경이 우리에게 많은 상담자를 구하라고 권한다. 이냐시오는 우리의 관심사를 빛 가운데 드러낼 때 사탄이 궤멸한다고 확신했다.

> 인간의 원수는 의로운 영혼에 술책과 속임수를 쓰면서, 영혼이 그것을 몰래 받아 비밀로 지키기를 바라고 원한다. 하지만 훌륭한 고해 신부나 영적인 사람은 원수의 흉계와 악의를 알아차린다. 그래서 원수는 자신의 수법이 발각되는 것을 지독히 싫어한다. 뻔한 흉계가 훤히 들통 나면 자기가 꾸며낸 악한 계략이 성과를 이룰 수 없다고 생각하기 때문이다.[9]

지옥의 존재를 진정 믿을진대 우리는 그 믿음에 걸맞게 살며 자신을 보호해야 한다. 다행히 사탄은 유한한 존재이므로 우리를 완전히 제압할 수 없다. 하지만 우리를 속일 수는 있다. 기만에 맞서 싸우는 최고의 방법은 우리의 영적 관심사를 다른 그리스도인과 의논하는 것이다. 그 그리스도인은 객관적인 사람, 성령의 은사대로 행하는 사람, 그리하여 기만당할 소지가 적은 사람이어야 한다. 아울러 우리가 구해야 할 사람은 유혹의 생리를 잘 알아야 하고, 하나님의 음성을 듣고 인도받을 줄 알아야 한다.

> 우리는 신실한 친구의 지도를 따라야 한다. 그는 지혜롭고 신중한 조언으로 우리의 모든 행동을 인도하며, 악한 자의 매복과 기만으로부터 안전하게 지켜 준다. 이런 친구는 우리의 모든 환난과 슬픔과 실족 중에 지혜와 위로를 아끼지 않는 보물과 같다. 또한, 병을 고쳐 주는 약과 같고, 영적 혼란에 빠진 마음을 위로해 주는 강장제와 같다. 그는 우리를 악에서 보호하고 더 선해지게 한다. 혹시 우리가 병에 걸리면 그가 회복을 도와 죽음에 이르지 않게 한다.[10]

비밀은 암과 같다

영성 스승이 있을 때 우리가 누리는 또 다른 복은 비밀의 죽음이다. 비밀은 영적 암이다. 비밀은 죄의 행동을 습관으로 발전시킨다. 그리하여 처음에는 '작은 죄 하나'였지만 나중에는 지옥이 잔치를 벌인다. 하지만 고백해야만 한다면 죄가 불편하게 느껴져 해결책을 구할 수밖에 없다.

거짓말은 영적 파멸에 이르는 문이다. 예수는 자신을 진리라 하셨고요 14:6 사탄을 '거짓말쟁이요 거짓의 아비'라 하셨다요 8:44. 만약 기만을 일삼는다면 우리는 그리스도를 따르는 게 아니라 사탄을 따르는 것이다.

성경은 우리에게 진실의 사람이 되라고 명한다. 나는 진실과 기만이 둘 다 습관임을 깨달았다. 영성 스승은 우리가 진실의 습관을 기르도록 도와준다. 한 사람 앞에서 빛 가운데 살기 시작하면 모든 사람 앞에서 빛 가운데 살기가 더 쉬워진다.

오늘날 교회에 시급히 필요한 것 중 하나는 진정성이다. 특히 지도자들의 진정성이 필요하다. 분야를 막론하고 모든 사역은 고도의 집중을 요구한다. 여기에 비밀, 특히 죄의 비밀까지 더해지면 사역을 거의 감당할 수 없게 된다. 비밀이 있으면 사탄이 우리를 공략할 수 있다. 우리는 예수님의 자유 안에서 사역하는 게 아니라 그 작은 치부 하나를 감추려고 늘 사방을 두리번거리게 된다.

이 책에 내 이력과 약점을 일부 털어놓았지만, 전에는 이만큼 솔직할 수 없었다. 겉만 그럴듯한 이미지를 죽이고 나니 그 후련함이란 이루 말할 수 없었다! 내 인생의 이야기를 요약하면 이렇다. 하나님은 내 삶에 아주 선한 일들을 하셨고 나는 아주 악한 일들을 했으나 결국 하나님의 은혜가 이겼다.

내가 기꺼이 솔직해지고 싶어진 계기는 처음에 딱 한 사람에게 솔직해지고 나서부터였다. 그 사람의 사랑과 존중은 늘 한결같았고, 그래서 나는 좀 더 넓은 반경의 사람들에게 마음을 더 열 수 있었다. 우리가 이 과정에 들어가면 간혹 배신을 경험하는 것은 지극히 당연한 일이다. 하지만 대개는 빛 가운데 걷는 삶이 한없이 자유롭게 느껴져, 그냥 배신자들에게 하나님의 자비를 베풀어 달라고 기도하게 된다. 우리가 원하는 것은 남들의 호평이 아니라 그냥 진실해지는 것이다. 비밀과 기만이 만들어내는 짐은 그리스도인이 져야 할 짐이 아니다.

이렇게 진정성이 필요하다 해서 우리의 속마음을 아무에게나 털어놓아야 한다는 말은 아니다. 사안에 따라 한두 명의 사람들에게만 내보여야 할 부분들도 있다. 하지만 하나님과 나만 알고 있어야 할 부분은 거의 없다. 잊지 마라. 우리의 마음은 기만적이며 비밀은 죄의 온상이다. 비밀로 묻어둘 때 하나의 사건이 습관으로 자라 마침내 성격 특성이 된다.

건강한 영적 삶에는 비밀과 속임수와 은폐가 없다. 하나님이 예수 그리스도 안에서 우리에게 용서를 베푸셨다. 그러므로 그리스도인들은 혼자 고립되어 양심의 가책에 시달려야 할 이유가 없다. 고백은 의무라기보다 하나님의 선물이다. 고백을 통해 하나님은 우리를 새롭고 강건하게 하신다.

이런저런 형태의 학대를 당한 사람들에게 특별히 당부하고 싶다. 그 일을 당신과 가해자만의 비밀로 남겨 두지 않도록 조심하라. 비밀의 지속도 일종의 학대의 지속일 수 있다. 비밀은 학대자에게 당신을 지배할 힘을 주기 때문이다. 심지어 가해자는 새디스트적인 쾌감마저 얻을 수 있다. 당신에 대해 아무도 모르는 부분을 자기만 알고 있다는 거짓된 친밀감 때문이다. 그러므로 기도하고 잘 생각해 당신을 사랑하는 성숙한 그리스도인에게 비밀을 털어놓아라. 해방을 가져다주는 진실과 사랑의 위력에 아마 놀라게 될 것이다. 비밀을 털어놓을 대상들을 잘 선택하라. 그들이 당신과 함께 기도하며 안심시켜 줄 때 당신은 새로운 자유를 경험할 것이다. 나아가 가해자의 지배에서 영원히 풀려나, 하나님의 사랑으로 말미암아 해방의 기쁨을 누릴 것이다.

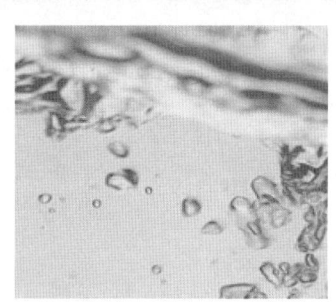

Part 6

Seasons and Surgery
of the Soul

43 영성 스승을 선택하기

영성 스승들이 중요한 역할을 할 수 있는 만큼 아주 조심해서 잘 선택해야 한다. 권력욕이나 통제 욕구가 있는 사람, 신학이 잘못된 사람, 겸손하지 못한 사람은 득보다 오히려 해가 될 수 있다.

토마스 아 켐피스는 '지혜롭고 성실한' 사람, 우리보다 '나은' 더 성숙한 사람을 구하라고 권면했다.[1] 다시 말해서 자신이 우러러볼 수 있는 사람들을 선택해야 한다.

아빌라의 테레사는 불가능한 일을 하도록 우리에게 감화를 끼칠 수 있는 사람들을 찾으라고 권한다. 불가능한 일을 쉽게 하는 그들을 보면 우리도 힘을 얻어 '담대히 날아오르게' 된다. 이렇게 조금씩 우리는 영적 부모를 본받을 수 있다.

"이런 도움을 받을 때 그 유익이란 이루 말할 수 없다. 내가 잘 안다."[2]

그녀의 이력으로 미루어 아마도 십자가의 요한을 두고 하는 말일 것이다. 그는 3년 동안 그녀의 영성 스승이었다. 테레사는 또 지혜와 영적 지각을 구하라고 권했는데, 그 둘을 반드시 한 사람이 겸비하고 있는 것은 아니다.

> 처음에 이 비전을 아주 박학한 사람에게 말하는 것이 좋다. 물론 비밀을 지킨다는 약속이 따라야 한다. 박학한 사람은 우리에게 깨달음을 주기 때문이다. 또는 아주 영적인 사람을 찾을 수 있다면 그 사람에게 해도 좋다. 그런 사람이 없다면 아주 박학한 사람에게 말하는 게 낫다. 혹시 영적인 사람과 학식 있는 사람을 둘 다 구할 수 있다면 두 사람에게 해도 좋다.[3]

테레사가 하려는 말을 알겠는가? 어떤 사람들은 학문적 지식이 뛰어나 성경을 두루 문법적으로 분석할 수 있지만, 성경을 적용하는 법이나 하나님의 생명이 영혼 안에 역사하는 원리에 대해서는 영적 지각이 부족할 수 있다. 반대로 어떤 사람들은 기도도 하고 하나님이 일하시는 방식도 알고 있지만, 기본 신학과 성경에 대한 이해가 부족할 수 있다. 공부는 성숙의 필수 요소이지만, 공부한다고 반드시 참된 이해를 얻는 것은 아니다. 강퍅한 마음이나 둔한 마음으로 공부하는 사람들도 있을 수 있다. 테레사가 우리에게 선택하라고 권하는 대상은 성경에 조예가 깊으면서 또한 영적 여정과 인간의 경험을 잘 알고 있는 사람이다. 이렇게 지혜와 영적 지각을 겸비한 사람을 만났다면 특별히 감사해야 한다.

우리의 성장에 위협을 느끼거나 우리를 그들 자신의 한계 내에 가둘 사람들은 우리가 선택할 영성 스승들이 아니다. 테레사는 이렇게 경고했다.

"고해 신부가 비록 기도하는 사람일지라도 주께서 그를 이 길로 인도하지 않으셨다면, 그는 즉시 겁을 먹고 이 길을 정죄할 것이다. 그래서 나는 아주 박학한 사람을 선택하라고 권하는 것이다. 가능하면 동시에 영적인 사람이면 더 좋다."[4]

사람마다 제각각이다

영성 스승은 또한 다양성을 인식할 줄 알아야 한다. 금식 같은 영적 훈련들은 일부 사람들에게 아주 유익할 수 있지만, 그것이 교만을 조장하거나 하나님의 은총을 얻는 수단으로 이용된다면 위험할 수 있다. 모든 그리스도인을 똑같이 대하는 스승은 무슨 병이든 관계없이 한 가지 약만 처방하는 의사와 같다. 그런 스승은 오히려 우리의 신앙에 독이 될 수 있다.

> 한 사람의 약이 다른 사람에게는 독이 될 수 있고, 같은 사람이라 해도 지금은 약인 것이 나중에는 독이 될 수도 있다. 내가 보았던 한 무능한 의사는 환자가 참회하는데도 무조건 모욕을 주어 그를 절망에 빠뜨렸다. 반면에 내가 보았던 한 숙련

된 의사는 모욕의 칼로 교만한 마음을 째고 악취가 나는 고름을 다 뽑아냈다.[5]

한번은 내가 참석한 어느 기독교 수련회에서 두 남자가 결혼 생활에 대해 대화하고 있었다. 그중 하나는 깊은 상처가 있었다. 다른 남자가 대뜸 그에게 하는 말이, 그가 아내를 세워 주지 않고 무시하는 것을 당연시하고 있다는 식으로 말했다. 하지만 내가 몇 가지 간단한 질문을 던져 본 결과, 사실은 그렇지 않음이 더없이 분명해졌다. 전혀 다른 역동이 작용하고 있었다. 이 형제에게 필요한 것은 정죄가 아니라 치유와 격려였다. 알고 보니 그에게 조언해 준 남자는 마침 자신이 아내에게 지은 죄를 하나님께 지적받던 참이라고 했다. 그래서 다른 형제에게도 그대로 전했던 것이다.

자아로 충만한 사람들은 다른 사람을 지도할 수 없다. 영성 스승은 자신의 경험으로부터 최대한 해방되어 있어야 한다. 그래야 타인의 경험에 들어갈 수 있다. 물론 반드시 알아둘 것이 있다. 살다 보면 우리도 모두 때로 자아로 충만해질 수 있다. 누구나 이런 성향을 경계해야 한다.

당신도 나처럼 이런 경우가 있을지 모른다. 당신이 먼저 고백할 대상을 찾아냈는데, 그 사람이 똑같은 죄를 당신에게 고백하며 조언을 청하는 경우다! 이럴 때는 좀 힘들더라도 다른 스승을 구하라. 그런 사람은 남을 돌볼 만큼 성숙하지 못했기 때문이다. 쌍방적인 나눔에 대해서는 나도 대찬성이다. 양쪽 모두 필요한 도움을 받고 있기만 하다면 말이다. 하지만 일방적인 상황이라면, 내 약한 부분을 도울 수 있을 만큼 강한 사람을 찾아야 한다.^{여담이지만 우리도 그런 고백의 대상이 될 수 있으므로 평소에 더욱더 하나님의 완전한 수용 속에서 거룩하게 살아가야 한다. 다른 사람이 내게 죄를 고백하는데 나도 아직 똑같은 죄를 해결하지 못하고 치유되지 않은 상태라면 부끄러운 일이다.}

영성 스승은 또한 신앙 고전을 알고 있어야 한다. 그래야 한 가지 답밖에 모르는 일차원적 그리스도인이 되지 않을 수 있다. 예컨대 프란시스 드 살레와 프랑수아 페넬롱은 유혹에 대해 많은 것을 가르쳐 주지만, 둘 다 정적靜寂주의의 경향이 있고 프랑수아 페넬롱은 신비주의로 기운다. 그래서 나는 사람들에게 프란시스 드 살레와 프랑수아 페넬롱의 책을 읽는 사이사이에 존 오웬의《죄와 유혹》Sin and Temptation을 읽게 한다. 그러면 그들이 죄와의 싸움에 대해 좀 더 체계적 이해와 다양한 관점을 얻을 수 있다. 찾아온 사람이 율법주의자라면 나는 그가 은혜의 실체를 깨닫기 전에는 윌리엄 로의《경건한 삶을 위한 부르심》의 근처에도 가지 못하게 한다. 상대가 유혹에 대해 완전히 무지하거나 무관심하다면 대개 나는 로렌조 스쿠폴리의《심전-영적 전투》를 먼저 권한다. 각자에게 맞는 책을 읽기만 한다면 고전은 무지와 무관심과 유혹을 무찌르는 놀라운 무기고가 된다.

요한 클리마쿠스는 우리에게 '나이가 많기보다는 지혜를 갖춘' 영성 스승을 선택하라고 권했다.⁶ 그는 또 우리 자신의 강점과 약점을 고려하여 거기에 잘 맞는 스승을 골라야 한다고 조언했다. 당신의 친구에게 큰 도움이 된 스승이 당신에게는 전혀 도움이 되지 않을 수도 있다.

> 우리는 자신의 열망과 순종의 성격을 분석해서 거기에 맞게 스승을 선택해야 한다. 정욕이 당신의 문제라면, 아무나 반기며 먹기 좋아하는 사람을 훈련 지도자로 골라서는 안 된다. 설사 그 사람에게 기적을 행하는 능력이 있다 하더라도 말이다. 오히려 음식의 위안을 일체 거부할 금욕주의자를 선택하라. 당신이 교만한 사람이라면, 유순하고 무른 사람이 아니라 뜻을 굽힐 줄 모르는 엄한 스승을 선택하라. 무조건 예지와 선견지명의 은사가 있는 사람만 찾아서는 안 된다. 오히려 참으로 겸손한 사람, 성품과 거처居處가 우리의 약점에 잘 맞는 사람을 찾아야 한다.[7]

유약한 스승을 선택하고 싶은 유혹은 통제 욕구가 강한 사람들에게 특히 문제가 된다. 고압적으로 남을 조종하는 사람은 일부러 오냐오냐 해 주는 물러터진 스승을 선택할 수 있다. 그렇게 해서 겉으로만 자신이 감시받고 있는 척 꾸민다. 좋은 영성 스승이나 감시 그룹은 우리에게 쉽게 조종당하거나 위협당해서는 안 된다.

영성 스승을 사랑하고 존중하라

요한 클리마쿠스는 우리에게 권하기를, 영성 스승을 선택할 때는 철저히 따져 보되 일단 선택했으면 스승의 역할을 존중하라고 했다.

> 주 안에서 자신을 굽혀 다른 사람에게 맡기기로 할 때는 참으로 구원을 사모하는 마음으로 겸손해야 한다. 이 때 사전에 해야 할 일이 있다. 행여 미심쩍고 조심스러운 마음이 든다면 예비 스승을 심사하고 따져 보고 … 시험해 보아야 한다. 선원을 조타수로, 환자를 의사로 착각하여 … 우리 영혼을 파선시켜서는 안 되기 때문이다. 하지만 일단 거룩한 삶과 순종의 경기장에 들어선 뒤에는 설령 스승의 약점이 보이더라도 비판하지 말라. 어차피 스승도 인간이다. 우리가 판단하기 시작하면 우리의 복종이 무용지물이 되고 만다.
>
> 윗사람을 향한 흔들리지 않는 믿음을 지키고 싶다면, 그의 선행을 마음속에 지워지지 않게 새기고 기억 속에 간직해야 한다. 그래야 마귀가 윗사람에 대한 불신을 조장할 때, 우리의 머릿속에 간직해 둔 것으로 마귀를 물리칠 수 있다. … 윗사람을 판단하거나 정죄하고 싶은 생각이 들거든 마치 간음을 피하듯 단칼에 끊어 버리라.[8]

사탄이 진실을 가로막는 단골 수법 중 하나는 우리로 하여금 진실의 메신저를 멸시하게 하는 것이다. 영성 스승이 까다로운 말을 하면 우리는 진실을 무시하고 싶어질 수 있다. 그래서 스승에게서 똑같거나 비슷한 잘못을 찾아내려 들 수 있다. 이것은 회피에 지나지 않는다. 나의 결점이 다른 사람들에게도 심지어 나의 영성 스승에게도 있을 수 있다. 하지만 그렇다고 해서 나 자신의 결함을 해결하지 않아도 되는 것은 아니다. 하나님은 부족한 사람들도 얼마든지 우리의 영혼에게 진실을 말하고 잘못을 지적하고 치유를 전하는 통로로 쓰실 수 있다.

영성 스승의 역할은 막중한 만큼 절대로 스승을 가볍게 골라서는 안 된다. 프란시스 드 살레는 이 부분에서 테레사의 말을 인용했다.

> 아빌라의 테레사는 "그러므로 천 명 중의 한 명을 고르라"고 말했다. 하지만 나는 만 명 중의 한 명을 고르라고 말하고 싶다. 이 직분을 감당할 만한 사람이 생각보다 적기 때문이다. 그는 사랑과 학식과 지혜의 사람이라야 한다. 이 세 가지 자질 중 하나라도 없으면 위험하다.[9]

44 함께 성장하라

　　일단 적합한 영성 스승을 찾았으면 이제부터 우리가 그의 일을 쉽게 만들 수도 있고 어렵게 만들 수도 있다. 우리가 남의 감독을 받기로 결단하는 순간, 우리 영혼의 원수는 무슨 수를 써서라도 우리를 스승 앞에서 덜 솔직하게 만들려 한다. 죄의 가책에 사로잡혔을 때는 아주 간절한 마음으로 영성 스승을 찾을지 모르지만, 일단 가책이 가라앉으면 스승을 찾아갈 때 진실성이 훨씬 떨어질 수 있다. 애초에 스승을 왜 찾아가는지 의문이 들 수도 있고, 이 과정을 시작한 것을 과잉반응처럼 여길 수도 있다. 그런 일이 있을 것을 예상하라. 거의 보편적인 현상이다.

　영성 스승을 두는 것은 처방전을 받는 것과 같다. 처방전 자체로는 병을 고칠 수 없다. 실제로 약을 먹어야 한다. 처방전을 서랍 속에 처박아 둔다면 병원에 갔던 일은 말짱 헛일이 되고 만다. 그러므로 스승을 만나기로 결단하는 데서 그치지 말고 그 만남을 최대한 활용하라.

죄를 고백한다

유능한 영성 스승을 찾아냈다면, 죄와 유혹을 털어놓는 적절한 과정은 무엇인가? 첫째, 철저히 솔직해지기로 결심해야 한다. 영성 스승에게 고백하는 그리스도인들에게 프란시스 드 살레는 이런 조언을 들려주었다.

> 당신이 죄를 얼마 동안에 걸쳐 지었는지 [말하라]. 시간이 길었을수록 악의 정도도 심하다는 뜻이다. 죄의 사실, 동기, 지속을 … 반드시 말해야 한다. 물론 소죄^{가볍거나 우발적인 잘못}라면 굳이 알리거나 고백할 절대적 의무는 없다. 하지만 자신의 영혼을 온전히 씻음 받고 거룩한 경건에 이르고자 하는 사람들은 고침 받고자 하는 악이 아무리 작을지라도 영적 의사에게 애써 알려야 한다.¹

죄를 생각할 때 건강을 서서히 망쳐 놓는 병처럼 생각하라. 병이라면 담당의사에게 모든 증상과 미묘한 차이와 합병증까지 최대한 정확히 설명할 것이다. 죄에 대해서도 똑같은 태도를 보여라. 물론 죄는 병과 다르다. 굳이 말하자면 병보다 더 치명적이다. 병과 달리 죄는 몸에만 아니라 영혼에까지 합병증을 일으킬 수 있다. 죄에

숨을 자리를 내주지 마라. 솔직한 고백은 겸손의 연습으로도 아주 그만이다.

둘째, 얼굴을 대면하고 고백해야 한다. 고백하면 어쩔 수 없이 죄의 실상을 직시하게 된다. 하나님께 고백하기는 아주 쉬운데 그리스도 안의 형제자매에게 고백하기는 그토록 어려운 이유가 무엇인가? 문제는 하나님의 임재와 능력에 대한 우리의 이해가 딱할 정도로 부족하다는 것이다. 사실 우리는 하나님께 고백하는 게 아니라 자기 자신에게 고백하고 있다. 하지만 다른 그리스도인의 얼굴을 대면하고 고백하면 그 사람 안에 계신 그리스도의 임재가 느껴지면서 자신의 죄의 본색이 보인다. 덕분에 고질적 죄가 점차 지배력을 잃는다. 요한 클리마쿠스는 이렇게 썼다.

"고백은 재갈과 같아서 고백하는 영혼으로 하여금 죄를 짓지 못하게 한다. 그러나 죄를 고백하지 않고 그냥 두면 두려움 없이 그 죄를 계속 짓게 된다. 마치 어둠 속에 있는 것과 같다."[2]

이 글을 쓰는 지금, 어느 유명 운동선수의 사생활이 온 세상에 노출되었다. 이제 그는 운동을 접어두고 자신 행동의 근본 원인을 해결해야 할 처지가 되었다. 그 문제는 그의 가정까지 위협하고 있다. 그의 행동은 여러 해 동안 계속됐지만 그는 그것이 얼마나 끔찍한 일인지 보지 못했다. 그래서 아무런 조치도 취하지 않았다. 그러다 이번에 발각되었다. 그는 그 죄에 어찌나 익숙해졌던지 죄가 별로 나빠 보이지 않았다. 하지만 들통 난 후 다른 사람들의 반응을 보고서 그제야 자신에게 도움이 필요함을 깨달았다.

이런 의미에서 고백은 스포트라이트와 같다. 이제 우리는 자신의 죄를 하나님의 진리의 충만한 빛 가운데서 보아야 하며, 그저 가벼운 무분별한 행위인 냥 행세해서는 안 된다. 우리는 고백하는 대상을 대면해 똑바로 바라보아야 한다. 그 상태에서 창피함을 무릅쓰고 자신의 죄를 진술하고 잘못을 시인해야 한다. 그 화끈거리는 순간 덕분에 우리 속의 죄가 불살라져야 한다.

우리는 죄에 대해서만 아니라 유혹에 대해서도 솔직해져야 한다. 하나님은 우리가 혼자 고립되어 말없이 고생하기를 원하지 않으신다. 우리는 사탄과 보이지 않는 전쟁을 치르고 있다. 유혹받을 때 우리에게는 격려와 바른 시각과 교훈이 필요하다. 프란시스 드 살레는 솔직히 털어놓아야 할 필요성을 이렇게 강조했다.

> 크고 작은 모든 유혹을 물리치는 최고의 처방은 당신의 마음을 열고 모든 감정과 유혹과 애착을 스승에게 털어놓는 것이다. 꼭 알아야 할 것이 있다. 구원의 원수는 자신이 유혹하려는 영혼에게 첫 번째 조건으로 침묵을 요구한다. … 하지만 하나님이 그분의 감화를 통해 우리에게 요구하시는 바는 신앙의 선배와 스승에게 우리의 내면을 알리는 일이다.[3]

강점을 세워나간다

그리스도인의 삶이란 죄를 짓지 않는 것 훨씬 이상이다. 숙련된 영성 스승은 그것을 안다. 그래서 그는 당신이 긍정적 덕과 능동적 섬김에서 자라가도록 격려해 준다. 지혜로운 스승이 주력하는 일은 당신의 기도 생활을 세워 주고, 경건의 시간을 강화시켜 주고, 당신의 영혼 안에 예수님의 삶을 길러 주는 일이다.

내 책《영성에도 색깔이 있다》Sacred Pathways: Discover the Soul's Path to God 은 아홉 가지 영적 기질또는 '색깔'을 소개한다. 그리스도인들은 각자의 독특한 영적 기질들을 통해 개인의 경건 생활을 가꾸고 하나님과 소통한다. 최고의 영성 지도는 죄의 결과를 다루기보다 기도 생활을 세워 주는 데 더 많은 시간을 들인다. 영성 지도의 시간이 고백에서 그친다면, 영적 삶을 보는 당신의 렌즈는 회피적 사고방식이 될 것이다.

"이러이러한 행동을 좀 끊게 도와주십시오."

그보다는 기도와 마음과 사고와 섬김에서 자라가는 쪽으로 접근하는 게 훨씬 유익하다. 그런 부분들에 진보를 이루면 유혹과 죄를 훨씬 더 확실하게 막아낼 수 있다.

고백은 영성 지도에 꼭 필요하며 아주 중요하다. 하지만 그것이 관계의 유일한 측면이나 주된 측면이 되어서는 안 된다. 계속 성장에 초점을 맞추라. 그러면 당신은 정말 성장할 것이다.

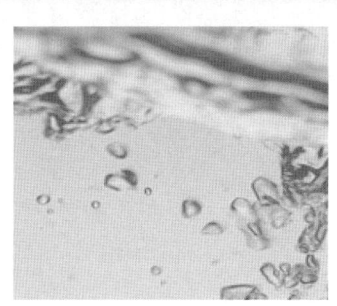

Part 6
Seasons and Surgery
of the Soul

45 영성 스승의 소명

요즘의 교회 생활은 마치 한 명의 의사가 진료실 한 곳에 1천 명의 암환자를 모아 놓고 똑같은 조언을 내놓는 것 같다. 그중에는 식도암 환자도 있고 폐암 환자도 있고 간암 환자도 있을 것이다. 하지만 모두 똑같은 강의, 똑같은 정보, 똑같은 적용을 듣는다.

초대 교회의 방식은 그렇지 않았다. 《열두 사도들의 가르침: 디다케》 *The Didache*는 초대 교회가 새신자들을 훈련할 때 입문서로 사용한 기독교 고대 문헌인데, 거기에 보면 스승과 제자의 일대일 관계가 전제되어 있다. 한 초신자를 상대로 그에게 권하기를, 훈련을 베푸는 사람을 존중하고 그의 삶을 본받으라고 했다[4:1].

영성 지도는 비교적 새로운 일처럼 보일 수 있으나 사실은 고대의 관습이 부활하고 있는 것뿐이다. 안타깝게도 교회에는 대중을 상대로 말을 잘하는 종들은 많은데, 영혼의 수술을 집도할 수 있는 그리스도인들은 여간해서 찾아보기 힘들다. 혼란에 빠져 힘들어하는 그리스도인을 일대일 관계로 상대할 수 있는 영성 스승이 없다.

그렇다면 이렇게 드문 영성 스승을 어떻게 찾을 것인가? 솔직히 이것은 내가 가장 자주 받는 질문 중 하나다. 영성 지도에 관한 한 공급이 수요를 따라가지 못하고 있다. 프란시스 드 살레는 우리가 이 문제로 간절히 기도해야 한다고 말했다.

"하나님의 마음에 맞는 사람을 보내 달라고 간절히 끈질기게 기도하라. 하나님은 하늘에서 천사를 보내셔서라도 … 반드시 당신의 청을 들어주실 것이다."[1]

다행히 이 필요에 부응하려는 사람들을 하나님이 많이 일으켜 세우고 계신다. 영성 스승이 되려는 사람들이 훈련받을 기회가 종교개혁 이후로 과거 어느 때보다도 많아졌다. 이 문제를 직접 다루는 책들과 프로그램들도 늘어나고 있다. 하지만 그렇더라도 당신은 그냥 개척자가 되어야 할 수도 있다. 자신이 충분히 준비되었거나 훈련되었다고 생각되지 않더라도, 필요 때문에 최선을 다해 이 역할을 수행해야 할 수도 있다.

수고의 보상

영성 지도라는 일대일의 사역에 뛰어들 용감한 영혼들은 어디 있는가? 이 책의 제1부에서 우리는 영적 목표를 살펴보았다. 숙련된 영성 스승이 되는 것은 매우 훌륭한 목표다. 그러려면 자신의 실패에 대해 엄격해져야 하고, 다른 사람들에게 자신의 허물을 솔직히 내보일 수 있어야 한다. 또한, 날마다 그리스도를 더 가까이 해야 한다. 이와 관련해 깨달은 사실이 있다. 기쁨의 기도 자체도 만족감을 주지만, 다른 사람을 해방시켜 그 기도를 누리게 해 주면 만족감이 더 커진다. 골치 아픈 죄나 성격 특성을 치유 받는 것도 감격스럽지만, 다른 사람을 도와 죄나 성격의 약점을 치유 받게 해 주면 감격이 배가된다.

훌륭한 주교인 프란시스 드 살레는 시간을 쪼개가며 개인들을 섬겼고, 자신의 명성에도 불구하고 한 번에 불과 네댓 명에게도 기꺼이 설교했다. 그런 그가 영성 지도로 수고하는 일꾼들의 보상에 대해 이렇게 썼다.

> 고백하건대 영혼을 개별 지도하는 일은 고통스럽다. 하지만 이 고통은 추수기와 포도 수확기에 일꾼들이 느끼는 것과 같은 위안을 가져다준다. 일이 산더미 같고 짐이 심히 무겁지만, 그들에게 이때보다 더 즐거운 때는 없다. 영성 지도는 수고하는 본인의 마음에 새 힘과 생명력과 달콤한 즐거움을 가져다준다.[2]

헨리 드러몬드는 영성 지도에 잔뼈가 굵은 사람이다. 그는 무디 목사의 전도대회에서 주요 상담자로 섬겼다. 그렇게 개인들을 도우면서 그는 인간의 마음을 들여다보는 통찰을 얻었다. 그에게 필적할 수 있는 작가들은 많지 않다. 현실의 삶과 문제를 다루는 일은 무엇으로도 대신할 수 없다. 우리가 조심해야 할 교사들이 있다. 자신의 무지를 감추려고 큰 군중을 상대로 상투적인 말만 두루뭉술하게 늘어놓는 사람들이다. 군중은 어차피 대꾸할 수 없다.

내 말을 오해하지는 마라. 설교는 중요한 사역이다. 하지만 거기에 능동적인 일대일 사역이 곁들여지면 설교 자체가 더 알차고 힘있고 탄탄해진다. 나를 비롯해 수많은 사람이 프란시스 드 살레와 드러몬드에게 자꾸 다시 끌리는 이유도 그것이다. 둘 다 개인 지도의 실력이 잘 알려져 있었고, 현실적이고 통찰력 있는 제안으로 사람들의 실생활의 문제를 다루어 주었다.

당신은 준비되어 있는가?

여기 하나님의 인도에 따라 영성 지도에 시간을 낼 또 다른 이유가 있다. 남을 지도하려면 자신이 계속 진정성 있게 살며 진보를 이루어야 한다. 내 경우 마라톤 대회에 참가 신청을 하면 그만큼 충실히 훈련할 동기가 생긴다. 그리스도인 중에는 이렇다 할 영적 달리기를 전혀 해 보지 않은 사람들이 너무 많다. 그러니 참된 훈련의 필요성을 못 느끼는 것은 당연하다. 하지만 이제라도 기회를 드리면 하나님이 그들을 쓰신다. 그래서 그들은 성경을 더 잘 알아야 할 필요성을 느끼고, 자신의 마음을 정결하게 하시는 하나님께 더 집중하게 되며, 계속 은혜 안에 행하고 싶어진다. 요컨대 그들은 자신의 성장에 신경을 쓴다. 그래야 다른 사람들의 성장을 도울 수 있기 때문이다.

당연히 자녀양육은 영성 지도의 가장 이르고도 자연스러운 훈련장 중 하나다. 자기 자녀를 자연스럽게 지도하는 일이야말로 영성 지도 과정 입문의 이상적 방법이다. 그 단계에서는 굳이 시간을 내서 집 밖에 나가 남을 지도해야 한다는 의무감이나 그에 따른 죄책감을 느끼지 않아도 된다.^{그러면서도 지도의 유익을 본인이 얼마든지 누릴 수 있다} 온 힘을 다해 자녀를 기르면, 자녀가 다 자랄 즈음에는 부모들은 그만큼 경험이 많아질 것이다. 그리하여 다른 사람들을 은혜 안에 자라도록 돕는 데 노련해질 것이다.

모든 사람이 영성 지도의 공식 직분으로 부름 받은 것은 아니다. 그렇게 말한다면 어리석은 일이 될 것이다. 하지만 대부분 우리는 친구, 부모, 배우자, 직장 동료로서 좀 더 유익하고 충실한 사람이 되기를 원한다. 영성 지도의 일부 요소들을 배우면 그런 관계들이 더 깊어지고 우리의 능률이 배가될 수 있다. 하나님의 인도를 경청할 사람들에게 이것은 고귀한 소명이요 박진감 넘치는 일이다.

근본적으로
변화된 삶

7

Part 7
Radically Changed Lives

46 능력의 하나님을 따라 힘을 다해 수고하라

"오늘날 그리스도인들의 큰 문제 중 하나는 너무 열심히 한다는 것이다. 그들은 은혜 안에 쉴 줄을 모른다."

수십 명의 목사가 여러 설교나 책이나 인터뷰에서 그런 식으로 말하곤 한다. 그런 말을 들을 때마다 나는 어이가 없다. 오늘날의 그리스도인들이 너무 열심히 한다는 개념이나 그것이 뭔가 잘못된 일이라는 개념은 전혀 터무니없어 보인다.

요한 클리마쿠스가 상대했던 수사들을 생각해 보라. 그들은 죄를 끊기 위해 고행의 방, 극단적 금식, 엄격한 순종 등 어떤 수고도 마다치 않았다. 아빌라의 테레사와 십자가의 요한과 그들의 추종자들이 경청기도 관상기도를 익히려고 무릎 꿇고 보낸 그 많은 시간을 생각해 보라. 윌리엄 로가 처방한 매일의 묵상과 연구, 로욜라의 이냐시오가 제시한 영신 수련을 일부라도 따르는 사람이 오늘날 몇이나 되는가? 존 웨슬리의 일기에 기록된 사역, 존 오웬과 랄프 베닝과 기타 청교도들이 죄를 죽이려 한 실천 등을 조금이라도 수행하는 사람이 있는가? 《성 프란체스코의 작은 꽃들》에 나오는 프란체스코회 수사들의 청빈과 검소한 삶을 어디서 볼 수 있단 말인가? 이런 일들이 흔하다면 나도 오늘의 그리스도인들이 너무 열심히 한다는 말을 믿을지 모르겠다. 하지만 그런 모습이 전혀 보이지 않는다.

오히려 디트리히 본회퍼의 탄식이 우리 시대의 많은 이에게 해당한다고 본다.

"값싼 은혜의 말이 어떤 행위의 계명보다도 더 많은 그리스도인을 망하게 했다."[1]

오래된 숙적

우리는 율법주의를 걱정한다. 그거야 마땅한 일이다. 하지만 신약성경에 나오는 고전적 율법주의^{구약의 율법에 명시된 할례와 여러 준법 행위로 하나님의 수용과 칭의를 얻으려는 태도}는 지금은 거의 죽어 없어졌다. 현대의 그리스도인 중에 할례를 받아 하나님과 화목해질 수 있다고 생각하는 이가 있겠는가? 우리가 거부해야 하는 것은 행동으로 하나님의 수용을 얻어내거나 유지하려는 율법적 시도다. 그런데 기독교 고전이 고수하는 성경의 진리가 있다. 믿음과 은혜로 구원받고 나면 우리의 믿음이 전보다 더 활동적이 될 수밖에 없다는 것이다. 하나님의 은총을 얻어내기 위해서가 아니라 성령께서 친히 우리를 감화하시기 때문이다.

대부분 목사는 믿음으로 말미암아 은혜로 구원받는다는 보배로운 진리를 당당히 수호하려 한다.^{나도 거기에 무조건 전적으로 동의한다.} 가장 선의에서 이들 목사는 우리를 의롭다 하시려고 그리스도께서 이미 다 이루신 일을 강조한다. 그분이 완성하신 일에 우리는 아무것도 보탤 수 없다. 거기까지는 좋다. 하지만 이후의 노력 자체가 그분이 이루신 일의 가치를 떨어뜨리거나 심지어 무효화한다는 개념은 현대에 와서 생긴 것이다. 그것은 마귀의 사악한 간계이며, 이 때문에 그동안 많은 그리스도인이 미숙하고 무능한 상태를 벗어나지 못했다. 우리를 더 깊은 성숙으로 인도해 줄 바로 그것을 우리는 두려워한다.

조나단 에드워즈는 종종 마지막 청교도요 골수 개혁자로 불리는데, 그는 회심을 기점으로 우리의 노력이 시작된다고 지적했다.

> 성경에 자주 나오는 추구와 노력과 수고는 주로 그리스도인의 회심 후에 일어난다. 회심은 행위의 시작일 뿐이다. 그때부터 그리스도인은 일어나 힘써 전진해야 하고, 수시로 늘 기도해야 하고, 밤낮으로 하나님께 부르짖어야 한다.[2]

열심을 다하는 노력

사도 바울은 하나님과 우리의 조화로운 협력을 강조했다.

"항상 복종하여 두렵고 떨림으로 너희 구원을 이루라. 너희 안에서 행하시는 이는 하나님이시니 자기의 기쁘신 뜻을 위하여 너희에게 소원을 두고 행하게 하시나니" 빌 2:12~13.

기독교 고전에서도 같은 주제를 볼 수 있다. 요하네스 타울러는 변화 과정의 협력적 특성을 지지하면서, 모순에 대한 우려가 전혀 없이 이렇게 썼다.

"능동적 측면에서는 우리가 추구하고, 수동적 측면에서는 하나님이 우리를 찾으신다."[3]

로렌조 스쿠폴리가 그것을 기도로 잘 담아냈다.

"주님, 이 싸움은 주로 주님의 싸움입니다. 저도 제 몫을 다해야 하지만 그래도 제 승리의 희망은 주님께만 있습니다."[4]

복음주의적 관점에서 보면, 이는 칭의에 뭔가를 보탠다는 의미가 아니다. 그것은 불가능한 일이다. 그보다 이는 우리 영혼 안에서 일하시는 하나님께 우리도 협력한다는 뜻이다. 구속을 마음으로 경험할 뿐 아니라 날마다 삶으로 실천하는 것이다. 사도 바울의 표현을 빌려 우리는 하나님께 받은 은사를 '불 일 듯하게' 한다.

칼뱅은 인간의 소원과 그것을 이룰 능력이 둘 다 하나님께로부터 옴을 강조한다. 하지만 동시에 그는 방금 소개한 빌립보서 2장 말씀을 인용하여, '두렵고 떨림으로 너희 구원을 이루' 면 그것이 우리의 '자만심뿐 아니라 나른함까지 억제한다' 고 역설한다.[5] 나는 이 말이 참 좋다. 자만심을 물리쳐 주는 그 같은 진리가 또한 '나른함' 까지 격퇴한다. 우리는 잠이나 자라고 구원받은 게 아니다. 이어 칼뱅은 바울이 "'이루다' 라는 단어를 통해 우리의 나태함을 책망한다"고 썼다.

에드워즈는 더한층 강경하게 말했다.

"참된 그리스도인이 되려면 아주 열심히 신앙의 일에 힘쓰고 부지런히 하나님을 섬겨야 한다. 그리스도의 모든 성도는 그냥 선을 행하는 정도가 아니라 선한 일을 열심히 한다딛 2:14."6

바울은 "이를 위하여 나도 내 속에서 능력으로 역사하시는 이의 역사를 따라 힘을 다하여 수고하노라"골 1:29라고 썼다. 로렌조 스쿠폴리도 동일한 협력적 수고를 지지한다.

"그러므로 정욕에 맹공을 가한 뒤 하나님이 주실 승리를 믿음으로 기다리라. 당신 쪽에서 가능한 노력을 다한다면 하나님은 결코 당신을 저버리지 않으신다한동안 지체하시는 듯 보일 뿐이다."7

달라스 윌라드Dallas Willard가 누구보다도 간명하고도 설득력 있게 이 둘을 구분했다.

"은혜의 반대는 공로이지 노력이 아니다."

하나님을 떠나서는 우리에게 희망도 없고 능력도 없다. 많은 그리스도인이 하나님을 떠나서는 아예 우리에게 소원 자체도 없다고 믿는다. 그러나 구원받은 후에 인간 쪽의 수고나 노력이 필요 없다고 말한다면, 이는 사탄의 계략에 빠져 소중한 진리를 터무니없이 왜곡하는 것이다. 조나단 에드워즈가 이에 대해 전형적 입장을 보였다.

"참된 신앙은 강력하게 의지를 구사한다."8

잔느 귀용은 내가 보기에 의문스러울 정도로 수동성을 지향하는 사람인데, 심지어 그녀도 삶의 구습에서 벗어나려면 적어도 초기에는 반드시 열심히 노력해야 함을 인정했다. 그녀는 '우리의 노력'이 점차 하나님의 물결에 실려 가게 된다고 멋있게 비유했다. 그 내용을 보면 이렇다.

> 처음 항구를 떠날 때는 배를 바다 쪽으로 향하게 하기가 몹시 어렵다. 선원들이 온 힘을 다해 배를 항구에서 벗어나게 해야 한다. 하지만 일단 바다에 들어서면 배는 아무 데로나 선원들이 정하는 방향으로 쉽게 움직인다. 당신의 내면이 하나님께로 돌아설 때도 그와 마찬가지다. 당신도 배와 같아서 처음에는 죄와 자아에 아주 단단히 묶여 있다. 반복되는 숱한 노력을 통해서만 내면의 방향을 돌릴 수 있다.[9]

하나님만이 우리에게 희망을 주실 수 있지만, 우리도 생각을 그분 쪽으로 돌리기로 선택할 수 있다. 우리는 바른 사고를 기르고, 영혼을 강건하게 하고, 영적 양분을 섭취하고, 죄를 고백하고, 기회를 살려 섬기고, 겸손에서 자라갈 수 있다. 그분의 은혜로 말미암아 이런 부분들에 시간을 들이기로 선택할 수 있다.

이것은 행위다. 그렇게 행하려면 소원과 목적을 품고 의욕적인 자세로 노력해야 한다. 노리지의 줄리안은 이렇게 표현했다.

"하나님이 바라시는 것은 … 우리가 게으르지 않고 부지런히 전

력투구하는 것이다."¹⁰

영적 감수성

A. W. 토저^{A. W. Tozer}가 이 양방향의 작업을 잘 정의했다. 능동적 행위자이신 하나님이 우리에게 능력을 주시지만, 그분의 행위 때문에 우리의 노력 내지 '감수성'이 줄어드는 게 아니라 오히려 더 커진다.

> 감히 말하건대 [위대한 성도]의 한 가지 중요한 공통점은 영적 감수성이었다. 그들의 마음은 하늘을 향해 열려 있었다. … 그들은 영적 의식이 있었을 뿐 아니라 그것이 삶의 가장 중요한 부분이 될 때까지 계속 계발했다. 그들이 보통 사람들과 달랐던 점은 내면에 열망이 느껴질 때 뭔가 행동을 취했다는 것이다. 그들은 영적 반응을 보이는 평생의 습관을 길렀다.¹¹

토저가 경고한 대로 이런 감수성은 "우리가 자꾸 구사하면 더 커지지만, 그냥 방치해 두면 소멸할 수 있다."

우리는 성경을 공부하고, 고전을 읽고, 하나님의 지혜에 늘 생각을 열기로 선택할 수 있다. 기도하고, 어쩌면 금식도 하고, 다른 사람들의 감독을 받기로 선택할 수 있다. 온종일 하나님의 임재를 연습하는 데 도움이 될 훈련들을 몸에 익힐 수 있다. 일상생활의 평범한 사건들을 성품의 학교로 삼아 수시로 하나님의 음성을 들을 수 있다.

하나님의 임재를 떠나서는 그런 활동들은 죽은 막대기를 땅에 심는 것만큼이나 무익하다. 하지만 하나님의 역동적 손길이 닿으면 그런 활동들은 불쏘시개 더미에 화염을 던지는 것과 같다. 머잖아 사나운 불길을 보게 된다.

나는 율법주의의 위험을 알지만 그래도 각방으로 계속 노력해 왔다. 내 행위로 하나님의 사랑이나 수용을 더 얻어낼 수 있다는 개념은 워낙 어불성설이라 내 사고방식에서 아주 멀리 떨어져 나갔다. 차라리 내 힘으로 하늘을 나는 게 더 쉬울 것이다. 그렇지만 나는 강권에 못 이겨 내 안에 계신 성령의 강권이라 믿는다 성숙을 향해 더욱 힘써 노력한다. 성경이 우리를 실제적인 변화로 부르고 있기에 나는 그것을 진지하게 받아들인다.

- 하늘에 계신 너희 아버지의 온전하심과 같이 너희도 온전하라 마 5:48.
- 너희는 하나님을 본받는 자가 되고 엡 5:1.
- 신성한 성품에 참여하는 자가 되게 하려 하셨느니라 … 그러므로 형제들아, 더욱 힘써 너희 부르심과 택하심을 굳게 하라 벧후 1:4, 10.
- 내가 이것을 말하며 주 안에서 증언하노니 이제부터 너희는 이방인이 그 마음의 허망한 것으로 행함 같이 행하지 말

> 라 … 그 안에서 가르침을 받았을진대 … 하나님을 따라 의와 진리의 거룩함으로 지으심을 받은 새 사람을 입으라엡 4:17, 22, 24.

솔직히 말해서, 시도조차 하지 않고 도대체 어떻게 하나님을 본받을 수 있겠는가? 죄보다 노력을 더 두려워한다면, 우리의 부르심과 택하심을 굳게 하라는 지시에 어떻게 순종할 수 있겠는가? 노력이 우리를 율법주의에 빠뜨린다고 믿는다면, 어떻게 의식적으로 새 사람을 입을 수 있겠는가?

우리는 억만년이 지나도 아무도 온전함에 이르지 못하겠지만, 그렇다고 시도를 아예 중단해야 한다는 의미는 아니다. 시도조차 하지 않는다면 이는 하나님의 말씀을 가벼이 여기는 일이며, 하나님의 말씀을 가벼이 여기는 것은 곧 하나님의 권위를 무시하는 일이다.

우리는 모든 면에서 한심할 정도로 부족하다. 하지만 변화를 진지하게 대하면 하나님의 은혜를 더 의식하고 더 감사하게 된다. 진지한 그리스도인들이 값싼 은혜를 믿는 그리스도인들보다 은혜에 더 의지한다. 진지한 그리스도인들은 자신이 하나님의 높은 기준에 턱없이 못 미침을 절대 잊지 않기 때문이다. 그래서 그들은 자신의 결함을 채워 주신 하나님께 더욱 감사하게 된다. 이런 의미에서, 더욱 열심히 노력하는 삶이 그냥 게으름과 나태에 빠져 하나님의 공급을 당연시하는 삶보다 우리에게 하나님의 과분한 호의와 은혜와 자비를 더 많이 상기시켜 준다.

내가 제일 좋아하는 작가 중 하나인 헨리 드러몬드의 고무적인 당부로 이번 장을 마치려 한다.

"여기에 걸려 있는 일의 중요성과 가치를 알진대, 아무도 자신의 진보에 소홀할 수 없다. … 노력 없이 경배만 하는 신앙은 천사를 위한 신앙일지는 몰라도 인간을 위한 신앙은 아니다."[12]

47 참된 기독교는 참된 변화를 낳는다

컵의 물속에 빨간색 염료를 한 방울 떨어뜨렸는데도 물 전체가 붉은빛으로 변하지 않을 수 있는가? 석유가 흥건히 고인 곳에 불붙인 성냥을 던졌는데도 사나운 불길이 치솟지 않을 수 있는가? 마찬가지로 그리스도의 역동적 임재와 능력이 영혼 안에 들어왔는데도 삶의 태도와 활동과 사고와 말과 행실에 획기적인 변화가 일어나지 않을 수 있는가?

물론 가당치 않다.

성경과 기독교 고전에 더할 나위 없이 명백히 밝혀진 사실이 있다. 참된 기독교는 참된 변화를 낳는다. 변화가 없다면 참된 신앙도 없는 것이다.

- 누구든지 스스로 경건하다 생각하며 자기 혀를 재갈 물리지 아니하고 자기 마음을 속이면 이 사람의 경건은 헛것이

라약 1:26.

- 그들이 하나님을 시인하나 행위로는 부인하니 딛 1:16.
- 내 형제들아, 만일 사람이 믿음이 있노라 하고 행함이 없으면 무슨 유익이 있으리요. 그 믿음이 능히 자기를 구원하겠느냐 … 행함이 없는 네 믿음을 내게 보이라. 나는 행함으로 내 믿음을 네게 보이리라 … 행함이 없는 믿음이 헛것인 줄을 알고자 하느냐약 2:14, 18, 20.

이런 성경적 진리에 기초해 고전 영성 작가들은 하나님을 따르는 사람들에게 나타나야 할 깊고 영속적인 변화의 중요성을 강조했다. 우선 토마스 아 켐피스가 그 선두를 이끌었다.

"자신이 회심한 지 몇 해나 되었는지 헤아리는 사람들이 많지만, 대개 그들의 삶 속에 나타나는 변화의 열매는 빈약하다."

그리스도인이 된 연륜이 성숙을 대신할 수는 없다.

요하네스 타울러는 이렇게 경고했다.

"성경대로 사는 사람들과 성경을 공부만 하는 사람들의 차이는 실로 엄청나다."[1]

소위 부흥의 시기에 조나단 에드워즈는 이런 말로 진정한 신앙과 표면적 신앙을 구분했다.

"참된 영적 깨달음은 삶을 변화시킨다. 그것은 일시적 체험 이상이며, 영혼의 속성 자체를 바꿔 놓을 만큼 강력하다."[2]

이어서 그는 변화가 없다는 것은 곧 신앙이 없다는 뜻이라고 말했다.

> 자신은 회심을 체험했다고 생각하지만 이렇다 할 영속적 변화가 없다면 그것은 착각이다. … 물론 어떤 사람은 회심하기 전부터 죄를 삼갔을 수 있다. 하지만 회심한 사람은 죄를 삼가는 정도를 넘어서서 마음과 속성 자체가 죄로부터 돌이켜 거룩한 삶을 지향한다.³

그렇다고 에드워즈가 완벽주의를 가르친 것은 아니다. 천만의 말이다. 하지만 많은 그리스도인이 범하는 중대한 오류가 있다. 완벽주의가 불가능하다는 이유로 아예 변화가 불필요하다고 단정하는 것이다. 그들은 완벽주의 아니면 전적인 포기, 그 둘 중 하나의 길밖에 없다고 생각하는 것 같다! 사도 바울은 그 덫을 피해 디모데에게 이렇게 말했다.

"이 모든 일에 전심전력하여 너의 성숙함을 모든 사람에게 나타나게 하라" 딤전 4:15.

사람들이 완벽한 디모데를 볼 일은 없을 것이다. 하지만 바울은 그들이 성숙하게 자라가는 디모데를 보기를 원했다. 에드워즈는 이 부분에서 아주 놀라운 목회적 조언을 들려준다.

> 물론 참된 그리스도인들에게도 아직 반대되는 심령의 잔재가 남아 있고, 그래서 잘못된 행동을 범할 수도 있다. 하지만 단

언컨대 참된 그리스도인치고 그런 심령이 자신의 참 성품이 될 정도로 그 힘에 지배당하며 살아가는 사람은 없다. 성경이 말하는 진정한 그리스도인은 심령이 흉측하고 이기적이고 분노에 차 있고 걸핏하면 싸우는 사람이 아니다. 침울하고 강퍅하고 폐쇄적이고 앙심에 찬 그리스도인보다 더 모순적인 말은 있을 수 없다.[4]

죄는 우리 그리스도인들을 공격할 수는 있어도 지배할 수는 없다. 죄는 우리를 물어뜯고 넘어뜨려 상처와 흉터를 남길 수 있지만, 부활하여 승천하신 승리의 그리스도께서 우리 영혼을 죽음에서 다시 살리시지 못하게 막지는 못한다. 지금부터 영원까지 그것을 막을 수 없다. 이 못지않게 중요한 것이 또 있다. 예수가 하시는 일은 그냥 우리의 영적 호흡을 유지하시는 정도가 아니라 그 훨씬 이상이다. 그분은 우리의 손을 잡고 고개를 들게 하시고 능력을 주신다. 그리하여 열정과 권위를 가지고 열심히 섬기게 하신다.

오늘날 우리 중에는 잘못을 피하는 데 몰두하거나 특정한 죄에 대한 합리화에 빠진 나머지, 정작 자신이 될 수 있는 모습을 완전히 놓쳐 버린 사람들이 많다. 심히 안타까운 일이다. 어떤 하나의 죄에라도 지배당하면 영적으로 눈이 멀어, 전반적인 변화에서 오는 기쁨과 자유를 빼앗긴다. 그 죄를 버리면 마치 헬륨 가스가 든 풍선의 끈을 자르는 것과 같다. 세상에 매여 있지 않으면 그때부터 우리는 하늘로 날아오를 수 있다.

교회가 변화 대신 그 이하를 추구하면 길을 잃는다. 특히 지적 동의만 얻어내려 할 때 그렇다. 그것은 심리전에 불과하다.

심리전에 머물 때

조심하지 않으면 우리는 전도를 지적 논증으로 격하시킬 수 있다. 우리의 말에 동의하면 당신도 천국에 가지만 동의하지 않으면 지옥에 간다는 식으로 말이다. 복음의 진리에 대한 지적 동의는 구원에 꼭 필요하지만, 그것 자체로는 구원이 이루어졌다는 증거로 충분하지 못하다. 우리의 법 제도를 생각해 보라. 내가 사람을 죽이면 국가는 나를 처벌할 권한이 있다. 나는 거기에 동의하며, 살인이 잘못이라는 것도 인정한다. 그래도 내가 사람을 죽인다면, 나는 국가의 정당한 권한에 지적으로 동의하고 수긍한다는 이유만으로 배심원단의 평결이나 판사의 선고를 면할 수는 없다. 야고보가 한 말이 바로 그것이다.

"네가 하나님은 한 분이신 줄을 믿느냐. 잘하는도다. 귀신들도 믿고 떠느니라"약 2:19.

나는 진리에 동의만 하면 된다고 가르치는 사람들에게 토저가 취한 입장이 참 좋다. 그는 토마스 아 켐피스의 말을 이렇게 풀어 썼다.

"나는 믿음의 정의를 아느니 차라리 믿음을 구사하고 싶다."[5]

토저는 진정한 변화에 대한 교회의 미지근한 태도를 이렇게 개탄했다. "천박한 만족이 불타는 열정을 몰아내고 있다. … 대개 우리는 인격적 체험이 없어도 거의 개의치 않는다."⁶ 토저에 따르면 믿음이 있는 곳에는 그냥 열정 정도가 아니라 불타는 열정이 있게 마련이다.

진실한 마음만 있으면?

지적인 동의만 하는 것 외에도 우리 시대에 참된 믿음의 또 다른 대용품은 진실한 마음이다. 우리는 자칫 속아서 이런 생각에 빠질 수 있다. 하나님을 진실하게 추구하기만 하고 혹시 하나님을 욕되게 했을 때 죄송한 마음을 품기만 하면 틀림없이 우리의 믿음이 진실할 것이라는 생각이다. 그러면 변화된 삶이라는 객관적 증거를 살짝 피해 갈 수 있다.

에드워즈는 이런 변명을 단호히 물리쳤다.

"경건해지려면 하나님의 뜻을 행하려는 의도만 있어서는 안 되고 실제로 하나님의 뜻을 행해야 한다. … 그래서 삶은 악하면서 마음이 선한 척하는 것은 모순이다."⁷

우리는 실제로 열심히 그리스도를 닮아가야 하며, 사람들의 눈에 보이게 점차 변화되어야 한다. 헨리 드러몬드가 이런 추구를 특히 감동적으로 표현했다.

"그리스도를 닮는 일이야말로 세상에서 마음을 쏟을 가치가 있는 유일한 일이다. 이 일 앞에서 다른 야망은 모두 미련해지고, 낮은 차원의 성취는 모두 부질없어진다. 이 추구를 자기 인생의 최고의 소원이자 열망으로 삼는 사람들만이 거기에 도달할 희망이라도 품을 수 있다."[8]

그리스도를 닮기란 쉽지 않은 일이다. 우리는 지혜에서 자라가고, 죄를 죽이는 법을 배우고, 마음을 거룩하게 빚어 나가고, 수많은 시련과 실족을 통해 더 이해가 깊어지고자 애쓴다. 하지만 그렇게 많은 노력을 쏟고도 실패할 때가 많다. 그러므로 실제로 예수처럼 살 수 있다는 가능성에 매료되지 않는다면, 성숙의 언저리에도 미치기 전에 일찌감치 포기하고 말 것이다.

요컨대 오늘의 그리스도인은 구원을 중시하지만, 어제의 그리스도인은 거룩함을 중시했다. 거기서 모든 차이가 생겨난다. 드러먼드는 그것을 이렇게 분명히 밝혔다.

> 우리는 반드시 형통하거나 유명해지거나 행복해질 필요는 없다. 하지만 반드시 거룩해져야 한다. 때로 삶의 가장 깊은 순간들을 통해 우리는 하나님이 "너희는 거룩할지어다"라고 말씀하신 더 자상한 이유를 조금이나마 깨닫게 된다. 그분이 그렇게 명하신 것은 바로 우리를 위해서다. 거룩하지 않은 상태는 곧 지옥이기 때문이다.[9]

거룩해지라는 초대야말로 인류에게 주어진 사상 최고의 초대다. 그것은 우리가 떠올릴 수 있는 최고의 입사(入社) 제의보다 낫고, 배우자에게 받는 어떤 성적인 선물보다 한없이 더 소중하다. 그것은 세상 최고의 요리사가 만든 최고의 음식보다 더 영양이 풍부하고, 이상적인 기후의 섬나라에서 평생 휴가를 보내는 것보다 훨씬 더 가치 있다.

거룩함은 우리의 도덕적 선택과 씨름을 넘어 나라는 존재의 일부가 된다. 이제 우리는 변화된 사람이 되어 평소에 보고 느끼고 생각하는 방식이 달라진다. 토저는 이런 변화를 이렇게 설명했다.

> 하나님에 대한 새로운 의식에 사로잡혀 이제부터 우리는 나의 생명이요 전부이신 하나님을 속으로 맛보고 듣고 느끼게 된다. … 우리의 제반 기능이 더 민감하고 확실해짐에 따라 점점 더 하나님이 내게 위대한 전부가 되신다. 그분의 임재는 우리 삶의 영광이자 경이가 된다.[10]

과거의 자아를 고치는 것만으로 부족하다. 우리는 그보다 훨씬 높은 차원으로 부름 받았다. 우리의 언행을 통해 그리스도의 임재 자체를 전달하도록 부름 받았다.

"우리가 사랑의 순종으로 하나님과 협력하면 그분이 우리에게 자신을 나타내신다. 이름뿐인 그리스도인의 삶과 그분의 얼굴빛으로 찬란히 빛나는 삶의 차이는 그 나타내심에서 비롯된다."[11]

이것이 우리의 신앙을 순수하게 지켜 준다. 진실한 마음이 잣대가 되면, 간헐적 신비 체험이나 감정적 회심을 예찬하면서 거기에 지적 동의만 보태기 쉽다. 하지만 옛사람들이 중시한 기준은 전혀 달랐다. 그것은 진실한 마음이 아니라 변화된 삶이었다.

"구원의 증거로 훨씬 더 우선시되어야 할 것은 묵상으로 시작되고 끝나는 한낱 감정적 위로의 체험이나 급작스런 회심이나 신비한 깨달음이 아니라 그리스도인의 실천이다."[12]

결론은 눈에 띄는 변화다

동방정교회의 영성은 진정한 변화를 강조하기로 잘 알려져 있다. 복음주의자 중 많은 이가 그것을 불편하게 느낄 정도다. 특히 정교회에서 말하는 신화神化, deification, 인간이 하나님을 닮아 하나님처럼 되는 것-역주에 대해 그렇다. 하지만 실제적이고 체험적인 변화를 가르치는 것은 비단 정교회의 전통만이 아니다. 교회사 전체를 통틀어 그리스도인들의 폭넓은 전통에서 특별한 변화의 필요성이 강조됐다. 요하네스 타울러는 그것을 이렇게 표현했다.

"영혼은 하나님의 색깔을 닮아 그분처럼 되어가고 그분의 형상대로 개혁된다. 영혼은 하나님과 연합하여 그분 속에 푹 잠김으로써 하나님이 본래 소유하신 모든 것을 은혜로 소유하게 된다. 이제 영혼은 자아를 넘어 하나님의 심장부로 높이 날아오른다."[13]

이런 개념을 모종의 신비적 이단으로 흐르지 않게 해 주는 두 가지 요소가 있다. 첫째는 타울러가 위에 언급한 개념으로, 이 변화는 본래 우리의 것이 아니라 은혜로 소유하는 것이다. 이 변화는 성령의 지속적 역사를 통해 받는 선물이지 우리가 자체적으로 또는 하나님의 지속적 손길을 떠나 소유할 수 있는 것이 아니다. 이 구분은 굉장히 중요하다. 둘째로 우리를 성경적 진리에 단단히 붙들어 매어 주는 요소가 또 있다. 인간이 신의 일부가 되거나 신에 포함된다는 개념을 우리는 당연히 거부해야 한다. 기독교에서 분명히 못 박아 가르치듯이 하나님은 오직 한 분이시다. 우리는 늘 피조물이고 하나님은 늘 창조주이시며, 이 둘은 늘 구분된다.

이런 단서를 달아 놓아도 오늘의 교회는 너무 낮은 수준에 안주한다. 왜 그럴까? 우리는 자신에게 변화와 거룩함의 기미가 조금만 나타나도 교만해질 위험이 있다. 그만큼 주변에서 변화를 보기 힘들기 때문이다. 이것을 옛날의 그리스도인들과 대조해 보라. 그들이 추구한 것은 그냥 변화가 아니라 눈에 띄는 변화였고, 그 사이사이에 낡은 죄성과 싸우는 평생의 씨름이 계속되었다.

> 우리 인간의 본성적 기질을 고려해야 한다. … 한때 늑대요 뱀이던 사람들이 회심하면, 비록 아직 온전하지는 못해도 그들의 심령 안에 눈에 띄는 변화가 일어난다. 그야말로 복음의 은혜가 옛 자아를 바꾸어 놓는다. … 보다시피 초대 교회의 회심자들은 눈에 띄게 변화되었다.[14]

이런 인격적 변화에 대한 열정을 잃을 때 우리는 정치 운동이나 사회 운동에서 길을 잃기 쉽다. 다른 사람들의 악을 지적하기는 쉬워도 우리 내면의 악을 다루기는 어렵기 때문이다. 드러몬드가 그것을 정확히 지적했다.

"예수님의 일차 관심사가 사회 조직이나 세상의 법을 개선하시는 것이라는 의미라면, 예수님이 사회 개혁가라는 말은 무의미하다. 물론 그것도 그분의 목적에 들어 있지만, 그분의 일차 목적은 세상에 더 나은 인간들을 내놓으시는 것이다."[15]

당신과 내가 그런 사람이 될 수 있다. 우리는 눈에 띄게 변화된 삶을 통해 복음의 능력을 증언하도록 부름 받았다. 이것은 느리고도 불완전한 과정이지만 절대로 없어서는 안 되는 부분이다. 우리는 그 이하에 안주해서는 안 된다.

Part 7
Radically Changed Lives

48 더 많은 사랑

초판 《뿌리 깊은 영성은 흔들리지 않는다》(이 책의 원판으로 분량이 상당히 더 적었다)를 처음 쓴 뒤로 내가 고전에서 얻은 가장 큰 통찰 중 하나는 이것이다. 우리의 신앙은 이웃을 더 많이 사랑하는 삶으로 직결된다는 것이다. 물론 당신에게는 이것이 뻔하고 자명한 초보적 사실로 보일 수 있다. 그런데 지금보다 젊었을 때의 나는 죄를 피하는 데 주력했다. 다시 말해서 내 신앙의 관심사는 섬김보다 경건에 있었다. 나이가 들고 기도와 고전읽기에 더 많은 시간을 보내면서 내 생각이 바뀌었다. 이제 나는 모든 부류의 사람을 사랑하되 잘 사랑하는 능력이야말로 영적 성숙의 참된 정의라 믿는다. 타울러는 이렇게 썼다.

"우리의 사랑의 역량이 … 정말 우리의 일과 삶과 영원한 행복을 측정하는 기준이다. … 모든 것이 사랑에 달려 있다."[1]

어거스틴은 이런 유명한 말을 남겼다.

"중요한 것은 기도에 들인 시간이나 선행의 양이 아니라 당신의 사랑의 크기다."

참 부끄러운 일이지만 나는 젊었을 때는 사랑하기 어려운 사람들을 피했다. 로렌조 스쿠폴리의 표현으로 하자면 나에게 가장 큰 성숙을 가져다줄 바로 그것을 피한 것이다.

> 작은 행동까지도 다 거슬리고 짜증이 날 정도로 당신이 질색하는 사람이 있다. 그가 당신의 속을 뒤집어 놓는다면, 이제 해답은 의지를 동원하여 억지로라도 그를 사랑하고 존중하는 것이다. 그도 당신처럼 전능자의 손으로 빚어진 피조물이어서만이 아니라 …또한, 당신이 받아들이기만 한다면 그가 당신에게 주님을 닮아갈 기회를 주기 때문이다. 주님은 모든 사람에게 사랑과 친절을 베푸셨다.[2]

이 가르침은 결혼 생활과 자녀양육을 바라보는 우리의 관점에 일대 변화를 몰고 올 수 있다. 때로 아주 거슬리는 사람들과 함께 일해야 하는 일상의 스트레스에 대해서는 더 말할 것도 없다!

여기 기독교에서 가르치는 파문의 진리가 있다. 예수와 그분을 따르는 사람들이 더할 나위 없이 분명히 보여 주듯이, 우리는 일부 사람들만 골라서 사랑하는 호사를 누릴 수 없다. 대상을 가리는 사랑이야 누구나 할 수 있다. 나한테 너그러운 사람에게 잘해 주고 친절을 베푸는 것은 자연스러운 반응이지 하나님의 초자연적 손길을 입은 흔적이 아니다. 예수는 우리가 원수까지도 사랑해야 한다고 하셨다. 그래서 타울러는 당연히 이렇게 말했다.

"사랑하는 자여, 어떻게 해서든 사랑으로 모든 사람을 품어라. 모두에게 자애를 베풀고 아무의 평안도 빼앗지 마라!"³

우리를 변화시키는 사랑의 위력

내 책 《결혼, 영성에 눈뜨다》*Sacred Marriage*는 바로 그러한 인식에서 비롯된 것이다. 사람들을 사랑하는 일은 그리스도를 닮아가기 위한 실험실이다. 참된 변화를 소중히 여기는 사람은 자신의 사랑의 능력을 시험하고 시도하고 연단할 기회도 소중히 여길 것이다. 로렌조 스쿠폴리는 이렇게 썼다.

"인내의 습관에서 자라가고 싶다면 … 당신의 인내를 시험하는 사람들이나 행동들이나 생각들을 피하는 것은 좋지 않다."⁴

오늘의 교회에 절실히 회복되어야 할 확신이 있다. 그리스도인이면서 사랑하지 않기란 불가능하다. 사랑은 능동적이고 활력적이고 열정적이고 주도적인 힘이다. 사랑은 결코 감정이 아니다. 이웃을 사랑하라고 우리에게 명하실 때 예수는 모든 사람을 향해 좋은 감정을 품으라고 호통치신 게 아니다. 그보다 그분은 우리 자신을 남에게 내주어 섬기라고 명하신 것이다. 이런 의미에서, 사랑하지 않는 그리스도인 하나님을 믿는다고 하면서 남을 돕는 일에 헌신하지 않는 사람은 모순어법이다. 사랑의 은혜에서 자라가고 있지 않다면 우리는 그리스도인이 아니다.

"누구든지 하나님을 사랑하노라 하고 그 형제를 미워하면 이는 거짓말하는 자니 보는바 그 형제를 사랑하지 아니하는 자는 보지 못하는바 하나님을 사랑할 수 없느니라. 우리가 이 계명을 주께 받았나니 하나님을 사랑하는 자는 또한 그 형제를 사랑할지니라"요일 4:20~21.

사랑은 늘 잘해 주기만 하는 게 아니다. 참으로 사랑하면 까다롭고 엄한 말을 해야 할 수도 있다. 하지만 물론 그럴 때는 우리 자신의 결점도 생각해 애정 어린 마음과 구속救贖적인 태도로 말한다. 때로는 사랑하기에 오히려 주지 않고 거두어야 한다. 우리가 사랑해야 할 대상은 상대방 자신이지 내 긍휼에 대한 평판이 아니다. 특히 그렇게 꾸며낸 내 긍휼이 누군가를 건강하지 못한 의존으로 떠민다면 더욱 그렇다. 그리스도를 닮은 사랑의 배후 동기는 언제나 똑같이 이것이다. 하나님의 우선순위에서 볼 때 이 사람에게 가장 유익한 것이 무엇인가?

사랑이 있다는 것은 곧 그곳에 하나님이 임재하신다는 표시다. 거꾸로 하나님의 참된 임재는 언제나 사랑으로 표현된다.

"우리가 주변 사람들을 향해 따뜻한 긍휼과 사랑을 품을 때마다 이는 우리 안에 계시는 그리스도의 마음이다."[5]

현실 속의 사랑

사랑에 대한 이 모든 말은 영적으로 들릴 수 있지만, 사랑의 적용은 엄연히 현실 속에서 이루어진다. 하나님은 물리적 땅을 창조하셨으며, 자신이 창조하신 세상을 지극히 사랑하신다. 이 단순한 사실 속에 엄청난 의미가 함축되어 있다. 하나님은 창조세계에 마음을 쏟으셨고 그것을 매우 기뻐하신다. 그래서 그분은 우리의 동료 인간들을 포함해 창조세계의 모든 부분에 지대한 관심을 품고 계신다. 이런 진리를 경시하는 사람들이 있는데, 기독교 신앙은 그런 사람들로부터 늘 구조되어야 한다.

그런데 당신은 간혹 다른 내용의 글을 접한다. 기독교 고전에서도 그런 내용을 볼 수 있다. 즉 하나님은 우리를 세상과 분리하기 원하시고, 우리가 세상과 전혀 무관하기를 원하신다는 것이다. 또한, 그분과 가까운 사람일수록 세상을 멀리한다는 것이다. 성경에 보면 세상을 하나님께 반항하는 악한 체제로 묘사하는 부분들이 있다. 세상을 그렇게 이해한다면 이런 경고는 지당한 것이다. 하지만 세상은 또한 하나님이 창조하셔서 그분을 섬기도록 부르신 이 땅이며, 하나님은 이 땅을 창조하신 직후에 친히 "좋다"고 평하셨다. 세상을 그렇게 이해한다면, 세상과 분리되어야 한다는 주장은 창조주를 욕되게 하는 일이다.

헨리 드러몬드는 이런 '신비주의적 분리'의 덫을 지혜롭게 비켜 갔다. 다른 사람들을 사랑하려면 반드시 세상을 향한 하나님의 사랑을 제대로 이해해야 한다. 그분의 임재는 우리에게 세상을 피할 것이 아니라 오히려 세상에 적극적으로 참여할 것을 명한다.

"우리는 하나님을 사랑해야 한다는 말을 많이 듣지만, 그리스도는 인간을 사랑해야 한다는 말씀을 많이 하셨다. 우리는 천국과 화목해지는 것을 큰일로 여기지만, 그리스도는 이 땅에서의 화목을 중시하셨다."[6]

거룩함의 관건은 예수를 닮아가는 것이다. 그래서 참된 거룩함이 무엇인지 알려면 예수의 삶을 공부하는 것이 좋다. 그리스도는 대부분의 시간을 홀로 한적한 곳에 물러나 천국의 기쁨을 묵상하며 보내지 않으셨다. 이 부분에서 드러몬드의 통찰력이 돋보인다.

> 유심히 보았는지 모르지만, 그리스도는 삶의 대부분을 친절한 일을 행하며 지내셨다. 그냥 친절한 일을 행하셨다. … 그분은 주어진 시간의 큰 부분을 사람들을 행복하게 해 주고 친절하게 대하는 데 보내셨다. 이 세상에 행복보다 큰 것이 딱 하나 있으니 바로 거룩함이다. 그런데 거룩함은 하나님이 주셔야 하지만, 주변 사람들의 행복은 하나님이 우리의 재량에 맡기셨다. 그것은 다분히 우리가 베푸는 친절에 달려 있다. 누군가 이런 말을 했다. "인간이 하늘 아버지를 위해 할 수 있는 가장 위대한 일은 그분의 다른 자녀들을 친절하게 대하는 것이다." 그런데 왜 우리는 모두 지금보다 더 친절하지 않은가? 세상에 우리의 친절이 얼마나 필요한가?[7]

그렇다면 우리의 신앙이 검증되는 시점이 달라진다는 의미다. 우리의 신앙은 아침에 무릎 꿇고 기도할 때, 성경을 펴서 읽을 때, 교회에 서서 찬송할 때만 검증되는 게 아니다. 우리의 신앙은 운전 중에 다른 운전자를 앞으로 끼어들게 해 줄 때, 창구 직원에게 한마디 격려의 말을 건넬 때, 호텔 방을 치워 주는 사람에게 팁을 넉넉히 줄 때, 마트 계산원의 일진이 사나운지 살펴 줄 때, 직장 동료에게 진심으로 근황을 물으며 때에 따라 "내가 기도해 줄까?"라고 말할 때도 검증된다.

드러몬드는 그것을 이렇게 표현했다.

"사랑을 배울 기회가 삶에 가득하지 않은가? 날마다 모든 사람에게 그런 기회가 수없이 주어진다. 세상은 놀이터가 아니라 교실이며, 우리의 삶은 휴가가 아니라 교육이다. 우리가 모두 배워야 할 한 가지 영원한 교훈은 바로 어떻게 더 잘 사랑할 수 있는가이다."[8]

그의 말처럼 사랑에 헌신하면 사랑을 표현하고, 사랑에 자라가고, 사랑을 나누면 그 결과로 삶의 보람과 만족을 누리게 된다.

> 자신의 삶을 뒤돌아보면 알겠지만, 제대로 살았던 돋보이는 순간들은 사랑의 마음으로 뭔가를 했던 순간이다. 과거의 기억을 쭉 더듬어 보면 삶의 모든 일시적 즐거움들 위로 쑥 솟아오르는 최고의 시간이 있다. 능력을 받아 주변 사람들에게 남몰래 친절을 베푼 시간들이다. 너무 사소한 일들이라 얘깃거

리도 못 되지만, 당신은 그것이 당신의 영원한 삶 속으로 들어온 것을 느꼈다. 지금까지 나는 하나님이 만드신 아름다운 것들을 거의 다 보았고, 하나님이 인간을 위해 계획하신 즐거움을 거의 다 누려 보았다. 하지만 뒤돌아보면 내 삶 전체 위로 돋보이는 네댓 가지의 짤막한 경험이 있다. 부족하게나마 하나님의 사랑을 닮았던 순간들, 그분의 사랑이 내 작은 사랑의 행위를 통해 반사된 순간들이다. 인생 전체에서 그런 일들만이 영원히 남는 것 같다.[9]

후회는 별로 없고 만족이 넘치는 인생을 살고 싶다면 사랑에 헌신하라. 드러몬드는 이렇게 지적한다. "사랑이 있는 곳에 하나님이 계시다. 사랑 안에 거하는 사람은 하나님 안에 거한다. 하나님은 사랑이시다. 그러므로 사랑하라. 차별 없이, 계산 없이, 지체 없이 사랑하라."[10]

사실 그는 이렇게까지 말한다. 적어 두고 묵상할 만한 말이다.

"여기 주 예수의 신중한 판단이 있다. 사랑하지 않는 것보다 차라리 살지 않는 게 낫다."[11]

고린도전서 13장의 위풍당당한 말씀을 따르면 결국 사랑이 없으면 세상의 모든 공부도 무익하다. 우리가 지금 사랑하는 능력에서 자라가지 않는다면 기적을 행하는 능력, 신비를 깨닫는 능력, 매혹적인 웅변으로 군중을 휘어잡는 능력은 아무런 의미가 없다.

사랑이 없는 사람은 그리스도도 없다.

"사랑하지 않는다면 이는 그리스도의 정신을 부정하는 일이요 애초에 그분을 몰랐다는 증거다."[12]

모든 상황에서 모든 방법을 동원하여 항상 사랑하라.

그냥 사랑하라.

에필로그

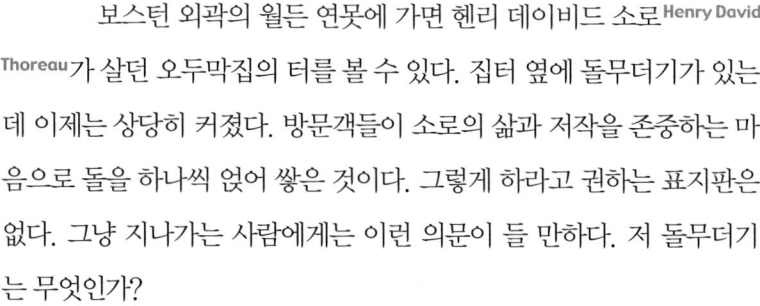

보스턴 외곽의 월든 연못에 가면 헨리 데이비드 소로 Henry David Thoreau가 살던 오두막집의 터를 볼 수 있다. 집터 옆에 돌무더기가 있는데 이제는 상당히 커졌다. 방문객들이 소로의 삶과 저작을 존중하는 마음으로 돌을 하나씩 얹어 쌓은 것이다. 그렇게 하라고 권하는 표지판은 없다. 그냥 지나가는 사람에게는 이런 의문이 들 만하다. 저 돌무더기는 무엇인가?

이 책의 첫 화신인 초판 《뿌리 깊은 영성은 흔들리지 않는다》 Seeking the Face of God는 사실 내가 쓴 첫 번째 책이었다. 어떤 의미에서 나에게 책을 쓰는 일은 그 돌무더기에 돌을 하나 더 얹는 일처럼 느껴졌다. 무슨 소용이란 말인가? 이미 이렇게 많은데 하나를 더한다고 무엇이 달라질 수 있겠는가? 그래도 나는 돌무더기에 돌을 하나 더 얹듯이 어쨌든 그 책을 썼다. 그 이유는 다음과 같다.

소로는 자연의 신비가였고 진리의 일부를 세상에 드러냈다. 하지만 그는 하나님이 만드신 자연의 아름다움에 너무 매료된 나머지 그 배후에 계신 하나님을 놓쳤다. 나도 소로처럼 야외의 삶을 중시한다. 모든 인간이 날마다 몇 시간씩 자연에서 보내야 한다던 소로의 처방은 어느 모로 보나 유익하다. 나는 바깥에서 하나님의 창조세계에 둘러싸여 있을 때 참으로 내가 살아 있음을 느낀다.

하지만 나와 소로가 다른 점이 있다. 그것은 내가 살아 있음을 느끼는 이유는 창조주께서 나를 둘러싸고 계시기 때문이다. 소로도 거의 거기까지 갔지만, 시선을 너무 낮게 두었다. 그렇다면 왜 그에게 존중을 표하는 것인가? 소로처럼 중요한 진리를 세상에 드러낸 사람은 우리 중에 많지 않다. 하지만 소로처럼 작은 진리에 취해 더 큰 진리를 놓치는 사람은 우리 중에 많이 있다.

소로는 피조물에 도취해 영원을 버렸다. 일부 부모들을 여기에 비할 수 있다. 그들은 자녀의 아름다움과 자녀의 삶에 푹 빠져 점차 창조주 대신 피조물을 숭배한다. 자녀를 향해 하나님의 뜻에 어긋나는 듯한 욕심을 품기도 한다. 일부 목사들도 여기에 비할 수 있다. 그들은 하나님을 섬기는 만족감에 취해, 교회를 세우시는 하나님보다 점차 그분의 교회를 숭배한다. 일부 사업가들도 있다. 그들이 너무 정력적으로 사업체에 재능을 쏟아 붓는 통에 애꿎은 가족들과 친구들이 피해를 본다. 이들은 모두 영원한 것을 일시적인 것에 잠식당한 사람들이다.

이 세상은 선한 추구들로 가득하다. 그것들이 우리를 잡아당겨 처음 사랑에서 벗어나게 할 수 있다. 그만큼 우리가 구부러진 마음으로 살아가기 때문이다. 기독교 서점마다 유익한 책들이 즐비하고 그중에 내가 읽은 책들도 많다. 우리는 재정을 관리하는 법, 가정에 헌신하는 법, 공공의 장에서 정의를 옹호하는 법, 교회를 세우는 법을 배워야 한다. 하지만 우리의 뿌리가 하늘 아버지와의 친밀한 동행에 깊숙이 박혀 있지 않다면, 그런 추구들은 우리의 기력을 쇠진하게 할 뿐이다. 달리지도 않을 자동차의 앞 유리창을 왜 닦는가? 심지도 않은 씨앗에 왜 물을 주는가?

이 책의 목적은 예레미야를 통해 우리에게 주신 하나님의 말씀을 되받아 퍼뜨리는 것이다.

"참으로 담대한 마음으로 내게 가까이 올 자가 누구냐" 렘 30:21.

하나님과 지속적으로 가까이 동행하는 것이 정말 우리 마음의 소원인가? 우리는 그분을 알고 그분께 알려지기를 무엇보다도 더 사모하고 있는가?

그리스도인의 삶의 씨름은 사실 우리의 일상생활 속에서 하나님을 늘 중심에 두려는 씨름이다. 주변적인 일들이 늘 밀치고 들어와 우리의 마음을 빼앗으려 한다. 그래서 의식적으로 하나님의 얼굴을 구하며 그분을 알려고 애쓰지 않으면 자칫 떨어져 나가기 쉽다. 성경에 보면 르호보암 왕이 악을 행한 것은 "그가 여호와를 구하는 마음을 굳게 하지 아니함" 때문이었다 대하 12:14.

앞에서 언급했듯이 정말 우리에게 필요한 것, 그리고 정말 세상이 보고자 하는 것은 그리스도인다운 생활에 헌신된 사람들이다. 이것이 집배원이나 대학교수나 목사나 가정주부의 참된 소명이다. 물론 우리는 다양한 신학적 논점에 대해서도 토의해야 하지만, 하나님이 보시기에는 그런 논점대로 '살아가는 것'이 더 귀하다. 내가 잊지 못하는 기억이 하나 있다. 두 신학생이 헬라어 단어 필레오 phileo의 정확한 의미 때문에 거의 주먹 다툼을 벌이다시피 했는데, 정작 그 단어의 뜻은 형제 사랑이다.

  이 책을 통해 선인들의 지혜가 한 사람의 마음이라도 깨워 그 목적 쪽으로 좀 더 전진하게 했다면, 그렇다면 이 책의 집필은 돌무더기에 돌을 하나 더 얹은 것과 같지 않다. 오히려 이것은 돌무더기에서 돌을 집어 들고 언덕을 내려가 월든 연못의 한복판에 던지는 것과 같다. 돌은 곧 물속에 삼켜져 잊힐 것이다. 이 책도 결국 그리될 것이다. 하지만 그 돌이 수면에 부딪쳐 만들어내는 잔물결은 계속 좀 더 퍼져 나갈 것이다. 어쩌면 다른 사람이 따라와 또 돌을 던질지도 모른다.

  잔물결은 숨어 있을 수도 있다. 예컨대 라커룸에서 한 그리스도인이 새롭고 솔직하게 자신의 마음을 하나님께 쏟아 놓을 수 있다. 고요한 숲 속에서 한 남자가 창조주를 향한 자신의 사랑과 헌신을 다시 다짐할 수 있다. 텅 빈 교회에서 한 목사나 교인이 처음 사랑으로 다시 돌아갈 수 있다. 어쨌든 나는 이것만은 확신한다. 하나님은 돌을 던지기 원하신다. 우리를 다시 부르기 원하신다. 담대한 마음으로 그분께 가까이 올 사람들을 찾고 계신다. 아울러 나는 이런 잔물결에 열매가 맺히게 하실 하나님의 능력을 믿어 의심치 않는다. 처음의 돌보다도 거기서 퍼져 나간 잔물결이 더 많은 열매를 맺을 것이다.

  나는 돌무더기에 돌을 놓았다. 이 돌이 연못으로 옮겨져 잔물결을 일으킬 것인지는 이제 독자들의 몫이다. 지금 당신의 손에 그 돌이 들려 있다.

기독교 고전 소개

저자 미상, 《열두 사도들의 가르침 : 디다케》 (The Didache, 1세기, 분도출판사)
본래 구전으로 내려오던 가르침을 한데 묶은 책으로 이방인 회심자들을 기독교 교회 안에 받아들이는 데 초점을 두고 있다. 초창기 그리스도인의 삶을 들여다볼 수 있는 매혹적인 책이다.

성 어거스틴, 《참회록》 (Saint Augustine, The Confessions of Saint Augus-tine, 400년경, 생명의말씀사)
오랫동안 고금의 고전으로 꼽혀 왔다. 지혜가 풍부한 책이지만 현재의 독자들 중에는 읽기 힘들어하는 사람들이 많다. 많은 복음주의자들에게 장르 자체가 생소하고 약간 장황하게 느껴질 것이다. 현대역이 도움이 될 수 있다.

요한 클리마쿠스, 《거룩한 등정의 사다리》 (John Climacus, The Ladder of Divine Ascent, 640년경, 은성)
수사들을 상대로 수준 높은 헌신을 촉구한 동방정교회의 고전이다. 메시지가 엄해 보일 수 있지만, 여태까지 주목받고 있는 데는 그만한 가치가 있다.

우골리노 형제, 《성 프란체스코의 작은 꽃들》(Brother Ugolino, *The Little Flowers of Saint Francis*, 13세기 말이나 14세기 초, 크리스챤다이제스트)
아시시의 프란체스코와 초기에 그를 따른 사람들의 삶을 이야기 형식으로 풀어낸 책이다. 많은 일화의 역사성 자체에는 의문이 있지만 신앙의 모범은 참으로 감동적이다. 아울러 청빈과 검소한 삶과 기도를 강조하는 영성의 진지한 적용도 감동을 준다.

요하네스 타울러, 《설교집》(Johannes Tauler, *Sermons*, 14세기 중반)
도미니크 수도회 수사였던 타울러는 마이스터 에크하르트(Meister Eckhart)의 제자이자 독일의 영향력 있는 신비가들을 대변하는 목소리였다. 그는 인생의 태반을 설교자 수도회에서 보냈고, 그의 저작은 마르틴 루터에게 중요한 영향을 미쳤다.

무명의 형제, 《무지의 구름》(*The Cloud of Unknowing*, 14세기 말, 강같은평화)
아주 신비적이지만 도처에 귀한 보화가 산재해 있는 책이다. 전체 '프로그램'이 복음주의자들에게는 별로 흥미나 유익을 주지 못할지 모르지만, 시간을 내서 읽는 사람들은 굉장한 지혜를 얻을 것이다.

노리지의 줄리안, 《하나님 사랑의 계시》(Julian of Norwich, *Revelations of Divine Love*, 14세기 말, 은성)
저자가 확실히 여자로 밝혀진 최초의 영어 서적이다. 복음주의자로서 솔직히 나는 '하나님의 계시'에 기초한 책이 불편하게 느껴진다. 일부 내용이 성경을 보는 복음주의적 관점에 어긋나 보일 때는 특히 더 그렇다. 그래서 나는 이 책을 문자적으로 대하거나 교리를 얻기 위해서 읽지 않고 시처럼 읽는다. 여성적 영성의 특징인 섬세한 산문과 하나님을 향한 열정적 순복이 나에게 유익과 감동을 준다.

24. 우리의 죄악됨과 하나님의 거룩하심

1. John Owen, *Sin and Temptation* (Portland: Multnomah, 1983), 28. 《죄와 유혹》 응장)
2. Fénelon, *Christian Perfection*, 205. 《그리스도인의 완전》 퍼내일)
3. à Kempis, *The Imitation of Christ*, II:10:4. 《그리스도를 본받아》 두란노.
4. Teresa of Avila, *The Interior Castle*, VII:4:8. 《내면의 성》 은성출판사)
5. Climacus, *The Ladder of Divine Ascent*, 204. 《거룩한 등정의 사다리》 은성)
6. Law, *A Serious Call*, 228. 《경건한 삶을 위한 부르심》 크리스챤다이제스트)

25. 그리스도인이, 사신을 알라

1. Scapoli, *Spiritual Combat*, 7. 《영적 전투 - 영적 진보》 정원사)
2. Climacus, *The Ladder of Divine Ascent*, 210. 《거룩한 등정의 사다리》 은성)
3. à Kempis, *The Imitation of Christ*, I:2:1. 《그리스도를 본받아》 두란노.
4. Teresa of Avila, *The Interior Castle*, I:2:9. 《내면의 성》 은성출판사)
5. John of the Cross, "The Dark Night," *John of the Cross: Selected Writings*, 편집 및 번역 Kieran Kavanaugh (New York: Paulist Press, 1987), I:12:7~8. 《어둔 밤》 바오로딸)
6. 무명의 옛저자, *The Cloud of Unknowing*, 편역 Ira Progoff (New York: Dell Publishing, 1983), XIV:2:5. 《무지의 구름》 장경등불출판사)
7. Scapoli, *Spiritual Combat*, 13.
8. Guyon, *Experiencing the Depths of Jesus Christ*, 16. 《예수 그리스도를 깊이 체험하기》 생명의말씀사)
9. Scapoli, *Spiritual Combat*, 91.
10. Guyon, *Experiencing the Depths of Jesus Christ*, 86.
11. Fénelon, *Christian Perfection*, 22~23. 《그리스도인의 완전》 퍼내일)

주 · 499

3. Augustine, Confessions, 1:15, 《고백록》 생명의말씀사).
4. Pascal, Pensées, 71~72.
5. 같은 책, 48.
6. 같은 책, 69.
7. Scupoli, Spiritual Combat, 76, 《영적·영적 전투·영성훈련》 생명의말씀사).

23. 고요함 속에 들어가라

1. John of the Cross, "The Ascent of Mount Carmel," Selected Writings, III:16:2. (《가르멜의 산길》 바오로딸).
2. Augustine, Confessions, VIII:11. (《고백록》 생명의말씀사).
3. Fénelon, Christian Perfection, 28~29. (《그리스도인의 완전》 바넬).
4. 같은 책, 199.
5. Ignatius Loyola, Spiritual Exercises, 17. (《영신수련》 한국천주교중앙협의회).
6. Climacus, The Ladder of Divine Ascent, 158. (《거룩한 등정의 사다리》 은성).
7. 같은 책, 273, 106.
8. à Kempis, The Imitation of Christ, 1:20:1. (《그리스도를 본받아》 두란노).
9. "멀리 떨어져 홀로 앉아 있기를 익히라. 그 이유는 세상에는 자는 자네가 있느니라." (잠 10:19).
10. Scupoli, Spiritual Combat, 36. (《영적·영적 전투·영성훈련》 생명의말씀사).
11. à Kempis, The Imitation of Christ, III:25:1.
12. Climacus, The Ladder of Divine Ascent, 273.
13. à Kempis, The Imitation of Christ, III:44:1.
14. De Sales, Introduction to the Devout Life, 75.
15. 같은 책, 84~85.
16. 같은 책, 351.
17. à Kempis, The Imitation of Christ, III:26:1~2.

7. 같은 책, 236~37.
8. 같은 책, 263.
9. 같은 책, 262.
10. 같은 책, 268.
11. Law, A Serious Call, 47. (《경건한 삶을 위한 부르심》 크리스챤다이제스트)

19. 두 가지 묵상 질문

1. á Kempis, The Imitation of Christ, III:17:1~2. (《그리스도를 본받아》 두란노)
2. Law, A Serious Call, 322. (《경건한 삶을 위한 부르심》 크리스챤다이제스트)

20. 통찰이 솟는다

1. Law, A Serious Call, 317, 319. (《경건한 삶을 위한 부르심》 크리스챤다이제스트)
2. 같은 책, 324.

21. 감사가 피어난다

1. Law, A Serious Call, 321. (《경건한 삶을 위한 부르심》 크리스챤다이제스트)
2. 같은 책, 327.
3. á Kempis, The Imitation of Christ, III:15:1. (《그리스도를 본받아》 두란노)
4. Law, A Serious Call, 256.
5. Fénelon, Christian Perfection, 168. (《그리스도인의 완전》 두란노)
6. á Kempis, The Imitation of Christ, II:3:1.
7. 같은 책, IV:8:1.
8. De Sales, Introduction to the Devout Life, 51~52.

22. 하나님은 우리를 고양으로 부르신다

1. Fénelon, Christian Perfection, 155~56. (《그리스도인의 완전》 두란노)
2. Pascal, Pensées, 38. (《팡세》 등 다른 공급사)

2. De Sales, Introduction to the Devout Life, 212.
3. 같은 책, 301~2.
4. Law, A Serious Call, 191~92. (《경건한 삶을 위한 부르심》 크리스챤다이제스트)
5. De Sales, Introduction to the Devout Life, 303~4.
6. 같은 책, 304.
7. 같은 책, 306.
8. Law, A Serious Call, 111.

17. 영혼의 어두운 밤을 통과하기

1. De Sales, Introduction to the Devout Life, 307.
2. 같은 책, 307~8.
3. 같은 책, 308.
4. 같은 책, 159.
5. Fénelon, Christian Perfection, 186. (《그리스도인의 완성》 프리셉트)
6. Tauler, Sermons, 121.
7. Fénelon, Christian Perfection, 41.

18. 하나님을 향한 끌어당김 운동

1. Hugh Davidson, Blaise Pascal (Boston: Twayne, 1983), 20~21.
2. Scupoli, Spiritual Combat, 122. (《영적·영혼 전투》 생명샘)
3. Fénelon, Christian Perfection, 64~65. (《그리스도인의 완성》 프리셉트)
4. John of the Cross, "The Ascent of Mount Carmel," John of the Cross: Selected Writings, 편집 및 번역 Kieran Kavanaugh (New York: Paulist Press, 1987), II:7~8. (《가르멜의 산길》 생명의말씀사)
5. Tauler, Sermons, 72.
6. Drummond, The Greatest Thing in the World, 125. (《세상에서 가장 위대한 것》 새문 출판사)

14. 7가지 거룩한 습관 개발하기

1. Pascal, Pensées, 135. 《팡세》 민음사 등 국내 공역사
2. Fénelon, Christian Perfection, 35. 《그리스도인의 완전》 두날개
3. Teresa of Avila, The Interior Castle, VII:3:9. 《내면의 성채》 요단출판사
4. Pascal, Pensées, 242.
5. Venning, The Sinfulness of Sin, 119.
6. 같은 책, 120.

15. 습관이 주는 혜택

1. Fénelon, Christian Perfection, 24. 《그리스도인의 완전》 두날개
2. De Sales, Introduction to the Devout Life, 299.
3. Climacus, The Ladder of Divine Ascent, 173. 《거룩한 등정의 사다리》 은성
4. Fénelon, Christian Perfection, 97.
5. 같은 책, 127.
6. à Kempis, The Imitation of Christ, 1:13:2. 《그리스도를 본받아》 두란노
7. 같은 책, 1:20:4.
8. De Sales, Introduction to the Devout Life, 107.
9. Venning, The Sinfulness of Sin, 169.
10. De Sales, Introduction to the Devout Life, 300.
11. Julian of Norwich, Revelations of Divine Love, 79. 《하나님 사랑의 계시》 은성

16. 타오르는 가슴의 삶 살아가기

1. Fénelon, Christian Perfection, 8. 《그리스도인의 완전》 두날개

하고 있는 것이다.

2. Paul Janet, *Fénelon, His Life and Works*, 번역 Victor Leuliette (Port Washington, NY: Kennikat Press, 1970), 47.
3. 같은 책, 28~29.
4. 같은 책, 48.
5. 같은 책, 235.
6. Louis Sempé, *St. Frac's de Sales* (Milwaukee: Bruce Publishing, 1933), 20.
7. Katherine Bregy, *The Story of Saint Francis de Sales* (Milwaukee: Bruce Publishing, 1958).

13. 예기치 않은 축복들에 순응하라

1. Julian of Norwich, *Revelations of Divine Love*, 26. 《하나님 사랑의 계시》 (생명의 말씀사)
2. Francois Fénelon, *Christian Perfection*, 번역 Mildred Whitney Stillman (Minneapolis: Bethany House, 1975), 40. 《그리스도인의 완전》 규장사
3. Venning, *The Sinfulness of Sin*, 170.
4. Law, *A Serious Call*, 149. 《경건한 삶을 위한 부르심》 크리스찬다이제스트
5. Venning, *The Sinfulness of Sin*, 21.
6. 같은 책, 20.
7. Julian of Norwich, *Revelations of Divine Love*, 98.
8. Law, *A Serious Call*, 155. 아가스틴이 말한 바 그대로 표현, "죄를 좋기엔 영광이 족고 죄를 피하려 영광이 싫다." (*Confessions*, XIII:30). 《참회록》 생명의말씀사)
9. 같은 책, 158.
10. 같은 책, 160.
11. 같은 책, 148.
12. Venning, *The Sinfulness of Sin*, 31.
13. 같은 책, 36.
14. 같은 책, 123, 197.

09. 일찍 일어나기

1. Law, *A Serious Call*, 189. (《경건한 삶을 위한 부르심》 크리스찬다이제스트)
2. 같은 책, 192.
3. 같은 책, 195.

10. 탐욕스러운 삶

1. à Kempis, *The Imitation of Christ*, I:19:6. (《그리스도를 본받아》 두란노)
2. Venning, *The Sinfulness of Sin*, 121.
3. Johannes Tauler, *Sermons*, 번역 Maria Shrady (New York: Paulist Press, 1985), 120.

11. 은혜로 사는 법을 배우라

1. 로마서 5:20-6:2을 참조하라.
2. Brother Lawrence, *The Practice of the Presence of God* (Cincinnati: Forward Movement Publications, 연대 미상), 37. (《하나님의 임재 연습》 두란노)
3. Climacus, *The Ladder of Divine Ascent*, 225, 254. (《거룩한 등정의 사다리》 은성)
4. Law, *A Serious Call*, 68. (《경건한 삶을 위한 부르심》 크리스찬다이제스트)
5. Francis de Sales, *Introduction to the Devout Life* (Rome: Frederick Puster, 연대 미상), 241.
6. Law, *A Serious Call*, 67.

12. 겸손을 구하고 유혹을 물리치라

1. '선비가 갖는 긍지'에 관하여 그리스도인들에게 곧 우리를 물질적으로 돕고, 동역 중에 교회의 비용(經費) 등 염려시키기 때문이다. 물론 내동을 행하는 사냥개들이 왔지만 하나님 앞에서의 기도의 변증으로 이 음식이 허락되었다는 것을 해결하지 하거나. 하지만 엘리사의 후계자로서 엘리사의 대행자인 사람이 자기 그리스도인들을 표시하는 필요로 있다. 하나님께 대해서의 기억이 아니라 그 신종이 있고 그 깨달은 그리스도인은 그에게서 기념되어 세계에 멈칫

Love," *The Classics of Western Spirituality* (New York: Paulist Press, 1978), 11.
9. Law, *A Serious Call*, 204.
10. 같은 책, 205.
11. 같은 책, 270.
12. 같은 책, 67.

06. 경건한 독서

1. Law, *A Serious Call*, 206-7. (《경건한 삶을 위한 부르심》 크리스챤다이제스트)
2. Ralph Venning, *The Sinfulness of Sin* (Carlisle, PA: The Banner of Truth Trust, 1997), 14~15.

07. 살아 있는 말씀을 붙들기

1. 고린도전서 11:1, 에베소서 4:16, 빌립보서 3:17, 데살로니가전서 1:6, 데살로니가후서 3:9, 히브리서 6:12, 13:7도 참조하라.
2. á Kempis, *The Imitation of Christ*, I:25:5. (《그리스도를 본받아》 두란노)

08. 믿음 기르기

1. Lorenzo Scupoli, *Spiritual Combat* (Manchester, NH: Sophia Institute Press, 2002), 139. (《영적 · 영적 전투》 경건사)
2. 같은 책, 142.
3. 같은 책, 45.
4. Teresa of Avila, *The Interior Castle*, 번역 Kieran Kavanaugh & Otilio Rodriguez (New York: Paulist Press, 1979), VII:4:9. (《데레사의 성》 바오로딸)
5. Climacus, *The Ladder of Divine Ascent*, 77. (《거룩한 등정의 사다리》 은성)
6. Scupoli, *Spiritual Combat*, 142.
7. á Kempis, *The Imitation of Christ*, I:25:4. (《그리스도를 본받아》 두란노)
8. Scupoli, *Spiritual Combat*, 98.

4. Climacus, *The Ladder of Divine Ascent*, 259.
5. John Wesley, *John Wesley's Journal* (London: Isbister, 1902), 347. (『존 웨슬리의 일기』 크리스챤다이제스트)

04. 기도하며 복음을 전도하라

1. 헬라어 원어는 exeplessonto이다. 원문에 인용된 다른 번역을 다음 책에서 나온다. Zerwick & Grosvenor, *A Grammatical Analysis of the Greek New Testament* (Rome: Biblical Institute Press, 1981), 102.
2. 스데반의 일곱 이주거게 원이 된 이야기에 대한 언급(행 19:13~16).
3. H. A. Walters, *Soul Surgery* (London: Blandford Press, 1919), 19~20.
4. 같은 책, 18.

05. 마음의 문을 여는 참된 경건

1. Blaise Pascal, *Pensées*, 번역 A, J. Krailsheimer (London: Penguin, 1966), 323. (『팡세』 민음사 등)
2. "내 아들들, 이것에서 나는 결코 인정하지 않는다. 방에서 흩로 있는 것을 가장 갈망이 필요하다. 그리스도 곁에 일과 함께에서 사랑하지 않고 그리스도를 얻을 수 없다. 그러므로 인내의 방법으로 사랑을 방해하지 않으려 주는 주님을 피할 수 있다." à Kempis, *The Imitation of Christ*, III:35:1. (『그리스도를 본받아』 두란노 등)
3. Climacus, *The Ladder of Divine Ascent*, 258. (『거룩한 등정의 사다리』 은성)
4. à Kempis, *The Imitation of Christ*, I:3:3.
5. 같은 책, 1:19:2.
6. Pascal, *Pensées*, 347.
7. William Law, *A Serious Call to a Devout and Holy Life* (New York: Paulist Press, 1978), 66. (『경건한 삶을 위한 부르심』 크리스챤다이제스트)
8. 다음 글에 인용됨. Austin Warren, "William Law: Ascetic and Mystic," 존 길 William Law, "A Serious Call to a Devout and Holy Life" and "The Spirit of

01. 하나님은 더 친밀하기에 용서하시는 분

1. A. J. Russell, *For Sinners Only* (London: Hodder and Stoughton, 1932), 215.

02. 의로운 줄 아는 이 돌진

1. Julian of Norwich, *Revelations of Divine Love*, 번역 Elizabeth Spearing (New York: Penguin, 1998), 55, 57. 《하나님 사랑의 계시》 은성)
2. Henry Drummond, *The Greatest Thing in the World* (London: Collins, 1953), 155. (《세상에서 가장 귀한 것》 규장 재출간사)

03. 영적 목표를 설정하라

1. 성장해야 한다는 관점에 나무 얽매이지 않기 위해 수 있도록 그 중 몇 가지 예로 빌립보서 2:12~13, 골로새서 1:10~12, 데살로니가전서 1:3, 베드로후서 1:5~8, 3:18 등을 참조하라.
2. Thomas à Kempis, *The Imitation of Christ*, 편집 Paul Bechtel (Chicago: Moody Press, 1980), 1:11:5. (《그리스도를 본받아》 두란노)
3. John Climacus, *The Ladder of Divine Ascent*, 번역 Colm Luibhéid & Norman Russell (New York: Paulist Press, 1984), 239. (《거룩한 등정의 사다리》 은성)

오스왈드 챔버스, 《주님은 나의 최고봉》(Oswald Chambers, *My Utmost for His Highest*, 20세기, 묵상집)

아직 때가 안 된 책을 꼽으라면 두고두고 묵상으로 읽을 것 같은 이 책이 먼저 떠오른다. 그렇지만 훨씬 일찍 만난 책이다. 청년시절 YMCA 사역으로 갈 길 잃어 헤맬 때 이 책의 저자처럼 그의 매일의 말씀 통찰력이 내 영혼을 충실하게 지탱해 준 일이 있어, 두고두고 눈여겨보게 되는 책으로 남아 있다.

디트리히 본회퍼, 《나를 따르라》(Dietrich Bonhoeffer, *He Cost of Discipleship*, 1937년, 대표기독교서)

값싼 은총을 공박하며 고통받는 제자됨의 길잡이가 되는 책이다. 주목해야 할 한 해가 독일에서의 더 많은 그리스도인을 향해 통찰하고 있다는 점에서, 교회를 세우고 분별하는 신앙의 정체성을 논의하고 있다.

C. S. 루이스, 《스크루테이프의 편지》(C. S. Lewis, *The Screwtape Letters*, 1944년, 홍성사)

비유 고전 중 가장 창의적인 작품이며, 이 책의 유용성은 당연히 우리 길은, 잊기 쉬운 영적 고전이 주는 통찰에 있다. 이 책의 탁월함은 끝없이 파생되었다.

A. W. 토저, 《하나님을 추구함》(A. W. Tozer, *The Pursuit of God*, 1948년, 생명의말씀사)

세월이 지나도 고전적인 영성의 추구를 고집하는 것이다. 그것이고 몰라 가지 지극히 나는 1950년 이상에 나온 책으로 삼는 것은 눈이, 하지만 대기기로 토저의 책은 지금으로부터 매 년 동안에 읽힐 것이다.

윌리엄 로, 《경건하고 거룩한 삶을 위한 부르심》(William Law, A Serious Call to a Devout and Holy Life, 1728년, 크리스챤다이제스트)

독실한 그리스도인 삶이 정말로 무엇인지, 아주 유익하고 도전적이지만 웨슬리에게 너무 엄격한 사람에게는 이상형이 될 수 있다. 인간 속성과 문제들을 감당하기에는 웨슬리의 종교 공동체의 마음이 너무 넓다.

조나단 에드워즈, 《신앙과 정서》(Jonathan Edwards, A Treatise Concerning Religious Affections, 1746년, 지평서원)

다위드 사상적 거장들의 걸작들이 무엇인지를 정리한, '정서'로 경험된다. 사람들을 탐구하게 해준다. 에드워즈 내가 제일 좋아하는 자가 중 하나다.

존 웨슬리, 《존 웨슬리의 일기》(John Wesley, John Wesley's Journal, 18세기, 크리스챤다이제스트)

하나님의 일한 활동으로 한 사람의 생애가 들어내 변혁된 감동적인 글이다. 그의 한 삶은 항상 내게 도전과 영감을 준다. 그도 웨슬리와 마찬가지로 나처럼 감리교 목사이며, 우리에게는 그 여정에 동참하라고 초청했다.

헨리 드러먼드, 《세상에서 가장 가치 있는 것》(Henry Drummond, The Greatest Thing in the World, 19세기 말, 새물결플러스)

드러먼드는 뛰어난 스코틀랜드인 D. L. 무디가 좋아했던 설교자 중 하나다. 무디의 초청으로 강단에 서서 사람들을 주님께로 이끌었는데, 그 자상하고 사랑스러운 성격을 생생히 나타낸다. 1876년부터 1881년까지 한 여러 강연들을 모은 것으로, 원래는 《이상적인 삶》(The Ideal Life)이라고 제목을 붙였었다.

민 자신으로 여기지 않았다. 원죄는 《죄, 재앙 중의 재앙》Sin, the Plague of Plagues이라
는 제목으로 출간되었다.

블레즈 파스칼, 《팡세》(Blaise Pascal, Pensées, 1670년, 동서문화사)
파스칼은 과학자로 신앙 고백에서 뛰어난 사람이었다. 이 책은 그의 단상들을 두서
없이 모아 놓은 미완성 저술이다. 누구나 읽기 원하는 책 중의 하나라면 꼭 소장할
만한 책들이 틀림이 있다.

잔느 귀용, 《예수 그리스도 깊이 체험하기》(Jeanne Guyon, Experiencing the
Depths of Jesus Christ, 1717년, 생명의말씀사)
원제는 《쉽고 사용 기도 방법, 깊이 체험하기》A Short and Easy Method of Prayer,
Experiencing the Depths로 번역함이 기도의 본질과 깊이를 잘 드러낸 것이다. 하나님
께 대한 이해와 하나님과의 연합이 강조된다.

로렌스 형제, 《하나님의 임재 연습》(Brother Lawrence, The Practice of the
Presence of God, 1692년, 두란노)
로렌스 형제는 아주 경건한 사람이었고, 하나님의 임재 안에 걷고 있는 이야기
담겨있다. 이 작은 책자는 여러 영어 번역들과 더불어 많은 다른 사람들에 의
해 대화들로 이어지고 있다. 그들은 그의 경건에서 배우고자 했다.

프랑수아 페넬롱, 《그리스도인의 완성》(Francois Fénelon, Christian Perfection,
1704~1717년, 두란노)
페넬롱이 영적인 일에 대해 지혜 있게 충고하는 자가 된 것이다. 그도 평범한 사람이
상류층에서 영향력 있는 사람이었다. 수세기 전의 상류층 사람들이 가졌던
유혹들은 오늘날 영적으로 여가를 가진 평신도들이나 목회자들에게도 비슷하다.
내가 읽어 온 영성 공부 그리고 가장 유익한 책 중 하나이다. 여러 번 반복해서 읽어도
좋다.

장 칼뱅, 《기독교 강요》(John Calvin, Institutes of the Christian Religion, 16시기, a classic).
칼뱅이 명쾌하게 걸작 비록 고전 제시 그의 가장된 생각 그리스도인의 삶에 대한 최고의 수장 중 하나이다. 이 걸작의 장에서 자용의 가르침 영적 형성과 공식적 수덕에 대한 지침 및 개별 신앙적 수런을 위한 권면 등 내용을 다루며, 독자는 이를 통해 신앙적 수련을 누구나 시작할 수 있다.

아빌라의 테레사, 《대영의 성》(The Interior Castle, 1588년, 은둔활동사) 기도에 관한 비판적 영적 걸작 중 하나로 영적 야망과 영적 공동으로 이어지는 영성 마지막 가 치 있다.

프란시스 드 살레스, 《경건 생활 입문》(Francis de Sales, Introduction to the Devout Life, 1609년), 《영적 담론》(Spiritual Conferences, 1610년 이후)
처음 책은 수덕적 은둔자가 아닌 평신도를 대상으로 쓰여진 영어이다. 뿐 만 아니라 영성적 심화를 이루기 위해 가르침을 보리며, 그들에게 필요한 조 언을 제공한 영성가로 신앙인들의 삶을 안내했다. 이 책은 공식적인 수련들의 이 열망들에 풍성하게 제공되어 나서있다. 그 다음 책은 영성 성행 기도에 관 해 이 책 두 가지 은둔들 담고 있다. 달콤한 박사라고 다른 부를 사람들에게 영적 생활을 비교할 수 있다. 원제번역 《하나님을 사랑하는 기원》 (The Art of Loving God)로 바뀌었다.

존 오웬, 《죄와 유혹》(John Owen, Sin and Temptation, 1656~1667년, 유신).
제이스 홀쩍 박사가 쓴 오웬의 두 권 세 권을 모아 한 권 편집한 것이다. 죄가 유혹에 대응 중 유익이 가르침이 그리스도인의 일상 삶에 어떻게 적용될지 알 수 있다.

랄프 배닝, 《죄의 죄성》(Ralph Venning, The Sinfulness of Sin, 1669년)
청교도인 창고자이자 기독의 청교정이 저술이다. 자응이 정의, 죄의 정체, 시 간상의 이후, 그리스도인의 삶에 미치는 영향 등을 총체적 것이 사실으로 전개함 권유서 토마스 아 켐피스, 《그리스도를 본받아》(Thomas à Kempis, The Imitation of Christ, 1418년경, 포에이마)

고금을 통틀어 가장 널리 읽히는 영성 고전 중 하나다. 십자가의 영성 공동체 그리스도인의 생활이 반드시 지녀야 하고 기도와 묵상을 강조한다. '겸손함, 나약함, 기도함에 대한 명상으로 가득 차 있는 책이다.

로렌조 스쿠폴리, 《영적-영성 전투》(Lorenzo Scupoli, Spiritual Combat, 1641기, 장 필사)

최하 유혹과 영적 전투의 중요성 다루고 실천적인, 영표로지시에서 기술한 책이다. 신앙생활의 통찰과 인간적인 탐욕을 극복하고 (매력이과 고기이 중국대해 대응에 이어 덜 그리스도 어떻게 해야하는지 잘못 실천신용과지기에 뛰어라 들은 《보이지 않는 전쟁》(Unseen Warfare) 이라는 제목으로 출간되었다.

이냐시오 로욜라, 《영신 수련》(Ignatius Loyola, Spiritual Exercises, 1548년, 한국천주교중앙협의회)

수련자들에게 깊은 실천적 조언이 기독교 가톨릭에서 가장 영향력 있는 영성훈련서들에게 많은 영향을 준 묵상집이다.

십자가의 요한, 《그리스도의 산길》(John of the Cross, The Ascent of Mount Carmel, 1587년경, 생바오로출판사), 《어둠 밤》(The Dark Night of the Soul, 1587년경, 바오로딸)

십자가의 요한이 영적 성숙의 인생여정이 있던 동안 어두움의 터널의 시기를 자세하게 서술한다. 이 두 권의 신비기 고전에서 나는 영적 삶, 특히 그리스도인들이 기도생활이다. 이 두 삶의 단계에 대해 놀라운 통찰을 준다. 내가 개인적으로 좋아하는 저자 중 하나로 하나님의 영원한 임재의 터널 속으로 통과하였다.

26. 영적 화장술을 조심하라

1. Pascal, *Pensées*, 270. (《팡세》 을유문화사)
2. Law, *A Serious Call*, 260. (《경건한 삶을 위한 부르심》 크리스챤다이제스트)
3. Jonathan Edwards, *A Treatise Concerning Religious Affections*, 편집 James Houston (Minneapolis: Bethany House, 1984), 148. (《신앙과 정서》 지평서원)
4. De Sales, *Introduction to the Devout Life*, 138.
5. Guyon, *Experiencing the Depths of Jesus Christ*, 129. (《예수 그리스도를 깊이 체험하기》 생명의말씀사)

27. 그리스도인이여, 하나님을 알라

1. 무명의 형제, *The Cloud of Unknowing*, XXIII:4. (《무지의 구름》 강같은평화)
2. John of the Cross, "The Dark Night," *Selected Writings*, I:2:4. (《어둔 밤》 바오로딸)
3. Edwards, *A Treatise Concerning Religious Affections*, 132. (《신앙과 정서》 지평서원)
4. Fénelon, *Christian Perfection*, 145~46. (《그리스도인의 완전》 브니엘)
5. 같은 책, 146.
6. Owen, *Sin and Temptation*, 84~85. (《죄와 유혹》 은성)
7. Teresa of Avila, *The Interior Castle*, I:2:9~10. (《내면의 성》 요단출판사)
8. Pascal, *Pensées*, 133. (《팡세》 을유문화사)
9. Edwards, *A Treatise Concerning Religious Affections*, 127.
10. Scupoli, *Spiritual Combat*, 21~22. (《심전 · 영적 전투》 정림사)
11. Edwards, *A Treatise Concerning Religious Affections*, 129.
12. Calvin, Institutes of the Christian Religion, 제2권, 2장, 11단락. (《기독교 강요》 크리스챤다이제스트)

28. 공동체의 겸손

1. Owen, *Sin and Temptation*, 29. (《죄와 유혹》 은성)

2. Fénelon, *Christian Perfection*, 44. (《그리스도인의 완전》 브니엘)

3. 같은 책, 60.

4. 같은 책, 61.

5. á Kempis, *The Imitation of Christ*, II:2:2, I:7:3. (《그리스도를 본받아》 두란노)

6. De Sales, *Introduction to the Devout Life*, 254.

7. Law, *A Serious Call*, 234. (《경건한 삶을 위한 부르심》 크리스챤다이제스트)

8. 같은 책, 294.

9. 같은 책, 294~95.

10. Edwards, *A Treatise Concerning Religious Affections*, 160. (《신앙과 정서》 지평서원)

11. Law, *A Serious Call*, 294.

12. 같은 책, 337.

13. 같은 책, 338.

14. 다음 책에 인용된 말이다. Brother Ugolino di Santa Maria, *The Little Flowers of Saint Francis*, 번역 Raphael Brown (New York: Image Books, 1958), 283. (《성 프란체스코의 작은 꽃들》 크리스챤다이제스트)

15. 같은 책, 314.

29. 겸손한 지도자들

1. Law, *A Serious Call*, 229. (《경건한 삶을 위한 부르심》 크리스챤다이제스트)

2. Edwards, *A Treatise Concerning Religious Affections*, 134. (《신앙과 정서》 지평서원)

3. Ugolino di Santa Maria, *The Little Flowers of Saint Francis*, 52. (《성 프란체스코의 작은 꽃들》 크리스챤다이제스트)

4. 같은 책, 54.

5. Teresa of Avila, *The Interior Castle*, VI:10:6. (《내면의 성》 요단출판사)

6. Augustine, *Confessions*, X:58. (《참회록》 생명의말씀사)

7. Ugolino di Santa Maria, *The Little Flowers of Saint Francis*, 268.

8. De Sales, *Introduction to the Devout Life*, 148~49.

9. Teresa of Avila, *The Interior Castle*, VII:4:14.

10. De Sales, *Introduction to the Devout Life*, 257~58.

11. 같은 책, 126~27.

12. 같은 책, 140~41.

13. Ugolino di Santa Maria, *The Little Flowers of Saint Francis*, 62~63.

30. 죽음을 기억하라

1. Fénelon, *Christian Perfection*, 85~86. (《그리스도인의 완전》 브니엘)

2. 같은 책, 104.

3. Law, *A Serious Call*, 69. (《경건한 삶을 위한 부르심》 크리스챤다이제스트)

4. 같은 책, 73.

5. á Kempis, *The Imitation of Christ*, I:23:1. (《그리스도를 본받아》 두란노)

6. Law, *A Serious Call*, 282.

7. Drummond, *The Greatest Thing in the World*, 250. (《세상에서 가장 귀한 것》 새순출판사)

31. 죽음을 종으로 삼으라

1. Pascal, *Pensées*, 165. (《팡세》 을유문화사)

2. Climacus, *The Ladder of Divine Ascent*, 143~44. (《거룩한 등정의 사다리》 은성)

3. Fénelon, *Christian Perfection*, 104. (《그리스도인의 완전》 브니엘)

4. Pascal, *Pensées*, 143.

5. Climacus, *The Ladder of Divine Ascent*, 135.

6. 같은 책, 132.

7. 같은 책, 132~33.

8. Law, *A Serious Call*, 68. (《경건한 삶을 위한 부르심》 크리스챤다이제스트)

9. á Kempis, *The Imitation of Christ*, I:21:5. (《그리스도를 본받아》 두란노)
10. Law, *A Serious Call*, 70.
11. á Kempis, *The Imitation of Christ*, I:23:6.
12. Fénelon, *Christian Perfection*, 105.
13. á Kempis, *The Imitation of Christ*, I:23:1.
14. Law, *A Serious Call*, 339~40.
15. Scupoli, *Spiritual Combat*, 70. (《심전 · 영적 전투》 정림사)

32. 십자가의 삶을 기억하라

1. Tauler, *Sermons*, 122.
2. Climacus, *The Ladder of Divine Ascent*, 75. (《거룩한 등정의 사다리》 은성)
3. Brother Lawrence, *The Practice of the Presence of God*, 22. (《하나님의 임재 연습》 두란노)
4. 무명의 형제, *The Cloud of Unknowing*, XXVI:1, XXIX:1. (《무지의 구름》 강같은평화)
5. Ugolino di Santa Maria, *The Little Flowers of Saint Francis*, 270. (《성 프란체스코의 작은 꽃들》 크리스챤다이제스트)
6. Scupoli, *Spiritual Combat*, 38. (《심전 · 영적 전투》 정림사)
7. 같은 책, 39.
8. Julian of Norwich, *Revelations of Divine Love*, 3. (《하나님 사랑의 계시》 은성)
9. 같은 책, 43.
10. Dietrich Bonhoeffer, *The Cost of Discipleship* (New York: Simon and Schuster, 1995), 91, 169. (《나를 따르라》 대한기독교서회)
11. 사도행전 14:22.
12. 누가복음 9:23.
13. á Kempis, *The Imitation of Christ*, III:19:1. (《그리스도를 본받아》 두란노)
14. Ignatius Loyola, *Spiritual Exercises*, 34. (《영신 수련》 한국천주교중앙협의회)

15. Tauler, *Sermons*, 75.

33. 역경을 지나거든 혼자가 아님을 알라

1. Teresa of Avila, *The Interior Castle*, VI:1:1~2. (《내면의 성》 요단출판사) 다음 책에 나오는 이 말도 참조하라. Climacus, *The Ladder of Divine Ascent*, 79. (《거룩한 등정의 사다리》 은성) "이 싸움의 거칠고도 세미한 성격을 주님은 세상 사람들에게 숨기셨다. 사람들이 정말 그것을 안다면 아무도 세상을 버리지 않을 것이다."
2. John of the Cross, "The Ascent of Mount Carmel," *Selected Writings*, 1. (《가르멜의 산길》 성바오로출판사)
3. John of the Cross, "The Dark Night," *Selected Writings*, II:5:6. (《어둔 밤》 바오로딸)
4. 다음 책의 비슷한 견해를 참조하라. *The Cloud of Unknowing*, LV:I:2. (《무지의 구름》 은성) "단언컨대 누구든지 힘든 길로 천국에 가지 않는 사람은 쉬운 길로 지옥에 가게 된다."
5. John of the Cross, "The Ascent of Mount Carmel," *Selected Writings*, 4.
6. 같은 책, 5.
7. á Kempis, *The Imitation of Christ*, II:12:7. (《그리스도를 본받아》 두란노)
8. Teresa of Avila, *The Interior Castle*, VII:4:5.
9. Julian of Norwich, *Revelations of Divine Love*, 32. (《하나님 사랑의 계시》 은성)
10. Scupoli, *Spiritual Combat*, 40. (《심전 · 영적 전투》 정림사)

34. 참된 그리스도인이 되기란 쉽지 않다

1. Law, *A Serious Call*, 215. (《경건한 삶을 위한 부르심》 크리스챤다이제스트)
2. Brother Lawrence, *The Practice of the Presence of God*, 44. (《하나님의 임재 연습》 두란노)
3. Owen, *Sin and Temptation*, 5. (《죄와 유혹》 은성)
4. 같은 책, 7.

5. 같은 책, 9.
6. Climacus, *The Ladder of Divine Ascent*, 81~82. (《거룩한 등정의 사다리》 은성)
7. Owen, *Sin and Temptation*, 11.
8. á Kempis, *The Imitation of Christ*, II:12:5~6. (《그리스도를 본받아》 두란노)

35. 고난의 달콤한 이면

1. Teresa of Avila, *The Interior Castle*, VI:11:6. (《내면의 성》 요단출판사)
2. Climacus, *The Ladder of Divine Ascent*, 96. (《거룩한 등정의 사다리》 은성)
3. á Kempis, *The Imitation of Christ*, II:12:8. (《그리스도를 본받아》 두란노)
4. Edwards, *A Treatise Concerning Religious Affections*, 3. (《신앙과 정서》 지평서원)
5. Fénelon, *Christian Perfection*, 93. (《그리스도인의 완전》 브니엘)
6. Teresa of Avila, *The Interior Castle*, VI:11:10.
7. Law, *A Serious Call*, 291. (《경건한 삶을 위한 부르심》 크리스챤다이제스트)
8. John of the Cross, "The Ascent of Mount Carmel," *Selected Writings*, II:7:8. (《가르멜의 산길》 성바오로출판사)

36. 영적 식탐

1. Bregy, *The Story of Saint Francis de Sales*, 18~19.
2. De Sales, *Introduction to the Devout Life*, 322.
3. Scupoli, *Spiritual Combat*, 162. (《심전 - 영적 전투》 정림사)
4. Guyon, *Experiencing the Depths of Jesus Christ*, 27~28. (《예수 그리스도를 깊이 체험하기》 생명의말씀사)
5. Julian of Norwich, *Revelations of Divine Love*, 15. (《하나님 사랑의 계시》 은성)
6. Lorenzo Scupoli, *Of Interior Peace, or the Path to Paradise* (Manchester, NH: Sophia Institute Press, 2002), 208.
7. John of the Cross, "The Dark Night," *Selected Writings*, I:1:2. (《어둔 밤》 바오로딸)
8. 무명의 형제, *The Cloud of Unknowing*, XLVIII:2. (《무지의 구름》 강같은평화)

9. Fénelon, *Christian Perfection*, 48. (《그리스도인의 완전》 브니엘) 기독교의 고전 작가들은 하나님이 능히 세상과 사탄보다 '더 큰 즐거움'을 주실 수 있으며, 그분의 주권적 지휘 하에 그것이 죄를 이기는 강력한 해독제가 될 수 있다고 보았다. 토마스 아 켐피스는 "영적 위안은 세상의 모든 즐거움과 육신의 쾌락을 능가한다"고 썼다. (*The Imitation of Christ*, II:10:1 《그리스도를 본받아》 두란노)

10. De Sales, *Introduction to the Devout Life*, 331.

11. Augustine, *Sermons 137*. 다음 책에 인용된 말이다. *Confessions*, 46. 아울러 그의 *Psalm 72*, 제32부에 나오는 다음 말도 참조하라. "하나님께 유익이 될 거라는 이유로 하나님께 하나님 이외의 보상을 구하는 사람은 주시는 그분보다 자기가 받을 것을 더 귀중히 여기는 것이다. 그렇다면 무엇인가? 하나님께 보상이 없단 말인가? 그분 자신 외에는 없다. 하나님의 보상은 그분 자신이다." 역시 *Confessions*, 46에 인용된 말이다. (《참회록》 생명의말씀사)

12. John of the Cross, "The Dark Night," *Selected Writings*, I:2:1~2.

13. Tauler, *Sermons*, 87.

14. 같은 책, 87~88.

37. 광야를 알아야 한다

1. De Sales, *Introduction to the Devout Life*, 332~33.

2. Guyon, *Experiencing the Depths of Jesus Christ*, 27. (《예수 그리스도를 깊이 체험하기》 생명의말씀사)

3. De Sales, *Introduction to the Devout Life*, 323~24.

4. Tauler, *Sermons*, 75.

5. Scupoli, *Of Interior Peace, or the Path to Paradise*, 209~10.

6. 무명의 형제, *The Cloud of Unknowing*, L:3. (《무지의 구름》 강같은평화)

7. Edwards, *A Treatise Concerning Religious Affections*, 58. (《신앙과 정서》 지평서원)

8. Fénelon, *Christian Perfection*, 141. (《그리스도인의 완전》 브니엘)

9. De Sales, *Introduction to the Devout Life*, 324~26.

10. Edwards, *A Treatise Concerning Religious Affections*, 65~66.

38. 광야에서 살아남고 형통하라

1. Scupoli, *Spiritual Combat*, 162. (《심전 · 영적 전투》 정림사)
2. Ugolino di Santa Maria, *The Little Flowers of Saint Francis*, 276. (《성 프란체스코의 작은 꽃들》 크리스챤다이제스트)
3. 무명의 형제, *The Cloud of Unknowing*, L:1. (《무지의 구름》 강같은평화)
4. De Sales, *Introduction to the Devout Life*, 315.
5. Scupoli, *Of Interior Peace, or the Path to Paradise*, 207~8.
6. á Kempis, *The Imitation of Christ*, II:9:5,7. (《그리스도를 본받아》 두란노)
7. 같은 책, III:6:2.
8. Fénelon, *Christian Perfection*, 152. (《그리스도인의 완전》 브니엘)
9. Scupoli, *Spiritual Combat*, 162.
10. Fénelon, *Christian Perfection*, 56.
11. 다음 책을 참조하라. Fénelon, *Christian Perfection*, 151.
12. "오 주여, 저는 주님의 위로나 어떤 영적 복도 받을 자격이 없습니다. 그러므로 주께서 저를 가난하고 처량하게 두셔도 주님은 저를 공의롭게 대하시는 것입니다. 제 눈에서 바다 같은 눈물이 흐를지라도 저는 주님의 위로를 받을 자격이 없습니다." (á Kempis, *The Imitation of Christ*, III:52:1)
13. Teresa of Avila, *The Interior Castle*, II:1:7. (《내면의 성》 요단출판사)
14. John of the Cross, "The Dark Night," *Selected Writings*, I:6:6. (《어둔 밤》 바오로딸)
15. Fénelon, *Christian Perfection*, 48.
16. Scupoli, *Spiritual Combat*, 163.
17. Teresa of Avila, *The Interior Castle*, VI:9:18.
18. 같은 책, VII:3:8.

39. 영혼의 계절, 영적 삶의 흐름

1. Hugh Davidson, *Blaise Pascal* (Boston: Twayne, 1983), 3,21.
2. Pascal, *Pensées*, 245. (《팡세》 을유문화사)
3. 같은 책, 35.
4. 같은 책, 55.
5. Tauler, *Sermons*, 72.
6. 다음 책을 참조하라. Gary Thomas, *Sacred Pathways: Discover the Soul's Path to God* (Grand Rapids: Zondervan, 2002). (《영성에도 색깔이 있다》 CUP)
7. Fénelon, *Christian Perfection*, 173. (《그리스도인의 완전》 브니엘)

40. 영적 지형

1. Ignatius Loyola, *Spiritual Exercises*, 109. (《영신 수련》 한국천주교중앙협의회)
2. 무명의 형제, *The Cloud of Unknowing*, LXXII:1. (《무지의 구름》 강같은평화)

41. 삶의 단계

1. Law, *A Serious Call*, 208. (《경건한 삶을 위한 부르심》 크리스챤다이제스트)
2. De Sales, *Introduction to the Devout Life*, 123.
3. 디모데전서 5:1~3, 9~15. 디모데후서 2:22. 디도서 2:2~8. 아울러 요한일서 2:12~14에 나오는 요한의 견해도 참조하라.
4. Bregy, *The Story of Saint Francis de Sales*, 61. 나는 프란시스의 이 조언이 자신의 경험에서 나온 것이라 믿는다. 그가 젊어서 파두아 대학교에서 공부할 때, 좀 더 방종한 학생들은 그의 금욕 습관을 못마땅해 하곤 했다. 졸업할 때 학장이 프란시스를 칭찬하기는 했지만("그대는 방탕한 도시의 한복판에 살면서 자신의 순수함을 잘 지켰다") 프란시스가 깨달은 것이 있다. 주변 사람들을 존중하지 않으면 개인적 거룩함의 전쟁에 이기고도 전도의 전쟁에 질 수 있다는 것이다.
5. 같은 책, 62.

42. 영혼의 수술, 영성 지도의 지침

1. Augustine, *Confessions*, V:23. (《참회록》 생명의말씀사)
2. 같은 책, VIII:1.
3. 무명의 형제, *The Cloud of Unknowing*, VIII:14. (《무지의 구름》 강같은평화)
4. Climacus, *The Ladder of Divine Ascent*, 259. (《거룩한 등정의 사다리》 은성)
5. á Kempis, *The Imitation of Christ*, I:9:2. (《그리스도를 본받아》 두란노)
6. 같은 책, III:7:2~3.
7. 베드로전서 5:8을 참조하라.
8. Ignatius Loyola, *Spiritual Exercises*, 119. (《영신 수련》 한국천주교중앙협의회)
9. 같은 책, 110~11.
10. De Sales, *Introduction to the Devout Life*, 11.

43. 영성 스승을 선택하기

1. á Kempis, *The Imitation of Christ*, I:4:2. (《그리스도를 본받아》 두란노)
2. Teresa of Avila, *The Interior Castle*, III:2:12. (《내면의 성》 요단출판사)
3. 같은 책, VI:8:8.
4. 같은 책, VI:8:9.
5. Climacus, *The Ladder of Divine Ascent*, 233. (《거룩한 등정의 사다리》 은성)
6. 같은 책, 179.
7. 같은 책, 119.
8. 같은 책, 92-93.
9. De Sales, *Introduction to the Devout Life*, 13.

44. 함께 성장하라

1. De Sales, *Introduction to the Devout Life*, 107~8.
2. Climacus, *The Ladder of Divine Ascent*, 107. (《거룩한 등정의 사다리》 은성)
3. De Sales, *Introduction to the Devout Life*, 300.

45. 영성 스승의 소명

1. De Sales, *Introduction to the Devout Life*, 12.
2. 같은 책, xix.

46. 능력의 하나님을 따라 힘을 다해 수고하라

1. Bonhoeffer, *The Cost of Discipleship*, 55. (《나를 따르라》 대한기독교서회)
2. Edwards, *A Treatise Concerning Religious Affections*, 164~65. (《신앙과 정서》 지평서원)
3. Tauler, *Sermons*, 125.
4. Scupoli, *Spiritual Combat*, 148. (《심전 - 영적 전투》 정림사)
5. John Calvin, *Epistle to the Philippians*, 제21권, *Calvin's Commentaries* (Grand Rapids: Baker Books, 2003), 67.
6. Edwards, *A Treatise Concerning Religious Affections*, 168.
7. Scupoli, *Spiritual Combat*, 148~49.
8. Edwards, *A Treatise Concerning Religious Affections*, 9.
9. Guyon, *Experiencing the Depths of Jesus Christ*, 113. (《예수 그리스도를 깊이 체험하기》 생명의말씀사)
10. Julian of Norwich, *Revelations of Divine Love*, 57. (《하나님 사랑의 계시》 은성)
11. A. W. Tozer, *The Pursuit of God* (Harrisburg, PA: Christian Publications, 1948), 67. (《하나님을 추구함》 생명의말씀사)
12. Drummond, *The Greatest Thing in the World*, 114. (《세상에서 가장 귀한 것》 새순출판사)

47. 참된 기독교는 참된 변화를 낳는다

1. Tauler, *Sermons*, 71.
2. Edwards, *A Treatise Concerning Religious Affections*, 141. (《신앙과 정서》 지평서원)

3. 같은 책, 142.
4. 같은 책, 151.
5. Tozer, *The Pursuit of God*, 88. (《하나님을 추구함》 생명의말씀사)
6. 같은 책, 37.
7. Edwards, *A Treatise Concerning Religious Affections*, 180.
8. Drummond, *The Greatest Thing in the World*, 114. (《세상에서 가장 귀한 것》 새순출판사)
9. 같은 책, 237.
10. Tozer, *The Pursuit of God*, 58~59.
11. 같은 책, 64.
12. Edwards, *A Treatise Concerning Religious Affections*, 179.
13. Tauler, *Sermons*, 128.
14. Edwards, *A Treatise Concerning Religious Affections*, 151.
15. Drummond, *The Greatest Thing in the World*, 88.

48. 더 많은 사랑

1. Tauler, *Sermons*, 131,133.
2. Scupoli, *Spiritual Combat*, 54. (《심전 · 영적 전투》 정림사)
3. Tauler, *Sermons*, 134.
4. Scupoli, *Spiritual Combat*, 103.
5. Julian of Norwich, *Revelations of Divine Love*, 22. (《하나님 사랑의 계시》 은성)
6. Drummond, *The Greatest Thing in the World*, 51. (《세상에서 가장 귀한 것》 새순출판사)
7. 같은 책, 51.
8. 같은 책, 57.
9. 같은 책, 63.
10. 같은 책, 52.

11. 같은 책, 56.
12. 같은 책, 64.

사단법인 기독교세계관학술동역회 사역 소개

● **세계관 운동**

삶과 학문의 모든 영역에서 예수 그리스도가 주인이심을 고백하고, 하나님의 말씀대로 생각하고 적용하며 살도록 돕기 위한 많은 연구 자료와 다양한 방식의 강의 패키지들을 준비하고 있습니다. 특히 삶의 각 영역에서 만날 수 있는 문제들에 대한 대안을 찾을 수 있도록 세계관 기초 훈련, 집중 훈련 및 다양한 강좌들을 비롯하여 기독 미디어 아카데미, 기독교 세계관 아카데미, 어린이 청소년 세계관 강좌 등 다양한 강의와 세미나가 준비되어 있습니다. 강의를 원하시는 교회나 단체는 기독교세계관학술동역회 사무국으로 연락해 주시면 친절히 안내해 드립니다.

● **기독교학문연구회**

기독교학문연구회(KACS : Korea Association of Christian Studies)는 기독교적 학문 연구를 위한 학회로, 각 학문 분야별 신학과 학제간의 연구를 진행하여 신앙과 학문의 통합을 추구하고 있습니다. 연구 발표의 장으로 연 2회의 학술대회를 개최하고 있으며, 한국연구재단 등재학술지 〈신앙과 학문〉(1996년 창간)을 발행하고 있습니다.

● **VIEW 밴쿠버기독교세계관대학원**

1998년 11월, 밴쿠버기독교세계관대학원(VIEW)은 캐나다 최고의 기독교대학인 Trinity Western University 대학의 신학대학원인 ACTS와 공동으로 기독교세계관 문학석사과정(MACS-Worldview Studies)을 개설했습니다. 현재 캐나다 밴쿠버에 기독교세계관 문학석사 과정, 디플로마(Diploma) 과정을 운영하고 있으며, 2006년부터는 다양한 연수 프로그램(교사 창조론, 지도자세계관 학교, 청소년 캠프 등)을 개최하고 있으며 학술지 〈통합연구〉를 발행하고 있습니다.

● CTC 기독교세계관교육센터

CTC(Christian Thinking Center)는 가정과 교회와 학교에 기독교 세계관 교육 콘텐츠를 제공함으로서 다음 세대 그리스도인들이 기독교 세계관으로 생각하고 살아가도록 돕는 것을 사명으로 하는 세계관 교육기관입니다.

● 도서출판 CUP

바른 성경적 가치관 위에 실천적 삶을 살아가는 그리스도의 제자들을 세우며, 지성과 감성과 영성이 전인적으로 조화된 균형잡힌 도서를 출간하여 그리스도인다운 삶과 생각과 문화를 확장시키는 나눔터의 출판을 꿈꾸고 있습니다.

✞ ✞ ✞ ✞ ✞ ✞

- (사)기독교세계관학술동역회 연락처_ ☎. 02)754-8004
  (06367) 서울특별시 강남구 광평로56길 8-13 수서타워 910호 (수서동)
  E-mail_ info@worldview.or.kr
  Homepage_ www.worldview.or.kr

- 도서출판 CUP 연락처_ ☎. 02)745-7231
  (04549) 서울특별시 중구 을지로 148, 8층 803호 (을지로3가, 드림오피스타운)
  E-mail_ cupmanse@gmail.com
  Homepage_ www.cupbooks.com